宁夏大学优秀学术著作出版基金资助

宁夏大学法学文库
国家级一流本科专业建设点（宁夏大学法学专业）经费资助

刑法中的接受性责任理论研究

杨国举 著

中国社会科学出版社

图书在版编目（CIP）数据

刑法中的接受性责任理论研究 / 杨国举著. —北京：中国社会科学出版社，2022.6

ISBN 978 - 7 - 5227 - 0232 - 2

Ⅰ. ①刑… Ⅱ. ①杨… Ⅲ. ①刑事责任—研究 Ⅳ. ①D914.04

中国版本图书馆 CIP 数据核字 (2022) 第 089121 号

出 版 人	赵剑英
责任编辑	孔继萍
责任校对	王佳玉
责任印制	郝美娜

出　版	中国社会科学出版社
社　址	北京鼓楼西大街甲 158 号
邮　编	100720
网　址	http://www.csspw.cn
发 行 部	010 - 84083685
门 市 部	010 - 84029450
经　销	新华书店及其他书店

印　刷	北京君升印刷有限公司
装　订	廊坊市广阳区广增装订厂
版　次	2022 年 6 月第 1 版
印　次	2022 年 6 月第 1 次印刷

开　本	710×1000 1/16
印　张	22
字　数	339 千字
定　价	128.00 元

凡购买中国社会科学出版社图书，如有质量问题请与本社营销中心联系调换
电话：010 - 84083683
版权所有　侵权必究

前　　言

　　刑事责任是刑法中的基本范畴之一。关于刑事责任，大多数人都相信是刑法学描述的样子。这个样子能够被证实吗？刑事责任究竟是自然科学意义上的实在，还是观念上的？如果刑法学无法为人们提供刑事责任的实在本性的话，人们到哪里以及怎么去寻找它呢？这涉及刑事责任的来源和存在形式问题，也是本书试图解决的问题。

　　刑事责任是最严厉的一种责任，刑事责任的承担要具有正当性。这要求人们把刑事责任不多不少地揭示出来，即将刑事责任的"是其所是"揭示出来。要做到这一点，人们要首先解决两个问题：一是刑事责任是从哪来的？二是刑事责任的存在形式是什么？前者涉及刑事责任的课题域，后者涉及刑事责任是以什么方式在日常生活中持存的。在对目前已经存在的刑事责任的研究方法和哲学史的梳理中，我们认为，海德格尔的存在论现象学的方法适合作为刑事责任研究的基础。这个方法不仅给刑事责任研究提供了一个新的视域，而且提供了一个通达刑事责任事实的通道。

　　在日常生活中，人们认识一个事物的时候，都离不开这个事物所处的世界。比如说，教室里有一张课桌，决定课桌成为课桌的不是课桌的形状、课桌的四个腿等，而是课桌所处的场所。课桌离开它所存在的场所，它就不是课桌了，或许是饭桌、垃圾，等等。这表明，人们在认识课桌的时候，要根据课桌所生存于其间的世界着手。这个世界就是课桌之为课桌的领域，只有从这个领域中，才能把捉到课桌的真正的课桌性。刑事责任的研究也是如此。刑事责任不是脱离社会的一个事物或者一种设定，而是存在于社会中的一个存在。对刑事责任的认识离不开刑事责任所处的世界，只有在这个世界中，刑事责任才显现出来并被人们领会，刑事责任本真的意义才能得到理解。这个世界就是刑事责任存在于其中的领域。它构成了刑事责任的意义的基础，也是刑事责任研究的真正领域。

在确定了刑事责任的研究领域后，需要做的就是怎么直观到刑事责任并把它描述出来。这个仍然可以参照日常生活中的一些情形来理解。比如，一个人去商场买衣服，从形式上看，买什么衣服，买哪件衣服，是他自己决定的。但是，他为什么要买这件衣服而不买那件衣服，为什么买这个款式而不买那个款式，也是有原因的。在买衣服的过程中，实际上有个看不见的"他人"替他作决定。没有这个"他人"，他就更不知道买哪个衣服了。在买回衣服后会发现，这个人买的衣服与他交往的圈子中的其他人的衣服具有一些共性。这说明，这个"他人"不仅属于这个人，还属于这个人之外的其他与这个人交往的人。人们要想知道这个人在买衣服上的一些审美标准，不是去了解这个人的一些具体情况，而是要知道他生活中的那个"他人"审美标准是什么。至此，怎么通达刑事责任的路径就显现出来了。行为人所承担的刑事责任不是根据行为人的个人情况认定的，而是根据行为人生活领域中的那个"他人"认定的。这个"他人"就是常人，也就是说，行为人承担的刑事责任是一种常人责任。常人责任是刑事责任的一种存在形式，也是刑事责任的本源。

在解决了上述两个问题之后，本书对刑事责任的存在进行了深入的研究，构建了刑法中的接受性责任理论。不过，人们对于接受性责任这个法律形象的研究还很少。在刑法中，实际上有很多接受性责任要素，比如身份、地位、结果、数额、情节以及理论和司法实践中广泛存在的事实和责任的推定等，这些要素一直在犯罪论体系中处于四处乱跑的状态。接受性责任理论的提出，就为它们提供了一个归宿。与传统的刑事责任不同的是，接受性责任不是将其根据建立在单一的根据上，而是建立在它在世界中的存在（社会结构、历史传统和社会共同认可的价值等）之上。这种理论是符合现代社会要求的，因为现代国家要维持稳定，就需要容纳和借助种种不同乃至不相容的价值。为此，刑事责任就需要建立在各种不相同的甚至不相容的根据上，需要一个收纳有各种价值的"杂物袋",以备在不同的场合认定刑事责任的不时之需。

　　本书研究的目的是要把捉到刑事责任本来的样子。为此,本书运用存在论现象学的方法探索刑事责任,以便对刑事责任的本来含义进行一种新的领会。刑事责任的研究应重新扎根于作为其真实根据的存在,并通过存在论的方法把刑事责任"在出来"。通过刑事责任自身的"在"的显现,刑事责任才可能根据其"在"出来的意义存在于世并成为给予性的。刑事责任是在世界中存在的:它总已经被抛入一个世界,总是在某一世界中,总是本来就已经寓于世界的某些范围;在日常生活中,刑事责任是以"常人责任"的形式存在的,它居住于、依寓于、逗留于其周围的世界之中;任何刑事责任都蕴含了自己的三个向度,即过去、现在和将来的内容,是这三个向度整体统一的绽出。这样,刑事责任的本体论结构就得到了统一而本源的把捉。这样一种刑事责任研究方法的革命性翻转,开启了一片科学式刑事责任研究的前景。

　　本书的主要内容有:1. 探索了刑事责任的来源。刑事责任的来源不是个人责任,不是个人能力,不是故意与过失,更不是自由意志与理性,而是它在世界中的存在,它的存在形式是常人责任。因此,我们提出了接受性责任的概念,即行为人基于自身的角色、行为的历史及对社会关系等的负责性所承担的一些习以为常的、为维护社会正常发展所必要的责任。这个概念包括客观责任、结果责任以及行为人承担的他人责任等内容。接受性责任的提出,给上述责任提供了一个居所,并揭示了刑事责任的根据——它存在于世的那个"在"。2. 揭示了接受性责任(也是刑事责任)的本体论构造。接受性责任的构造包括两个环节:接受性责任此在的生存论分析和接受性责任存在的本体论分析。其中,第一个环节包括四个方面的内容:接受性责任的"世界"、接受性责任之"谁"、"在之中"和接受性责任的时间性,第二个环节是指接受性责任的一般存在的问题。3. 提出了接受性故意与接受性过失的概念。接受性故意或过失,是指行为人根据他在社会中的地位、身份、社会角色和对社会的负责性等而接受性承担的故意或过失的责任,这种情形虽然与行为人的认识、意志和行为能力无关,却需要作为故意或过失归属给行为人;这种故意或过失成立的关键是其存在。接受性故意或接受性过失是故意或过失的主要内容,也是故意或过失的判断标准和本源。4. 对接受性责任的伦理学基础进行了研究。我们结合马克斯·舍勒的价值伦理学和海德格尔的存在主义伦理学，提出了存在论的价值论伦理学，并将之作为接受性责任的伦理学基础。本书根据一种在历史和社会中的伦常意识的发生哲学，从人的存在这一问题着手，并借助现象学的原则将伦理学重新带回到它自身。这种伦理学包括两个方面的内容：（1）伦理学研究的核心是人的行为的价值问题。（2）任何人格都是在世界中存在的。人格总是关于某个世界的人格，它总是本来就已经寓于世界的某些范围，是以"常人人格"的方式存在的。5.提出了接受性责任（刑事责任也是如此）的主体的日常存在的形式。接受性责任的主体是以常人的形式在世界中存在的，责任主体通过与常人在世界中的共在形成了责任主体的主体性。通过对主体世界化的理解，个体的心理化就被去除了。6.提出了新的人格责任论。在刑事责任的理论中，人格责任论的路径是妥当的，但还需要对其内容在存在论意义上重新发掘和充实。我们认为，人格责任是指行为人基于其行为时所具有的人格以及这种人格在行为中的呈现（不是人格形成的过程）而承担的刑事责任。

  本书的学术价值在于，为刑事责任找到一个原初的课题域，并找到一个探查刑事责任的方法，能够保证刑事责任研究的科学性。它的应用价值在于，可以有效地指导司法实践对刑事责任的认定，也可以为司法案件的说理提供根据。它的社会影响在于，给刑法学界带来一个新的启迪：该怎样完善我国的刑法学体系，该怎样建立具有中国特色的刑法学体系。

  本书有两个主要特色：一是采用哲学研究方法。本书一改传统的刑事责任研究方法，以海德格尔为代表的存在论现象学的方法对接受性责任的构造、种类和形式、主体，以及伦理学基础等问题展开研究，并贯彻始终，这是一种对刑事责任研究全新的方法。二是研究刑事责任的本体问题。基于为刑事责任溯源和奠基的研究目标，本书把刑事责任的存在作为本体论基础，以此展开对接受性责任"此在"构造、"存在"构造等问题的研究，通过对其"生成"研究，揭示其本来面貌。基于特有的研究方法和研究视角，我们使用了常人责任、常人人格、常人故意和常人过失等新的概念，并提出接受性责任既与个人责任共同存在，又与他人责任共同存在，常人是接受性责任（包括刑事责任）的主体等新主张。

本书为刑事责任的研究提出了较为系统的新的理论观点,对解决重要的理论问题具有推动作用,对刑法学中关于刑事责任这一基本的理论问题具有促进作用。

目 录

第一章 刑事责任研究综述 ……………………………………… (1)

  第一节 中外刑事责任研究的现状 ………………………………… (1)

    一 德国、日本刑事责任研究的现状 …………………………… (1)

    二 英美法系刑事责任理论概况 ………………………………… (29)

    三 我国刑事责任理论研究的概况 ……………………………… (35)

  第二节 刑事责任研究存在的问题 ………………………………… (37)

    一 刑事责任研究的不足 ………………………………………… (37)

    二 现有刑事责任理论不足的具体表现 ………………………… (43)

第二章 接受性责任的概念 ……………………………………… (54)

  第一节 刑事责任研究的课题域 …………………………………… (54)

    一 刑事责任研究课题域的选择 ………………………………… (54)

    二 刑事责任课题域的界划 ……………………………………… (60)

  第二节 通达刑事责任的存在论方法 ……………………………… (63)

    一 刑事责任理论对刑事责任存在的探索 ……………………… (63)

    二 刑事责任研究之路的寻求 …………………………………… (67)

    三 研究刑事责任的存在论现象学方法 ………………………… (82)

  第三节 接受性责任理论的提倡 …………………………………… (101)

    一 接受性责任的现状 …………………………………………… (101)

    二 接受性责任的概念 …………………………………………… (111)

    三 接受性责任的种类 …………………………………………… (117)

    四 接受性责任的体系位置及其程度 …………………………… (124)

第三章　接受性责任的根据 ……………………………………（128）
第一节　刑事责任根据比较研究 ………………………………（128）
　　一　中外刑事责任根据研究的现状 ……………………………（128）
　　二　接受性责任根据的存在论诠释 ……………………………（130）
第二节　接受性责任根据存在论蕴含的展开 …………………（131）
　　一　接受性责任的哲学根据 ……………………………………（131）
　　二　接受性责任的现实根据：接受性责任的在世存在 ………（138）
　　三　接受性责任的伦理学根据 …………………………………（141）

第四章　接受性责任的存在论结构 ……………………………（182）
第一节　接受性责任存在分析的任务 …………………………（182）
　　一　接受性责任存在分析的优先性 ……………………………（182）
　　二　接受性责任存在的问题点 …………………………………（184）
第二节　接受性责任的存在论构造 ……………………………（188）
　　一　接受性责任存在的开展状态 ………………………………（188）
　　二　接受性责任此在的特征 ……………………………………（190）

第五章　接受性责任的世界 ……………………………………（194）
第一节　接受性责任此在的"世界" …………………………（194）
　　一　接受性责任此在的世间性 …………………………………（194）
　　二　接受性责任此在的周围世界 ………………………………（198）
第二节　接受性责任世界的揭示 ………………………………（201）
　　一　接受性责任世界的指引和标志 ……………………………（201）
　　二　接受性责任世界的因缘和意蕴 ……………………………（204）

第六章　接受性责任的存在形式 ………………………………（208）
第一节　接受性责任的主体 ……………………………………（208）
　　一　刑事责任中的主体 …………………………………………（208）
　　二　常人：刑事责任的主体 ……………………………………（213）

第二节 "常人"责任：接受性责任的存在形式……………(221)
　　一 接受性责任与他人责任 …………………………(221)
　　二 "常人"责任：刑事责任的存在形式 ……………(225)

第七章　接受性责任的生存论建构……………………(230)
第一节 接受性责任存在的境域 ………………………(230)
　　一 接受性责任存在境域的选择 …………………(230)
　　二 "在之中"对接受性责任的生存论建构 ………(231)
第二节 接受性责任在世界中的显现 …………………(234)
　　一 接受性责任的现身和领会 ……………………(234)
　　二 接受性责任的日常存在和沉沦 ………………(240)

第八章　接受性责任的一般存在结构……………………(242)
第一节 接受性责任此在的时间性和历史性 …………(242)
　　一 接受性责任此在分析的局限 …………………(242)
　　二 从时间和历史维度对接受性责任的诠释 ……(243)
第二节 接受性责任的一般存在 ………………………(248)
　　一 接受性责任一般存在的探查 …………………(248)
　　二 接受性责任的"无"及其寓所 …………………(251)

第九章　接受性责任理论的适用……………………………(262)
第一节 接受性责任理论在刑法
　　　　理论中的应用 ………………………………(262)
　　一 接受性责任理论的必要性 ……………………(262)
　　二 接受性责任在责任要素中的应用 ……………(264)
第二节 接受性责任理论对刑事立法和司法的指导作用 …(305)
　　一 接受性责任理论对刑事立法的指导作用 ……(305)
　　二 接受性责任理论对司法实务的指导作用 ……(313)
第三节 其他部门法中的接受性责任 …………………(318)
　　一 民法中的接受性责任 …………………………(318)

二　行政法中的接受性责任 …………………………………（323）

主要参考文献 ……………………………………………………（326）

后　记 ……………………………………………………………（339）

第 一 章

刑事责任研究综述

第一节　中外刑事责任研究的现状

一　德国、日本刑事责任研究的现状

（一）德国刑事责任理论概说

德国的刑事责任理论源于中世纪晚期意大利刑法学和在此基础上建立的 16 世纪和 17 世纪的法律学。对罗马法的继受，更准确地说，是罗马法与德国法律原则的融合，在中世纪晚期其他法律部门开始出现，当然刑法也没有长期置身于事外。[①] 在德国，责任和违法是分开评价的。这种分离可追溯到普通法刑法学对客观归责和主观归责的区分（物的归责或事实归责和道德归责或法律归责）。[②] 在德国刑法理论中，李斯特和贝林最早在他们的自然主义犯罪论中提出将不法和责任分开。此后，不法就是行为人表现于外部世界的任意性举止，该举止与法秩序中的命令或禁止规范相背离；责任是行为与行为人之间的主观联系。[③] 李斯特进一步把不法与责任的关系用下面这个著名的公式进行区分："违法性要素所涉及的是对行为的无价值判断，有责性要素所涉及的则是对行为人的无价值判断"。对于这个公式，韦尔策尔特别赞赏，他指出，这一界限是"如此

[①] ［德］卡尔·路德维格·冯·巴尔：《大陆刑法史——从古罗马到十九世纪》，周振杰译，法律出版社 2016 年版，第 131 页。

[②] ［德］汉斯·海因里希·耶赛克、托马斯·魏根特：《德国刑法教科书》，徐久生译，中国法制出版社 2001 年版，第 509 页。

[③] ［德］汉斯·海因里希·耶赛克、托马斯·魏根特：《德国刑法教科书》，徐久生译，中国法制出版社 2001 年版，第 251 页。

地清晰和简明","以至于它几乎理所当然地被视为正确和恰当"。① 他认为,将犯罪划分为构成要件符合性、违法性和有责性的做法,是"最近两到三代人所取得的最为重要的教义学进步"。② 耶赛克和魏根特将不法与责任的区分称为"犯罪论的核心"。许乃曼也认为,这种区分"对于处在我们时代水准的所有其他……刑法教义学来说都具有典范意义"。③

在德国,首先对责任理论的发展具有较大影响的,主要是自然法的责任观。近代自然法是世俗化的自然法,它认为自然法是绝对的、一般性的和超历史的。借助这种方法论,人们探求责任的自然,并自逻辑的观点,而欲导出"自然法上"的责任观念。这种观点将责任的基础归结为自由的行为,开启了现代责任的第一阶段。这一阶段的代表人物很多,包括克莱因·施罗德、黑格尔、宾丁等。如克莱因·施罗德指出,自由地实施的行为这样一种事实是所有归责的根据。④ 黑格尔认为:"行动使目前的定在发生某种变化,由于变化了的定在带有'我的东西'这一抽象问题,所以意志一般来说对其行动是有责任的。"⑤ 迈耶指出,人类命中注定是依循非决定论的。⑥ 这种理论的初衷在于,如果行为人没有自由意志,就不能对他进行谴责。但是,自由意志现在一般认为是一个理论上的虚构,它不是一个能够被证实的事实,根据这个概念不可能建立现代的刑事责任制度。

从 19 世纪后半叶开始,德国刑法理论上先后出现了心理责任论、规范责任论、性格责任论、人格责任论、社会责任论、功能性的责任论,等等。相对而言,规范责任论是多数说,但其他学说也有人主张,比如

---

① [德] 米夏埃尔·帕夫利克:《最近几代人所取得的最为重要的教义学进步?——评刑法中不法与责任的区分》,陈璇译,《刑事法评论》2014 年第 2 期。

② [德] 米夏埃尔·帕夫利克:《最近几代人所取得的最为重要的教义学进步?——评刑法中不法与责任的区分》,陈璇译,《刑事法评论》2014 年第 2 期。

③ [德] 米夏埃尔·帕夫利克:《最近几代人所取得的最为重要的教义学进步?——评刑法中不法与责任的区分》,陈璇译,《刑事法评论》2014 年第 2 期。

④ [德] 汉斯·海因里希·耶赛克、托马斯·魏根特:《德国刑法教科书》,徐久生译,中国法制出版社 2001 年版,第 503 页。

⑤ [德] 黑格尔:《法哲学原理》,范阳、张企泰译,商务印书馆 1961 年版,第 118 页。

⑥ [德] 米夏埃尔·帕夫利克:《最近几代人所取得的最为重要的教义学进步?——评刑法中不法与责任的区分》,陈璇译,《刑事法评论》2014 年第 2 期。

功能性的责任理论在德国也是很有力的一种学说。

(二) 日本刑事责任理论概说

日本现代的刑事责任理论是自明治时代以后，在欧洲刑法学的影响下发展起来的。明治时期后期，日本学者牧野英一等人将德国新派刑法理论介绍到日本，并产生了压倒性的影响，在刑事责任理论上，采用性格责任论。后来，小野清一郎将德国的旧派刑法学引入日本，在责任论上采取道义责任论（包括行为责任论和意思责任论）。小野清一郎刑法的特色在于，将法的本质理解为"道义"本身，认为违法性的本质在于违反了国家法秩序的精神，在责任领域强调道义上的非难。[①] 自此以后，旧派和新派的责任理论在日本都有人支持。

在日本的责任判断中，"非难"这一概念是必要的。至于"非难"的含义为何，不同的理论主张各异。行为责任论和意志责任论认为，责任是对行为人在存在合法行为可能性的场合却选择了违法行为的意志决定所进行的法律上的非难；道德责任论认为，责任是对行为人所进行的一种最低限度的法定化的社会伦理的非难；人格形成责任论认为，责任是对行为人形成的在行为中所体现出来的人格的非难；心理责任论认为，行为人实施行为时的心理状态（故意或过失）是责任非难的根据；规范责任论认为，非难可能性及其程度才是责任的根据。[②] 现代的日本刑法中责任概念中的"非难"并不是道义责任论者所说的形而上学的概念，而是对达成刑罚目的而言必要的概念，这种概念是随着一般国民中存在的规范意识而确立的。换言之，是否进行责任非难取决于国民的规范意识。如平野龙一认为，根据这种责任论，人是否自由，不是取决于是否被决定，而是取决于"根据什么"所决定，根据自身的"意思层面或者规范心理层面"所决定的时候，就能认可自己的决定，就可以说人是"自由"的。[③] 这种根据规范上的非难可能性来说明刑事责任，其实质意义在于国

[①] [日] 前田雅英：《刑法总论讲义》（第 6 版），曾文科译，北京大学出版社 2017 年版，第 9 页。

[②] [日] 西田典之：《日本刑法中的责任概念》，金光旭译，冯军主编《比较刑法研究》，中国人民大学出版社 2007 年版，第 10—11 页。

[③] [日] 曾根威彦：《刑法学基础》，黎宏译，法律出版社 2005 年版，第 46 页。

民不认为可以非难时,则不处罚这一点上。

现在,日本刑法中评价对象的核心虽然还是故意、过失,但还是出现了责任客观化的动向。① 该动向的背景有:(1)伴随着战后刑事诉讼法的修改,由于不能重视口供,变为重视客观的物证。(2)为了使得认定明确化,故意等主观上的情况应该基于客观上的情况来认定,这一主张变得很有影响力。(3)试图贯彻结果无价值的刑法理论尽可能地从全体犯罪论中将主观上的情况排除出去,这一趋势变强。(4)受到引入审判员裁判制度的,以及强调侦查的可视化并主张应当重视物证来取代供述证据的影响,责任的客观化得以主张。

(三)德国、日本刑事责任的理论学说概览

目前,德国、日本刑法理论中出现的刑事责任的观点主要如下。

1. 责任是根据"能够不这样行为"而承担的后果。这种观点是根据"行为人对自己违法意志形成的一种'对此能够'"②,即行为人没有对违法的行为不作为,虽然他能够对之不作为。也就是说,人们一直满足于这样一个认识:对道德上成熟和心理上健康的人才能进行答责,这是现代社会的一个原则。

19世纪后半叶,随着意志自由论的式微,自然的责任观念被抛弃了。取代它的是心理责任概念,它是以事实性的实证主义的基本形态作为责任概念的基础。这种概念认为,责任的本质完全存在于与某一确定东西的心理联系或者这种联系的可能性之中。这个概念把责任限制在人的内心方面。在这一意义上,德国学者勒夫勒把责任定义为"人的内心性对其行为的某一社会性损害结果而言所存在的刑法上的全部重要联系"③。德国学者科尔劳什指出:"刑法意义上的责任是一种主观的联系,在这种主观的联系中,具有责任能力的行为人必须支持了他的行为,以便能够

---

① [日]前田雅英:《刑法总论讲义》(第6版),曾文科译,北京大学出版社2017年版,第135页。

② [德]克劳斯·罗克辛:《德国刑法学总论》,王世洲译,法律出版社2005年版,第562页。

③ [德]弗朗克:《论责任概念的构造》,冯军译,冯军主编《比较刑法研究》,中国人民大学出版社2007年版,第127页。

就该行为进行刑法上的答责。"① 德国学者弗朗克指出，心理责任论认为责任的实质在于行为人的主观——心理上的关系，把责任概念与心理事实（认识/非认识、意愿/非意愿）等同。② 日本刑法理论中的道义责任论也属于这类观点。道义责任论是以近代的个人主义、平等主义的思想为背景，这种理论将"道义"这种伦理要素作为刑事责任的性质。这种理论有不同的变种：在强调依据客观的侵害行为而对行为人进行伦理谴责这一方面是行为责任论；在将谴责的重点放在行为人所具有的故意、过失的心理状态甚至心理事实的时候是心理责任论；在强调通过客观的、现实的犯罪事实来限制国家刑罚权的方面，又被称为现实说。③

在西方哲学中，现代主体的"对此能够"一直是现代哲学的基石。从苏格拉底时代开始，人文科学的各种研究就试图引导人类本身正确地置身于具有自我判断意识的自身良心之上。这种自由意志的观念，至少在斯多葛学派就出现了。斯多葛学派引入自我伦理的观念，个体通过与某位哲学教师建立关系，选择想要成为什么样的人。④ 这就开始了"自我叙事"的传统。康德虽然是一个决定论者，但他把世界上的原因分为两种，一种是按照自然的，一种是出自自由的。对于这两种原因，他认为应该采用不同的观点，一种是理论的，一种是实践的。在我们要想认识某物的情况下，我们采用科学和决定论的观点。根据这个观念，所有的事件，包括人的行为，都是被决定的，是由充分的自然原因造成的。但是，一旦我们准备做事情，我们就转向实践的观点。即我们必须把我们自己的意志看作我们行动的充分原因。⑤ 根据康德的观点，自由是道德法则的原因和根据，而法则是自由的认识根据（我知道我是自由的，因为

---

① ［德］弗朗克：《论责任概念的构造》，冯军译，冯军主编《比较刑法研究》，中国人民大学出版社2007年版，第127页。

② ［德］约翰内斯·韦塞尔斯：《德国刑法总论》，李昌珂译，法律出版社2008年版，第214页。

③ ［日］大谷实：《刑事责任论的展望》，东京：成文堂1983年版，第8页。

④ ［英］伊恩·伯基特：《社会性自我——自我与社会面面观》，李康译，北京大学出版社2012年版，第6页。

⑤ ［德］康德：《纯粹理性批判》，邓晓芒译，杨祖陶校，人民出版社2004年版，第433—438页。

我认识到我的义务；反之，我能尽我的义务，因为我是自由的）。谢林提出了自然是主体性的无意识产物。其命题是，主体性设定世界，并把它扩张成为一种主体性观念，那种把主体性看作在自然中表现自身的基础原理。[①] 根据谢林的观点，人的道德活动和伦理活动的世界是由自己的主体性构成的意识世界，这种世界当然是可以选择的。黑格尔指出，现实的、自由的意志是理论精神和实践精神的统一，即自为是自由意志的自由意识，因为迄今为止的实践内容的形式性、偶然性和局限性都已经扬弃了。[②] 根据黑格尔的观点，在理论和实践的统一中，经过扬弃，意志通过自己建立起一种直接的个别性。

根据康德的理论，个体应当有权选择自己的人生规划，努力追求人生理想的实现，从而使康德哲学中的个体这一术语在法律上成为有权获得尊重和关注的主体。这就形成了他的人类的法律模型：人们是具有自由意志的，是能够根据理性进行自我选择的，所以人们都处于自主的道德行动者的地位，因为人们享有被普遍认可的选择的自由，所以，人们应当对自己做出的理性选择负责并承担相应的责任……行为的选择是自愿的，因此应当承担正当的归责和刑罚，这既是必要的，也是充分的。[③] 这样，围绕个体选择及责任的模型，法律与道德实现了统一。这样的统一在传统的责任理论中一直占据核心的地位，这种将法律责任追溯至道德责任的要求是报应理论的刑法基础。在现代大多数国家的刑法中，报应仍是刑罚不可或缺的内容。

在法学上，这种观点不仅曾长期处于支配地位，而且有很多不同的表述。德国联邦最高法院指出：罪责是可谴责性。借助罪责的无价值评价，将谴责行为人：他没有合法地行为，他对不法作出了决定，虽然他本来是能够合法地行为的，是能够作出符合法的决定的。罪责谴责的内在基础在于：自然人是以自由的、有责任的、合乎道德的自我确定为目

[①] ［加］查尔·斯泰勒：《黑格尔》，张国清、朱近东译，译林出版社2009年版，第55页。
[②] ［德］黑格尔：《精神哲学》，杨祖陶译，人民出版社2006年版，第309页。
[③] ［德］黑格尔：《精神哲学》，杨祖陶译，人民出版社2006年版，第310页。

的的，并且是有能力作出符合法和反对不法的决定的。①

根据上述观点，责任是行为人的心理关系，责任的形式可以分为对犯罪事实的现实认识乃至以意欲为内容的故意和以可能性为要素的过失。该种责任概念将外部的事实对象与行为人的心理关系的整体作为特征来把握："所谓责任，是指行为人与已经发生的违法结果之间的主观联系，法律上的责任是与它联系在一起的。"② 日本学者冈田朝太郎认为，责任二字有三种意义：一作义务之意用，一作制裁之意用，一作物心两界之联络之意用。他认为，作为有责任判断的责任，是在最后的意义上使用的。他进一步指出，最后意义上的责任是指，外部之原因结果之积极消极关系，与人相为联络。③ 心理责任论将刑事责任还原为纯粹的（物理或心理）的事实或事实之间的关系，即将刑事责任归结为事实的组合（刑事责任的物理学意义上的客观主义）或者将刑事责任归结为主观的事实（刑事责任的心理学意义上的主观主义）。

不久，心理学的责任概念被视为不充分。因为它不能断定何种心理关系在刑法上是重要的，为什么构成责任或缺少心理关系时阻却责任。这就不能解释，为什么只要行为人——甚至在他故意行为时——患有精神病或处在紧急避险当中，与结果之间虽然已经完全构成这种心理关系，却不应当有责任。根据心理学的责任概念，无意识过失的责任内容也是没有根据的，因为，这里缺少一个与结果之间的心理关系。

不过，心理责任论的主张者为了避免上述后果，行为人的责任能力都是根据平均人或者平常人的能力判断的。这样一来，这种非难就可以表述为：如果这个人在进行行为时，一个处于其地位的平常人本来存在进行其他行为的可能性，那么，这个行为人对于其行为就是有责任的。换言之，这个行为人对其实施的行为是不是有责任，取决于那个并不存

---

① ［德］克劳斯·罗克辛：《德国刑法学总论》，王世洲译，法律出版社2005年版，第562页。

② ［德］汉斯·海因里希·耶赛克、托马斯·魏根特：《德国刑法教科书》，徐久生译，中国法制出版社2001年版，第504页。

③ ［日］冈田朝太郎：《冈田朝太郎法学文集》，娜鹤雅点校，法律出版社2015年版，第85页。

在的抽象的平常人。但是，本来是根据非决定论出发的一个责任理论，却得出了一个被决定的结论，这是不符合逻辑的。

心理责任论虽然具有一定的说服力，但其基础是不牢固的。因为一种意志自由是无法证明的，基于这种自由所进行的自由选择也是没有办法确定的。那么，如果这种自由选择不能确定，根据"罪疑有利于被告"的原则，行为人应该无罪。这样一来，就会使责任刑法无法贯彻了。此外，这种对责任根据的理解蕴含了抽象性与唯心主义，它把责任个体作为刑事责任的栖息地，却把责任个体与其身在其中的社会分割开来，这种做法有悖于个体行为所处的社会环境，是对刑事责任的一种孤立化、原子化的考察，是一种责任自然主义。

今天占支配地位的规范责任概念，强调对行为人与其行为的内在联系的规范评价。根据这种理论，责任是对符合构成要件的违法行为的非难可能性，它考虑的是行为人的个人责任，是他是否已经知道法律的要求，并且能够按照法律要求行为。[①] 向该方向迈出第一步的，是德国刑法学家弗朗克。根据他的观点，责任是关于由规范命令支配的对心理事实的价值判断。"所谓责任，即可非难性"。[②] 这表明，在故意之外，还存在别的责任因素。规范责任论把刑事责任理解为根据（某种）规范构造的体系，它的目的是剔除心理学对刑事责任的主宰，试图通过规范的一致性取代事实之间的冲突。

弗朗克指出，要对行为人违法的态度进行谴责，需要具备以下三个条件：（1）行为人具有通常的精神状态，即所谓归属能力（也就是责任

[①] ［德］冈特·施特拉腾韦特、洛塔尔·库伦：《刑法总论 I——犯罪论》，杨萌译，法律出版社 2006 年版，第 204 页。

[②] 为此，弗朗克举了一个例子：一家商店的男出纳员和一名送汇款的男邮递员各自独立地实施了侵占。男出纳员的经济状况很好，也没有家室，但是，具有花费巨大的业余爱好。男邮递员只有中等收入，妻子又生病，并且还有很多小孩。尽管他们两人都知道自己违法地占有了他人的金钱，也就是说，在故意方面是没有任何区别的，但是，每个人都会说：与男邮递员相比，男出纳员的责任更大。这是因为，男邮递员所处的不利状态使其责任减少，相反，男出纳员很好的财产状况和奢侈的爱好则提高了他的责任。如果男出纳员奢侈的爱好是女性或者葡萄酒，那么，与他诸如收集古董的爱好相比，这种状况就更加增大了他的责任。参见［德］弗朗克《论责任概念的构造》，冯军译，冯军主编《比较刑法研究》，中国人民大学出版社 2007 年版，第 131 页。

能力）。（2）行为人与危害行为具有某种程度上具体的心理联系，即故意或者过失。（3）行为人在其中行动的各种状况具有通常的性质。① 根据弗朗克的观点，责任的本质在于意志形成和意志动作的可谴责性；责任要素不仅包括故意和过失的心理事实，而且包括规范评价。规范的责任概念将责任看成是一个规范的结构，而该规范的结构是建立在社会对于自由和可答责的行为的理解之上的。弗朗克认为，法律规范传承文化价值，树立了一种共识，而这种共识随着构成要件行为的每一次出现而不断反复出现。

规范责任论经过德国学者多纳的发展，到韦尔策尔就算最终完成了。多纳严格区分了评价与该评价的对象，并且将责任概念限定于对象的评价之上。韦尔策尔在多纳的基础上，将在多纳那里处境尴尬的主观要素归属于主观的不法要素，将其放到构成要件阶层；相反，责任概念本身不再包含主观心理的要素，它只保留了可谴责性这一规范标准，并根据该标准对行为意志的有责性加以判断。② 至此，责任的内容只剩下规范评价要素，即违法性认识和期待可能性。

规范责任论使李斯特确立的所谓清晰的界限消失了。首先，根据规范责任论的立场，责任的确定不是以行为人与其行为之间实际上是什么关系为准，而是以行为人与其行为之间应当是什么关系为准。自此，责任的认定中就加入了"应然的"判断：行为人承担责任的根据在于，他的意图的产生及其完成和有关法规所确定的标准人格的意图的产生与完成不一致。而且，这种责任判断与行为人自己的情况没有关系。其次，人的不法概念也使不法和责任之间的界限模糊了。这个概念的提出者韦尔策尔指出，不法并不限于"由行为人从内容上所产生的结果引起（法益侵害）"；实际上，"只有作为某一特定行为人之作品"的行为才具有违法性。这样，并不是像古典犯罪论体系所主张的那样，只有责任判断才与行为人相关，其实违法性的判断就已经显示出了与行为人的天然关联。

---

① ［德］弗朗克：《论责任概念的构造》，冯军译，冯军主编《比较刑法研究》，中国人民大学出版社2007年版，第137页。

② ［德］汉斯·韦尔策尔：《目的的行为论导论》（增补第4版），陈璇译，中国人民大学出版社2015年版，第55—56页。

所以，人的不法理论所带来的结果是，李斯特的那种自以为"已在不法和责任之间实现了的清晰界分"彻底不存在了。①

无论是心理责任论意义上的"对此能够"，还是规范责任论意义上的"对此能够"都是有缺陷的。这两种理论都认为行为人是受理性支配的，行为人是理性所造就的。但是，随着希腊哲学一起向欧洲人显现的目标，即"想要成为由哲学理性造就的人，并且只能成为这样的人"的目标丧失了，这种普遍的理性就失去了对人类活动的指导意义。既然行为人不是由理性造就的，或不仅仅是由理性造就的，那么，理性作为刑事责任的基础就丧失了。

此外，规范责任论的前提是行为人和两个世界之间的关系。这种理论认为，除了主观世界和客观世界之外，还存在一个社会世界。在这个社会世界中，每个人都可以根据自己的角色与他人进行规范上的交往。社会世界是由规范构成的，而规范则明确了那些属于合理人际关系总体中的一个方面。有效规范所适用的行为人（有效规范被他们所接受了）同样也属于这个社会世界。客观世界的意义可以用与实际存在的事态的关系加以证明，社会世界的意义要用规范的正确性或有效性进行证明。实际存在的事态是通过真实的命题来显现出来的，而规范是用一个断然命题或要求表明的，这些断然命题要求规范的接受者将这个规范作为规范对待，承认规范的有效性。规范责任论通过责任的归属来确证规范是实际存在的，也是有效的。在规范责任模式中，不仅要有一种认识，更重要的是在认识之上的动机赋予，有了这个动机，才能判断一个行为是符合规范的，缺少了这种动机，就会存在违反规范的行为。为此，雅各布斯指出，通过责任从产生令人失望的行为的各种已存条件中把一个条件即动机赋予缺陷作为刑法上重要的东西孤立出来，并且同时不考虑产生动机赋予缺陷的原因问题。不是行为时的状况是有缺陷的，而是行为人的动机赋予是有缺陷的，并且把动机赋予缺陷的原因只归结到行为人

---

① ［德］米夏埃尔·帕夫利克：《最近几代人所取得的最为重要的教义学进步？——评刑法中不法与责任的区分》，陈璇译，《刑事法评论》2014 年第 2 期。

身上。① 将责任理解为规范的结构虽然没有错，但是这使得责任的概念具有高度的不确定性。这种责任理论只注重规范共识的实现，过于片面。

2. 作为法律反对的态度的责任

这是由德国学者加拉斯建立的理论，他认为责任是对行为中实现了法律所反对的态度的谴责。② 这种观点的问题在于，它不可避免地陷入了一种解释的循环中，在这种循环中看不到对责任原始认知的积极可能性。这导致对责任的理解随意而模糊，既不知道它从何而来，也不知道其内容是什么。这种理论没有对责任的来龙去脉进行追问，从而使自身的观点缺乏根基。德国神学家鲁道夫·布尔特曼③指出，人的理解从来自其特殊生存处境的前理解中取得方向，而这种前理解划出了论题框架和对每种理解起限定作用的因素。④ 对于刑事责任的理解也是如此。

3. 基于自身个性或人格意义上的责任

这种理论认为责任存在于行为人自己形成的性格，也就是说，行为人对他形成的这种性格有责任。这种理论的哲学先祖是叔本华。叔本华认为，一个人的个性就像渗透力很强的染料一样，精确决定了这个人的所有行为和思想。……一个人的性格并不是这个人理智思考和选择以后的产物。在一个人的行为里面，智力所能做的只是把动因呈现给意欲。智力作为旁观者和目击证人，只能眼睁睁看着动因作用于性格，从而形成人生的轨迹，而在这一人生轨迹里面发生的总体事件，严格来说，其发生的必然性与钟表运动的必然性一般无异。⑤ 虽然行为是被决定的，但叔本华认为，每一个行为人都知道，在当时，另一种行为是可能的，只

---

① ［德］格吕恩特·雅各布斯：《行为 责任 刑法——机能性描述》，冯军译，中国政法大学出版社1997年版，第12—13页。

② ［德］克劳斯·罗克辛：《德国刑法学总论》，王世洲译，法律出版社2005年版，第563页。

③ 鲁道夫·布尔特曼（Rudolf Bultmann，1884—1976），德国神学家，《新约》学家，被认为是"《新约》非神话化"的倡导者。

④ ［德］克劳斯·罗克辛：《德国刑法学总论》，王世洲译，法律出版社2005年版，第563页。

⑤ ［德］叔本华：《叔本华思想随笔》，韦启昌译，上海人民出版社2008年版，第192—196页。

要他当时是另一个人。一个人有责任是因为他的个性，是这种个性使他有责任和承担责任。

在刑法中，叔本华的思路也有很多追随者。德国刑法学家海尼茨说，人在生活中就是一个为了现在是什么的人，而不考虑出于什么理由他本来是什么的问题。① 德国刑法学家多纳认为，一个社会实在的基本法则：每个人必须为他所做的承担责任，只要对这个人现在是什么，无论是好是坏，所报答的就是其人格的外化。② 德国刑法学家恩吉斯从"为了个性责任"引出了忍受刑罚的义务：个性责任通过使个性承担和接受一种特殊种类的影响而得到弥补。德国刑法学家菲古埃热朵·迪阿斯将责任追溯到一种基本选择上去，通过这种选择，这个自然人就自我作了决定，并且通过这种方式，创立了自身的实在，或者确立了自身的本性。他把责任标记成"为这种人格必须承担责任，在这种人格中，一种不法行为构成的实施就有了其根据；行为人是有罪责的，当他只是表示了在刑法上违反价值的个人性格——并且在这个意义上表示了一种应受谴责的人格"③。麦兹格认为，责任的组成可以分为两个部分，一是由素质和环境所决定而形成的部分，二是行为人有责地形成的部分，只有根据后者才能对行为人的人格进行非难。这种由行为人后天所形成的性格而来的责任，即所谓行状责任。④ 鲍克曼主张生活决定责任论，他将生活态度转向恶的道路和方向的意思，即在态度的决断上寻求人格责任的根据。⑤ 日本学者团藤重光采取的是一种折中的立场。他不但重视实证主义，而且也要对人的主体性予以恰当的把握。他的做法就是把刑事古典学派的抽象

---

① ［德］克劳斯·罗克辛：《德国刑法学总论》，王世洲译，法律出版社2005年版，第563页。

② ［德］克劳斯·罗克辛：《德国刑法学总论》，王世洲译，法律出版社2005年版，第563页。

③ ［德］克劳斯·罗克辛：《德国刑法学总论》，王世洲译，法律出版社2005年版，第565页。

④ 马克昌：《比较刑罚原理——外国刑法学总论》，武汉大学出版社2002年版，第435—436页。

⑤ 马克昌：《比较刑罚原理——外国刑法学总论》，武汉大学出版社2002年版，第435—436页。

的人格与近代学派的具体的人格结合起来，从而形成这种具体的而且具有主体性的人。① 他还认为，责任，第一次是行为责任。虽然应当着眼于作为行为人的人格主体的现实化的行为，但在行为的背后，还受着素质和环境的制约。由于作为人的主体的努力而形成的人格是存在的，对这样的人格形成中的人格态度，就可能非难行为人，因此，第二次应当考虑人格形成责任。为了把握现实的行为中的人格态度，必然提出过去他的人格形成。这样，在概念上，行为责任与人格责任虽然被区划开来，但在生活的现实中，毋宁说是不可分的，这样被理解的行为责任与人格形成责任，从整体上就称为人格责任。②

在对这种理论的批评中，首先是这一点：在对一个人的人格进行归责时，行为人却是无能为力的，这就自相矛盾了。对于这个问题的解决，叔本华的思路是，道德自由不在自然之中，而在自然之外。他认为，这种自由具有形而上学的品格，在物理世界中，自由是不可能的。③ 叔本华是在一种完全决定论的经验性个性后面，看到了自由选择的个性。在他看来，虽然我们各自的行为一点也不自由，但每一个人的个体品格要被看作一种自由行为。因为，这个个体是怎样的一个人，都是由他的意志决定的。这样，每一个个体的意志自身构成了这个个体原初的和基本的欲求，并且，它独立于一切知识，因为它是先于这种知识的。但是，叔本华的解释还是超越性的。还有人认为，人格责任是一种虚构，即便理论上有可能存在，但要证明过去的何种行为、决断形成了现在的人格，几乎没有可能。所以，该学者认为，人格形成责任并不能对累犯加重或常习犯加重处罚提供理论根据，最终只能认为加重的根据在于，只要能认定已满足累犯的要件，或存在证明常习性的事实，就能够对该行为施以相对强烈的谴责。这称之为"实质的行为责任"。④ 还有学者认为，行

---

① ［日］大塚仁：《刑法中新旧两派的理论》，东京：日本评论社1957年版，第210—211页。
② 马克昌：《比较刑罚原理——外国刑法学总论》，武汉大学出版社2002年版，第436页。
③ ［德］叔本华：《叔本华论说文集》，范进等译，商务印书馆1999年版，第557页。
④ ［日］西田典之：《日本刑法总论》，刘明祥、王昭武译，中国人民大学出版社2007年版，第160—161页。

为人过去的人格形成，它在可能排斥行为人的素质与环境的影响的限度内，虽然可以认为是责任的内容，但它不是作为决定责任存在与否方面的问题，而是在认为责任存否的场合，就判断其程度的阶段可以加以考虑。在责任存否的阶段，尽管以行为人的人格为背景，还是只考虑行为人的人格表现的个别行为就够了。①

人格责任论的另外一个被批评的地方是在无责任能力的归责问题上。反对意见认为，这个理论不能够有说服力地说明，为什么精神病人或者其他无责任能力的人不能有罪责的行为，因为他们也能根据其现有的本性特征进行活动。② 恩吉斯认为，在孩子中，在精神病人中，或者在醉酒人中，要么这种构成行为的确不是其人格的表现，要么的确只有这样一种本身不是作为恰当地加以证明的人格表现，应当通过刑罚来加以影响。在这里，恩吉斯是通过人格的否定或者一种刑罚必要性进行说明的。但是，为什么一种刑罚必要性能够取消人格责任，是他没有说明的。菲古埃热朵·迪阿斯认为，对于病人在精神上不正常的实在，也应当认定这种以其方式加以修改的自我实现原则。这种精神上的不正常，并不摧毁人格原则。然而，他想要得出宣告无罪的结论，因为一种以道德为基础的罪责，在法官和被告之间，要求一种进行个人交流的行动。③ 然而，在行为人的人格不理睬法官可以理解的思考时，在罪责无能力中，一种排除罪责的根据比起一种确定罪责的事实性背景来，是没有什么关系的。但是，借助在法官和被告之间进行个人交流的必要性，一种额外的标准就被引入了。不过，这种标准并不包含在这种罪责方案的角度之中，并且，这种标准也不能说服人。罪责和刑罚并不能取决于不同法官的必要的而又不同的理解可能性，而必须在客观上是可以确定的。还有，人们将不能在这种罪责无能力的案件中说，行为人的人格是

---

① ［日］川端博：《刑法总论讲义》，东京：成文堂1997年版，第384页。
② ［德］克劳斯·罗克辛：《德国刑法学总论》（第1卷），王世洲译，法律出版社2005年版，第566页。
③ 以上两位学者的观点，参见［德］克劳斯·罗克辛《德国刑法学总论》（第1卷），王世洲译，法律出版社2005年版，第566页。

完全不理睬法官的理解的。对于一个没有达到刑事责任年龄的未成年人来说，他的自由交流能力是具备的，他的没有责任能力不是由于他的人格，而是由于缺乏控制自己行为的能力。

人格责任论虽然能够解释责任的发生机制，但是，它还是存在牵强的地方。人格虽然是每个人都具有的一种属性，但是，不是什么人格都会导致刑法上的责任。那么，哪种人格应该承担刑事责任呢？那些承担刑事责任的人格是怎么来的和怎么组成的呢？这些问题人格责任论都没有回答。这表明，人格责任论虽然找到一个行为人承担刑事责任的一个基础，却没有对这个基础进行深入的研究，这是它的缺陷所在。

4. 积极的一般预防意义上的责任

从 20 世纪后半期开始，人们发现在责任非难上不可能做到"极端个人化"。通过刑事诉讼的形式和刑事诉讼的工具，都无法证明行动自由。实际上，在对行为人进行答责的时候，人们都是基于这个设定进行的：他能够这样行为，能够不那样行为。在这个设定中，在"能够和不能够如何"中已经包含了对行为人行为的一种评价和期待，这种评价和期待不是仅仅根据行为人的个人情况做出的，而是包含了他人的因素，而这个他人是在一般的意义上说的。这表明，在进行责任认定的时候，不可避免地要将行为人的个人情况与一般人结合起来判断，即要提出一个一般的，而非个别的标准。此外，结合新的精神病学和心理学的知识，又由于刑事责任与刑事政策的密切关系，刑事政策的需求在刑事责任的确定中扮演着越来越重要的角色。

鉴于这种情况，部分学者试图通过转变视角，重建统一的责任概念。他们提出，责任不是一种非难可能性，而是一种现实的或可能的预防需要。雅各布斯根据卢曼的体系性理论的方案[①]，发展出了一种"功能性的

[①] 卢曼认为，法律系统就像其他职能系统一样，也拥有一个在运作的变幻中产生系统统一性的标志。这种标志涉及的不是对系统的描写，而是一种运作性的功能。在法律系统中，法律系统的统一性是由法律效力来完成的。参见［德］尼克拉斯·卢曼《社会的法律》，郑伊倩译，人民出版社 2009 年版，第 49 页。

责任概念"[1]。按照这一理论，罪责是刑法的一种机能，不过，它是在积极的一般预防的意义上说的。所谓积极的一般预防，就是通过刑事责任的认定来确保社会上的一般人对法律的忠诚，确保法规范得到普遍遵守。由于在任何一个国家的不法体系中，都可以追求这种积极的一般预防的目的。据此，刑事责任就可以被理解为行为人属于法治社会中的一员却不去忠诚于法律。之所以要维护人们对于法律的忠诚，是因为在现代社会中，法律是保障个体的各种权益的必不可少的手段。雅各布斯认为，交往不能定位于个人的对应物，而要在定位于共同体、把国家视为整体的古典欧洲的亚里士多德的理论里寻找答案。[2] 基于这种思考，他把责任理解为一种一般预防性的归咎。他认为，责任是由目的确定的，只有目的才给责任概念以内容。不过，他理解的一般预防不是威慑性的，而是为了稳定那种被犯罪性举止行为所扰乱的对秩序的信任，通过责任的归咎和与之相联系的刑罚，这种信任的正确性在一种规范的正确性中得到确认。[3] 他还认为，责任由这种被准确理解的一般预防所确立，并且由这种预防所确定。[4] 日本学者平野龙一也主张功能性的责任，他认为，刑法上的非难，并非以指向过去的、回顾性的斥责为内容，而是从展望的见地出发，指向未来，通过告知"本应具有更强的规范意识"的判断，而抑制行为人以及处在同样状况的一般人将来的犯罪。[5] 这种方法并不是一种闻所未闻的创新，而只是实用主义在刑事责任理论中的一种运用。

　　功能性责任论将责任的根据归结于规范的有效性，基于此，责任是对行为人的一种可谴责性，因为行为人有一个反规范的动机形成。这种

---

[1] 雅各布斯认为，刑法的机能主义指的是这样一种理论，即刑法要达到的效果是对规范同一性的保障、对宪法和社会的保障。参见［德］格吕恩特·雅各布斯《行为 责任 刑法——机能性描述》，冯军译，中国政法大学出版社1997年版，第101页。

[2] ［德］格吕恩特·雅各布斯：《行为 责任 刑法——机能性描述》，冯军译，中国政法大学出版社1997年版，第102页。

[3] ［德］克劳斯·罗克辛：《德国刑法学总论》（第1卷），王世洲译，法律出版社2005年版，第567页。

[4] ［德］格吕恩特·雅各布斯：《行为 责任 刑法——机能性描述》，冯军译，中国政法大学出版社1997年版，第8页。

[5] ［日］井田良：《变革时代的理论刑法学》，东京：东京庆应义塾大学出版会2007年版，第56—57页。

责任的目的在于，保护一般人忠诚于法律的情感和发挥责任的功能。这种意义上的"责任"不是天然生成的，而是根据某种目的创设的。冯军教授指出，功能责任论的核心，就是使责任概念更好地依附于它必须解决的任务。[①] 为了发挥责任的功能，功能性责任论侧重于在一般预防这个方面延展自己的理论。这种预防功能的启动需要考虑的因素有：行为人之前对法律的忠诚，（以此为基础作出）行为人将来对法律忠诚的预测，（然后考虑）行为人的行为对一般公众的法律的态度的未来影响。功能责任论就很自然地得出结论，责任不是一成不变的，它可以根据行为人实施犯罪行为前后的情况而相应地增大或者减少；也会跟着社会治理状况的变化而变化。如果社会治理得越好，社会的制度越健全，不让行为人承担责任就能够保证规范的遵守和社会的稳定，行为人就越没有承担责任的必要。[②]

功能性的责任理论还是有缺陷的。首先，它在考虑刑法的预防机能时牺牲了责任主义限制刑事可罚性的机能。这个理论没有回答下列问题：对于行为人而言，为什么必须遵守规范？规范的合法性和破坏规范者的罪责这二者之间具有什么关系？该说只是认为，个人的刑事可罚性不再与其自身的一些情况有关，而是为了提高公民对法律的（设定的）忠诚、巩固人们对秩序的确信所需要东西上。雅各布斯也说，一名完全无能力自我控制的本能行为人有罪，并且要给予刑事惩罚，只要人们并不知道对于医治他的病，有什么会有希望地产生出结果的方法。在累犯问题上提出了类似的主张：他立即容许他们对遵守法律具有较轻微的能力，但是，出于社会的理由又简单地加以忽视了。他认为："因为在违法者内心很高的强烈程度得到容忍的奖励时，这是不能容忍的，所以，这种预先的构成行为本身会带来对遵守法律的额外负担，就是行为人的事了，也就是说，至少不是罪责。"[③] 这种对刑事责任的现代科学意义上的理解在于，它使刑事责任客观化，并在方法论上消除人为的因素对其产生的任

---

① 冯军：《刑法中的责任原则》，《中外法学》2012年第1期。
② 冯军：《刑法中的责任原则》，《中外法学》2012年第1期。
③ [德] 格吕恩特·雅各布斯：《行为 责任 刑法——机能性描述》，冯军译，中国政法大学出版社1997年版，第101页。

何影响，并使刑事责任成为一种独立于一切主观应用的态度，力图达到刑事责任不是只对某个人有校准，而是对所有人有校准。但是，要达到这一点是困难的。

其次，功能性的责任理论将责任与预防等同，过于简单化和片面化。预防都是针对未来，而未来行为人是不是会犯罪、是不是对法律忠诚，行为人的行为是不是会影响一般公众将来对法规范的态度，这都是不确定的。如果刑事责任是以这种不确定性为根据，就又会回到与中世纪类似的恣意性的境地。如果刑事责任与行为人及其行为、罪过没有关系，而只与维护规范的有效性这一抽象的假定（怎样归责才能维护这一有效性，不可能有一个唯一的结论）及其规范的功能（责任的未来面向）有关，那么，责任的限制功能和人权保障功能就没有了。功能性的责任理论为了达到社会稳定这个目的，把行为人个人工具化了。这是康德一直反对的，即绝不能把人单纯作为实现另一个人的目的的手段来使用，也绝不能将他与物权的对象混淆，由此来保护他与生俱来的人格。

最后，功能性的责任理论并没有自己的标准。我们对于查明"稳定对秩序的信任"所必要的一切，以及对于在什么时候，在没有刑事惩罚的情况下，能够把这种对秩序的扰乱"以其他方式处理"，并不拥有什么标准。至于什么时候该承担刑事责任，就要看立法者或者法官怎么判断了，这就使责任的认定成为动摇不定的了。功能性的责任理论还需要解决的问题是，一种纯粹的一般预防上要求的刑法方案，是不是正好通过这种意图，从一开始就破坏或者减少了自己的预防效果。如果一个人承担刑事责任并不取决于他以什么态度作了什么，而是取决于法官重建对秩序的信任所需要的东西；这种罪责，例如，在有适当的治疗性机构时就能被否定，但在缺乏这种机构时又能被肯定，那么，这种流传就会引起普遍的担忧，并且也不能使这种制度得到稳定。如果一个人知道，他从事的行为是不是有刑法上的责任不是取决于他的行为、罪过或者人格，而是取决于某个时期国家在稳定社会秩序方面的某种追求，而且他也只能服从这种追求时，那么就很难要求他对法秩序的忠诚了。正如德国学者所指出的，如果仅仅考虑目的，罪责原则就不适宜于保护每个人不受刑法出于任意的刑事政策理由而进行的控制，再也没有任何理由可以将罪责原则理解为宪法保障。①

至于论者所说的行为人可以通过犯罪前后的行为来改变责任的程度，功能视角的解释也不是唯一的。比如，行为人犯罪前后的行为与责任的大小相关，可能的解释是，从行为人的这些行为中呈现出行为人对社会的负责性的程度不同。行为人犯罪后积极进行赔偿、救助被害人、争取被害人谅解、努力修复被损害的人际关系和社会关系，对行为人的这些行为应该科处较轻的责任。这种责任的减轻不是由于抽象功能的发挥或者为了法规范将来更好地发挥功能这种抽象的假定，而是由于行为人的这些行为反映了他对自己行为负责的态度。反之，如果行为人在犯罪后不进行赔偿、不救助被害人、不修复被自己破坏的关系，那么，这些行为反映了他对自己、对被害人、对社会不负责任的态度，这种不负责性才是对其进行从重或者加重处罚的根据。这一点，对于累犯、前科、惯犯等刑事责任的从重或者加重也是适用的。另外，如果认为，在社会越健全的情况下，行为人就越没有责任，理由是这种情况下不需要让行为人承担责任就能够解消冲突。但我们认为，这种情况下行为人责任越小不是由于刑法不需要发挥功能了，而是在一个健全的社会里，个人的安全和利益都得到了充分的保障，行为人在这种社会里负的责任轻了。反之，在一个不成熟的社会里，一个人承担责任重是因为，为了社会的安全和利益，社会赋予行为人更多的责任，而不是需要通过功能的发挥来消除冲突。

5. 罗克辛的交谈的罪责 + 预防必要性的责任

罗克辛认为，责任取决于两种因素：行为人的罪责和应当从法律中提取出来的刑法威胁的预防必要性。其中，罪责应当理解为不顾规范可交谈性的不法行为，其含义是：当一名行为人在构成行为中根据自己精神和心理处在呼唤规范的状态中，当他在心理上（还）容易产生"对以规范为导向的举止行为做出决定的可能性"时，当在具体案件中还存在着这种（除非是自由的，除非是决定论的）在大多数情况中对健康的成

---

① ［德］岗特·施特拉腾韦特、洛塔尔·库伦：《刑法总论Ⅰ——犯罪论》，杨萌译，法律出版社 2006 年版，第 206 页。

年人都存在的心理上的支配可能性时，他的罪责就应该被肯定。[①] 这个理论认为，这种意义上的罪责是能够被经验科学证明的，它能够在经验上对自我控制能力的限制进行描述，并且能够估量其严重程度。在存在这种规范的可交谈性时，该说的出发点是，人们不能和不愿意在这一点不存在的情况下，在意志自由的意义上证明：如果行为人在实施行为时没有选择另一种行为（虽然根据当时的情况他是有机会选择的），那么，他仍是有行为能力和责任能力的。非决定论者将宣布这种自由认定在经验上是合适的。但是，那些宣布不知道的不可知论者和决定论者也都能够同样地接受这种自由认定。它的意思是说，一个人如果具有正常的行为控制能力和规范意义上的可交谈性，他就是一个自由的人。这里的自由是在规范意义上（不是在认识论和自然科学上）进行认定的，这也是现代社会的基本规则。

　　交谈的罪责概念试图建立罪责和规范的合法性二者之间的内在关联。按照这种概念，行为人既是法律上被动的责任领受者，又是这种被他破坏的规范的创造者，这种创造规范的活动，存在于法治国家的民主之中。在一个民主的社会中，自治而有人格的各个个人对于他的（可能的）利益应当如何处理都有着相关的理解，如果这种理解被法律承认了，它就变成了规范。从行为人作为规范的缔造者这个角色看，他和别人之间就确定（或固定）了这种理解。他也只能以理解（"交谈"）的方式，与法律规范发生关系。因为，在民主社会中，人们在社会交往中，要顾及他人对规范的理解，也就是说，人们是通过自己的交往参与了大家对规范的理解。如果行为人通过自己的行为破坏了法律，那么，他就破坏了法律所蕴含的基础：大家对规范的理解。这种对其他人（规范意义上）理解的破坏，暴露了行为人通过自己的犯罪行为所显露出来的不诚实，这种不诚实就是交谈的罪责概念所说的罪责。进一步说，如果按照这种方式来理解，那么，民主社会的刑法中的罪责，就会和神权政体或专制政体下刑法中的罪责有所不同。

---

① ［德］克劳斯·罗克辛：《德国刑法学总论》（第1卷），王世洲译，法律出版社2005年版，第568页。

这个理论是将经验内容和规范内容混杂在一起的理论，它的经验内容是自我控制能力和规范上的可交谈性，规范内容是合法举止行为的可能性。这个理论试图通过规范上的禁止和要求促使人们进行符合法规范的举止行为，从而实现一个社会的法和平和法安全。根据该说，如果根据一个人的精神、心理和年龄上的特点或者行为时的其他情况，不能证实这种规范上的可交谈性存在的时候，责任的归咎就是不必要的和不合适的。如果这样一个人触犯法律，社会的期望也不会落空，一般人对法律的信仰也不会被破坏，这种情形不会引起社会上的其他人的效仿，因为在一般人看来，这种行为不会减少法律的效力。因此，罗克辛认为，这个概念能够更好地发挥责任原则的保护法治国和自由的功能，因为，在这里，罪责不仅取决于行为人的控制能力，而且取决于一种在原则上能够经过经验加以确定的、由国家刑罚权规定界限的标准。①

罗克辛的责任理论用控制能力和规范上的可交谈性这两个概念置换了刑事责任中难以并且不能回避的自由问题。首先，自由和责任是一种人们共同生活中不可放弃的因素。从康德以来，自由就是道德原则的根据。不过，康德的自由是先验的自由，这种自由不包含从经验中借来的任何东西，它的对象也不能在任何经验中被确定地给予。② 黑格尔则指出，自由能被达到的程度，依赖于自由在其中得以体现的历史的与文化的现实秩序的日益复杂与日益具体的合理构成。③ 黑格尔这里的自由是主体性的自由，也就是说，精神总体中关键的方方面面都应该得到发挥。④ 黑格尔是用在社会中具体存在的自由来代替康德的形式主义自由概念（一种空洞的法则的普遍性），即自由与它的实现的每个阶段有关。除了上述两种自由的概念外，自由的争议很多。不管自由的内涵如何，责任

---

① ［德］克劳斯·罗克辛：《德国刑法学总论》（第1卷），王世洲译，法律出版社2005年版，第571页。

② ［德］康德：《纯粹理性批判》，邓晓芒译，杨祖陶校，人民出版社2004年版，第432页。

③ ［法］保罗·利科：《哲学的主要趋向》，李幼蒸、徐奕春译，商务印书馆2004年版，第481页。

④ ［德］于尔根·哈贝马斯：《现代性的哲学话语》，曹卫东译，译林出版社2011年版，第20页。

总要解决它与自由的问题，这一点是毋庸置疑的。其次，该说实际上认为控制能力和这种规范的可交谈性是可以与自由意志分开来谈论的。虽然在通常的生活状况中，这种控制能力和规范上的可交谈性都能够被认定，甚至可以通过实验加以确定，但是，这对于自由意志还是没有说点什么。自由意志不取决于这两个因素，而是相反，这两个因素的存在取决于自由意志。因此，该说的规范的可交谈性仍然是一个模糊的概念。

　　罗克辛的这个理论是预防的责任理论中的一种。预防的责任理论的正当化论据所散发的魅力源自（被信以为真的）前提条件的简明性，这些论据仿佛被冷静务实所散发的舒适气息所围绕。这个论据的基础是：存在着一个自私自利与只关心自身幸福的个体图像。由此推导出一种特别工具性的世间关系，这种关系基于自然界的强取豪夺而被普遍化。在此思想背景下，国家保护其公民免于遭受其他公民危害的能力为其正当性的基础。责任变为达成特定效果的专门技术，一种定分止争的行动纲领。责任的体系被简化为一种技术上的优化问题，其成效能够依据经验加以检验。

　　预防思想的传统形态为消极的一般预防与特别预防。消极的一般预防对威吓潜在行为人这种想法是确信不疑的，它运用了冷静计算自身利益的精算人的这一假设：对这个精算人而言，犯罪亦为精打细算的行动。这种精明的利益最大化经由实际运作的刑法体系将会使人清楚地明白，犯罪就整体而言是一种无利可图的生活方式。相比之下，以阻止行为人将来犯罪行为为目的的特别预防运用了准医学的专门术语，它要求对犯罪行为人给予"治疗"以及在最坏的情况下将行为人"除害化"。消极的一般预防理论并未苛求刑法规范的接受者不必要的理想性。该预防论本身将社会成员视为主要关心自身利益与了解以理性方式追求利益的众多个体，基于这种人类学的极简化论点，从而发展出一种概观之下十分醒目的"目的—手段"论据，进而推动以威吓为目的的刑罚观。但这种理论只是涉及报应，是把行为人当作"驱鸟的稻草人"，甚至当作一种物来对待。消极的一般预防理论深信，它能说服以理性捍卫个人利益为特质的社会成员追寻自治的好处。但它同时也了解，社会平和状态长期而言更能促进其利益，因此它也理性地赞同设立某种制裁制度。这种制度利用超额的损失来抵消行为人在违反规范情形下所期待的利益。该制度并未假定，身为规范服从者的社会成员基于法律制度中所固有的应然特征来承认这个制度。社会成员观察到规范及其应用并从中获得违反法律将不划算的信息已经足够了。

然而，这种介于公民与法秩序之间的纯工具性关系会变得极其不稳定。这里，每项法律义务的履行均取决于这种履行对于义务人所产生的个别益处。由于公民基于习以为常的安排而非基于每次逐项的决定行为才是较好的状况，因此，在法社会学、刑事政策与社会哲学中都强调非工具性因素对法律社会效力的重要性。这些因素具体存在于社会中的日常伦理道德生活实践、习以为常的惯行、固有的奉公守法，尤其是法意识与法共同体成员的良知。因为，法律的社会效力在某种程度上取决于自发承认法律的（伦理—道德）拘束力。

随着社会的发展，刑罚理论讨论的重心是预防理论这一家族的第三支后裔：积极的一般预防，亦称为整合预防。该理论并不相信威吓或教育改造的方式，而是深信以刑罚来确认与强化公民对规范忠诚的价值信念。这种理论认为，积极的一般预防具有三个效果：（1）通过刑事司法实践中法律的应用对一般人产生的学习效果；（2）由于法律得到执行而使一般人产生的对法律的信赖效果；（3）在违法行为被制裁后，当所有的问题得到解决后所产生的安定效果。

积极的一般预防理论使上述想法在刑法领域中发挥了作用。根据积极的一般预防的第一个变体（广义之积极一般预防），刑法为社会环境的一环；这种社会环境借由形形色色的奖励方式来嘉勉某种品格结构与行为安排，并且经由各式各样的制裁方式让其他的品格结构与行为安排付出代价。当然，这种想法与威吓预防思想仍然在一个重点上是一致的：国家刑罚应根据其与生俱来的恶害特质来展现其效果。威吓预防重点在于"犯罪应该是不划算的"，而在积极的一般预防方面，重点则在于"应该不值得成为罪犯"。狭义的积极的一般预防首先深刻体认到法共同体成员之道德认同的重要性，即意识的养成与道德信念随着国家刑罚而受影响，抑或接受规范者理性辨别是非的能力随着国家刑罚而被唤起。对接受规范者而言，正当性的地位并非只是累赘的、理想化的，或者只是以形而上学的花粉点缀法律实际情状的装饰物，而是接受规范者基于内在观点一致承认规范时最重要的社会整合要素。据此，刑法秩序同时以行为时的考虑项目与正当秩序这两种方式进入公民的行为动机中，这样才成为达成社会稳定这一目的的最佳途径。

当然，上述观点假设了以法体系内部观点诠释刑罚及其要件的结果，大体上符合随刑罚而生的公民规范信念。积极的一般预防提供了概念架构以支持这样一个论点：刑罚必须是合理的（更精确地说，社会公认是合理的），只有这样才能展现预防的（促进社会整合的）效果。否则对刑罚的畏惧将取代理性的学习，这在消极的一般预防中同样如此，但是在积极的一般预防中，这不再局限于具有犯罪倾向的公民而是成为所有人的普遍的态度。在这种情形下，法信赖的形成将简化为完全外在的个人适应效果，并且普遍的法意识将无法获得平复，而是经常处于不安之中。只要积极的一般预防理论对以下这种要求感到满足，即让法社会学的一般原则在刑法的理解上产生作用；只要积极的一般预防理论理解本身，只是一个由体系外部观点来阐释社会的刑法功能与刑法制裁的刑法理论，那么将无法对该理论提出任何基本的质疑。至多基于以下两点，即积极的一般预防理论的提问方式所获得的将非常有限，难以验证该理论所假设的刑罚与其实际影响之间的关联从而对该理论产生疑虑。一旦积极的一般预防理论冒充为真正的刑罚理论，或者一旦它有权回答以下问题，即究竟为什么可以施加刑罚？为何刑罚具有正当性？那么情况就会变得非常棘手。

上文所提到的法社会学的外部观点必然与以下这种态度相结合，即观察者必须对他所察觉到的社会价值信念采取保持距离的态度，观察者并未承认这些社会价值的信念。然而，原本被理解为刑罚理论的，亦即与法律适用者内部观点相关的积极的一般预防的变体同样不严格要求法律适用者认同公民对于刑罚意义的看法。事实上，法律适用者似乎只需断定该看法的存在（及其可能的变化）为一社会事实。公民的看法之所以应受到重视，这并非因为其内容的正确性，而只是因为社会成员法意识的明确存在被认为会促成相关社会的内部稳定。然而，在刑罚理论所特有的正当化问题这个看法下，真的能够保持这样的距离吗？针对保持距离这种要求的质疑是显而易见的,因为公民基于某些理由相信刑罚正当性的这种说法,显然与刑罚是正当的这种说法不同。当然,积极的一般预防理论的支持者将反驳这个质疑并认为这些质疑者低估了积极的一般预防理论的复杂性。根据积极的一般预防理论,刑罚是正当的,因为只有它才有助于改善社会力量的整合;为了达成规范上的关键目的,必须在手段选择的层次上重视现存的公民价值信念。然而,这一辩解并不能消除对积极的一般预防理论作为正当化理论是否合适的疑虑。

鉴于这种棘手的情况,积极的一般预防的支持者似乎只能隐瞒他们对正当化理论的想法。为了促进社会和平以巩固这一公民的实际利益,法律专业团体的成员应假装共享公民对报应的爱好——事实上这是非理性的爱好。然而,为了这个辅助性方案必将付出令人无法接受的高昂代价:这不仅(如同在消极的一般预防中)否定了受刑者的沟通平等性,同时还否定了全体"未开化"公民的沟通平等性。积极的一般预防理论并未消除消极的一般预防在正当化理论上的缺陷,甚至还会扩大这一缺陷。想要将积极的一般预防理论当作刑罚理论的人,无法回避以自身的规范标准来评价他所察觉到的公民看法。然而,在为刑罚正当化提出的众多论据中,他能采用哪个作为规范上的论据呢?前面已经提到,在此无法考虑报应的观点。积极的一般预防理论本身同样也被排除在外,因为刑罚应该产生整合效果的这种声明,完全无助于回答这个问题:刑罚必须如何被理解以达到这一效果?换言之,积极的一般预防理论仅仅给刑事责任提供了一个外围的约束性的东西——架子,这种架子不能再一次作为刑事责任的指涉理论,它也做不到对刑事责任的一种确切的指涉。因此,只能考虑消极的一般预防与特别预防。而在前面已经说明,这些想法都不能将刑罚正当化。至此,一般预防思想的"最后堡垒"就被夷为平地了。

6. 缺乏法律上的忠诚的责任

德国学者金德霍伊泽尔根据一种法律报应理论,认为责任就是"缺乏法律的忠诚"。他认为,刑法中的责任只是法律责任,也就是说,它仅仅是对缺乏忠诚的责难。尽管在刑法中出现了社会评价,但是,刑法上的责任不是一种道德审判,同时,责任责难也和个人所奉为权威的伦理标准的道德评价没有关系。① 根据这种理论，罪责是缺乏法律忠诚的，一种毕竟会使各种法律形态相互吻合成为可能的、在交往性忠诚上的赤字。然而，这种理论并不完全符合刑法上的罪责的全部表现。难道人们真的能够说，无认识过失的行为人和处在法律错误中的行为人不是"忠诚法律"的，并且能够让"交往性忠诚"缺乏吗？还有，在这种方案中，对责任的预防性成分也给予了太少的注意。

这种责任理论从认识论范式转向交往范式，它与哈贝马斯的交往行为理论有关。交往行为是人们之间有意义的互动。对哈贝马斯来说，交往行为需要建立或维持两个或更多的个人之间的社会关系，由于这种行为旨在达成某种企图，或者为了做某种事情，为了有效地进行交往，人们就会努力在交往中达成共识，并根据这种共识获得一种理解的行动。② 他指出，唯有交往行为模式将语言当作一种达成全面沟通的媒介。在沟通过程中，言语者和听众同时从他们的生活世界出发，与客观世界、社会世界和主观世界发生联系，以求进入一个共同的语境。③ 这种责任理论试图在行为人与社会的交往过程中对责任进行一种动态的把握。雅各布斯、金德豪伊泽尔和罗克辛的理论也是在这个意义上理解的。雅各布斯将责任归结为由于一种交往过程中法律忠诚缺乏所招致的一般预防意义上的归咎，罗克辛将责任理解为交往中的可交谈性意义上的罪责。运用交往行为的模式界定责任，本来给全面把握责任提供了一个契机，但遗憾的是，上述责任理论最终还是将责任归属于交往过程中应该遵守的忠诚要求，难免具有片面性。

7. 社会责任论

社会责任论是近代学派的观点，它认为犯罪是素质和环境的作品，对具体的行为道义上没有非难的理由，刑事责任的根据不在于人的自由

---

① ［德］乌尔斯·金德霍伊泽尔：《刑法总论教科书》（第6版），蔡桂生译，北京大学出版社2015年版，第211页。

② ［英］安德鲁·埃德加：《哈贝马斯：关键概念》，杨礼银、朱松峰译，江苏人民出版社2009年版，第22—25页。

③ ［德］于尔根·哈贝马斯：《交往行为理论》，曹卫东译，上海人民出版社2004年版，第95页。

意志，而在于防卫社会。根据该观点，所谓责任，是指行为人因其危险之性格，而应甘愿忍受刑罚之地位。① 由于社会责任论意图在犯罪行为当中观察行为人性格的危险，因此被称为征表主义；此外，因为将行为人的危险性格自身当作责任的内容，它又被称为性格责任论。不过，社会责任论并非说只要危险性以某种征兆表现出来就有责任，而是还要求具有故意、过失作为前提，所以，它也不是很激进的一种主张。

不过，这种理论仅仅根据行为人再次实施犯罪的抽象的危险来确定责任的归属，其正当性是存在疑问的。社会责任论排斥伦理的价值观念，与以伦理非难为基础的刑罚体系不相符合，也不利于保障人权。所以，这种责任理论现在已经没有多少人主张了。

8. 并立可能性理论

这种理论认为，人类行动是自由的这件事情并不以其他行为的可能性为必须条件，注定的行为和责任非难两者是能够并立的。此观点与决定论相结合，被称为"缓和的决定论"。② 根据此观点，人类是否自由并非取决于行为是否是注定的，而是取决于根据什么注定是这个行为。行为由外部强制和精神病等生物学上的原因所决定时，不是自由的；由行为人里面的规范心理来决定时，便是自由的，能够就此行为追究行为人的责任。日本学者平野龙一也认为，所谓责任，不仅不与决定论和自由概念相矛盾，而且也只有在这种自由概念之下才能被充分说明。因为，可以说，不是来自外部的强制而实施了该行为，"自身是原因"，这就是责任，自己意识到这一点就是责任感。③

日本法哲学家泷川裕英认为，作为就某行为追究责任的条件，能力是必需的——这不是实施此外行为的能力，而是理解这个行为相关的理由、实施行为的能力，即理解这个行为相关规范所提示的行为理由，基于这个理由推论自己所为行为的妥当性、决定行为，遵照这个决定来实

---

① ［日］松原芳博：《刑法总论重要问题》，王昭武译，中国政法大学出版社2014年版，第105页。

② ［日］佐伯仁志：《刑罚总论的思之道·乐之道》，于佳佳译，中国政法大学出版社2017年版，第268页。

③ ［日］平野龙一：《刑法的基础》，黎宏译，中国政法大学出版社2016年版，第23页。

施行为这样一种能力。① 我们有自由意识，对其他行为的可能性有意识，也多会以此作为自由意识的根据。但是，自由意识也许只是单纯的幻想。而且有不少情况是，在深思熟虑之后做出了重大决定时，考虑到自己的性格和当时的状况，会感觉只能这样来决定，如果处于同一情况时还会作出同样的决定。即便如此，我们也不想去否定对自己的决定负有责任，因为这是充分考虑后所作出的决定。在承认自由意志的情况下，责任的确定一般是根据一般人、平均人的标准进行非难的，但是，根据这种标准确定的责任是否真的与尊重个人的自由和自律有关，并不是很清楚的。所以，佐伯仁志认为，与其以一般人、平均人为标准来判断行为人的责任，不如判断行为人责任时缜密考察理解这个行为相关的理由、实施行为的能力，这样作出的判断才有可能更加重视这个人。② 平野龙一也认为，这里的责任，以独立于外部强制以及疾病等生物学上的因素，以自己的规范意识而独立做出决定这种意义上的自由意识为前提，而并非是以意识的无原因性或者无法则性这种意义上的自由意识为前提。③ 在行为人因法益尊重意识淡薄而决意实施了犯罪行为的场合，通过对这种行为的非难，能够赋予其产生更为牢固的法益尊重意识的动机；反之，在实施犯罪行为的原因在于生理性精神疾病等的场合，对于这种生理性因素，刑罚的信息无法发挥作用，对此予以非难也没有预防效果。而且，由于规范意识构成了区别于其他人以及外界而被认识到的"自我"的一部分，因而，针对自己的规范意识追究责任，行为人对此是能够接受的，而对于因为诸如精神疾病等不属于"自我"的因素而受到处罚，行为人想必是难以接受的。

这个理论从对行为人答责的理由在说明刑事责任，是退而求其次的做法。该说并没有揭示刑事责任的内涵是什么，只是从怎样让行为人承担刑事责任能够接受这一方面来解读刑事责任，它不可能揭示刑事责任

---

① ［日］佐伯仁志：《刑罚总论的思之道·乐之道》，于佳佳译，中国政法大学出版社2017年版，第268页。
② ［日］佐伯仁志：《刑罚总论的思之道·乐之道》，于佳佳译，中国政法大学出版社2017年版，第269页。
③ ［日］平野龙一：《刑法の基础》，东京：东京大学出版会1966年版，第3页以下。

的本质。这种理论只是试图解决答责的可信性（是不是解决了还是存在疑问的），没有解决刑事责任是什么的问题，而答责的合理性与刑事责任"是什么"不是一个层面的问题。

现在刑事责任的研究或许是因为惧怕奥卡姆剃刀①的威力，极力缩小刑事责任研究的范围，简化其研究的内容。这样的后果是，它们都试图将刑事责任建立在一个非经验的、非事实的假设上。但是，建立在这种假设之上的刑事责任理论都是无根的。刑事责任研究的目的不是遵循简化与经济的原则，而是应该按照刑事责任的本来样子来把握它，是要尊重刑事责任自身，更充分、更如实地倾听刑事责任自身。

二 英美法系刑事责任理论概况

（一）美国刑事责任的理论和司法概况

1. 刑事责任的本体要件

美国刑法把犯罪成立的要件分为犯罪行为和犯罪心理，二者是刑事责任的本体要件。罗琳·铂金斯阐述了这一观点："罪行仅仅取决于主观心理状态PH……不过，只有有过错的主观状态产生了社会危害性的结果，才存在刑事责任。"② W. 赫切尔认为："一项物理行为是责任必备构成要件之一，这就使法律责任与伦理原则和道德哲学有了区别。对于伦理原则和道德哲学，只要具备主观因素就足以构成罪责。道德法律的表述形式是'应该是这样'，而不是'必须这样做'的形式。"③ 美国学者德雷斯勒指出，"无犯意则无犯罪"表达了这样一个原则：除了少量情形外，构成犯罪既要证明被告人的犯罪行为，还要证明被告人的犯罪心理。正

---

① 奥卡姆剃刀定律，它是由14世纪英格兰的逻辑学家、圣方济各会修士奥卡姆的威廉（William of Occam，约1285年至1349年）提出。这个原理称为"如无必要，勿增实体"，即"简单有效原理"。

② Ollin Perkins and Roland Boyce, *Criminal Law*, Mineola, M.Y.: Foundation Press 3d ed., 1982, 830.

③ ［美］约书亚·德雷斯勒：《美国刑法精解》，王秀梅等译，北京大学出版社2009年版，第106页。

如美国联邦最高法院明确表述的,刑事责任要求"罪恶的思想和罪恶的手"。[①]

进入20世纪以后,犯罪心理的概念才开始深深植入美国刑法中,在此之前其还不是犯罪成立的一个要件。现在理论和司法都认为,只有造成的危害是由犯罪心理引起时,这种危害才能构成犯罪。不过,犯罪心理的含义为何,曾一度困扰英美法系的刑法。通常来说,犯罪心理有两种定义:一种是广义的、模糊的定义,一种是相对狭义的、更准确的定义。前者是指一种"普通的不道德动机""邪恶的意念"[②]或"一种罪恶的思想"[③]。根据这个定义,成立犯罪不要求证明行为人在特定犯罪心理下造成了法定的危害结果,即并不要求证明行为人在实施犯罪时是"故意地""明知地"或具有其他特定的心理状态。只要证明被告人以体现其不良品质或不道德的方式实施法律所禁止的行为就足够了。[④] 对于后者来说,犯罪心理可以被定义为在犯罪定义中规定的特定心理。假如没有这种特定的心理,就不能构成相应的犯罪。

在美国普通法和成文法中,使用的犯罪心理的术语主要有以下几种:(1)故意。在普通法中,成立故意所需要的条件是:第一,造成社会危害是他的内心愿望;第二,在实施危害行为时明确知道行为所造成的危害必定会发生。(2)明知。一个人明知会造成社会危害通常被认为是故意造成社会危害。(3)恶意。恶意是个有着多重含义的词语。有时它是指实行某种行为时所具有的一种不良的意图或具有一种罪恶的动机,同时,恶意也暗示着故意违反一种明知的法定义务或故意不守法。(4)过失和轻率。如果一个人在行为时没有尽到一个理性人的注意义务标准,过失就存在了。对于轻率,法庭的判决要求证明行为人忽视一种他已经

[①] [美]约书亚·德雷斯勒:《美国刑法精解》,王秀梅等译,北京大学出版社2009年版,第106页。

[②] [美]约书亚·德雷斯勒:《美国刑法精解》,王秀梅等译,北京大学出版社2009年版,第106页。

[③] [美]约书亚·德雷斯勒:《美国刑法精解》,王秀梅等译,北京大学出版社2009年版,第106页。

[④] [美]约书亚·德雷斯勒:《美国刑法精解》,王秀梅等译,北京大学出版社2009年版,第108页。

意识到的实质和不合理的风险。（5）蓄意。蓄意是普通法和成文法中关于犯罪心理的一个重要术语。在大多数情况下，如果一个人故意或轻率地造成了犯罪所禁止的社会危害，就属于一个蓄意。[①]

2. 刑事责任的充足条件

根据美国刑法和司法实践，刑事责任只有在同时具备犯罪的本体要件和不具有合法辩护时才成立。也就是说，只要行为人实施了符合法定犯罪要件的行为，就被推定为是有实际危害的和有责任的，控告一方只需要证明被告人的行为是符合法定犯罪要件的。而被告一方就需要说明没有实际危害或没有主观责任，即被告方具有证明自己无罪的责任。

在美国，合法辩护的内容有未成年、错误、精神病、醉态、被迫行为、警察圈套、安乐死、紧急避险、合法防卫等。[②] 美国刑法把合法辩护分为两类。一类是"可得宽恕"，如未成年、错误、精神病、被迫行为等，相当于大陆法系的责任阻却；另一类是"正当理由"，如紧急避险、正当防卫、警察圈套等，相当于大陆刑法的违法性阻却事由。

（二）英国刑事责任的理论和司法概况

和美国一样，英国刑法的传统模式也是由三个要件构成：犯罪行为、犯罪意图、辩护事由。[③] 其中，犯罪行为是刑事责任的核心要件。英国刑法中有一个格言：没有犯意的行为不能构成犯罪。[④] 但这并不是一直以来的规定。在英国古代刑法中，只要实施了犯罪行为就要承担刑事责任，至于行为人实施行为时的心理状态则与刑事责任无关。到13世纪时，英国法院才开始要求证明被指控的犯罪人具备一个犯罪心理状态。

在英国刑法中，犯罪意图是指，在被指控的犯罪的定义中有明示或

[①] ［美］约书亚·德雷斯勒：《美国刑法精解》，王秀梅等译，北京大学出版社2009年版，第110—123页。

[②] ［英］威廉姆·威尔逊：《刑法理论的核心问题》，谢望原等译，中国人民大学出版社2015年版，第293—294页。

[③] ［英］威廉姆·威尔逊：《刑法理论的核心问题》，谢望原等译，中国人民大学出版社2015年版，第293—294页。

[④] ［英］鲁珀特·克罗斯、菲利普·A.琼斯：《英国刑法导论》，赵秉志等译，中国人民大学出版社1991年版，第24页。

默示规定所要求的那种心理状态。① 和美国刑法类似，英国刑法中的犯罪意图的种类也包括故意、放任、明知和过失。犯罪意图与恶意的概念和对行为的错误性质的认识并没有必然的联系。被告人对刑法的无知，不能作为辩护理由。一般来说，被告人本人不认为他的行为是不道德的，或者不知道大多数社会成员认为它是不道德的这一事实也不能作为辩护的理由。而且，被告人实施这种行为时是否有"好的"或"坏的"动机，一般也与刑事责任无关。

在英国刑法理论界和司法中，许多人都会同意这样一个通则：只有被告人有过错时，对他判刑才是正当的。证明被告人是否有过错需要查明的东西有：他是否在重要关头有控制自己行为的能力，他对有关事实的认识，以及他对有关结果的预见等情况。这个通则的重要性在英国的大量现代判决书中都得到强调。如在"布伦德诉伍德"一案中，戈达德法官指出："法院应该永远牢记，除非法律明确地或者条文的含义必然包含着把犯罪意图排除在某种犯罪的构成要件之外，法院在一个人没有犯罪意图的情况下，不应该判决该人犯有触犯刑律的罪行。"②

至于各种犯罪意图的含义，大致如下：（1）故意。是指在被控罪名的犯罪行为的定义中要求被告人的行为产生特定结果时，如果他是故意引起这个结果的，那就是故意的心理状态。（2）明知。英国刑法规定了三种程度的明知：第一种是从被告人的行为中可以推断出来的实际上的"明知"。如果行为人明知他实施行为时的情况，那么，他就是故意行为的。第二种"明知"是故意的漠视。只要行为人认识到可能存在的危险性而故意漠不关心，就构成实际的"明知"。故意的漠视是对周围情况的主观放任。它通常被称之为纵容。承认故意的漠视的第一个有记录的是斯利普一案。该案中，特别刑事法院的一些成员明显地准备把这种主观意图作为刑事责任的基础。在后来的一个案件中，法院认为，不能判定一个允许装有毛病的制动系统的车辆在公路上行驶的人有

---

① ［英］鲁珀特·克罗斯、菲利普·A.琼斯：《英国刑法导论》，赵秉志等译，中国人民大学出版社1991年版，第30页。
② ［英］鲁珀特·克罗斯、菲利普·A.琼斯：《英国刑法导论》，赵秉志等译，中国人民大学出版社1991年版，第25页。

罪，除非是他实际上明知这点或者对是否发生违反规定的问题显然满不在乎。实际的明知和故意的漠视必须与第三种程度的明知严格地区别开来。第三种是推定的明知。它在于行为人虽不知道但他应该知道的情况中。如果一个人没有去做一个认真的、谨慎的人应该做的调查了解，推定的明知就存在了。（3）放任。放任一词是在两种意义上使用的，第一种是指有意识地实施不正当的冒险行为。在这种意义上，行为人对他故意实施的行为的结果具有放任的心理状态。第二种是客观意义上的，是指被告人本应认识到他所实施的是不正当的冒险却没有认识到这一点。（4）过失。过失是指有理由可以料到的危险面前未能遵守某个行为规则。[①]

在英国，辩护事由也是刑事责任成立的一个要件，其内容和美国基本类似。英国的辩护事由包括未成年、精神病、错误、醉酒、胁迫和强制、紧急避险、正当防卫等。近来，英国理论普遍承认三种辩护事由：豁免事由、正当事由、宽恕事由。如果被告不是能够被恰当地要求负刑事责任的行为人，他有权主张豁免事由；如果被告是准确地行为，或至少是可容许地行为，他有权主张正当事由；尽管行为人满足刑事责任的其他要件，但因某种理由要求其对行为负刑事责任是不恰当的，他有权主张宽恕事由。[②] 其中正当事由与宽恕事由的区别在于将有充分理由的被告与没有充分理由的被告分开。至于豁免事由与宽恕事由的区别，维克多·塔德洛斯认为，二者核心的区别在于具有有责行动者的法律地位的人与没有这种法律地位的人之间。不具有恰当法律地位的人，应该被认为是刑事责任的豁免，具有恰当法律地位的人，应该被认为是另一类。[③]

（三）英美刑事责任理论和司法的评述

英美刑法的刑事责任理论与大陆法系国家的刑事责任理论既有相同

[①] ［英］鲁珀特·克罗斯、菲利普·A. 琼斯：《英国刑法导论》，赵秉志等译，中国人民大学出版社1991年版，第30页。

[②] ［英］维克多·塔德洛斯：《刑事责任论》，谭淦译，中国人民大学出版社2009年版，第108—109页。

[③] ［英］维克多·塔德洛斯：《刑事责任论》，谭淦译，中国人民大学出版社2009年版，第137页。

的地方，也有不同的地方。相同的地方在于，都受康德哲学的影响。大陆法系刑事责任理论尽管有不同的学说，但大多数的学说都没有摆脱康德哲学的影响，只是在内容上有差别。英美刑法中的刑事责任理论至今还是采用主观主义，将刑事责任的研究建立在个人主义、自由、自我意志等之上。二者不同的地方在于：一是英美刑法不区分不法和责任，将大陆法系的不法也作为刑事责任的成立要件。[①] 二是英美刑法刑事责任采用实体和程序结合的机制，是从动态上把握刑事责任的，即将合法辩护作为刑事责任的一个条件，这是英美法系的一个特点。

与大陆法系相比，英美法系不注重刑事责任理论的体系化，很多概念之间的界限不是很清楚，比如故意与轻率，故意与过失的界限。这是因为，英美法系奉行实用主义的哲学，只要一个理论对司法实践有用就行，不过多地在理论上进行精细的概念化。现在，随着社会的发展，也有学者对此提出了质疑。有人提出了共同体主义的解释，有人提出了关联性的解释，即个人责任与共同体责任、社会责任的关联。如英国学者诺里指出，人的关联性是道德行为的起源，以至于关系、相互依赖性和共同体成为自我观念的焦点，因而也成为行为和责任的焦点。[②] 这种理论是从存在主义上对刑事责任多元性的一种揭示，也是刑事责任研究的一个新的动向。

[①] 德国理论界也有主张不法和责任不加区分的观点，如德国学者帕夫利克提出了不法就是刑法上的罪责本身，罪责就是刑法上的不法这样一些完全混同不法与责任之间关系的命题，不法与责任是不可分离的。参见［德］米夏埃尔·帕夫利克《最近几代人所取得的最为重要的教义学进步？——评刑法中不法与责任的区分》，陈璇译，陈兴良主编《刑事法评论——规范论的犯罪论》第35卷，北京大学出版社2015年版，第320页。不过，对于这种情况，德国学者罗克辛教授就对雅各布斯主张不法与责任不加区分的观点进行了学术批判，认为将不法和罪责融合到一起，会抹平本质上的事实区分。不法解决的是某个举止是否是一种受刑法禁止的法益侵害的问题，而责任解决的是违反这种禁止的法益侵害是否必须要动用刑罚加以处罚的问题，这是两个不同的问题。参见［德］克劳斯·罗克辛《刑事政策与刑法体系》（第二版），蔡桂生译，中国人民大学出版社2011年版，第91页。

[②] ［英］艾伦·诺里：《刑罚、责任与正义》，杨丹译，中国人民大学出版社2009年版，第177、257—282页。

三 我国刑事责任理论研究的概况

（一）我国刑事责任的观点概览

刑事责任问题，曾经是我国刑法学研究的热点问题之一。陈兴良教授认为，刑法中的责任，既是最为重要的，同时也是最为混乱的一个概念。[1] 黎宏教授也指出，在我国的刑法学中，没有哪个部分的研究比刑事责任论更凌乱不堪、更叫人摸不着头脑了。[2] 什么是刑事责任，在刑法理论上意见不一，主要有以下几种观点：（1）法律责任说。认为"刑事责任是国家司法机关按照法律规定和其他能说明犯罪社会危害性的事实，强制犯罪人负担的法律责任"。（2）法律后果说。认为"刑事责任是行为人实施刑事法律禁止的行为所必须承担的法律后果"。（3）否定评价说或责难说、谴责说。该说认为，刑事责任是指犯罪人因实施刑法禁止的行为而应承担的、代表国家的司法机关依照刑事法律对其犯罪行为及其本人的否定性评价和谴责。（4）刑事义务说。认为刑事责任是"犯罪人因其犯罪行为根据刑法规定向国家承担的、体现着国家最强烈的否定评价的惩罚义务"。（5）刑事负担说。认为"刑事责任是国家为维持自身的生存条件，在清算触犯刑律的行为时，运用国家暴力，强迫行为人承受的刑事上的负担"[3]。（6）刑事惩罚或否定性法律评价说。认为刑事责任是刑事法律规定的，因实施犯罪行为而产生的，由司法机关强制犯罪者承受的刑事惩罚或单纯否定性法律评价。[4]（7）有责性说。认为责任就是有责性，是指就符合构成要件的违法行为对行为人的非难。[5] 陈兴良认为，刑事责任这个概念是从大陆法系刑法理论中的有责性演变而来的，而有责性是以对犯罪者意思形成之非难或非难可能性为其本体。在这个意义上说，刑事责任属于犯罪论的范畴，相当于我们现在所说的罪过。他主

---

[1] 陈兴良：《刑法中的责任：以非难可能性为中心的考察》，《比较法研究》2018年第3期。

[2] 黎宏：《关于"刑事责任"的另一种理解》，《清华法学》2009年第2期。

[3] 以上观点参见赵秉志主编《刑法争议问题研究》，河南人民出版社1996年版，第539—542页。

[4] 高铭暄、马克昌主编：《刑法学》（第5版），北京大学出版社2011年版，第200页。

[5] 张明楷：《刑法学》（第4版），法律出版社2011年版，第222页。

张还刑事责任以本来的面目——作为罪过问题进行考察。① 后来，陈兴良教授改变了立场，采用了大陆法系的规范责任论的立场。他指出，责任的本质特征是非难可能性，只有在具有非难可能性的情况下，行为人才能对不法行为承担责任。对于非难可能性，需要从实质上进行理解，尤其是需要从违法性认识和期待可能性这两个维度为非难可能性提供根据。其中，违法性认识是非难可能性的智识性要素，而期待可能性是非难可能性的意愿性要素。②（8）法律后果＋主观谴责说。该说认为，刑事责任是犯罪的法律后果加上对行为人的主观谴责。黎宏教授认为，刑事责任应包括两个部分的内容，一是犯罪的法律后果，一是主观谴责。③ 黎宏教授提出这个观点的原因是，我国犯罪构成解决的就是两个问题，一是行为造成了成立具体犯罪所必要的危害结果；二是行为人对于该种危害结果是否主观上具有责任，那么，刑事责任也应该包括这两方面的内容，即包括对危害结果的责任（一种结果责任），一种罪过责任。（9）功能责任论。我国有学者赞同罗克辛的功能责任论，认为要根据行为人对法规范的忠诚和社会解决冲突的可能性来决定行为人的责任，如果行为人即使忠诚于法规范，也不得不实施符合构成要件的违法行为，或者如果社会不依赖于行为人的责任而能够自己解消冲突，那么，就无须把责任归属于行为人，行为人就是无责任地实施了不法行为。④ 根据该观点，责任的目的是通过法忠诚的维护以实现社会的稳定。如果社会自治能力较好，行为人实施的危害行为能够得到妥当解决时，法规范和社会的稳定没有被动摇时，行为人就不必承担刑事责任了。

我国关于刑事责任的概念还有很多，不外乎都是上述学说的变种，限于篇幅，在此就不一一列举了。

（二）各种观点的评述

法律责任说指出了刑事责任的法律属性，可以把刑事责任与其他责任从形式上区分开来，但从实质上看，它并没有指出刑事责任是什么，

---

① 陈兴良：《刑法哲学》（修订3版），中国政法大学出版社2003年版，第17—18页。
② 陈兴良：《刑法中的责任：以非难可能性为中心的考察》，《比较法研究》2018年第3期。
③ 黎宏：《关于"刑事责任"的另一种理解》，《清华法学》2009年第2期。
④ 冯军：《刑法中的责任原则》，《中外法学》2012年第1期。

也不能将刑事责任与其他责任完全分开。法律后果说只是指出了刑事责任会有什么样的后果，但将法律后果与刑事责任相等同，是一种过于简单化的做法。因为刑事责任毕竟与法律后果不同，它还有更为丰富的内涵，而该说却没有揭示出其内涵。否定评价说或责难说、谴责说只是揭示出刑事责任在评价和责难、谴责方面的特征，这些特征在其他的领域中也存在，所以，这个学说也不能将刑事责任与其他的制裁措施区分开来。刑事义务说指出了刑事责任的义务内涵，这是可取的一面。但是，该说没有指出刑事义务的来源、内容，是其不足。刑事负担说将刑事责任等同于一种负担，和前几种学说具有类似的错误。因为这样一种用一个概念去代替另一个概念，会导致概念的一种无止境的探求，这种观点对于确定刑事责任的真正含义是没有帮助的。刑事惩罚或否定性法律评价说实际上是一种折中的观点，这种观点希望通过这种办法来弥补自己主张的漏洞，貌似全面，但会兼具它所折中的观点的所有缺陷。有责性说是大陆法系的观点，这个学说实际上是将德日刑法中犯罪认定的步骤移植到我国的刑法理论中，采用这个学说的学者大多采用的是大陆法系刑法中的规范责任论的立场。我国还有学者采纳功能性的责任理论，至于该理论和规范责任论存在的问题，在前文中已有论述，此处不赘。

第二节　刑事责任研究存在的问题

一　刑事责任研究的不足

（一）我国学者对现有刑事责任研究的评价

对于我国刑事责任存在的问题，很多学者都进行了批评。张明楷教授指出："我国传统的犯罪论体系，是以客观与主观为支柱建立起来的，亦即犯罪构成是犯罪客体、犯罪客观方面、犯罪主体、犯罪主观方面的有机统一；刑法理论将客体与客观方面进一步提升为客观，将主体与主观方面进一步提升为主观；主观与客观的统一成为我国犯罪论体系的基本特点乃至核心。"[①] 冯军教授指出，在我国目前还非常流行的四要件犯罪论体系中，最严重的问题之一，就是没有贯彻责任原则，缺乏系统的

---

① 张明楷：《以违法与责任为支柱构建犯罪论体系》，《现代法学》2009年第2期。

责任理论。中国刑法学者必须认真回答决定犯罪成立与否和刑罚轻重的"责任"到底是什么这个根本问题，否则，中国刑法学就可能总是在自然主义的泥沼中不能自拔。① 黎宏教授指出，已有的有关刑事责任的研究报告或者研究成果中，鲜见令人满意之作。这种令人不满意并不在于各个著述的理论深度不够或者引述的资料不足，而是在内容上未能摆脱空洞、形式化的流弊，很多著作基本上没有找到在我国何以要研究刑事责任的问题意识。② 我国目前在刑事责任的研究中学说纷呈，意见迭出，每种学说或意见都没有对自己的观点进行有效的论证。对于这种情况，柏拉图指出，意见既非知识，也非无知。③ 这种评论对于我国刑事责任的研究也是很恰当的。

从我国学者对刑事责任的批评来看，他们也发现了我国刑事责任理论的不足。为了克服这种不足，他们采取的路径大致有两种：一是采用德日刑法中的责任理论，或者从规范上，或者从功能、刑罚目的上去探寻刑事责任；二是采用我国的传统的路径，从犯罪的后果上来探究刑事责任。这两种路径的共同点是，它们都是将刑事责任回溯到另一个概念（甚至有的是虚构的）或者事物上，并根据它们的内在属性来确定并且区分这些事物或概念，这些事物或概念彼此之间处于诸种——主要是空间与因果性——关系之中。这导致关于刑事责任的概念都是由意见、信念推动。大多这样的意见是十分模糊的，远离任何原初的清晰性。每一个事物或概念在逻辑意义上独立于其他事物或概念。这一做法就像这样一种说法一样荒谬：世界是且仅是我窗外的那棵树。如我们说刑事责任就是刑事义务或刑事制裁等，实际上就等同于上述那种说法。这表明，在刑事责任的研究方法上，总是倾向于用一个简单的"元根据"作为刑事责任的根源，而对于这个"元根据"是怎么来的不加追问。这导致刑事责任理论仍然是最为混乱，又最贫乏的一个范畴之一，其原因出现在我们一直强调的刑事责任的"问题意识"中的所谓"问题"

---

① 冯军：《刑法中的责任原则》，《中外法学》2012年第1期。
② 黎宏：《关于"刑事责任"的另一种理解》，《清华法学》2009年第2期。
③ ［古希腊］柏拉图：《理想国》，郭斌和、张竹明译，商务印书馆1986年版，第223页。

上。也就是说，我们并没有发现刑事责任的真正问题在哪里。那么，刑事责任研究存在的问题到底在哪里呢？

（二）刑事责任研究存在的问题

刑事责任是我国刑法中的一个基本范畴[①]。现在需要探究的是，刑事责任研究存在的问题是什么？只有把问题搞清楚了，才不会导致方向上的迷失，才能找到解决的方法。为了回答这个问题，我们需要从刑事责任与哲学的关系演变中去寻求答案。

从文艺复兴开始，欧洲人就放弃了他们一直认肯的存在方式，即中世纪的存在方式，并否定其价值，然后要自由地重新塑造自己。他们想效仿古希腊罗马人的那种"依据于哲学的"生活方式：根据自由、纯粹理性和哲学的准则来安排自己的生活。他们认为，应该开始进行一种绝对没有先入之见的关于世界和人的普遍的认识：从世界本身中认识它本有的理性、目的论和它的最高原则。这种哲学对刑事责任的影响是，刑法学家根据这种理论将犯罪人定性为理性和冷静的存在者，每个人都是在一种自由的选择中，都是在一种理性和冷静的判断中作出决定并付诸行动的。根据这种理论所构建的刑事责任体系，解决的是这样的问题：刑事责任的事实和理性是什么。

自此以后，理性就是刑事责任的一个主要内容。在这里，理性是绝对的、永恒的、超时间的、无条件的，它超出了由纯粹事实构成的世界，占有比事实更高的地位，是最终赋予刑事责任的所有事实、价值、目的以意义的东西。但是，现在对刑事责任确定性的怀疑都是与刑事责任的基础要素——理性——分不开的。奠定在理性之上的刑事责任理论试图给刑事责任找寻一个牢固的基础以克服刑事责任的相对性，但由于受到自身的朴素性的牵累，其危机随着社会的发展日益显现：刑事责任的可用性、易理解性、连贯性和明确性缺乏的问题越来越突出。它不能回答这些问题：这种理性是怎么说明刑事责任的？理性和刑事责任能够分开吗？

[①] 高铭暄、马克昌主编：《刑法学》（第 5 版），北京大学出版社、高等教育出版社 2011 年版，第 199 页。

传统的刑事责任理论试图通过一种普遍的哲学及其方法为刑事责任创造一个开端，以便建立一个刑事责任的新时代。这种刑事责任理论是奠基在近代欧洲的人性之上的，并试图通过这种新的人性，让刑事责任的基础得到彻底的更新。不过，这种企图使刑事责任的研究陷入了和欧洲近代哲学同样的处境中：无法找到一个路径去实现自己所提出的任务。[1] 这种处境使刑事责任的研究陷入这样的境地：要么将刑事责任建立在相对主义和怀疑主义的论断之上；要么根据先验主义的独断论建构刑事责任。不管采用哪种办法，这种责任理论都无法为刑事责任确立一个牢固的根基，最终使刑事责任建立在一个浮萍式的设想之上。

当然，不是说刑事责任的研究要回到怀疑论那里去，虽然现代人仍处在怀疑论的洪流中。我们还是应该致力于探求刑事责任所具有的统一的意义。对于现代的刑事责任来说，虽然刑事责任的基础已经崩溃，但刑事责任的研究还是要致力于发现它尚有的根基并为保持这种根基或为寻求新的根基而努力，以便揭示刑事责任的真实的意义。[2]

从19世纪开始，刑事责任的研究一直深受实证主义的影响。在这种思想的影响下，刑事责任研究仅仅是为了确定，刑事责任（不管是它的客观方面还是主观方面）实际上是什么。这种态度试图将刑事责任建立在科学的、精密的、已被证明的事实的基础上，但是，自然科学都不可避免地存在谜的维度。在这种情况下，刑事责任的可证实性就出现了障碍。自然科学的方法只是我们认识刑事责任的许多方式中的一种，这种方法难以胜任刑事责任的衡量标准。如果刑事责任只允许以这种方式将客观上或主观上可确定的东西看作是真的，这种刑事责任能告诉我们什么呢？刑事责任的意义又是什么呢？

---

[1] 胡塞尔指出，所谓科学的危机所指的无非是，科学的整个科学性，即它为自己提出任务以及为实现这些任务而制定方法论的整个方式，成为不可能了。参见［德］胡塞尔《欧洲科学的危机与超越论的现象学》，王炳文译，商务印书馆2011年版，第15页。

[2] 胡塞尔指出，"一种真正的哲学的生命力在于，它们为自己的真实意义而奋斗，并以此为真正的人性而奋斗。使潜在的理性作为真正的可能性成为可以理解的，是形而上学的目标——成为由哲学理性而造就的人，而且只能作为这样的人存在——实现的唯一方法。"参见［德］胡塞尔《欧洲科学的危机与超越论的现象学》，王炳文译，商务印书馆2011年版，第28页。

现有的刑事责任理论基本上是根据二元论的立场对刑事责任进行研究的。无论是心理责任论的主观的事实，还是规范责任论的规范性的评价，都是将刑事责任与其所依寓于的世界分割开。它们试图在一种自足的境域内实现刑事责任的自在存在，却不顾这些所选定的境域是否是刑事责任的本有的领地以及能否得到一致的明察。这种对刑事责任研究领域的随意地选择导致刑事责任理论品质的萎缩。因为它试图越过刑事责任的现象去抓住超刑事责任的本质，从而使刑事责任与刑事责任现象联结的纽带被扯断了，脱离了刑事责任本身的丰富性、微妙性和生动性而去进行一种概念化的抽象、重构和超越。它要么运用实证主义或者自然科学的方法进行研究，得出一些相对主义的结论；要么根据先验主义的独断论，其结论实际上没法论证自身，并且最终无法达到刑事责任的确然性。

现有的刑事责任理论大都具有这种特征：刑事责任是通过一些关于刑事责任的观念或者设定，然后再经过心理的联结或者某种联想，并将这些观念或联想组成一个系统的责任观念及其关系。这种做法给人一种空中楼阁式的不接地气的感觉，虽然目前产生了很多"成果"，但都是邯郸学步，亦步亦趋，基本上还是一种不成熟的表现。造成这种结果的原因不是刑事责任本身不够清晰可辨，而是我们被某种观念蒙住了眼睛。这正如亚里士多德所指出的，现在的迷津，其咎不在事例而正在我们自己。好像蝙蝠的眼睛为日光所闪耀，我们灵性中的理智对于事物也如此炫耀，实际上宇宙万物，固皆皎然可见。①

任何刑事责任理论所包含的内容都必须和刑事责任的形式是统一的，不能出现二者不一致的情况。这一点，黑格尔早就指出，内容并不是没有形式的，而是既在自身中具有形式，同时形式对于内容也是一种外在的东西……所以，内容无非是形式之转化为内容，形式无非是内容之转化为形式。② 刑事责任的内容也与刑事责任的形式密不可分，二者是相辅相成的。任何刑事责任的内容必须在自身中就具有刑事责任的形式，而

---

① ［古希腊］亚里士多德：《形而上学》，吴寿彭译，商务印书馆1959年版，第36页。
② ［德］黑格尔：《逻辑学》，梁志学译，人民出版社2002年版，第249页。

刑事责任的形式只是刑事责任的内容的一种外化。

刑事责任的内容是刑事责任表现出来的东西，这种表现出来的东西是这样存在的：它的持续存在直接得到扬弃，只是刑事责任形式的一个环节。刑事责任自身包含有这种持续存在或质料，作为自己的规定之一。任何一种刑事责任理论都是由内容性规定组成的，刑事责任的内容是刑事责任的重要组成部分。但是，刑事责任的内容无论在刑法教科书中还是学术领域里都很少得到充分的讨论。这说明，我国理论界对于刑事责任的研究更多的是从范畴和逻辑上进行的，没有思考自己提出的刑事责任内容和形式是不是互相符合的。因此，对于刑事责任的研究，首先需要解决的是将刑事责任奠定在什么基础上，即刑事责任的内容是什么，它们是从哪来的。不对这些问题进行研究，刑事责任理论就缺乏一个牢固的根基，刑事责任的体系再完美也是徒劳的。

基于上述分析，刑事责任的研究存在的问题在于没有为刑事责任确定一个源本的课题域和缺乏通达刑事责任的路径。首先，刑事责任的研究必须有自己的源本的课题域，只有这样才能为刑事责任提出一种本己的任务。现有的刑事责任研究聚焦于"刑事责任是什么"这一问题，并对这一问题进行一种认识论的探查。在这种探查中，要么将刑事责任的研究局限于所选定的事实，使刑事责任的研究变成一种对于特定事实的非刑法学研究；或者把刑事责任物质化和对象化。这些做法使人们陷入一种困惑之中，为什么要聚焦于那种局限的领域？

其次，没有找到通达刑事责任的路径。现有的刑事责任理论都为自己提出了任务，但是，它采用的方法不可能实现它所提出的任务。人们不知道每个刑事责任理论所言明的刑事责任是怎么呈现出来的，或者说，不知道论者是怎么把捉到其所说的刑事责任的。刑事责任必须具有通达自身的途径，我们不仅要知道刑事责任"是什么"，还需要知道刑事责任的"如何是"，即刑事责任是怎样成为现在的样子的。只有这样，我们所把捉的刑事责任才是有根据的。因此，要克服刑事责任研究的不足，首先需要对刑事责任研究不足的表现进行深入的分析，以便为克服这些不足提供方案。

二 现有刑事责任理论不足的具体表现

（一）现有刑事责任理论的课题域及其问题

从刑事责任理论的发展历程看，历代学者关于刑事责任的研究或许只是把捉住了刑事责任的某一个方面，没有把握刑事责任的全貌。这些刑事责任理论的问题在于，我们能不能像物理学那样把刑事责任理论发展成一种精确科学的体系：由一个具有普遍约束性的公理组成的体系，不为不同的意见、个人的信念、随意的提问留下任何地盘。物理学之所以取得那么巨大的成就，是因为物理学是在用自己的方法——观察、推理和实验（即通常所说的科学方法）[①]——对特定课题域的问题进行研究。例如，面对一只青蛙，物理学的课题域限于青蛙身体里有多少分子等问题。如果要问物理学家"青蛙为什么会跳起来"，物理学家就回答不出，也就是说，这个问题不属于物理学的课题域。刑事责任的研究要想和物理学那样精确（当然，物理学的所谓的精确也是相对的），我们必须找到刑事责任的源本的、真正的课题域。只有在这个课题域内，刑事责任的研究才有可能。

刑事责任研究的历史，在某种程度上就是不断寻找刑事责任课题域的历史。不同的责任理论都有其各自的课题域，虽然这些课题域都是有意或无意形成的。课题域关系着每个理论所关注的重点领域和解决的重点问题，从而影响到每个理论的体系。每个责任理论之所以具有不同的主张都与其各自的课题域有关。由于在刑法理论中存在众多的刑事责任理论，对于每个刑事责任理论的课题域都进行探讨没有多大意义，所以选择几个影响大的、有代表性的刑事责任理论的课题域进行探讨。

1. 心理责任论的课题域及其问题

受 19 世纪末期自然主义哲学的影响，心理责任论试图像自然科学那样清楚地理解刑事责任。它将其课题域限定在行为与行为人心理的联系之中，即对刑事责任进行一种主观的考察。它的任务在于：通过一种

[①] [美]费恩曼、莱顿、桑兹：《费恩曼物理学讲义》（第1卷），郑永令、华宏鸣、吴子仪等译，中国科学出版社 2005 年版，第 11 页。

（心理学意义上的）事实的考察实现刑事责任的可视性。按照这个理论，刑事责任就和心理学意义上的故意和过失相等同了。心理责任论将其课题域局限于责任的经验，将责任理论等同于经验科学的一部分。它经过约束可认识的"责任事物"范围的那种可理解的自然主义的限制，索性把关于责任的经验当作责任的唯一来源，使责任理论蜕变为对于心理事实的非刑法学的研究（立足于自然科学的心理学研究），以便摆脱责任理论中的幽灵（脱离事实的想象或者一种先天的思辨虚构，这也是近代责任理论的主要价值所在）。但是，认为责任判断要有事实根据，这也是一种"先天思辨虚构"，它并不因为来自经验主义就较好一些。

　　心理责任论的课题域设定的动机是使自主的理性成为刑事责任的唯一权威，这是一种刑事责任认识论上的彻底主义，这个动机是值得赞赏的。该理论期望通过合理化地、科学地判断刑事责任以便回到责任事实[①]本身，或从关于刑事责任的意见回归到刑事责任事实自身，在刑事责任事实自身中把捉刑事责任，从而摆脱与刑事责任不相符的偏见。通过对刑事责任这种自然科学意义上的把握，它认为实现了现代刑事责任的任务。

　　随着社会的发展及研究的深入，人们发现这种理论不能说明过失的主观心理的性质。因为一般认为，过失（尤其是无认识过失）不具有和故意共通的心理特征。此外，后来人们发现，主观的事实不是责任的要素，应该属于主观的不法要素。到目的行为论提出之后，主观的要素就属于构成要件的阶层了，责任是主观的这一结论就被放弃了。最后，心理责任论致力于通过对责任的一种事实的考察的任务也无法实现。因为，当自由意志是责任的核心内容且当自由意志没有办法证明时，责任中就存在着一种不可把握性的内容，这就使该理论的人权保障的初衷无法实现。

　　心理责任论课题域的基本谬误在于，它将刑事责任统一化解为现象，并否认这一现象的连续性。它将刑事责任界分为一个"内心的意愿"和

[①] 这里的事实是被判断所把握到的一切，根据心理责任论的课题域和目的，它只包括物质事实和自然经验、他人的经验等。

一个与在特定时间内存在的刑事责任相衔接的外部行为,并如此展示它。但是,刑事责任并不只是自然事实,通常意义上的事物也不是事物一般,而心理责任论所依据的事实又与自然事实相关。在此把二者相等同,就是抛弃二者明显的区别。这种混淆使其陷入了一种关于刑事责任的可证明的悖谬性。因为,关于刑事责任的心理事实只是每个个体的心理状态,它不是一个普遍项,它对于责任认定是不充分的。这时心理责任论有一个跳跃,即认为对刑事责任事实的一种直观就等于对刑事责任的直观。或者换一种说法也一样,它认为,对刑事责任的认知必须从对刑事责任的经验出发,在此基础上获得对刑事责任的间接性的认知。但是,要想从每个个体的心理状态到达刑事责任这一最终的推论,中间需要借助一系列的间接推论形式。即使不管这些间接推论的真理性如何,也不管这些推论是演绎的还是归纳的,这些推论都有事实依据并都是可知觉的吗?说刑事责任等同于心理事实或心理关系,这些推论所诉诸的最终根源是什么呢?它们也是事实的普遍化作用的结果吗?

2. 规范责任论的课题域及其问题

规范责任论将刑事责任的课题域从事实转向规范,它将对行为人及其危害行为的评价有关的那些永恒的、本身有效的价值及其载体(规范)作为刑事责任的课题域。规范责任论以规范作为责任的标准的解释模式,试图对责任的合理性、逻辑一致性和统一性进行理想的把握。这种思路与心理责任论相比,无疑具有更大的进步和强大的解释力。根据这个理论,刑事责任的存在只需要证明三方面的内容存在即可:可归责性、不法意识的可能性、对符合规范的举止行为的可以过分要求性。在这个课题域中,刑事责任的判断是回顾性的和个人性的。所谓回顾性的,是指不管从哪一方面进行判断,都是对行为人已经实施的行为的一种回顾性的评价;所谓个人性的,是指不管哪一方面的内容,最终都是指向行为人个人的。也就是说,规范责任论跳出行为人的领域外(用规范的立场)对行为人实施的行为进行一种责任归属的评判。如雅各布斯指出,规范不是指导着活动,而是把活动解释为属于或者不属于某一秩序;而且,当规范被认可时,秩序就被稳定了,办法是把种种偏离性活动降低为边缘性的东西。①

　　规范责任论课题域的问题主要在于：第一，它没有将规范性的评价与心理要素分开。故意和过失与规范性评价是不一样的东西，它们之间是什么关系？如何区分？规范责任论都没有解答。也就是说，作为规范责任论中的规范评价的要素与作为故意和过失的情形构造是全然不同的，但规范责任论忽略了这种区别。② 第二，责任能力的判断与期待可能性的判断虽然都是规范的判断，但二者是不一样的。前者是一种形式的判断，刑法一般都对这种情况作了规定；而后者更多的是一种实质的判断。对于二者的关系如何？它们之间具有怎样的关联？规范责任论也没有作出解释。第三，规范责任论只论及一种过去的责任，没有给预防留下地盘。在现代的刑事责任中，预防性的设定是责任不可缺少的一个内容。第四，规范责任论没有对规范本身进行研究，没有说明规范的内容和范围。规范责任论没有指出这些规范要具备什么特征才可以作为责任判断的规范？它们都是哪些规范？这些规范之间具有什么关系？这些内涵是责任本身具有的，还是论者随意加于责任之上的？为什么在某种情况下要用这个规范进行评价？该理论如何克服规范评价中的相对主义？这些问题规范责任论都没有回答。

　　规范责任论致力于维护刑法学自身的权利和任务，以便提出刑法学自己的刑事责任理论。但是，这种理论使刑事责任最终成为一种人为的逻辑操纵，是人们根据自己的计划利用刑事责任的一种方式，它使刑事责任的研究走向了肤浅和贫瘠。刑事责任本身的结构、刑事责任理论的结构、研究责任的方法没有得到追问，只剩下关于刑事责任的一种科学式论述的逻辑结构。这导致刑事责任的面目已经不可辨认了，其根本作用仅仅是科学的图式。规范责任论没有揭示它所研究的课题域从哪来？为什么选择这些作为责任的课题？从而使刑事责任的研究变成无源之水，无本之木。

---

　　① ［德］京特·雅各布斯：《规范·人格体·社会——法哲学前思》，冯军译，法律出版社2001年版，第46页。

　　② ［日］木村龟二：《刑法总论》（增补版），东京：有斐阁1984年版，第300—301页。

3. 人格责任论的课题域及其存在的问题

人格责任论将其研究的课题域限定在一种有缺陷的、外化的人格上，并在这种人格中寻求刑事责任的根据。对于何为人格？理论上并没有一致的看法，人格责任论者都认为行为人的责任来自其行为中所表现出的那种人格，至于理由，德国学者多纳认为是"一种社会实在的基本法则"[①]，日本学者团藤重光认为行为人对这种人格形成的过程具有责任[②]。这个理论从存在论上研究刑事责任，在时间中理解刑事责任，在理论界有很多学者支持。

该理论的课题域的问题在于：第一，它对于人格如何作为责任的基础以及人格怎样决定责任的有无没有进行深入的研究。该理论没有对人格的内容进行研究，没有对人格作用于责任的机制进行研究，也没有对这种人格的组成、根源等进行研究。不管人格定义如何，人格都涉及人的行为方式和内部的心理过程。当然，这样的人格并不都是刑法意义上的人格，但刑事责任的研究也应该涉及这两个方面的内容，即作为刑事责任人格的组成部分的行为人的稳定的行为方式和内部心理过程产生的根源是什么。此外，人格与个体、行为、外部环境和社会的关系是什么？作为刑法意义上的人格的组成部分有哪些？这些都是现有的人格理论没有探讨的。第二，该理论对人格为什么在法律上受到反对，并没有提出任何标准。行为人所具有的人格不都是与刑事责任有关的，那么，哪些人格是应该受到刑事处罚的？哪些人格不应该被处罚？从现有的人格责任论可以看出，对于行为人具有的人格进行非难的依据，更多的是一种理论假定，并没有进行深入的研究。

4. 社会责任论的课题域及其存在的问题

社会责任论将课题域局限于社会防卫上，并根据这个领域发展出对犯罪的处置措施。这个理论发现了刑事责任中的社会内涵，根据社会危险性来决定责任的有无和处理方案，这是其与个人化的责任方案不同的

[①] ［德］克劳斯·罗克辛：《德国刑法学总论》（第1卷），王世洲译，法律出版社2005年版，第565页。

[②] ［日］西田典之：《日本刑法总论》，刘明祥、王昭武译，中国人民大学出版社2007年版，第160页。

地方。但是，该理论由于其视域受到局限，不能回答和解决以下问题：（1）引起发动社会防卫的社会危险性具有什么特质？具有社会危险性的事件有很多，作为刑法上的社会危险性应该具有什么样的内容性规定，该理论并没有进行深入的研究。（2）没有伦理非难内涵的社会防卫负担还是不是一种责任后果？刑法意义上的责任只有与个人联系起来才有意义，如果只从社会意义上来谈责任，这种责任不是刑法谈论的话题。（3）该理论不能说明将社会防卫措施归责于个人的理由。该理论所依据的社会危险性都是被决定的，这种被决定的事情为什么要谴责个人呢？为什么要让一个人承担对社会前景的改善的负担呢？（4）社会责任论没有真正把握刑事责任的社会内涵。社会责任论虽然发现了刑事责任的社会性的一面，但它只是发现了刑事责任具有的防卫社会的一面，没有发现刑事责任的真正的社会内涵。

5. 功能性的责任理论的课题域及其存在的问题

功能性的责任理论将它的课题域聚焦在刑事责任对社会的功能（积极的一般预防、维护法忠诚等）上，并根据所选择的功能构建刑事责任的体系。这种理论是功能主义的法律观在责任理论中的运用，这种法律观认为，法仅是一个人们用来保证善良意图的符号。[①] 通过责任归咎，意识结构与道德确信会被影响，或是法的受信人的理智会被唤醒，因为它有助于加强社会的整合。[②] 对法的受信人来说，合法性的维度，并不是一种用形而上学的花粉来点缀法的实际情况的、纯属多余的理想化的装饰品，而是在理解规范时从内在角度观察到的、社会整合的最重要的要素。在一个高度复杂的社会中，重要的仅仅是法发挥功效，借此"减少复合性"。[③] 功能主义责任论试图揭示刑事责任在时间中的意义。这种理论不是根据已经发生或正在发生的犯罪行为为基础来寻求解决责任问题的方

[①] ［德］阿图尔·考夫曼、温弗里德·哈斯默尔主编：《当代法哲学和法律理论导论》，郑永流译，法律出版社 2002 年版，第 122—123 页。

[②] ［德］米夏埃尔·帕夫利克：《人格体 主体 公民——刑罚的合法性研究》，谭淦译，中国人民大学出版社 2011 年版，第 30 页。

[③] ［德］阿图尔·考夫曼、温弗里德·哈斯默尔主编：《当代法哲学和法律理论导论》，郑永流译，法律出版社 2002 年版，第 122—123 页。

案，而是把一种解决上述行为的期望作为根据，这个"期望"不是关于刑事责任现时的认知，而是指对刑事责任的时间延续上的一种企求。正如德国学者卢曼所指出的，法律的功能与期望有关，而且当人们是依靠社会而不是个人的时候，就涉及交流期望和在交往中使期望得到承认的可能性。① 这种责任论从时间的维度来规定刑事责任，通过已经实现的交往和未来的接续可能性相联系来规定刑事责任，认为刑事责任就在于维持社会的这种对规范有效性的期望。通过责任归咎，那些——不管是出于何种个人的、境遇的或物质的原因——想要违反期望的人从一开始就处于不利地位，而且是对一个具体情况还不可视的未来而言的。

功能性责任理论的课题域的问题在于：第一，从功能的视角把握刑事责任具有片面性。刑事责任的内涵是丰富的，仅从一个角度进行把握有"盲人摸象"的嫌疑。比如，刑事责任既有对过去的责任，也有对未来的责任，而该理论只注重刑事责任的未来的面向，忽视了刑事责任是对已经过去的事实承担的责任，它尤其不能解释对累犯、前科从重处罚的理由。因为，任何一个社会制度性安排都会产生相应的效果，但如果让一个人承担与其没有关系的功能性的责任，其正当性难以说明。这个理论用责任的机能作为刑事责任理论的拱顶石是不成功的。它所说的刑事责任已经脱离了刑事责任的本来内涵，其性质与一些行政措施或者保安处分更为接近。

第二，功能性责任理论课题域的选择过于狭窄。功能性的责任理论只重视责任的功能发挥，没有顾及责任的个体的领域。当一个行为人的责任的肯定或否定，并不取决于他的人格、行为，而只是取决于那些与他无关的东西，他只能听任这些东西的摆布时，就无助于他对法律的信任了。当然，也不会有助于一般公众对法律秩序的信任。

第三，功能性的责任理论使刑事责任具有不可把握性，具有一种神秘的色彩。刑事责任具有哪些功能以及这些功能如何发挥，理论上都没有定论。用一个没有定论的抽象的概念构建刑事责任理论，对于刑事责任的认定没有帮助。当我们不能确定让一个人承担责任是否会有利于法

---

① ［德］尼克拉斯·卢曼：《社会的法律》，郑伊倩译，人民出版社2009年版，第63页。

律秩序的维护时，让一个人承担刑事责任的合法性是值得怀疑的。刑事责任如果被这种不可把握的东西左右，会导致刑事责任判断的任意性。

当然，不是说现代社会中个人承担的责任没有机能的内涵。每个人责任的承担（包括道德责任）对社会都会有相应的效果，刑事责任的效果更为明显。但是，这种机能性的责任必须内含于个人的责任之中，它应该属于个人责任的一部分。这种通过一种或者几种功能"被构型"的刑事责任仍然是被推断出来的，而不是明晰地奠基于一个直观的内涵之上。

（二）现有刑事责任理论的研究路径存在的问题

现有的刑事责任理论不仅课题域选择上存在问题，而且还都缺乏通达刑事责任的路径。任何刑事责任所依赖的前提、条件和规范，如同流逝的波浪一样形成又消失，各种理论走马灯式地换来换去，甚至同一时期不同的理论竞相论争，不相上下，过去如此，现在也是如此。如果真是这样，刑事责任理论对刑法和刑事司法实践有意义吗？难道刑事责任的研究最终都只是由虚幻的繁荣和痛苦的失望构成的无穷无尽的链条？

心理责任论虽然在大陆法系长期占据通说的地位（该说在我国的理论和司法实践中还有重要的影响，在英美刑法及其司法实践中现在基本上还是采用该说）。心理责任论以一种不加怀疑的不言而喻的假定——行为人与行为具有心理联系就具有责任——作为刑事责任存在的基础。但是，心理责任论缺乏通达责任的途径。行为人与结果的心理关系虽然能够被证明，但是，心理责任论者是怎么确定这种关系的存在就具有或者等于有刑事责任呢？实际上，随着社会的发展，高速交通等危险领域的出现，虽然行为人与结果之间具有这种心理关系，刑事责任也能够被否定。这说明，心理责任论对刑事责任的认定方式是错误的。

规范责任论揭示了责任中包含的评价性内涵，这是值得肯定的。因为，作为一种法律负担，一种法律上的评价是不可少的。但如果刑事责任只包括这种评价，其内涵就太单薄了。人们需要知道，这种规范性评价是如何一步步被引向责任的？这个问题规范责任论没有解决。

人格责任论是从发生学上探究责任的。它的路径虽然是正确的，但它没有解决人格中被决定的部分与个人选择的关系，也没有解决基于被决定的人格承担的责任与罪责原则的关系。它没有找到一种方法，在行为人的众多人格中甄别出有责的人格；即使找出这种人格，也没有办法将它与责任无缝对接。它不免让人产生疑问：这种责任还是不是刑法意义上的责任？用其他术语指称它是不是更合适些？

社会责任论实际上是基于这样一种思考，每个人都应该为社会做点什么。这种思路并不新鲜，柏拉图指出，国家的任务在于实现德行和幸福，国家的本质和法的目的是给尽可能多的人为善创造条件，即保证社会福利。① 社会责任论是为了保证社会安全来设定责任的，它的主要问题是压制或无视个性，将刑事责任局限于一种抽象的理念上。对于这种将理念局限于抽象层次的做法，黑格尔指出："事实上真正的理念是这样的，即其中每一环节都是充分实现出来的、得到具体体现的、自身独立的，而每一环节的独立性对于精神来说同时又是被扬弃了的。"② 社会责任论的这个抽象的"防卫社会"的概念，其每一个环节也应该是实现出来、得到具体体现的。按照该理论的逻辑，刑事责任必须以防卫社会为它的活动范围和领域，但却又必须消融其自身于防卫社会之中。但是，社会责任论没有这些环节，而是直接将防卫社会与责任等同，这是一种理论研究中的权威主义的表现。

机能性的责任理论将刑事责任归结为它自己未来的某种效能的发挥。这是实用主义刑事责任观的表现。实用主义是这样一种思想，它认为，观念的真正意义在于它的种种具体结果，尤其在于它对人类行动上的种种实际后果。③ 机能性责任理论也注重责任的效果，它没有任何成见，没有僵硬的教条，关于什么可以作为刑事责任的证据，也没有严格的标准。它是温和的，只要有实际的效果，它愿意成为任何东西，愿意遵循任何标准。如罗克辛的责任概念，既包括罪责的思想，也包括预防的思想，

---

① [美]弗兰克·梯利：《西方哲学史》，伍德增补，葛力译，商务印书馆1995年版，第73页。
② [德]黑格尔：《哲学史讲演录》（第二卷），贺麟、王太庆等译，商务印书馆1960年版，第278页。
③ [美]威廉·佩姆雷尔·蒙塔古：《认识的途径》，吴士栋译，商务印书馆2012年版，第118页。

只要能达到实际的预防效果就行。这种理论的方法是，不去看过去的行为、原则、范畴和假定的概念，而是看刑事责任的最后的效果。它将自己作为可以依赖的工具，而不是责任理论研究的答案或者终点。它不向后靠，而是依赖这种工具向前推进，甚至希望运用这种工具维护社会秩序，预防犯罪。这种理论使一直处于静止的、封闭的责任理论活起来了。这种责任理论与其他责任理论都可以兼容[①]，并可以和那些理论一起对社会发挥作用。

不过，机能性的责任理论这种呈现方式没有顾及这种效果与过去的行为以及与行为人现在情况的联系。对于刑事责任的未来的热心不该使我们看不见这个事实：未来乃是建立在现在之上的。一个好的刑事责任理论对于未来会产生丰富的效果，但总要指出这个未来是怎么来的。而机能性的责任理论没有为它的过去、现在和未来建立一个连接的通道，这是它的主要缺陷。

现有的刑事责任的理论大多是根据一个或两个"原理"（如理性、可责性、功能性等）推导出来的统一而有序的系统（如罗克辛的功能主义的责任观）。这些刑事责任体系都无法充分顾及刑事责任的丰富多彩和变易无常。刑事责任应该有很多的环节，每个环节都有与之相应的内容，这些环节和内容就像人的身体器官与人的身体的关系一样，每个环节和内容都是独立的，但合在一起就构成了刑事责任的整体。而现有的责任理论看不出是由哪些环节组成的，也看不出刑事责任是如何现实化的。

由于缺乏回溯方法的自明性，现有刑事责任理论所说的"心理联结""（规范上的）可谴责性""（缺陷的）人格表达""社会防卫""机能的发挥"等就变得不可理解。这些它们各自的刑事责任理论所由之形成的

---

① 意大利学者巴比尼说过一个比喻，比较形象。他说，实用主义在我们的各种理论中就像旅馆里的一条走廊，许多房间的门都与它通着。在一间房里，你会看见一个人在写本无神论著作；在隔壁的一间房里，另外一个人在跪着祈求信仰与力量；在第三间房里，一个化学家在观察物体的特性；在第四间房里，有人在思索唯心主义形而上学的体系；在第五间房里，有人在证明形而上学的不可能性。但是那条走廊却是属于他们大家的，如果他们要找一个进出各人房间的可行的通道的话，那就非经过那条走廊不可。参见［美］威廉·詹姆士《实用主义》，陈羽纶、孙瑞禾译，商务印书馆1979年版，第30—31页。

基础和核心是如何被发现的，这些概念是如何与刑事责任发生关系并互相归属的，它们都没有说明。这些理论有的指一种主观的东西（如心理责任论的心理联系），有的指一种客观的设定（如可谴责性、社会防卫、人格缺陷、机能的作用等），但不管是哪一种，它们的把握方式并不能被人们直观到，不论是通过事实的实例，还是通过真正的类比。这些概念都是一种超越论意义上的东西，它们的理论并不能为它们提供真正的经验基础，也不能提供具有科学意义上的客观存在的确实性的经验。这些理论不是从原初的纯粹自明的直观出发，一步一步地构造理论，它们的超越性的概念有一种固有的不明确性。它们大都是通过虚构的方法进行推论来构建各自的责任理论的。虽然人格责任论中的人格不是虚构的，但该理论没有指出其明证的途径。

第 二 章

接受性责任的概念

第一节 刑事责任研究的课题域

一 刑事责任研究课题域的选择

（一）刑事责任课题域的重要性

现有的刑事责任理论的课题域都不是源本的。无论是将刑事责任的课题域局限于一种认识论领域（如心理关系或规范评价），还是局限于本体论领域（如人格），这些研究的重点仍只是聚焦于"刑事责任是什么"这一问题。这种对刑事责任的一种极简的探究，不仅会漏掉刑事责任的重要内容，而且也不能对刑事责任的内容及其环节进行科学上的探查。

只有在刑事责任源本的课题域中探究刑事责任，才能把握到刑事责任本来就具有的统一的意义。由于课题域的问题，现有的刑事责任理论都是由一个个随意选取的物化的对象性表象逻辑组成的刑事责任体系，它们都是在一个个"原理"（如理性、自由、可责性、功能等）的总标题下进行的不同的独白和对话，都以为可以根据某个或某几个公理推导出一个统一而有序的系统。但是，这些体系所依据的"原理"是否是刑事责任自身的属性无法证明，更谈不上拥有获取这些原理的正确的路径。

刑事责任研究要先确定它的课题域。因为，这个问题关系到刑事责任研究的视角（刑事责任的事实就依靠这个视角而得到探索）。此外，刑事责任的课题域也使刑事责任的研究方法得以成形，研究方法走向精到。那么，刑事责任的课题域是什么呢？

（二）刑事责任的存在作为刑事责任的课题域

为了给刑事责任找到一个坚实的根基，就要知道刑事责任研究的主题是什么。我们认为，刑事责任研究的真正主题是：揭示刑事责任的真实面貌。只有这样，才能进一步讨论，刑事责任是否只不过是一种纯粹的历史上的对某一事实的幻想，是否只不过是刑事责任发展进程中的一种偶然获得物，是否刑事责任中的隐德来希[①]一直没有显露出来或者一直没有被准确地把捉到。因此，刑事责任的研究应该以真正正确的方式揭示刑事责任的隐德来希，或者是按照刑事责任自己的方式清楚地显示出来的样子被把捉到的，刑事责任与其本身与生俱来的普遍的形式和存在方式才算是得到了源本的开揭。

关于刑事责任，大多数人都相信是刑法学描述的样子。这个样子能够被证实吗？它不是完全用刑法学术语描画的吗？我们虽然以某种视角去考察刑事责任，却不知道刑事责任是什么样子。如果刑法学无法为我们提供刑事责任的实在本性的话，我们还能到哪里去寻找呢？刑事责任究竟是自然科学意义上的存在，还是信念的。这涉及刑事责任研究的优先性问题。罗素认为，哲学上最大的困难在于现象和实在的区分。英国诗人艾略特也说，人类承受不了太多的实在。[②]那么，我们要揭示的刑事责任究竟在哪里呢？

这个问题涉及刑事责任居留的家园或者场所是什么。在刑事责任的发展史上，刑事责任的课题域首先是在个体的心理领域驻留的。根据这种做法，刑事责任存在于行为人的个体体验中，也就是说，刑事责任是从行为人自身中的内在伫立出发向外生存的方式存在的。这种内在伫立

[①] 隐德来希（希腊语：entelecheia）：意为实现了的目的，以及将潜能变为现实的能动本源。它是古希腊哲学家亚里士多德的哲学用语之一；它表示已达到的"目的"，潜能的"实现"，运动的"完成"，还表示运动的、创造的本源。"隐德来希"又是整个世界的神，是推动整个世界的"第一推动者"。"隐德来希"在亚里士多德那里披上了神秘的外壳。他认为，一切可感觉的事物都处在不断运动变化的过程中，但他把变化理解为质料形式化的过程，潜能向现实转化的过程，亦即目的实现的过程。"隐德来希"作为一切事物追求的终极目的，既是最完全的实现，又是最原始的动力。参见陈兆福、周祖达《译名资料》，《贵州大学学报》1989年第1期。

[②] ［美］罗伯特·所罗门：《大问题——简明哲学导论》，张卜天译，广西师范大学出版社2011年版，第131—135页。

是如此地源始,以至于它还不能作为行为的结果,刑事责任也因此只有在体验的基础上,在行为人个人生活的基础上,才能获得自身的同一性。后来还有其他的一些责任理论也沿用了它的思路,如行为责任论、性格责任论和人格责任论分别将行为人的意思、行为人的性格和行为人的人格作为刑事责任居留的场所。选择这种做法的目的在于,以某种方式区分出哪些是刑事责任的最基本的和最无可置疑的东西。但它的问题在于,怎么保证对刑事责任的这种把握的可靠性。这种做法实际上是古希腊哲学家泰勒斯关于"水"的初始理论的策略的延伸,只是将内容置换为心理事实或者性格等一套较为复杂的理论,以便解释刑事责任为什么如此显现,从而区分出刑事责任显现的样子和它实际的样子。问题是,刑法学是一门社会科学,用自然科学的方法怎么能保证刑事责任理论的科学性?个别的刑事责任事实并不单纯是对那种可以在司法实践中作出预测的规律性的证明。

后来,人们发现,刑事责任更重要的还不是它的个体性,而是它的社会性或者整体性,因为,每个人的内在规定都是"扬弃"其开端的个体之物而进入一个整体之中。相应地,刑事责任的课题域就转变为超个体的领域。有的认为是规范,有的认为是社会的某一种需求。这样的一种课题域转换的方向是正确的,但它没有解决刑事责任来自哪里的问题。为了解决这个问题,我们还是要从哲学中关于课题域的有关理论中获得答案。

刑事责任的严厉性要求我们必须从刑事责任自己生存其间的领域中去探究它。刑事责任必须是它自身,并且是能够得到证实的东西,这就要求我们必须从刑事责任在世界中显现出来的样貌即刑事责任的现象着手。黑格尔指出,本质不是在现象的背后或彼岸,相反地,由于本质是现实存在着的东西,实存就是现象。[①] 刑事责任也不是与刑事责任现象相脱离而独自存在的,而是内在于刑事责任现象而持存的。因此,我们应该通过刑事责任的现象揭示刑事责任。为了更好地理解刑事责任的现象,

---

① [德] 黑格尔:《逻辑学》(哲学全书·第一部分),梁志学译,人民出版社2002年版,第246页。

我们需要先简单地介绍一下现象学对现象的研究。

在哲学上，把课题域转向现象的代表人物是胡塞尔。胡塞尔为了实现严格科学的哲学的理想，致力于寻求一切知识的根源或"起源"。他认为，这种根源就在"事实"和现象当中，并提出了"转向事物"的口号。他借助现象学还原，对事物进行一种纯粹的意向性的考察，以避免各种相互对立的学说的影响。但在实际应用过程中，现象学的方法并不由于其还原的真实性而形成统一的结论，把现象学发展得最好的，是海德格尔和萨特这样的存在主义者，他们将现象学和存在论有机地结合在一起，形成了最有影响的一种哲学思潮，对整个西方哲学的发展产生了极其深刻的影响。[1] 正是存在论对现象学的发展，才使现象学在第二次世界大战后被广泛地传播开来。

亚里士多德指出，自古到今，人们常常质疑的问题，就是"何谓实是"，也即"何谓本体"。[2] 至于"本体"的含义，亚里士多德认为包括四个：一是单纯物体，和一般由此单纯物体组成的事物，和它们之间的各个部分。二是那些内在的事物，虽然不标识着主题，却是事物成为"实是"的原因。三是那些事物中所存在的部分，凭这些部分作范限与标记而后事物才得以成为独立个体，而这些事物若毁灭，那些事物也全毁灭。四是"怎是"，其公式即定义。[3] 亚里士多德还指出，如果我们不以"元一与实是"为本体，其他普遍将没有一个是本体；因为两者都是一切普遍中最普遍的。若无"本一"与"本是"，则在其他任何情况下都不会有脱离个体的任何事物了。[4] 这里，亚里士多德实际上认为，存在是最普遍的东西，是任何事物成为其自身的基础。巴门尼德也指出，"唯独存在是存在的，无则不存在"。[5] 黑格尔指出，纯粹的存在构成开端，因为它

---

[1] ［法］高宣扬：《德国哲学概观》，北京大学出版社2011年版，第297页。
[2] ［古希腊］亚里士多德：《形而上学》，吴寿彭译，商务印书馆1959年版，第142页。
[3] ［古希腊］亚里士多德：《形而上学》，吴寿彭译，商务印书馆1959年版，第107页。
[4] ［古希腊］亚里士多德：《形而上学》，吴寿彭译，商务印书馆1959年版，第58页。
[5] ［德］黑格尔：《逻辑学》（哲学全书·第一部分），梁志学译，人民出版社2002年版，第169页。

既是纯粹的思想,也是没有得到规定的、简单的、直接的东西。① 对于黑格尔来说,存在可以被规定为自我＝自我,被规定为绝对的无差别性或同一性等,它是第一个纯粹的思想,无论另外以什么范畴(自我＝自我、绝对的无差别性等)为开端,这类其他的范畴最初也仅仅是被表象的东西,并不是所思的东西,而这种东西就其思想内容来说,恰好不过是存在。

海德格尔认为,"存在"的问题从柏拉图开始就没有人真懂,乃至没有人真正想过,至今未解决。海德格尔回溯到苏格拉底以前对"在的澄明"的领会,重新把"在"从"在者"中烘托出来,对人的"此在"进行"存在状态"的分析,而把对此在的在"此"进行研究的"在"的问题建立为"基本本体论",以便充分澄清"在"的意义——人的"此在"的在"此"。如果没有此在存在,也就没有世界的在"此"。

海德格尔的想法其实源于他对于"科学"的基本分类。科学都是"揭示",而"揭示方式"有异。根据不同的"揭示"方式,海德格尔把"科学"划分为两个大类:一是"关于存在者的各门科学",二是"关于存在的科学",或者叫作"存在学上的科学"。所谓"存在者状态上的科学"是指,历来将某个现成的存在者作为课题,把被它当作课题的东西对象化,而这种对象化的方向是直指存在者的。这类科学就是"实证科学"。所谓关于存在的科学,亦即存在学,或者叫本体论,是指把存在当作课题,为此就要采取现象学的态度。② 海德格尔声称,存在者必须首先以存在本身为基础,就像现场的或现在的一切,都必须以"时间一般"为基础那样。他指出,传统哲学只研究存在者,只研究什么是存在者,却忘记了存在的问题。形而上学的真正对象,乃是长期被哲学家们回避的存在的问题。为此,海德格尔哲学的基本任务,就是要摧毁整个传统形而上学的历史体系,重建一个以对"存在一般"进行重点研究为基础的新存在论。为了研究存在,必须遵循现象学的回到事物自身的原则,

---

① [德]黑格尔:《逻辑学》(哲学全书·第一部分),梁志学译,人民出版社2002年版,第167页。
② 孙周兴:《后哲学的哲学问题》,商务印书馆2009年版,第68页。

也就是要让存在自身亲临现场进行自我展现。这样的存在，就是一个一个的个人的具体的存在。海德格尔把个人这样的存在，称为此在（Dasein）。①

刑事责任的研究也是如此。历来的刑事责任的研究都是把刑事责任作为"在者"（即对象）进行研究的，然后围绕这个对象进行一种理论上的体系化。在这种研究中，从来没有对刑事责任的"在"的问题进行研究，导致一直就存在对刑事责任的"在"的忽视。要克服这种状况，就要从刑事责任的"此在"的"在"的存在状态着手，并以这种"在"作为刑事责任理论体系的基础。只有这样的刑事责任的理论，才是对刑事责任的本体论的把握。

每门科学都应该以事质领域作为其基础，它的基础概念都是根据事质领域得到规定的。唯有事先对事质领域自身进行一次彻底的探究，这些基本概念才能真正得到证明。② 刑事责任的研究也要以其事质领域为基础，并从刑事责任本身的畿域中获得其事质领域。这样，对刑事责任的先行研究就意味着：按刑事责任的基本存在构造来解释刑事责任。这种为刑事责任理论建立基础的工作原则上不同于"逻辑"。"逻辑"不外是根据一门科学的或然情形去研究这门科学的"方法"罢了。实际上，为刑事责任奠基的工作应该是生产性的工作，它的含义是：它好像率先跳入某一刑事责任的存在领域，先行进行这个领域的存在建构，把得到的刑事责任的构造付诸各门实证科学，使实证科学可以在对这些结构进行彻底的研究后加以利用。

从刑事责任的现象开始刑事责任的研究，是从刑事责任的根源上探究刑事责任。刑事责任的研究不能固守刑事责任的传统的信念和理论，不能将它们当成出发点，我们必须从传统的理论和概念以及人们已经习惯了的思想方法中解放出来，从偏见中解放出来，转向人们最初看到的刑事责任的源始单纯状态的现象。在刑事责任的研究中，不能将有关责

---

① ［德］马丁·海德格尔：《存在与时间》，陈嘉映、王庆节译，生活·读书·新知三联书店2006年版，第49页。

② ［德］马丁·海德格尔：《存在与时间》，陈嘉映、王庆节译，生活·读书·新知三联书店2006年版，第12页。

任理论的批评当成首要事情，甚至当成刑法理论中唯一关心的事情。对刑事责任观点的分析，不论这些观点多么深奥，都不是刑事责任研究的主要任务。刑事责任不是存在于某种信念或理论中，而是存在于刑事责任的现象中，即刑事责任的"事实"中。刑事责任的研究要转向"刑事责任的事实"，并在此基础上，进一步探讨刑事责任本身的更细微的结构。

为了揭示刑事责任，必须从刑事责任的存在着手。这里的刑事责任的存在是刑事责任在世间的自身显现，是其之所以在它自身的现象中存在的那个"在"。换言之，刑事责任是在它自身的现象（它自身在世界中存在的那种形态）中"在"出来的，而不是构建出来的。进一步地，刑事责任研究的课题域就是刑事责任这个现象在世界中存在的那个"在"。刑事责任研究的对象只是在刑事责任现象中存在的东西。至此，刑事责任的课题域就得以确定。

二 刑事责任课题域的界划

（一）刑事责任现象的概念

"现象"这个术语在古希腊语中的意思是：显示自身（显现）。[1] 也就是说，现象是呈示自己的东西，是呈示者、公开者。刑事责任的现象也就是刑事责任自身显示的东西，就其自身显示自身而言，它意味着自身的某种东西的独具一格的照面方式，意指刑事责任之中的某种显示层次上的指引关联。只有当这种指引者就其本身呈现着，只有当指引者是刑事责任现象，它才能发挥其可能的功能。在司法实践中，刑事责任以各种各样的方式呈现出来，人们也都把这些呈现称为刑事责任现象。只有当我们把刑事责任现象领会为"就其自身显现其自身"，我们才能廓清由此而来的混乱。

将刑事责任研究聚焦于刑事责任现象，使刑事责任研究的内容发生了变化。它既不对刑事责任进行指称，也不描述其研究关乎何事，只不

---

[1] ［德］马丁·海德格尔：《存在与时间》，陈嘉映、王庆节译，生活·读书·新知三联书店2006年版，第34页。

过告诉我们如何揭示刑事责任。它告诉我们，以这样的方法揭示刑事责任：关于刑事责任所要讨论的一切都必须以直接展示和直接指示的方式加以描述。这种处理方法还有一种禁忌性的意义：远离一切不加展示的研究活动。这种转换的全部努力，就在于重新找出刑事责任与世界的某种素朴关联，保证对其进行一种严谨的界说。它试图对刑事责任的内容、学说进行清理，尝试如实地直接描述刑事责任，根本不去探寻刑事责任的心理起源，也不从科学、历史学或者社会学的视角去探寻刑事责任的因果性或功能性。

（二）刑事责任的存在

在刑事责任的现象中蕴含着显现为刑事责任的东西，蕴含着显现为刑事责任外观的可能性。刑事责任总是存在于有某物显现为刑事责任的地方，并通过这种明显可见的显现得到规定。自此，刑事责任现象为刑事责任奠定了一个牢固的地基，为刑事责任的理论提供了一个源泉——一个在科学上能够得到理解的本体的洞察的源泉，一个绝对自足的刑事责任体系可借以达到系统发展的本体论的洞察的源泉。如果在刑事责任的存在之外寻找刑事责任，就会重蹈以往刑事责任理论的覆辙——不是陷入泰勒斯所陷入过的那个"水井"，就是陷入贝克莱或黑格尔所陷入过的主观的迷宫中。

刑事责任不是靠我们的感官就能把握到的东西，它一直处于隐蔽不露的状态中。这个隐蔽不露的东西，指的是刑事责任现象。由于刑事责任现象隐藏得如此之深，现有的刑事责任理论都是把刑事责任的外在的或间接的表现把捉为刑事责任的本质，都是离开刑事责任自身的呈现而把现成的"某种东西"把捉为刑事责任，都只研究什么是刑事责任，这导致现有的刑事责任理论都没有能够把捉到刑事责任的本体论基础。现有的刑事责任理论之所以误入这种迷途，是因为它们看不到刑事责任是在存在过程中自我呈现出来的，看不到刑事责任一直是在时间中存在的，并且现有的刑事责任理论一般把刑事责任的这种时间性的形态，解说成那种在刑事责任之外的这种或那种东西的过去、现在和将来的因果上的一种联结。它们完全脱离了刑事责任现象自身在"在"的过程中的时间结构的自我显现，也不愿考察作为刑事责任自身的亲在的自我表演的本真的时间结构。

和实证科学的存在者意义上的提问相比，根据存在论对刑事责任的提问要更为源初。这种提问的使命在于非演绎地架构刑事责任种种可能形式的存在谱系，这个使命恰好需要对我们用刑事责任存在这个词到底是什么意思率先有所领悟。刑事责任存在问题的目标不仅在于保障一种使刑事责任作为科学理论成为可能的先天条件（对刑事责任的某种存在之领会），并且也能够保证这种研究刑事责任存在的理论的条件。无论采用哪种刑事责任的学说，如果它没有澄清刑事责任的存在意义并将之作为自己的任务，这种学说最终难免处于"盲人摸象"的尴尬境地。

刑事责任是一种存在者，它在它的存在中一直以某种形式、某种明确性对自己有所领悟。它是这样存在的：它的存在是跟着它的存在并且经过它的存在而对它自身展示出来的。对它的存在的领会就是它的存在的规定。换言之，刑事责任是在存在论上存在的，是以对其存在有所领会的方式存在着。刑事责任作为存在者不能通过罗列关于刑事责任实事的"什么"来进行，实际上，它蕴含的存在一直便是它有待去成为的那个存在。

刑事责任的这种存在是通过它的生存[①]来理解自身的。即通过它自身的可能性——是它自己或不是它自己——来理解自身。刑事责任要么自己挑选了这些可能性，要么沉溺于这些可能性，要么原本就早已在这些可能性中发展起来了。刑事责任的研究只有把刑事责任把捉为生存着的一种可能性，才能够构建刑事责任生存的生存论结构，才能进而开始对刑事责任的生存论问题进行讨论。刑事责任的生存问题唯有经过它的生存活动自身才能够得到明白理解。以这种方式进行的对刑事责任生存活动本身的领会可称之为刑事责任生存上的理解。诘问刑事责任生存意义上的存在论构造，为的是要剖析刑事责任的生存是由什么东西组成的。这种从生存上对刑事责任的建构叫作刑事责任的生存论建构，对它的剖析所具有的不是生存上的理解的性质，而是生存论上的理解的性质。

[①] 刑事责任不管怎么样都与它发生关系的那个存在，不管怎样都要与它产生关系的那个存在，可以称作刑事责任的生存。

刑事责任的存在一直是刑事责任的主题。我们在理解刑事责任的时候，都是基于刑事责任存在的意义进行理解的。因为，脱离个别的刑事责任情形，刑事责任就没有什么可以存在，而个别的刑事责任情形则为数无尽。我们之所以能够从无数的具体的刑事责任中获得关于刑事责任的认识，是因为所有刑事责任的情形总有某些相同而普遍的性质，这种普遍的性质虽然存在很多不同的认识，但是都存在能够质疑的地方。不过，刑事责任有一点性质是不可置疑的，那就是刑事责任是一种存在，也只有这种存在才能作为刑事责任的基础。刑事责任是作为刑事责任自身的自身，如果刑事责任的基础处于它自己的存在之旁或之外，就属于一种对于刑事责任存在的遗忘，是没有思想的表现。

虽然我们对刑事责任的理解已经包含了对其存在的领会，但刑事责任存在的意义却始终处于晦暗中。刑事责任的存在不能通过传统的定义方法得到规定。因为，我们在任何时候试图定义刑事责任的时候，都是以"这是"为开始确定刑事责任，这个"是"就是刑事责任的存在。也就是说，我们要确定刑事责任的含义，就必须确定刑事责任的存在的含义。而刑事责任的存在又是不可定义的，这种不可定义性意味着，对刑事责任的存在问题的研究方法是尤为重要的。我们必须找到一种方法，以便能够直观到刑事责任的存在。

第二节　通达刑事责任的存在论方法

一　刑事责任理论对刑事责任存在的探索

（一）心理责任论对刑事责任存在的探索

为了限制法官的自由裁量权的思考，心理责任论试图将刑事责任建立在一个牢固的、自明的经验性事实之上。心理责任论认为，这种经验性的事实总是能够被体验到的东西，是一种被当作不言而喻的东西接受下来的，而不是通过细心的批判或者推论赢得的。这样，心理责任论就为自己赢得一个基础（虽然只是一个内在的基础）：任何一个人，只要他是一个自由的、负责的、有道德的自然人，在面对法和不法的选择中是能够做出一个与法律要求相符合的决定的。

心理责任论在个别的意识生活的内在性中把握刑事责任的存在。这种内在性是通过自身统一的认识形态的多样性构成的事实，行为人总是"拥有"了这个事实，总是作为认识的目标追求或者接纳了这个事实，并最终作为自身单纯的"理念"而追求了这个事实。心理责任论借助纯粹主观考察方式的一贯性，认为只有在可能认识活动之全部领域中明知有那种在认识活动中由自己的成就而构成的认识形态，才是刑事责任的显而易见的基础。根据这种理论，只有"在行为人认识的诸主观之中"，只有"在他们的意识生活的对于他们本身是自明的事实之中"，和"在他们合乎本质法则的能力之中"，才能有刑事责任"实存"的余地。这表明，心理责任论是把行为人把握为个体，并在个体的心理状态中把握刑事责任的存在。

心理责任论对刑事责任的把握是建立在意志自由的基础上的，但这种自由不是无限的。康德认为，个人的不受约束的行动自由必须以这样一种方式受到限制，使得它可以根据一条普遍法则而与每个其他人的自由彼此相容。这种限制就是：要这样行动，使得你的意志的准则任何时候都能同时被看作一个普遍立法的原则。① 这种对刑事责任进行的理性探索的目的，并非是窒息和抽干刑事责任的思想，而是使刑事责任的存在更加深化和内在化，并由此获得无限的新生，也是为了更加深刻地掌握刑事责任存在的内在秘密和诠释其历史发展的内在机制。根据康德的观点，每个人承担的责任中有一部分是根据普遍立法而承担的，这说明，建立在康德哲学之上的心理责任论中着重探讨了个人所承担的责任如何在普遍法则中存在的问题。

心理责任论实际上把行为人对结果的故意与过失等同于刑事责任。这中间存在一个鸿沟，而它没有指出这个鸿沟是如何被填平的。如果刑事责任可以这样认识的话，刑事责任可以存在很多种样态（不仅仅只有故意和过失）。这表明，心理责任论对刑事责任的这种把握并没有找出刑事责任真正的存在论基础。

---

① ［德］康德：《实践理性批判》，邓晓芒译，人民出版社2003年版，第39页。

（二）规范责任论对刑事责任的存在探索

规范责任论认为，只有对人们活动的支配来自规范支配时，只有人们不遵守规范就会面临一种制裁时，一个实际的社会才存在。如雅各布斯认为，唯有当规范决定着必须怎样与某种行动相联结时，才产生社会。[①] 根据规范责任论，在刑事责任的判断中，刑法学（不是心理学）的判断应该是基础性的。如雅各布斯认为，责任，根据现代的理解不是心理事实（例如，恶的故意作为行为和不法的认识），而是因为其行为对行为人做出的评判内容。[②]

规范责任论反对自然科学对刑事责任的独断性，认为向往真理和合理性、要求逻辑一致性和统一性本身就是热望应该如何的东西，于是，我们也是为理想所推动的。它认为刑法的理想是：确保和维护刑法规范对人们交往的支配。根据规范责任论，刑事责任是一种关于价值判断的东西，只有在涉及这种理想的立场框架里才能够被理解。不过，规范责任论对刑事责任的存在论的探索还是失败了。它没有指出刑事责任所依凭的这种规范来自何处？这说明，它为刑事责任所寻求的基础不是原始的。

（三）社会责任论对刑事责任存在的探索

社会责任论将刑事责任归结为行为人对社会所具有的危险性上。这个理论实际上认为，刑事责任存在于行为人所具有的社会危险性中，而这种危险性是可以通过科学的途径进行确定的。这样，在刑事责任的认定中，科学与刑法就协调一致了。但是，社会责任论对刑事责任存在论的探索并不全面，刑事责任作为一种社会的存在，不仅仅只存在于一种社会危险性中，它还有其他的社会面向，这些面向都被社会责任论忽略了。

（四）人格责任论对刑事责任存在论的探索

受现象学的影响，人格责任论从行为人的人格中寻求刑事责任的根

[①] ［德］京特·雅各布斯：《规范·人格体·社会——法哲学前思》，冯军译，法律出版社2001年版，第44—45页。

[②] ［德］格吕恩特·雅各布斯：《行为 责任 刑法——机能性描述》，冯军译，中国政法大学出版社1997年版，中文本序第1页。

据。它试图运用现象学的方法探索刑事责任的根源和细微的结构，以便为刑事责任确立一个本体论的基础。人格是行为人现在所具有的特质，将刑事责任与人格联结起来，是对刑事责任的一种存在论探索。

人格责任论注意到刑事责任与行为人的现实存在不可分离，认为一个人要为自己的人格负责。虽然对于自己的人格形成过程及其走向人们不能控制，但是，根据一般的社会经验，人们还是会接受由于人格而产生的刑事责任。此外，人格责任论注意到了刑事责任中的素质和环境的部分（甚至社会的部分），认识到刑事责任中包含有非个人的部分。这样，刑事责任就不单单是存在于个人的某种属性中，而是存在于社会之中。因此，人格责任论将人格作为刑事责任的存在论基础是合适的，但它只是从人格形成的角度上探讨的，没有对人格的社会层面进行探讨，也没有对人格如何存在的问题进行探讨，是其不足。

（五）功能主义责任论对刑事责任存在论的探索

功能主义责任论从刑事责任所具有的功能这一面向直观刑事责任，并根据刑事责任（应该具有）的功能来形塑刑事责任的结构。这种结构不会随着犯罪行为场景的变化以及行为人的个性等与刑事责任有关的具体情况而发生变化，而是在所有的刑事责任的情形中都存在的一种指引，一种不可见的指向未来的一种期待（如训练对法律的忠诚）。如德国学者卢曼指出，现代社会的法律不得不在不确定的未来的情况下运作，而恰恰在这里表现出了法律对社会的依附性。[①] 基于此，功能主义责任论认为，刑事责任的时间维度不在于刑法规范之效力的持续时间，不在于刑法固有的历史性，也不在于刑事责任的"材料"——人的行为——是否存在于空间和时间中，而是在于刑法规范的功能，即在于我们力求使刑事责任理论起码在期待的层面上顺应还未知的、开始就是不确定的将来。它致力于使人们能够知道哪些期望得到社会的支持，哪些没有，通过这种期望的可靠性的保障，我们就可以比较理智地面对日常生活中让人失望的事情，刑法规范也就具有了对抗现实而稳定化的行为期望。这种责任论赋予不抱有这种期望的人以不利的地位，常常以刑事制裁作为后果，

---

① ［德］尼克拉斯·卢曼：《社会的法律》，郑伊倩译，人民出版社2009年版，第296页。

以维护对他人（或自己）的这种期望的稳定性。

不过，功能性的刑事责任理论过分热衷刑事责任的（可能的）未来的功能，完全不管刑事责任与行为人的行为的关联。这种脱离刑事责任的现时性的思考已经不是一种对刑事责任的存在论探索了，而是将刑事责任工具化了。此外，刑事责任要发挥其功能，就必须公正。否则，恐惧就会取代——正如消极的一般预防，现在不再局限于有犯罪倾向的公民，而是为了一般态度——理性学习，这样形成的对法律的忠诚只是一种单纯外表的服从现象，公民的一般的法律意识不可能得到恢复，而是会一直处于一种曲解中。那么，刑事责任应该怎么去探索呢？刑事责任本身具有什么性质和地位呢？该怎么为在刑法的体系中栖栖不安的刑事责任找到一个归宿呢？

二 刑事责任研究之路的寻求

进入近代以来，刑法理论上出现了众多的刑事责任的学说。这些学说的提出者实际上都是在探索刑事责任研究的方法。可以说，刑事责任的学说史就是刑事责任研究方法的探索史。到目前为止，关于刑事责任研究的方法主要有以下几种。

（一）自然法的刑事责任的研究方法

自然法理论是近代启蒙思想家提出的自然法哲学的总称。如洛克指出，自然法是指一种每个人仅凭自然赋予我们的本性就能觉察到的法则，一种每人在每个方面都表明自己所服从的法则，并且每人都认识到它被设为其义务法则的前提。[①] 自然法的责任观的发展主要归功于德国学者普芬多夫，在他的责任概念中，自由的行为是责任的基础。此后，黑格尔、宾丁等都将责任与自由联系在一起。[②] 这种责任观将刑事责任建立在个性的这种自我指导力之上，它探求刑事责任的自然，开启了现代刑事责任的第一阶段。

---

① ［英］洛克：《自然法论文集》，李季璇译，商务印书馆2014年版，第4页。
② ［德］汉斯·海因里希·耶赛克、托马斯·魏根特：《德国刑法教科书》，徐久生译，中国法制出版社2001年版，第503页。

康德进一步发展了自然法哲学，他赋予理性对人类的所有活动进行立法的地位，并以此获取关于自然、实有事物、道德以及所有应有的事物的知识。在理性精神可能形成一致意见的这种假设中，人们之间可以进行这种归责被认为是可以接受的共识：这就是启蒙叙事。在这一叙事中，知识英雄为了高尚的伦理目的——人类的安宁——而奋斗。为此，康德揭示了一种最高的综合形式，即我思。康德认为，思维通过它的推理作用认识到自己本身是绝对的、自由的、至高无上的。思维认识到自己的一切。除了思维的权威之外更没有外在的权威。① 康德的这个思维的自我具有统一主体的一切认识活动的能力，是纯直观和纯概念双方的统一。在主体中所进行的一切活动，最后都统一到这个自我中去。自我的这种统摄一切的能力，康德称之为"统觉"。康德指出，只有经过我才能把被给予表象的杂多联结在一个意识中，我才能够构想在这些表象中的意识同一性，也就是说，统觉的分析的统一只有在统觉的某种综合的前提下才是可能的。② 康德预设了自我和心智活动是某种实存的东西，并认为自我是两个世界的连接纽带。③ 这个自我借助理性的批判（区分、选择性的评判、分隔并加以筛选）致力于实现理性对于人的主观研究活动及对于客观世界的本质性认知活动的真理性及其正当性。简言之，对于康德来说，客体是主体的对象化，存在是思考的存储室。

对于康德来说，理性还是人类行动的根源。康德将理性分为理论理性与实践理性，理论理性是指根据原则来认识的能力，即通过概念在普遍中认识特殊；④ 实践理性则处理意志（即欲求能力：自己实现对象的能力），研究意志的本性是什么，什么是意志的原则。由于意志是自己规定自己的，一切正义的和道德的行为均建筑在自由上面。⑤ 为了使道德成为

---

① ［德］黑格尔：《哲学史讲演录》（第四卷），贺麟、王太庆等译，商务印书馆1978年版，第284页。
② ［德］康德：《纯粹理性批判》，邓晓芒译，人民出版社2004年版，第90页。
③ ［德］迪特·亨利希：《在康德与黑格尔之间——德国观念论讲座》，乐小军译，商务印书馆2013年版，第135页。
④ ［德］康德：《纯粹理性批判》，邓晓芒译，人民出版社2004年版，第262页。
⑤ ［德］康德：《实践理性批判》，邓晓芒译，人民出版社2003年版，第16页。

可能，康德假设人必须具有自由意志，以便既能摆脱必然王国的控制，又能以自己确立的、同时可以作为普遍立法原理的行为准则来决定自己行为的动机。康德指出，自由的概念，一旦其实在性通过实践理性的一条无可置疑的规律被证明了，它现在就构成了纯粹理性的，甚至思辨理性的体系的整个大厦的拱顶石。[①] 康德用"使一切都从属于自由"整个公式来定义一个哲学体系的任务。在他的思考方式中，自由是理性的一个原则，它是确保一切可能行动的互相包容的普遍目标的基础。他企图以仅仅适用于经验现象的概念方式和范畴系统去掌握超越现象界的"超越者"，即企图从知识学出发去构建形而上学。

根据康德哲学构建的刑事责任是一种个体主义的责任，它涵盖了抽象性与唯心主义，有悖于个体行为所处的社会情景。因为，只要假定存在两个世界，就回不到自我。如果自我只能在一种个体的意义上得到诠释，它就无法作为两个世界的联结者这样一个角色而存在。对此，麦金太尔指出，现代道德发展进程中有一段根本的空白，该空白根源于个人脱离了其所处的道德共同体，这是"独特的现代自我"这一创造的结果，更确切地说，被创造出的"个体"。[②] 这种批评对于刑事责任也适用，现有刑事责任体系中的个体是以自我为中心、单子论的个体，是方法论个体主义在责任中的体现。它脱离了其所处的道德共同体、社会共同体。这种理想化的责任个体导致了现代责任理论的失败，因为，如果没有个体栖身于其中的共同体，他就不必对行为的好坏、对错进行判断，对其进行谴责就失去了根据。

根据康德哲学构建的刑事责任体系里面充斥了太多的构成性的概念，这些概念的来源和可证明性都没有得到探查。首先，康德的自由的内容是空的，它是一切别的东西的否定，它排除了对刑事责任内容的实质考察。根据康德的方法，对刑事责任起决定作用的是抽象的自由，是一种基于理智控制的想象。这种方法想把刑事责任建立在一个实体之上，但这个实体却是脱离了我们的经验的超自然的东西。根据这种理论，刑事

---

① [德]康德：《实践理性批判》，邓晓芒译，人民出版社2003年版，第2页。
② A. MacIntyre, *After Virtue*, London: Duckworth, 1985, No. 61.

责任只能在"有刑事责任"和"无刑事责任"中进行选择，不可能存在刑事责任程度的问题。另外，刑事责任存在着分散的现象。在现代社会中，刑事责任不仅归责于具有自由意志的个人，还分散于个人的集合体中，也扩散到社会集团中。如在共犯、单位犯罪中，刑事责任也在扩散。这些依靠所谓的自由意志或者伦理责任是不能说明的。

其次，康德的理性是先验的、无思想性的、经验的，它是一种绝对化的习惯，是一种形而上学推论。现有的刑事责任理论的另一个基础因素是康德的理性观念。理性法典的理念经由刑事古典学派、新派以及现代功能性的责任理论的传承，始终尊重并预设了独立的单一个体。根据这种哲学，刑事责任的本质被归结为责任主体关于危害行为诸环节的自我意识，这种意识只是经验的、个别的自我意识。这种刑事责任的心理学化不能赋予这种自我意识以内容和实在性，不能在自我意识中揭示其存在。虽然认识到这种刑事责任有区别（故意、过失），但没有认识到这种区别中的实在性内容，不知道如何去克服这种意识的个别性，也没有办法解决这些认识的真假问题。

这种关于刑事责任的认识只是主观的和有限的认识，事实上只不过是一种主观责任的独断主义。这种理论认为责任的源泉在意识里，在主观思想里，但这种意识和思想受普遍性、理性的指导，这样我们就超越主观的领域直接进入另一个领域。我们是没有权利进入另一个领域的，因为，我们只能在思维范围内考察思维。如果将这种理性作为刑事责任的基础，刑事责任就被关闭在心理学的观点之内，刑事责任的来源就得不到探查。这种哲学过于夸大理性的功能和意义，致使他们大多数只关心自身主体性的核心地位。以这种哲学构建的刑事责任体系，把刑事责任主体作为刑事责任的核心，至于这个主体是如何存在的，刑事责任是如何存在的，则在所不问。因此，根据康德哲学所构建的责任理论体系是否有效不免会产生疑问，因为，这个体系也需要自身的合法化。

（二）实证主义的刑事责任研究方法

19世纪，随同精神科学实际发展而出现的精神科学逻辑上的自我思考完全受自然科学的模式所支配。[①] 正如海德格尔所指出的那样，所有的科学都有一种遵从实证的倾向，而"实证"是在事实的意义上得到理解的，事实又是对实在性的一种确定的解释；事实仅仅是那种可计数、可衡量和可测定的东西，可以在实验中加以分析的东西。[②] 关于实证的含义，实证主义的创始人孔德认为它包含五种含义，一是与虚幻对应的真实，二是与无用对应的有用，三是与犹疑对应的肯定，四是与模糊对应的精确，五是作为否定的反义词来用的组织（即实证的性质是组织而不是破坏）的性质。[③] 实证主义致力于探索人们能够经验的、客观的事实，它反对那种纯理论、纯概念的思考方式，致力于探索能够感觉的东西，致力于经由实证的研究去建立一个井井有条、稳定的社会关系。孔德将人类生活分为三个阶段：神学、形而上学和科学。在神学阶段，人类思维集中在研究存在的本质上，集中在它所观察的一切结果的最初和最终原因上。总而言之，集中在绝对知识上，于是把现象看作是无数超自然因素直接和持续作用的结果，这些超自然因素的随意介入解释了宇宙中显而易见的异常情况。在形而上学阶段，超自然因素被抽象的力或者隐含在各类实在之中的真正的实体（人格化的抽象概念）所取代，并被设想成自身能够产生一切观测现象，而对现象的解释则在于给每种现象指定对应的实体。在实证阶段，人类思维认识到无法得到绝对概念，于是不再寻求宇宙的起源、归宿和现象的内在原因，而是致力于（通过推理和观察相结合的方法）发现那些支配着现象发生次序及相似性的实际规律。[④] 实证主义者认为，科学的目标就是要用自然科学的方法赢得一种扩

[①] ［德］汉斯-格奥尔格·伽达默尔：《诠释学Ⅰ：真理与方法》，洪汉鼎译，商务印书馆2007年版，第11页。

[②] ［德］马丁·海德格尔：《时间概念史导论》，欧东明译，商务印书馆2009年版，第16页。

[③] ［法］奥古斯特·孔德：《论实证精神》，黄建华译，商务印书馆1996年版，第33—34页。

[④] ［澳］戴维·罗杰·奥尔德罗伊德：《知识的拱门——科学哲学和科学方法论历史导论》，顾犇等译，商务印书馆2008年版，第288—289页。

展了的社会学,"社会现象"可以像自然事件那样加以客观地研究。[①] 孔德指出,真正的实证精神主要在于为了预测而观察,根据自然规律不变的普遍信条,研究现状以便预测未来。[②] 这样,为预见而见成了实证主义的座右铭。

由于自然科学在近代以来取得的巨大成功,它的方法对社会科学产生了极大的吸引力。在这种方法的影响下,心理责任理论产生了。根据心理责任论,责任不外是故意、过失这样的心理事实的类概念,有故意和过失便有责任。[③] 心理责任论的目标是根据严格科学的方法去认识刑事责任的心理物理意义上的自然。在心理关系所处的心理物理的联结中,客观探查行为人的心理状况,科学地厘清这种心理事实。因为从经验上看,这类心理关系表明它自己受到某些被称作自然因素的束缚。除了心理责任论以外,行为责任论、性格责任论和道义责任论也是根据自然科学的方法对刑事责任进行考察的。如对于行为责任论来说,责任就是行为人实施个别的犯罪行为时的意思,对于性格责任论来说,责任就是行为人的危险的性格,道义责任论是根据实害和心理状态作为刑事责任的根据等。

以实证主义的方法研究刑事责任还是有缺陷的。首先,这种刑事责任理论只看到刑事责任中的有关个别细节或有时间性的细节的经验,却看不见刑事责任中的普遍的和本质性的东西,看不到刑事责任作为刑事责任而存在的那种东西。它一方面将刑事责任的所有环节自然化,包括将故意和过失的所有内容被给予性地自然化,另一方面将刑事责任的观念自然化,并将刑事责任的规范自然化。其次,它不能说明组成责任的要素是如何构成的、是由什么构成的。结果是:组成刑事责任的所有要素,不外是由假象构成物、虚构构成的系统,这些假象的构成物和虚构,是在主观性中按照心理学法则生成的。最后,这种刑事责任理论存在内在的悖论。根据这种理论,行为人的行为与行为的心理关系是以存在一

[①] [挪] G. 希尔贝克、N. 伊耶:《西方哲学史——从古希腊到二十世纪》,童世骏等译,上海译文出版社2004年版,第456—457页。
[②] [法] 奥古斯特·孔德:《论实证精神》,黄建华译,商务印书馆1996年版,第14页。
[③] 马克昌:《比较刑法原理》,武汉大学出版社2002年版,第437页。

种"能够选择"为前提的,这种选择需要一种自由意志存在。换言之,行为人之所以是有责任的,是因为他是自由的、理性的一个人,他是能够在违法行为和合法行为之间作出选择的,而他却作出了不法的决定。这说明,这个理论还以那种无法证明的意志自由作为责任的基础。它的失败之处在于,在一种理论上可以想象的决定自由的条件下,对行为人在构成行为实施时的这样一种能够不这样行为,是没有途径能够加以确定的。[1] 在这种情况下,按照"罪疑有利于被告的原则",总是会导致否定刑事责任。这样一来,责任刑法就没有办法实现了。

将自然科学的方法移植到刑事责任的研究中是不可能的。狄尔泰曾指出,各门科学只能从自身出发创建出一种适合于自己的理论。只有当人们对于原本存在于科学课题中的对象即现实加以反思时,只有当这一现实的基本结构得到揭示之际,我们才能成功地实现对各门历史科学加以哲学的理解这一任务。[2] 自然科学的方法不能在科学上清晰地、一致地、决断性地回答下列问题:人们关于刑事责任的认识或可能认识(意思、性格等也是如此)如何能够给予或者切中一个责任?一个关于主观的经验如何能够通过经验相互证明?一个关于主观认识的经验如何会意味着客观地有效?为什么关于行为人认识的规则对于刑事责任是重要的?为什么在刑事责任的认定中,运用自然科学的方法能够使其每个环节都能够得到理解?这种刑事责任理论创造出主客观共存的和相继的复合体,并将这一复合体把捉为刑事责任。但是,这就是刑事责任的一切吗?这是怎么做到的呢?如果这种情况是可能的,刑事责任的有无就是通过习惯的情况向习惯的结果的推论。但是,这种推论(包括过程和方法)是实证的吗?关于刑事责任的法则和过程怎么能够仅仅是对习惯性期待的一般的表达呢?

现在,在刑法理论的研究中存在一种实质化的倾向。所谓实质化,

---

[1] [德]克劳斯·罗克辛:《德国刑法学总论》(第1卷),王世洲译,法律出版社2005年版,第563页。

[2] [德]马丁·海德格尔:《时间概念史导论》,欧东明译,商务印书馆2009年版,第18页。

是指对刑法的问题进行的一种实证化、证成性的研究。① 这种方法是通过在刑法研究中增加一些内容性的规定来实现的。在刑事责任的研究中也有这种方法的运用，如性格责任论增加了性格的内容，人格责任论增加了人格的内容，功能性的责任理论增加了功能的设定等。但是，这些理论不能回答这些问题：论者对刑事责任的这些实质内容的选择是不是盲目的？这些所谓的实质是刑事责任本来的样子吗？采取这种方法对刑事责任进行研究，能摸到刑事责任的"象"吗？

  实证主义的方法只是从事了这项工作：将刑事责任转释为事实并且将所有的责任内容都转变为一个个难以理解的、无观念的"事实"的混合物。这种方法使刑事责任的有无受自然科学思想的支配并以"自然的事物"作为标准来衡量，从而导致刑事责任图景的物化。这种探索方式是从古希腊以来就存在的对自然实在性追问的一种狭隘化在刑事责任研究上的表现，它只关注从自然科学的立场完成对行为人的答责。这种刑事责任研究上的"对事实的迷信"不能为刑事责任的研究提供多少帮助。如怀特海指出，物理学的坚固基础已经瓦解，时间、空间、物质、材料等都需要重新解释。② 自然科学没有在任何一点上为我们解开刑事责任之谜，它本质上解决不了价值问题，也解决不了一个人的刑事责任问题。因为，自然科学所能做的，仅仅是为我们作决定提供事实的和技术的材料，而作决定则是科学以外的事。

（三）新康德主义的刑事责任研究方法

  作为一种哲学思潮，新康德主义的主要活动时代在 1870 年至 1920 年。早期新康德主义者主张从心理学——生理学上解释康德哲学。之后，新康德主义分裂为两个派别，即马堡学派和弗莱堡学派。总体来说，马堡学派仍然局限于康德的知识学，重视康德的"先验演绎"，特别强调纯粹思想以及数学和逻辑的重要性；而弗莱堡学派则突出"价值"问题，把哲学视为"普遍价值的批判哲学"，明显超出了康德知识学的范围。新

---

  ① 刘艳红：《走向实质解释的刑法学——刑法方法论的发端、发展与发达》，《中国法学》2006 年第 5 期

  ② ［美］郝伯特·施皮格伯格：《现象学运动》，王炳文、张金言译，商务印书馆 2011 年版，第 122 页。

康德主义在维护自然科学的同时,通过向康德的回归,重新确立了哲学的独立地位。新康德主义的主要主张是:事物不能成为直接认识的对象,而是只能通过经验进行认识的现象,是人的知觉使现实的外在世界具有意义,而不是事物自身具有可被理解的意义。① 新康德主义有很多学派,对法学,尤其是对刑法学影响最大的是弗莱堡学派。这个学派认为,物自身是没有意义的,一切概念、体系、规则都是人类思想的产物,规范的形成过程和物是不相关的,规范体系和物的体系是两个无法互通的体系,规范只能从规范中产生,不能从客观现实的存在构造中形成。这就是被19世纪以来被德国刑法学所广泛确信的事实与价值二元论。② 为此,这个哲学主张,哲学应当在价值的视角下进行体系化。如文德尔班认为,哲学只有作为普遍有效的价值的科学才能继续存在,哲学有自己关于永恒的、本身有效的那些价值问题,那些价值是所有文化职能和所有特殊生活价值的组织原则。③

在这种思想的影响下,规范责任理论产生了。规范责任论把人的规范意识乃至价值体系作为责任的主要内容,并在法则性意义上理解因果关系的相继性,这样就能够得出结论:虽然犯罪存在原因,行为人也可以承担责任。这里的责任,是向行为人传达社会的否定的价值评判。这不需要借助任何"非决定"的东西,因为,只有能根据自己的规范意识去行为,才是"自由"的。这种理论在自然科学的观察和描述方法外,提出了精神科学的评价方法。如日本学者平野龙一认为,责任是指应该谴责谁、处罚谁的实践性问题。这种谴责或处罚,是为了让人不要重蹈覆辙而实施的。在相同的事态再一次发生的时候,通过施加过去被谴责,下次还会被谴责的这种新条件,防备实行同样的行为。谴责和刑罚,在这种意义上,是面向未来而施加,而并非仅仅面向过去而施加的。④ 这种理论以崭新的态度处理刑事责任与科学的关系,在德国处于通说的地位,在我国也有很多支持者。

---

① 许玉秀:《当代刑法思潮》,中国民主法制出版社2005年版,第123—124页。
② 许玉秀:《当代刑法思潮》,中国民主法制出版社2005年版,第128—129页。
③ [德]文德尔班:《哲学史教程》(下),罗达仁译,商务印书馆1993年版,第471页。
④ [日]平野龙一:《刑罚的基础》,东京:东京大学出版会1966年版,第29页。

这种研究方法的缺陷在于：它使刑事责任的概念内容空洞并具有高度的不确定性，从而使刑事责任走向了平凡和肤浅；它将刑事责任变成一种经由非现实的概念塑造成形的东西并将刑事责任理论变成了一种空疏的方法论，导致刑事责任的问题被弄得面目全非；这种富于技巧的形式主义技艺学根本不能触及刑事责任的实质，而只是根据一门科学的或然情形去研究这门科学的"方法"罢了；它没有对刑事责任的结构、研究的结构、通向刑事责任的途径进行追问，使刑事责任只剩下科学式表述的逻辑结构。根据这种方法，在刑事责任的研究中起根本作用的仅仅是科学的图式，而刑事责任本身已经变得不可辨认了。人们需要知道，这种规范性评价是如何一步步被引向责任的？它使刑事责任的存在取决于某种非现实的概念，并通过这种概念塑造刑事责任。但是，为什么这种经过塑造的刑事责任就是那种真实存在的刑事责任？这种理论并没有进行论证。

（四）决定论的刑事责任研究方法

决定论认为，宇宙中的所有事件，包括人类的所有行动，都有其自然原因。只要前提条件具备，一个事件就会按照自然规律必定发生。[①] 决定论有强决定论和弱决定论两种，强决定论认为一切事件都有其充分的自然原因。这样，就不会有机遇和选择了。如法国学者霍尔巴赫指出，无论用什么方式去考量人，他都与普遍的自然联结着，而且服从必然且不变的规律，这些规律是自然根据她赋予每一具体种类的特殊本质或不同性质，用不着跟他商量就强加给她所包容的一切东西的。人的生命，就是自然命令人在地球表面上画一条线，并且绝不容他离开这条线，哪怕一刻也不行。人一直不断地为一些他无法驾驭的、可见的或隐蔽的原因所改变，以此必然地支配着他的样式或存在，给他的思考方式打上烙印，决定着他的行为方式。他是好是坏、幸或不幸、智或愚笨、理性或没有理性，他的意志对于这些不同情状都无能为力。人一生的欲望和行

[①] ［美］罗伯特·所罗门：《哲学导论》（第9版），陈高华译，世界图书出版公司2012年版，第351页。

为都是由他的一直不能自由改变的无数事件和偶然性预先决定的。①

由于人们有为了自己和彼此而对人们的行为负责的迫切要求，就产生了弱决定论的理论。这个理论认为，一个行动或决定，尽管完全是被决定的，只要它是"通过行为人的品性产生的"，就是自由的。如我们在别处所说的那样，意志是大脑的一种改变，这个意志必然为作用于人的感官的对象或动机的性质所决定或者为人所保有的观念经由记忆提供的性质所决定，无论这些性质是好是坏、是惬意的还是令人厌烦的。人是必然地行动着，他的行动要么是来自动机、对象的冲动的结果，要么是来自改变了他的大脑或引发了他的意志的那个观念的结果。若他没有按照他的冲动行动，那是因为有某个新的原因、新的动机、新的观念以一种不同的方式改变着他的大脑，给了他一种新的冲动，以一种不同的方式决定着他的意志，借此，前一冲动所引发的行动就中止了。因此，看见一个惬意的对象，或者想到关于这一对象的观念，就会决定人的意志活动起来去获得它。但是，如果一个新的对象或一个新的观念更强有力地吸引着他，就会为他的意志确立一个新方向，从而取消前者的效果，阻止为获得它而进行的行动。在所有这些方面，人总是遵守他绝无可能从中脱身的必然规律行动。②

根据决定论的看法，人的行为绝不是自由的。人一生中没有一刻是个自由行动者，他的每一个行动都会受到引起他的激情的对象的各种真实的或虚构的利益的指引：这些激情本身是必然存在于一个不断追求自己幸福的生物中的，它们的能力是必然的，因为这能力依赖于他的性情；他的性情是必然的，因为它依赖于进入他的组织的物理元素；他的性情的改变也是必然的，因为它是道德生物和物理生物不断作用于他的冲动的确实可靠的、不可避免的结果。如叔本华认为，一个人的行为，不论是作为一个整体，还是作为受整体支配的本质部分，都不是由他的理性或统辖其行为的意志所决定的。不论怎样真诚，没有一个人能够按照自

---

① ［法］霍尔巴赫：《健全的思想》，王荫庭译，商务印书馆1966年版，第67—68页。
② ［美］罗伯特·所罗门：《哲学导论》（第9版），陈高华译，世界图书出版公司2012年版，第352—353页。

己的意愿，成为此种人或彼种人。他的行为仅仅是源于他内在的、顽固不变的性格①，只是更直接地、更特别地决定于他的动机。因而，一个人的行为只是其性格与动机相结合的必然产物。② 根据决定论的立场，行为人实施的犯罪行为，只是因为一切都协同起来使人变得有罪。他所信奉的宗教、他的政府、他的教育以及他跟前的榜样把他推向犯罪，或者他自己不能做主的性格使他犯罪。在这种情况下，对行为人的罪行进行惩罚是徒劳的。

决定论的方法在刑事责任中一直得到运用。根据这种方法，行为人承担刑事责任的根据不是其行为的危害性或者危险性，而是其对社会的危险性。之所以决定论在刑事责任的研究中一直存在，是因为：只有假定危害结果都有其原因，我们才能理解责任。否则，责任就失去了最重要的一个前提，刑事责任的判断就会陷入令人难以忍受的怀疑论。刑事责任看起来是由许多不相干的事件组成的一个不连续的序列，从中我们对刑事责任根本没有办法进行预测和理解。这个方法的优点在于，它发现了刑事责任中的社会的因素。不过，它在刑事责任中的应用也存在难以克服的困难。根据决定论的观点，我们要为刑事责任确定一个前提，必须根据自然科学现有的知识能够准确地测定行为与结果的关系，即要事先就知道行为对结果的行为力如何，但是，在很多情况下，自然科学并没有为我们提供这样的知识。

说一个人的行为是自由的，就是说他能够承担刑事责任。为自由辩护对于刑事责任而言是至关重要的，可是，我们对于自然科学的信赖似乎显示，人类的行为是被决定的，因而是不自由的。一些刑法学者维护自由，排斥决定论；有些排斥自由，维护决定论。大多数刑法学者试图维护这两个论点（可称他们为相容论者）。他们主张，我们只是享有相对的自由，这种自由是承担刑事责任的根据。③ 但是，目前为止，刑法学并

---

① 性格这个词是从希腊语"盖印"（impression）和"雕刻"（gravure）二词来的，意指大自然在我们内心所刻画的东西。参见［法］伏尔泰《哲学辞典》（上册），王燕生译，商务印书馆2010年版，第270页。

② ［德］叔本华：《叔本华论说集》，范进等译，商务印书馆1999年版，第562页。

③ 《刑法学》编写组：《刑法学》（上册·总论），高等教育出版社2019年版，第283页。

没有对刑事责任中的自由的部分和被决定的部分进行研究，也没有对二者之间的关系进行探索。

决定论在刑事责任中运用的典型是社会责任论。该理论不能回答以下问题：第一，如果没有选择和自由，就没有理由让一个人为他的行动负责，无论他的行为危害多么严重。因为，在这种情况下，行为人的行为只能说是在"演出"，他的行为不过是自然规律的结果，它们没有为他"做点什么"留出余地。第二，作为刑法上的社会危险性应该具有什么样的内容性规定，该理论并没有进行深入的研究。第三，没有伦理非难内涵的社会防卫负担还是不是一种刑事责任后果？刑法意义上的责任只有与个人联系起来才有意义，如果只从社会意义上来谈刑事责任，这种刑事责任不是刑法谈论的话题。第四，该理论不能说明将社会防卫措施归责于个人的理由。该理论所依据的社会危险性都是被决定的，这种被决定的事情为什么要谴责个人呢？为什么将这种责任归属于个人，个人为什么要为社会的安全埋单？第五，社会责任论没有真正把握刑事责任的社会内涵。社会责任论只从社会防卫这一个视角上看到刑事责任所具有的功能，没有对刑事责任具有什么样的社会内容进行探索，更没有对刑事责任在社会中的存在方式进行研究，其结论也是片面的。

（五）实用主义的刑事责任研究方法

实用主义是从希腊词中的"行动"派生出来的，"实践"和"实践的"这两个词就是从这个词来的。1878 年，美国哲学家皮尔斯开始在哲学上使用这个词。皮尔斯认为，当我们思考事物时，要把它彻底弄清楚，只需考虑它具有什么样可能的实际效果，我们从它那里能获得什么感觉，我们应该作什么的反应，我们对于这些未来的效果所具有的观念，就是我们对于这一事物的全部观念。这是皮尔斯的原理，也是实用主义的原理。① 实用主义的方法在古希腊就有其渊源，苏格拉底、亚里士多德都运用过这种方法。后来，洛克、贝克莱、休谟也运用过这种方法。这种方法采取的是经验主义的态度，它倾向于具体与恰当，倾向于事实、行动

---

① [美]威廉·詹姆士：《实用主义》，陈羽纶、孙瑞禾译，商务印书馆1979年版，第27页。

与权力，反对那种独断、人为和假冒的最终真理。实用主义主张，理论是我们依靠的用具，而不是谜语的谜底。我们不是向后靠，而是依凭这种用具，我们往前推动，有时运用这种用具去改造自然和社会。根据实用主义理论，知识是用具，为生活而用知识，不是为知识而生活。运用实用主义的方法使理论研究一下子变得富有朝气和活力，它能够把很多不同的理论混合在一起而且让每一种理论都表现出内在的能力。不过，实用主义本来并不是一种新的方法，它和很多古代的哲学思想都是一致的。比如在实践方面，它和功利主义是一致的；在拒绝一切字面的解决，无用的问题和形而上学的抽象方面，它与实证主义是一致的。实用主义是一种确立方向的方法，它不是去寻找最先的事物、原则、范畴和假设等这些东西，而是看重最后的事物、收获、效果和事实。换言之，实用主义的真理观采用的是效果论（有用论），只要某个理论对我们的行动有益或者有用，这个理论就是真理。

　　实用主义的方法在刑事责任中也得到了运用，尤其在功能性的责任理论中得到体现。涂尔干也指出，刑法并不是矫正或偶尔矫正犯罪人，也不在于吓跑那些效仿罪犯的人，在这两点上，它的真正效力是令人怀疑的，总而言之也是没有多大价值的。它的真正作用在于，通过维护一种充满活力的共同意识来极力保持社会的凝聚力。① 这种责任观以功能之统一体代替责任的诸要素之统一体，不去寻求一个脱离刑事责任的知性知识条件限制的、不可知的刑事责任的"物自体"。这种刑事责任观不追求对刑事责任现实的复制，不侧重对过去罪责的清算，而是根据具体的目标设定，将刑事责任理论作为实现所设定目标的工具。不管刑事责任理论为其所选定的实际后果如何以及这个后果怎样被使用，以后果为导向意味着刑事责任研究向前看的态度和刑事责任理论构建上的求善的追求。这种理论改变了静止的刑事责任观，激活了刑事责任的整个过程；它注重刑事责任的实践面向，放弃表面的、抽象的、无效果的责任解消方式，它与哲学上很多思想（如功利主义、实证主义甚至报应思想等）

---

① ［法］埃米尔·涂尔干：《社会分工论》，渠敬东译，生活·读书·新知三联书店 2000 年版，第 70 页。

都是兼容的。

实用主义的刑事责任理论不是一个完成的、现成的体系，或者说根本不是一个体系，而是处于变化、成长和发展中的理论。它不去追求刑事责任背后及其以外的实在，也不运用超越平常的知觉和推论的唯理方法去探索这种实在，不把刑事责任构建成一个在固定关系中由固定的因素组成的体系，也不把刑事责任体系变成一个已经完成了的体系。它摒弃寻求绝对的起源和绝对的终结，以便探求那产生这种绝对的东西的特殊的价值和特殊的条件。它唯一可以证实和有成果的对象，是产生这种研究对象的特殊的一套变化，以及由这种变化而来的结果。它是以问题能否得到解决，而不是以结果是否和犯罪论的构成体系一致、是否符合特定学说为衡量标准的思考方法，也不追求把刑事责任临摹得怎样逼真；它是面向实践，从法政策的视角来验证结果的思考方法；它放弃了寻找刑事责任"之外"或"之后"的对象的企图，而代之以对"刑事责任自身"的多样性、充实性和内在差异性的研究。

实证主义的责任理论取得的重大功绩在于，在广泛的事实研究中，指明了刑事责任的生物学的、历史的和社群的因果性因素。不过，它的功绩和缺陷是并存的。它恰恰因此——由于它仍然在进行着个体主义的评价——而误以为可以完全地排斥个人罪责的概念。它不能回答以下问题：它如何知道每个恶的并因此有罪的行动也始终应当归派给行动者的人格，而不应当归派给例如它所隶属的诸人格的共同体整体或它的祖先们？它如何知道坏的观点作为原来是坏的人格行为之结果就不能以遗传的方式传递，同样也不能通过传统来传递？这表明，这种方法虽然学会了运用历史的和社群的方法进行思考，但它的评价方式却还几乎完全是18世纪的个体主义的。

此外，这种理论忽视了刑事责任的本有的结构，对刑事责任的把握具有随意性。这种理论好像觉得，当它说出刑事责任的好效果时，就把关于刑事责任所有要说的东西都说出来了，它觉得没有必要去问为什么会有这么好的效果。但是，刑事责任的效果与刑事责任本身是两个不同的概念，不应该将二者混同。

三 研究刑事责任的存在论现象学方法

(一) 现代现象学的兴起

通过上述刑事责任的研究方法虽然能够揭示刑事责任的某一方面或某些方面，但没有将刑事责任的本真的形式揭示出来。原因在于，这些方法探索刑事责任的起点和路径都把握不了刑事责任的本真样态。刑事责任是有存在的范围的，只有在此范围内才有可能获得刑事责任的始源和根据。这个范围就是前文所说的课题域，它是我们探索刑事责任的起点。现在需要探讨的是，从这个起点出发，我们采取什么方法直观刑事责任的"是什么"和"怎样是"。刑事责任应该是其自身的显现，怎么把握这种显现就与现象学有关。这里，有必要对现象学的问题进行一下简要介绍。

现代现象学哲学肇始于德国的一个哲学流派。20世界30年代，它在德国的影响达到顶峰。曾任联合国教科文组织文化活动部国际文化合作署主任的施奈德指出，胡塞尔的影响完全改变了大陆的哲学，这不是因为他的哲学获得了支配地位，而是任何哲学现在都企图顺应现象学的方法，并用这种方法表达自己。它现在是高雅的批评之绝对必要的条件。[1]如今的现象学已经成为名副其实的国际性哲学思潮。

现代现象学的产生不是偶然的，它有其悠久的历史渊源。在古希腊哲学中，柏拉图就把世界分为现象的世界和理念的世界，并指明了二者之间的关系。[2]到了近代，德国启蒙思想家拉姆贝特是最早使用"现象学"这个词的人。在《新工具》一书中，他将现象看作是关于假象和假象的各种形式的理论。[3]康德的现象学是关于感性认识的，它划定了感性认识的有效性及其范围的限度。康德指出，现象领域自身是受知性限制

---

[1] [美]郝伯特·施皮格伯格：《现象学运动》，王炳文、张金言译，商务印书馆2011年版，第1页。

[2] [德]黑格尔：《哲学史讲演录》（第2卷），王太庆等译，商务印书馆2013年版，第160页。

[3] [美]郝伯特·施皮格伯格：《现象学运动》，王炳文、张金言译，商务印书馆2011年版，第10页。

的，以至于它并不是针对自在之物本身，而只是针对诸物如何借助于我们的主观形状而向我们显现出来的那种方式。① 黑格尔所探讨的现象，既不是假象，也不是单纯的现象，而是意识的诸阶段。黑格尔主张现象与本质是统一的，他的现象学是从现象去寻找本质，由普通意识达到绝对意识的过程和阶梯，现象学是导入逻辑学或本体论的导言或阶梯。② 费希特的现象学是从知识学中派生出事实或推演出现象世界来，其任务是：揭示真我下降到形体世界的现象的完备形象，亦即揭示真我的完备的现象学说。③ 在费希特那里，现象学是从真我那里派生出的东西，或由"道"之变成"肉身"，现象学是知识学的补充，现象学是由本质到现象的研究，是研究本质、自我如何在现象界得到体现的。

现代现象学产生的一个理由是为了抵抗当时流行的对待现象的简单性的做法。这种简单性的做法尤其受到实证主义者的拥戴，但现象学家认为，要想探究现象的结构，重要的不是简化与经济的原则，而是一种宽容精神，是扩展和深化我们经验的范围，是对现象的尊重，是更加充分地倾听现象。此外，现象学还有一个伟大的抱负，即帮助科学克服"危机"。现象学的主要任务是解决认识如何可能的问题，这也是哲学上的一个老问题。科学虽然使人扩大了对自然的控制，却使其可理解性降低了。伽利略的客观主义和笛卡尔的主观主义的对立是科学陷入危机的根源，正是这种对立使科学已蜕化为一种关于事实的研究，从而使科学失去了对于人的整个生活的意义。自然科学只关注认识的结果，从未关注认识本身，它不能解决认识与自在事物的一致性问题，也不能解决认识是如何切中这些事物的。因此，科学特别需要一门哲学，以便能够重新建立起它与人所一直关注的事情的联系，而现象学就能满足这种要求。

为了呼应时代的需求，胡塞尔致力于寻求一切知识的本源，并将这种本源建基在"事实"之中，即通常意义上的现象之中。为此，他提出

---

① ［德］康德：《纯粹理性批判》，邓晓芒译，人民出版社 2004 年版，第 229 页。
② 贺麟：《译者导言：关于黑格尔的〈精神现象学〉》，［德］黑格尔《精神现象学》（上），贺麟、王玖兴译，商务印书馆 1962 年版，第 11 页。
③ ［德］黑格尔：《精神现象学》（上），贺麟、王玖兴译，商务印书馆 1962 年版，第 10 页。

了"朝向事物"的口号，以尽量如实地描摹事物的本有面貌，以便从中揭示其意义和目的。这个"朝向事物"，指的是专注于事物的根本、根底和开端，专注于被直观到或直接体验到的现象。他主张回到这个最先的开端，以便能够直观地剖析这些概念，最终起码在原则上解决哲学问题。他的现象学不是试图取得关于现成的事物的认识，而是要探索怎样使需要认识的对象显现出来，并由此获得一个无限广阔的、新的工作领域。

在哲学中一直都有注重对事实进行研究的人。培根指出，我们对于我们自身不欲有所言，但关于事物应当从事物本身讨论。[①] 黑格尔也指出，真正的哲学思辨就是让事情自己活动，而不让我们随意的想法，亦即我们的反思活动对事情发生作用。[②] 很多哲学家都不满足于现象，都想借助现象去把握超现象的本质、实体或理式。胡塞尔反对死守传统的信念和理论并将之当作理论的起点，他力图使人从传统的理论和概念中解脱出来，转向人们最先看到的东西的原始状态，转向所谓纯粹的现象。他认为，所有真正的知识，最终都是在对于现象的直观中得到证实。现象学并不抵制借助现象进行进一步的探索，但不赞成越过现象这个出发点。任何一个理论研究，都不能断绝与现象的联结，因为现象本身的丰富多彩、奥秘和灵动大大超出了任何一种对它的抽象。因此，如果理论研究不是奠基在对现象的领会和诠释上，哲学的品格就被损坏了。正如法国哲学家柏格森所说的那样，那就是以纸币来置换黄金了。[③]

胡塞尔试图建立一个严格科学的哲学，以便使我们的知识体系的每一个步骤都是按照必然的级序建立在先前步骤之上，步骤之间的联结都能得到清晰的明察。这种严格的要求只有现象学才能满足。胡塞尔的现象学是通过复归到直接的直观这个最初的起源实现对事物本体构造的明察的，并根据这种明察说明哲学的概念和问题。因此，自称现象学家的

[①] [德]汉斯－格奥尔特·伽达默尔：《诠释学Ⅱ：真理与方法》，洪汉鼎译，商务印书馆2007年版，第78页。

[②] [德]汉斯－格奥尔特·伽达默尔：《诠释学Ⅱ：真理与方法》，洪汉鼎译，商务印书馆2007年版，第79页。

[③] [法]柏格森：《关于变易的知觉》，载陈启伟主编《现代西方哲学论著选读》，陈启伟译，北京大学出版社1992年版，第51页。

人，必须是明确地或不明确地采取下面提到的两种方法：第一，所有知识的来源和作为其检验标准的直接直观都要尽量如实地给以文字的描述；第二，对于所有知识的本质结构的洞察。① 这样一来，对于运用现象学的方法进行研究的学者来说，一个无边无际的、崭新的研究畛域就呈现了出来。

在这个新的研究领域里，怎么直观到现象呢？现象学致力于在没有事先设定的情况下直观现象，这样不仅可以直观到现象实际显现出来的东西，而且还可以直观到没有实际显现出来的东西，并通过非反思的形式认识到这种正在进行着的直观。这一点怎么做到的呢？胡塞尔的老师布伦塔诺发现，在主观表象和物体的自身存在之间，还有一个"第三者"："意向性对象"。他认为，表象不是某种纯内在的东西，而总是"某某内容"的表象；它们总是对已有的，或更准确地说，向我给出的、向我提供的实存之类的内容的意识。② 在此基础上，胡塞尔运用"意向性"这一新的路径，向人们描画出人类意识现象的形成和变样方式。在胡塞尔的现象学中，意向概念有多种内涵。狭义的"意向"是指那种构成一个行为之描述性特征的意向关系，即自我对一个对象的指向。在这里，它指的是意识的意向活动和它的认可、统摄的倾向。广义的"意向"还有"射中"的意思，即意指某个意向的发出和这个意向的充实。胡塞尔常常将这意义上的"意向"简称为"行为特征"。最宽泛意义上的"意向"已经相当于笛卡尔的"我思"概念，是对意识行为的统称。③

在胡塞尔的现象学里，"意向性"标识着所有意识的本己特征：一切意识都是"关于某物的意识"。④ 胡塞尔指出："意向性现象学首次使得作为精神的精神成为系统性经验和科学的领域，从而引起了认识任务的彻底改变；绝对精神的普遍性把一切存在物都包容在一种绝对的历史性

---

① ［美］郝伯特·施皮格伯格：《现象学运动》，王炳文、张金言译，商务印书馆2011年版，第38—39页。
② ［德］吕迪格尔·萨弗兰斯基：《来自德国的大师——海德格尔和他的时代》，靳希平译，商务印书馆2021年版，第42页。
③ 倪梁康：《胡塞尔现象学概念通释》（增补版），商务印书馆2016年版，第266—267页。
④ 倪梁康：《胡塞尔现象学概念通释》（增补版），商务印书馆2016年版，第268页。

中,而自然作为精神的创造物也适应于这种历史性。"① 胡塞尔的意向性具有以下四个特征:(1)意向的"对象化"。这是指把那些意识流的材料都作为"意向的对象"。(2)意向的统一。这是指把各种连续的材料归结到意义的同一相关物或"极"上。(3)意向的关联。即同一对象的所有内容,好像都与组成该对象边缘的东西有关。(4)意向的构成。是指意向对象不是被当作是事先存在的,而是被看作发源于意向活动的东西。总的来说,胡塞尔的意向的含义大致是:意向是所有活动的这样一种特质,它不仅使活动指向对象,并且还用将一个丰满的对象呈现给我们意识的方式解释预先给予的材料,确立数个意向活动相关物的同一性,把意向的直观充实的各个不同阶段连接起来,构成被意指的对象。② 在这里,意向性所指称的不是发生在物理事物与心理过程之间的一种偶然的、事后的对象化关系,而是行为所具有的朝向某物的结构,即自身—指向。至此,我们不是在描画此时此地的一个特定的感知,而是感知活动本身。

　　胡塞尔的这种意向性学说,从根本上打破了根据因果模式来说明事物的观念。它把人们的认知重心,从外部世界中的物的结构,转移到主体的意识结构中。③ 事物的根据也不再存在于外部世界中,而是存在于人的认知活动中。这种认识论的转换,揭示了被哲学和科学一直遮蔽的人们认识活动的一些本质现象,也揭示了我们认识的一种本质结构。

　　在胡塞尔之前,笛卡尔提供了一个思维的绝对明证性。不过,笛卡尔试图用"我思"证明"我在"是不成立的,因为"我在"是经验的明证性,是自然科学和心理学的客体。胡塞尔将思维的直观作为他的哲学的基础,他认为,思维的直观是内在的,它没有超越自身去意指什么,它是自身给予的。④ 为了达到这个基础,胡塞尔采用的方法是"还原法",即将所有关于意识现象的理论预设或存在预设都抛弃,以便能够直观到

---

① [德]汉斯-格奥尔格·伽达默尔:《诠释学Ⅰ:真理与方法》,洪汉鼎译,商务印书馆2007年版,第334页。
② [美]郝伯特·施皮格伯特:《现象学运动》,王炳文、张金言译,商务印书馆2011年版,第155页。
③ 章启群:《意义的本体论》,商务印书馆2018年版,第33页。
④ [德]胡塞尔:《现象学的观念》,倪梁康译,商务印书馆2016年版,第10页。

本来现象的方法。这一方法的作用在于，它能不断提示人们注意，有关的存在和认识领域实际上处于先验现象学所探究的领域以外，并且提示人们，这些被置入括号的领域内的前提的侵入表明了一种悖谬的混淆，一种真正的概念转移。① 通过这种还原，在我们的知识、经验、信仰等被加入括号（悬搁）后，在终端就出现了意识的"现象学剩余"，即一个绝对的、必然的、纯粹的自我意识，它具有内在的自身给予性，是明晰的。

通过这种方法的运用，现象学者看到的东西不仅比唯理论者和经验论者看到的多得多，也比他们看到的丰富深刻得多。比如，在考察我们的感知经验时，由于传统的认识论都主张认识主体与被认识现象的二元分离，经验论者如洛克、休谟就主张：人通过感官最初被动接受的是一个个绝对简单的"感觉观念"或"印象"②，之后再通过心灵的"联结"或自发"联想"，将这些印象拼凑为立体的、复合的事物观念及其关系。一个立体的、现实的讲台观念、苹果观念就是这样形成的。实证主义者们也这么看。③ 胡塞尔不同意这种认识观。他指出，如果我们用还原法进行感知，就能够发现，人可以直接看到讲台自身，而不是仅仅获得关于它的当下感觉观念和印象。换句话说，我们不仅仅看到它向我显现的映射面（侧显），因为我们在观看一张讲台的时候，不止看到它对我现实地呈现出来的东西，或一个客体对一个主体的显现面，而是能同时看到与它连带着的可能显现的诸方面，比如此讲台的另外几面、其内部等。它通过还原法排除属于每一种自然研究方式本质的认识障碍，并转变它们固有的片面方向，直到最终获得被"先验"纯化的显现的自由

---

① ［德］胡塞尔：《纯粹现象学通论：纯粹现象学和现象学哲学的观念》（第1卷），李幼蒸译，商务印书馆2014年版，第109页。

② 他们给出的简单感觉观念的外来例子是"冷""硬""白色""香味""滋味""声音"等，实际上是它们的显现面，即休谟讲的"印象"。参见［英］洛克《人类理解论》（下册），关文运译，商务印书馆1959年版，第417—419页；［英］休谟《人性论》（上册），关文运译，郑之骧校，商务印书馆1980年版，第15—16页。

③ 马赫在《感觉的分析》中写道："物、物体、物质不外乎是各种要素、颜色、声音等等的结合，不外乎是各种所谓特征的结合。""我们所认识的，就不外乎是感觉。"参见洪谦主编《西方现代资产阶级哲学论著选辑》，洪谦译，商务印书馆1964年版，第35—36页。

视野，从而达到现象学领域。① 现象学的目的是排除一切设定，只研究主体的显现方式，以便使一切客观性和存在意义从根本上可清楚地被理解。

我们为什么能够看到当时好像没有向我们实际显现的可能的东西呢？因为，根据现象学的理论，我们的认识行为不会仅局限在主体对单独客体的线性认知里，而是在每个客体出现的背景视域中（比如空间背景和时间背景组成的"直观场"和"晕圈"② 里）进行认识的。它们虽然不对我实在地显现，或如胡塞尔讲的是"非实显的"，但一定会参与我当下认知的整体构成。如果没有哲学背景视域的无名陪衬和前后呼应，我们就不可能得到关于某物的实际的认识。所以说，我们感知的不仅仅是指那种实际显现的东西，还包括根据事物的本来性质而一定包含着的"能现"；或者说，我们认识到的是那种通过实际的显现者——如苹果对我显现的方面——牵连着的无数的呈现可能，它们一起组成了多维立体的苹果。在这里，"无数"是指空间上的无限多样的变化可能性和时间上无穷深度的含蓄可能。简言之，我们的所有感知都含有内在的赋意和对所有显现的方面的统握。③

根据现象学的观点，我们认识到的东西始终比存在者实际显现得多。

---

① ［德］胡塞尔：《纯粹现象学通论——纯粹现象学和现象学哲学的观念》（第 1 卷），李幼蒸译，中国人民大学出版社 2014 年版，第 3 页。

② 胡塞尔观察道："这些被知觉物也以某种方式在'直观场'中被知觉为在那儿；……每一物知觉都以此方式有一背景直观的晕圈（或'背景看'），如果人们已在把被朝向物包括进直观中去的话，而且这也是一种'意识体验'，……我们只是谈论属于按'朝向客体'方式实现的该知觉本质的意识晕圈，以及进而谈论在此晕圈本身的固有本质中内含的东西。……它们在我们面前游动，各具不同的'特性'，如实际的，可能的，想象的，等等。……非实显的体验的'晕圈'围绕着那些实显的体验；体验流绝不可能由单纯的实显性事物组成。"参见［德］胡塞尔《纯粹现象学通论：纯粹现象学和现象学哲学的观念》（第 1 卷），李幼蒸译，商务印书馆 2014 年版，第 103—105 页。

③ 我们认识的对象呈报出的不只是简单的感觉印象、材料和映射面，而是被在晕圈内构成的多维（空间加上时间即四维）事物及与其他事物的潜在联系。根据胡塞尔的观点，我们的意识活动，比如我们看讲台的活动是"意向行为"，而被如此感知到的东西，比如被看到的讲台客体是"意向对象"或"意向相关项"。它们都不是单质的或经验主义者们说的"简单的"，而是多维度的、内在综合或被综合着的、入晕乘势着的和直接可意会的。一句话，它们是以构成意义的可能状态为重心的。参见［德］胡塞尔《纯粹现象学通论：纯粹现象学和现象学哲学的观念》（第 1 卷），李幼蒸译，商务印书馆 2014 年版，第 105—106 页。

因为，我们认识的事物都是由意义构成的事物，而这个意义是在事物之前就存在的，也是在这个概念形成之前就存在的。胡塞尔所说"所有意识都是对某物的意识"要说的就是这个意思。不过，须强调的是，这个"某物"不仅仅意指现成的物，而且主要意指没有实际显现的可能之物。所以，"意向性"也可以说是"向意性"。根据现象学的观点，我们对事物的意向性也包含了事物的这种时间上的维度，我们在对这个事物的过去的握持和未来的期待中，才能把握事物的时间的本己特征。

"意向性"的含义，可以用对声音的时间性感知来说明。我们不可能在某一点上听到一个没有时间性的绝对单一的声音现象，因为只要是在时间的感知中，这个感知都已经隐含了过去与将来——不管它们多么短促——的场域，都隐含了与过去和将来的可能感知的内在联结。根据自然科学的立场，声音或许能够被复原为物理学上的即时的声音序列和它在大脑神经中的表现样态，而现象学是在心理意义上指称我们听到的声音的，没有终极的真实性。现象学者的观点是，根据意向性视角所说的声音并非仅仅是心理现象，而是感知的声音这个东西的本己事实，这个事实有它自己的客体化意义，所以，可以防止这种认识滑入心理主义。而自然科学所说的那种对象化、现成化的情形，都是运用技术手段从人本来感知到的真正的声音形态上肢解下来的片段的概括。

我们对于任何一个事物的直观（如"这个讲台""这个声音"）中已经包含着原本联想的成分，得到的是可能与现实交汇互补的对象。我们获得的认识中早已包括了对某个事物如"讲台"或"声音"的感知的可能性。这样一来，关于本体的感知——与抽象的概念不同——便是可能的。这种本体性的感知只是我们直观的方法的变化，把我们直观的中心转向可能性的方面。"若是没有进行观念直观的自由可能性以及在观念抽象中将目光朝向相应的、示范性寓于个体可见之物中的本质的自由可能性，那么任何个体直观都是不可能的。"[1] 关键之处在于认识到这两种直观全部具有的"自由建构的可能性"，即它们借助直观场和时间场的旋绕

---

[1] ［德］埃德蒙德·胡塞尔：《现象学的方法》，倪梁康译，上海译文出版社1994年版，第87页。

的可能性。可以看出,根据现象学的方法获得的认识不是一种单纯的接纳或总觉,它里面已经包含有原初的联想和原始的总觉的自由建构,并给以后的更深入的总觉保留了可能性。所以,海德格尔指出,掌握现象学的关键就是看到"可能性要高于现实性"①。不过,这种可能性不是分析哲学中的那种逻辑意义上的可能性,而是在这个生活世界的根底之处所具有的场域所形成的充分的直观可能性。我们所感知的东西都是存在于这种场域可能性中,而不是存在于那种点状、片状的现成性中。这样,现象学的主观就是要返回到那种生机勃勃的、尽量没有被歪曲、阉割的原始的直观体验中。"知性要尽可能少,但直观要尽可能纯。"② 也就是说,只要直观得纯粹,不被或没有完全被概念化的知性控制,就能直接"看到"本质。③

现象学通过"返回到事物"的方法力图尽量真实地描摹事物的本真式样,并从中推出其意义和目的。现象学不是为了认识现成的东西,而是探究让现象怎么显现在我们面前并成为我们的"现象之眼"的对象。现象学回到事物本身,是指专心于事物的根底和本源。现象学的认识可以归纳为这样一个命题:A = A。④ 在实践中,现象学并非是因为它的还原的真切性而形成统一的论断,而是因为事物本己的构造而达至统一的论断。

不过,由于胡塞尔注重对意向性的研究,所以有学者认为他的现象学严格说来不是现象学,而应是"先验的本质学"。贺麟教授指出,胡塞尔所谓的"现象"不是在时空中的自然现象,或意识现象,因为他反对心理主义和以"自然态度"来观察事物,他所谓"现象"是加引号的"现象",是把自然和心理事实或现象加以抽象化,使其脱离时空作为先

---

① [德] 马丁·海德格尔:《存在与时间》,陈嘉映、王庆节译,生活·读书·新知三联书店2006年版,第40页。
② [德] 埃德蒙德·胡塞尔:《现象学的观念》,倪梁康译,上海译文出版社1986年版,第55页。
③ 张祥龙:《什么是现象学》,《社会科学战线》2016年第3期。
④ [德] 马丁·海德格尔:《时间概念史导论》,欧东明译,商务印书馆2009年版,第44页。

验意识所直观的对象。① 胡塞尔放弃了康德的物自身而只讲现象的现象学，试图为物自身提供现象学证明：自在之物存在于我们感觉事物的各种细微差别构成的某种经验的持续性。熊伟教授指出，胡塞尔所指的事情本身是将意识及其对象性混为一谈，也就是把主客、物我（心）、内外混为一谈。② 由于认识强化着人类的大多数经验，因而不能用一种相关的方式给它加上"括号"，这意味着转向某种非时间性的非物质的必然性领域，使它不可能为现实的实践奠定基础，而这正是现象学的目的所在。

（二）存在论的现象学

1. 海德格尔的存在论概说

胡塞尔的现象学是有缺陷的。他的意向性现象学没有兑现对客体的一种先在的、原本的意向式的诠释并据此开创出自己的课题域；同时，他的现象学也没有在根本上围绕赢得基本的存在区分这一任务去着手处理这样一个更为基础性的和先行的课题：提出存在本身的意义问题。③ 对于胡塞尔来说，终极的存在仍然意味着对象的存在，这个"存在"当然不是存在本身，因为他没有探究这个存在是如何构成的以及如何被给予的。这使存在的问题在胡塞尔那里仍被搁置着。为了完成现象学的目标，现象学必定要转向物理的和存在于社会之中的实在。只有在这些实在中才能清楚它是如何被经验、如何被思维并如何与它们的世界相关联的。基于上述考虑，海德格尔（1889—1976，现象学的创始人胡塞尔的学生，德国著名哲学家）把胡塞尔的超验现象学转变为存在的现象学，现象学被从天上拉回到世间。海德格尔将现象学和存在论融合在一起，形成了19世纪以来影响最大的一种新的存在论。法国哲学家列维纳斯说过，在整个20世纪，一个人想从事哲学，如果他不到海德格尔的哲学中走一遭，那就一事无成。④

---

① 贺麟：《译者导言：关于黑格尔的〈精神现象学〉》，载[德]黑格尔《精神现象学》（上），贺麟、王玖兴译，商务印书馆1962年版，第14页。
② 熊伟：《在的澄明——熊伟文选》，商务印书馆2011年版，第121页。
③ [德]马丁·海德格尔：《时间概念史导论》，欧东明译，商务印书馆2009年版，第183页。
④ 张一兵：《回到海德格尔——本有与构境》，商务印书馆2014年版，第2页。

在海德格尔之前，西方哲学一直以本质主义的"存在""范畴"来"静观"存在。这种研究仅仅关注对存在者的技术运用和把持，导致形而上学、科学和工业技术渐渐代替了应当称之为本体论或者关于存在的研究的东西。这种情况从希腊时代初期就开始了，从那时起，形而上学就成了对于存在者及其性质和用途的研究。上述哲学忘记了现实存在的客体性现象逻辑，忽略了存在本身的内在生命：实存性。而只有对实存性的回归，才使得那种"静观"不动的存在者之存在的旧本体论焕发出从未显露出来的生机：实存性才是真正的实践性。海德格尔因此成为西方哲学史上真正打通形而上学和实践性的第一人，他的存在论思想开始了哲学向实践哲学的转向。[①]

为了克服西方哲学遗忘存在的这种倾向，海德格尔采取的办法是返回到柏拉图和亚里士多德开创的第一开端，跨越性地将存在者返回本源，即重新奠基于作为其切实根基的存在。海德格尔的目的就是把存在作为问题加以厘定，通过这一厘定，获得关于存在者之所以存在这一问题的更为可靠的视野（问题视野），并由此勾画出那旨在回答这个问题的探索的途径与步骤，勾画出那蕴含着问题之答案和对答案之确证的东西。这样一来，哲学的基本任务，就是重建一个以对"存在一般"进行重点研究为基础的新存在论。海德格尔用存在这把钥匙，打开了封住存在的大门，从而使存在得以展现，并以存在替代存在者，以存在的基础性追问中的真理本现和归隐取代真理性认知和逻各斯之主导性追问生成的抽象聚集，从而完成了从方法论和认识论的研究转向本体论的研究。

在胡塞尔现象学的基础上，海德格尔冲破了过去哲学的方法、方法论和认识论的限制，突入存在论的畛域。在这个意义上，认识成了对此在的存在的一种理解，一种生存论意义上的理解，这种转变改变了西方哲学的发展方向。海德格尔认为，存在问题的目的不但是为了保证一种使科学成为可能的先天条件，而且是为了保障先于任何研究存在者的科

---

① 孙小玲：《存在与伦理——海德格尔实践哲学向度的基本论题考察》，人民出版社2015年版，第7—8页。

学和奠定这种科学的基础的存在论本身成为可能的条件。① 根据他的观点，任何理论，如果没有彻底廓清存在的含义并把廓清存在的含义作为它的根本任务，那么，即使它拥有非常完美的理论体系，它仍然还是没有根基的。海德格尔认为，只要关于存在的规定是作为对意识的存在规定而被提出的，那么它们就恰好阻隔了对存在者之存在加以追问的道路，从而同时也阻隔了对这一存在者更清晰地进行厘定。② 从现象学来说，他通过胡塞尔和狄尔泰的结合，扭转了胡塞尔的先验唯心主义的现象学走向；从解释学来说，他将解释学纳入他的基础存在论，转变了解释学方法主义（狄尔泰、施莱尔马赫）的走向，产生了一场哲学上的"哥白尼革命"。

在海德格尔那里，现象学探究的本体论基础，应当是那种不能证明和不可推导的此在的事实性，即生存，而不是作为典型普遍性本质结构的纯粹我思。海德格尔认为，存在是形而上学的真正对象，它的地位高于存在者。没有存在，就没有存在者。无论一个人于存在者处把握到的是什么，这种把握已经包含了对存在的某种领会。③ 不过，在研究存在的时候，海德格尔采用的还是胡塞尔的回到事物自身的现象学原则，以便通过这种方法让存在自身亲临现场进行自我展现。也就是说，存在是经过自己的存在过程而存在出来的。这样的存在，就是一个个体的具体的存在。和胡塞尔将"奇迹中的奇迹放在纯粹自我和纯粹意识"中不同，海德格尔将"奇迹中的奇迹放在存在"这件事实上，即认为人体验到的奇迹中的奇迹便是存在者是存在的。他针对自古以来的本体论对"在"的遗忘，重新提出"在"的意义的问题，建立起他认为前人所没有发现的"基本本体论"。

海德格尔把个人的这样的存在，称为此在（Dasein）。他认为，我们对

---

① ［德］马丁·海德格尔：《存在与时间》，陈嘉映、王庆节译，生活·读书·新知三联书店2006年版，第13页。
② ［德］马丁·海德格尔：《时间概念史导论》，欧东明译，商务印书馆2009年版，第142页。
③ ［德］马丁·海德格尔：《存在与时间》，陈嘉映、王庆节译，生活·读书·新知三联书店2006年版，第4页。

此在进行诠释的时候，需要从个人生存的意义上进行诠释。这样做的原因是，只有个人可以领会和体会自己的生存，可以掌握自己生存的旨趣，并通过语言将与自己存在有关的情况、自身存在的状况、经验及其旨趣"说"出来，将个人的当下存在的情况及其旨趣上升到超越时空的另一种意境中的存在。根据这种理解，海德格尔将自然物的存在与人的存在区别开来，还特别强调人的此在在诠释一般存在的旨趣时具有的优先的本体论地位。根据他的看法，肉体是一种实存，而不是生存，而此在是生存而不是实存。此在的基本特征为：（1）此在是去自我存在。人的存在是一种创造性的自我存在过程。此在去自我存在，意味着：人在此在中自身靠自身的自我实现而完成自己的存在。对于海德格尔来说，人的此在就是人的存在，它再没有其他意思。因此，人的此在的本质就是它的生存。我们能够在存在者身上整理出的种种本性，不是那些"看起来这样那样的已存者的现有属性"，而是那种去存在的各种可能的形式。这个存在者的所有的这样存在，便是存在自身的自己显现。也就是说，此在的存在优先于它的是什么。它首先必须去存在，而后才谈得上是什么。（2）此在总是我的存在。此在可以在它的存在中选择自己，获得它自己的自身，这就是此在的"向来我属性"。此在总是自身的存在，是自身在世界中的超越自己的存在。"存在"之"具体性"就在于它的向来属我性。任何存在，只能是"我的""你的"或"他的"存在。任何存在，其根本特性，只能在同时说出其所属的人称代词的时候，才能体现出来。也就是说，要弄清什么是"存在"，必须从"我的""你的"或"他的"存在的分析入手。[①] 为此，从任何意义上讲，"此在"都不是指某个存在者"是什么"，而是指这个存在者为之存在而去存在的那个过程本身，是在这个"存在者"为存在而存在的过程中所自身显示出来的本真活动。

  海德格尔所说的此在这个名称并不表明它所是的什么，如桌子、椅子、树那样，而是表明存在，比如桌子、椅子、树是如何存在的。这就是说，"存在"的具体性，并不是指作为"什么"而存在的那个"存在

[①] ［德］马丁·海德格尔：《存在与时间》，陈嘉映、王庆节译，生活·读书·新知三联书店2006年版，第48—50页。

者",而是指各个特定的和具体的"存在者"原本地"如何去存在"。它所意指的,是在"如何去存在"的过程中所显现的那个"存在"本身的真正具体性。这就是说,此在含有,也同时表达一般存在的本体论意义。这就是海德格尔的现象学的存在论,他使现象学被带回到与其环境发生相互作用的能动存在所构成的(其本性本身是通过这种能动存在的关注和作用而显现的)真实世界中。

按照海德格尔的说法,所有的现象都是以遮蔽的形态存在着。不过,它们以这种形态存在本身就表明了它们自己去蔽的可能性。现象之所以为现象,便是这样不但遮蔽,而且或许去蔽的二重形态,这就形成了现象之所以为现象的显露的可能性,也形成了它们据此作为现象而存在的样态。对于现象来说,唯有经过它们自己的显现,才能将它们本己的存在样态展现出来。海德格尔指出,真理实际上就是此在的自我去蔽,就是它们的自我敞开和暴露无遗。① 这样,真理的本质就是展示自己是自由的,而自由就是呈现出来的、去蔽着的使存在者存在。因此,在这种情形中,压根不是我们的一个断言与一个心理进程是否相符的问题,而是在者自身是不是被无蔽地揭示出来了。

海德格尔认为,存在本身不可能靠将之收拢为任何对象性的存在者而被通达(那只是"为"意识——主体的存在者),只有当我们切中当前课题的"日常在世的存在"之际,这种无法对象化的存在本身才会"在思想中达乎语言"。② 海德格尔致力于走出自我意识这个"阴影的王国",让哲学从主观和客观的对立中解脱出来以便达到"实事本身"。这一切都发端于"在世界中存在",即这个存在是根据"在——世界——中——存在"进行建构的。③ "在——世界——中——存在"包括以下三个环节:"世界之中"、"谁"之存在、"在之中"本身。首先,在"世界之中"是要探讨"世界"的存在论构造和世界之为世界这一概念。世界是指一个现实的此在作为此在"生存"在其中的东西,其可能是指公众意义上的

---

① [德]马丁·海德格尔:《路标》,孙周兴译,商务印书馆2000年版,第221页。
② [德]马丁·海德格尔:《路标》,孙周兴译,商务印书馆2000年版,第366页。
③ [德]马丁·海德格尔:《存在与时间》,陈嘉映、王庆节译,生活·读书·新知三联书店2006年版,第212页。

世界，也可能是指自己的并且最切近的"家常的"周围世界。① 对该世界的认识是从日常此在的在世开始的，并经过对日常生活中此在的周围世界里最贴近的照面者的存在论的揭示进一步地探求周围世界的世界性。在这里，日常生活的世界具有认识论上的优先性，而且是认识的先决条件。通过将生活世界作为认识的意义构成的基础，解决了认识从何处来又向何处去的问题。其次，在世界之中存在之"谁"这一环节，是要探讨"谁"在此在的平均日常形态的式样之中。此在在日常生活中都是与他人共同存在的，此在本质上是共在。这种共在与操心有关，根据操心②的各种可能性，这种对存在的构建和此在的朝着世界的存在是相关联的。因此，根据共在而存在的此在是为了他人才存在的。此在在世界中是与他人共在的，在与他人的共在中，此在常常陷于全体的围困而丢失了自己私有的品性，而变成了随声附和、袭人故智的随从。这样，在世界中，此在就成为凡夫俗子，成为"常人"（平常之人）。常人制定着日常生活的存在形式，他是此在的一种生存论环节，也是此在的一种存在样态。最后，"在之中"这一环节是要提出"之中本身的存在论建构"。"在之中"③不是地点性和空间性意义上的"在之中"，而是指寓于所熟悉的世界之中。任何一个存在者唯有拥有"在之中"这种存在形式，它才是现实世界中可以接触的东西，因为，在日常生活中，它总是消散在世界内的存在者之中，而不是依据自身生存。

需指出的是，海德格尔在研究存在的时候，采用的仍是胡塞尔的现象学的方法。不过，在海德格尔这里，这个"事物"不是胡塞尔的"意

---

① ［德］马丁·海德格尔：《存在与时间》，陈嘉映、王庆节译，生活·读书·新知三联书店 2006 年版，第 76 页。

② 此在本身就有一像趋向某物的朝外存在这样的本性，操心就是这一趋向存在的朝外存在。操心的规定是：在已经—寓于某物—存在—之际—先行于—自身—存在。操心是关于此在的存在的一种基本现象，它总是萦系于某物的存在，通过它，此在的各种各样的存在方式都能够得到理解。参见［德］马丁·海德格尔《时间概念史导论》，欧东明译，商务印书馆 2009 年版，第 409—410 页。

③ 海德格尔考证说，"之中"in 源于 innan，意指居住、逗留。an（于）意味着住下、熟悉、习惯、照料。"在之中"的意思就是：居而寓于……，同……相熟悉。参见［德］马丁·海德格尔《存在与时间》，陈嘉映、王庆节译，生活·读书·新知三联书店 2006 年版，第 63—64 页。

识"，而是"存在"。因此，海德格尔的存在论，实际上是存在论的现象学，或者简称为存在论。

2. 把捉本真的刑事责任的方法：存在论现象学

现有的刑事责任理论一贯致力于论点的独创性、理论的精密性、体系的整合性的建构①，存在过度概念化、逻辑化的现象。这种现象将刑事责任的本源抛向一边，使刑事责任的理论及其适用缺少了一个根基。要想解决这个问题，就要把刑事责任建立在坚实的大陆之上。那么，这个大陆在哪儿呢？在刑事责任中起关键作用的意义和规范的来源是什么？

在刑事责任的研究中，一直存在着一个支配如何承担刑事责任、应该承担什么刑事责任的法则。不同的刑事责任理论都试图揭示这个法则。如果我们以对于规律性的不断深化的认识，以自然科学的归纳程序来研究刑事责任，那么，我们不可能准确地把握刑事责任，因为，在自然科学中，用以认识齐一性的材料不是到处可以充分获得的；如果我们热衷于通过拨弄范畴概念之术研究刑事责任，这种富于技巧的形式主义技艺学根本不能触及刑事责任的实质。正如胡塞尔所指出的，真正的彻底主义意味着由最终的自身思考和自身澄清而来的最终的自身辨明。② 刑事责任的研究也是如此，刑事责任要由对于它的思考和自身澄清而得到。

为此，刑事责任研究中唯一重要的事情在于，将刑事责任所具有的自身—指向结构保持在我们的眼界之中，并根据刑事责任在世界中的存在及其存在方式把握它。胡塞尔的先验的、抽象的、唯心的方法无法实现上述目标，因为，先假定存在一个抽象的现成的刑事责任，然后再为这个责任赋予一些内涵，不是从刑事责任自身的存在而得来的。为此，应采用海德格尔的存在论现象学的方法，即将刑事责任的研究转向"刑事责任事实"，以便切近刑事责任的本源领域。刑事责任的研究应该致力于揭示刑事责任在世界中存在的那个"在"的意义。③

---

① 我国甚至有些学者提出存疑时从某某学者的学说的观点。
② ［德］胡塞尔：《第一哲学》（上卷），王炳文译，商务印书馆2006年版，第216页。
③ 鲍勒诺夫指出，由于"存在"一词在存在主义哲学中的应用，人类的一切内在的、然而又是最不可触摸的核心本质，终于首次被正确地把握住了。参见［法］高宣扬《存在主义》，上海交通大学出版社2016年版，第31—32页。

接下来的问题是，我们怎么能够把捉到刑事责任呢？根据海德格尔的存在论，我们研究刑事责任的任务不是为了获得关于刑事责任的真理性的知识，不是试图诠释刑事责任是什么，而是试图让刑事责任自己呈现出来，并对刑事责任的这种呈现进行本真的把捉和描写。刑事责任是"在——世界——中——存在"的，我们要根据这一存在论公式将我们手头的刑事责任描写出来。由于与这有关的内容在后面的部分会进行深入研究，这里只说明通达刑事责任的环节和步骤：首先，我们要揭示刑事责任的"世界"是什么。刑事责任都是在社会中（准确地说，是在世界中）存在的，那么，研究刑事责任的视域就不能局限于行为人个人的领域，而应将之放在它的世界的圈围中。其次，我们要揭示刑事责任是以什么形式存在的，即我们所揭示的刑事责任是"谁"。这个"谁"就是我们所描述的刑事责任的本真面貌。最后，我们要揭示刑事责任在哪里存在。这个问题涉及刑事责任存在的领域，就是刑事责任的"在之中"，只有根据某个具体的刑事责任所处的具体的领域，才能揭示出刑事责任。不同的人犯同样的罪，刑事责任是不同的，因为每个人的情况不同，他所承担的刑事责任也会不同。同样的犯罪行为所对应的刑事责任在不同的时代也会不同，因为，每个时代人们所把捉到的刑事责任是不同的，刑事责任的内涵在不同的时代也具有不同的意义。所以，刑事责任是根据它的"在之中"确定的。

这样得到的刑事责任是直接被给予的一种自明性，是通过一种不言而喻的东西而接受下来的遗产，而不是通过一种细心的批判而得来的。存在论方法在刑事责任与刑事责任事实之间建立了一种本体论的联结，刑事责任的研究转变为一种本体论的研究。首先，脱离刑事责任事实，闭眼不看刑事责任事实的那套做法一遇到经验上的联系就无效了，并且在不会有演绎明察的地方，它是不起作用的。黑格尔指出，现象学是绝对精神的各各他（Golgatha）[①]，它也可以说是一种保存有关绝对精神向自

---

① 各各他（Golgatha），又称各各他山，是一个罗马治以色列的时期比较偏远的山，据《圣经·新约全书》中的四福音书记载，耶稣基督就曾被钉在十字架上，而这十字架就是在这各各他山上。

我理解艰苦攀登记录的博物馆①。刑事责任的研究需要放弃对其本质或实质进行把握的思维，而只能在刑事责任与刑事责任事实之间的联结中去寻找。其次，刑事责任只能根据它在世界（或社会）中向外显示的那样进行把握。刑事责任的内涵及其概念不能进行先天的把握，不管是从康德意义上的还是胡塞尔意义上的。刑事责任对我们显示多少，我们就只能把握多少，并且只能根据我们能把握的部分对行为人进行答责。只有这样，行为人承担的刑事责任才符合正义的要求。② 至于显示部分背后的本质，与刑事责任的答责无关，也不是刑事责任的研究应该关注的（因为，刑事责任是不是有某种不变的本质，如果有，具有什么样的本质，都是观点和意见的问题，这些都不能成为答责的根据）。

运用存在论的方法，能在刑事责任的意蕴可能性的指引下直接直观鲜活的刑事责任现象，发现它们是以意蕴可能性而非所有现实性为引导的。这种方法与传统的刑事责任的研究方法截然不同。在传统的刑事责任研究者那里，刑事责任的研究要么采用的是概念现实化、观念逻辑化的路径，要么采用的是实证客体化的路径。而根据存在论现象学的方法，我们对于刑事责任的认识都具有场域的特质，都有这个场域形成的盈余所成就的可能向度、意义向度，或"假造"成真的将产生场域性。也就是说，我们在实践中感知到的刑事责任，它的原来的样式不是现实存在的，而是形成着的；不是线状对照的或者主体认识客体那样的，而是动态拓扑或主客相互构成着的；不是在感知的基础上往上构筑的认知塔，而是场域中活动的随机形成的领域。简言之，我们关于刑事责任的认识不是由它的点和线组成的点线体，而是由刑事责任的场域和它的丰富多彩的蕴含样貌组成的，自然也有转变为点线体的可能性。存在论现象学的方法能够排除一切关于刑事责任的设定，只关涉刑事责任的给予方式，以使刑事责任的存在意义可明白理解；它使刑事责任的每一个步骤都是

---

① ［美］郝伯特·施皮格伯格：《现象学运动》，王炳文、张金言译，商务印书馆2011年版，第48页。

② 一种正义理论认为，正义的状态是这样一种状态，人们可以接受的不仅仅是他们意识到不能合理地期望获得更多，而是更强烈地意识到他们不能合理地要求更多。参见［英］布莱恩·巴里《正义诸理论》，孙晓春、曹海军译，吉林人民出版社2004年版，第9页。

按照必然程序建立在先前步骤之上的,从而对其每一个环节的洞察上达到最大的清晰性。

根据存在论现象学研究刑事责任,是要研究怎么样让刑事责任呈现出来,以便成为刑事责任理论研究的对象。根据这种方法,在研究刑事责任的时候就要把这个"刑事责任事情"在我们当前现象出来的基本结构把握清楚。所谓"现象出来",就是刑事责任"在出来"。刑事责任的"在"是它自我生成的显现过程,而它的"在"的自我显现,就是它的存在本身;通过它的"在"的自我显现,它才可能根据其"在"出来的意义而成为被给予性的,它才有可能并有资格存在于世。这样的刑事责任理论是一种关于刑事责任的"在"的学问,是存在论意义上的刑事责任。这种理论不求诸刑事责任的一个终极的基础的幻影——那是实证主义和理性主义责任观的产物,而是将刑事责任置于有限的层面上(我们能认识的刑事责任是有限的,不是普全的)并深入探讨其本体论结构。

根据存在论现象学的方法澄清与理解刑事责任的存在自身的趋向所需担当的唯一的任务是对"刑事责任的'在'出来"这一环节进行解释。这种解释不是起源于任何一种关于人的专门心理学的兴趣、不是起源于某种关于生活之意义和目的的世界观问题,不是把(设定的)刑事责任的原理带入刑事责任的事实中,而是根据刑事责任事实本身而获得刑事责任原理,最终要走向一种关于刑事责任存在的分析这一源初课题的问题。通过这一向刑事责任最终的起源的回溯,凭借现象学的直观,一个无尽的刑事责任的研究领域就呈现出来。它不带有哪怕一点迂回的符号化的方法,不借助推理和证明的帮助,却获得大量最严格的关于刑事责任的知识。任何刑事责任理论,如果它不把廓清刑事责任存在的旨趣作为自己的根本任务,那么,即使它拥有非常复杂严密的理论体系,它也没有揭示刑事责任的本来面貌,它还是没有完成自己的使命。

通过存在论的方法,刑事责任本己的存在方式就被把捉到了。这种方法使我们获得关于刑事责任之所以存在这一问题的更为可靠的视野(问题视野),并由此而预先勾画出那旨在回答这个问题的探索的途径与步骤,预先勾画出那蕴含着问题之答案和对答案之确证的东西。这样一来,刑事责任理论的基本任务,就是重建"刑事责任存在一般"。这样,就能够用刑事责任存在的历史之思，打开了刑事责任的存在涌现的盖子，并以刑事责任存在的基础性追问中的真理本现和归隐取代真理性认知和逻各斯之主导性追问生成的抽象聚集，从而实现从方法论和认识论的研究转向存在论性质的研究。

运用存在论现象学的方法研究刑事责任，是刑事责任研究方法的革命性转变。这样一种对刑事责任观念的修正性的转变，并不是偶然和任意的规划，而是一种证明它的必然性，是建基于刑事责任本身的事实的本质上的，是为刑事责任的问题域的特殊本性所要求的。根据这种方法，我们可以直接感知到刑事责任自身，而不仅仅是关于它的当时的看法。我们关于刑事责任的每次认识里不是只有现实的刑事责任，而是还包括可能的刑事责任；也可以说，我们所揭示的刑事责任是一种由实际显露的刑事责任所牵拉着的无数的可能的刑事责任组成的，由它们一起组成了多维的立体的刑事责任。

接下来需要追问的是，我们根据这种方法把握的刑事责任是什么呢？这个刑事责任既然都是从存在论上理解的，那么，它就是一种前法律的存在，它的存在样态是什么呢？它和我们以前所提到的刑事责任是什么关系呢？这个刑事责任的性质根据以往的刑事责任概念是没有办法进行理解的。为了深入地理解它，就需要引入一个新的理论，这个理论就是接受性责任理论。

第三节　接受性责任理论的提倡

一　接受性责任的现状

（一）接受性责任的历史

个人对于行为负全部责任，这是一种极古的社会观念。[1] 但是，这并不意味着刑事责任都是个人责任。正如阿图尔·考夫曼所说的"责任刑法陷入了危机"[2] 那样，责任原理正遭到诸多挑战。自古以来，刑事责任

---

[1]　许鹏飞编著：《比较刑法纲要》，商务印书馆2014年版，第90页。
[2]　[德] 阿图尔·考夫曼：《法律哲学》，刘幸义译，法律出版社2011年版，第200页。

中一直存在接受性的刑事责任，主要包括以下不同的形态。

1. 基于阶级地位而承担的刑事责任。进入阶级社会以后，社会中不同的阶级承担的刑事责任也不同，使刑事责任具有等级性的特征。如《汉谟拉比法典》规定，如果自由民击落与之同等的自由民的牙齿，则应击落其齿；如果殴打地位较高者之面颊，则应于集会中以牛鞭抽打60下。①

2. 基于血统、身份而承担的刑事责任。这种情况是指，行为人虽然没有实施犯罪行为，但也要为别人实施的犯罪行为承担刑事责任。如古希腊刑法规定：一个人犯了罪，就等于血统犯罪、全家犯罪，要负连带责任。其所规定的褫夺公权力的刑罚，效力还及于子孙。② 在我国古代刑法中也存在连带刑事责任，并可将其分为两种类型：一种为刑罚责任，如被判死、流、宫、没（收）之类，主要适用于因谋反、大逆等重罪而被株连的正犯亲属，他们是法律意义上的犯人，因亲属与正犯同遭刑罚处罚，故可称为刑罚式的株连，也即所谓族刑。如《睡虎地秦墓竹简·法律答问》规定，"盗及者（诸）它罪，同居所当坐"，"夫盗三百钱……可（何）以论妻？非前谋也，当为收"。③ 另一种为非刑罚责任，适用于被判流、配、充军等罪犯的亲属，他们不是法律意义上的犯人，也没有被判处刑罚，但按法律规定必须随正犯同流，可以称为非刑罚的株连。如《睡虎地秦墓竹简·法律答问》规定："当迁，其妻相告，当包。"④

3. 根据结果而承担的责任。接受性责任的最初形式是人类初期基于神明裁判而承担的刑事责任。在此后的古代刑法中，结果责任和团体责任的观念居于主导的地位。⑤ 那时的刑事责任，只是根据客观的结果进行判断，还常常被归属于某一个团体或者家族（如所谓的连坐等）。在非常

---

① 何勤华、夏菲：《西方刑法史》，北京大学出版社2006年版，第63页。
② 赵秉志：《中国刑法案例与学理研究》（第一卷），法律出版社2004年版，第219页。
③ 《睡虎地秦墓竹简》整理小组：《睡虎地秦墓竹简》，文物出版社1978年版，第178页。
④ 马克昌：《近代西方刑法学说史略》，中国检察出版社1996年版，第176页。
⑤ [日]大冢仁：《刑法概说》（总论），冯军译，中国人民大学出版社2003年版，第373页。

著名的俄狄浦斯的故事中,俄狄浦斯无意识地杀死了自己的父亲(有预言说他长大后会将他的父亲杀死,这一预言导致他在婴儿时被父亲抛弃)。在这里,俄狄浦斯所承担的责任,就属于结果责任,因为他不是出于故意,而是无意识的行为,根据那时的法律,无意识的行为是不受处罚的。在我国的刑法中,这种责任形式也大量存在。如在数额犯、结果犯和既遂犯中,行为人承担的刑事责任都是结果责任。

4. **客观责任和严格刑事责任。**古代刑法中还存在着客观责任和严格责任等形式。如在早期的英国法律中,行为人必须为任何导致损害的行为付出代价,即使该行为是意外事件或防卫所必需,行为人也必须支付补偿金。① 即使到了盎格鲁-撒克逊时代,英国也只根据危害结果(严格责任)来追究刑事责任,并不顾及行为人的主观方面。② 此后,英美刑法中的严格责任虽随着启蒙运动的发展而一度衰落,但随着19世纪末20世纪初大工业的发展又得到复兴。③

现代英美刑法将那些在主观方面难以证明并涉及生产安全、消费者安全、环境保护等的行为,只要有危害结果的发生,或者违反行政法规,行为人就要承担责任,这种责任就是严格刑事责任。英国学者认为,严格责任能有效地保护公共利益,并督促生产、服务企业特别注意质量与安全问题。④

5. **派生责任。**在美国刑法中,有一种派生责任。它是指行为人和他要为之承担责任的独立过程之间的因果关系是可疑的。在未能避免、阻止危害的情形下,这个独立的过程是一系列事件的自然流动。⑤ 这种责任

---

① 何勤华、夏菲:《西方刑法史》,北京大学出版社2006年版,第303页。
② 何勤华、夏菲:《西方刑法史》,北京大学出版社2006年版,第316页。
③ 现在,在英国,严格责任适用的情形主要与食品、酒及药物的销售,环境污染,工作安全,公共健康等领域有关。在美国,严格责任适用的情形主要有:麻醉剂和变质的食品的销售,持有或运送赌博器材,运送特定酒类,卖酒给习惯性的酒徒,交通犯罪,违反建筑规章的犯罪以及其他难以归入上述各类的犯罪。参见何勤华、夏菲《西方刑法史》,北京大学出版社2006年版,第394页。
④ [英] J. C. 史密斯、B. 霍根:《英国刑法》,陈兴良等译,法律出版社2000年版,第134页。
⑤ [美] 乔治·弗莱彻:《反思刑法》,邓子滨译,华夏出版社2008年版,第426页。

存在两种情形中：第一种是不作为的派生责任。这种责任以四个要素为前提：（1）一个可归因于行为人的危害；（2）危害的主要原因是一个独立的、人的或者自然的过程；（3）行为人有能力防止危害，但他没有做；（4）具有介入并防止危害的义务。① 如父母拒绝找医生帮助患病的孩子，如果孩子活着，就没有责任；如果孩子死了，父母可能要承担非谋杀罪的责任。孩子是死是活，显然不在父母的控制之下，这与父母采取直接行动导致孩子的死亡是不同的。第二种是从犯的责任。他人犯罪的从犯，其责任的承担有赖于主犯是否落实其所计划的犯罪。如果从犯为主犯提供了咨询意见或者犯罪工具，而主犯没有去实施犯罪计划，从犯就没有责任。在这种责任中，还存在着累积责任。所谓累积责任，就是"累积的、转承的、代理的"责任，是被告人为他人的行为所承担的责任。② 这种情形主要指雇主为雇员的犯罪行为所承担的严格责任。

6. 对加重结果承担的责任。在日本，有判例指出，在处罚结果加重犯的加重结果时，主张结果也不需要，在对建筑物等以外的放火罪中，尽管其属于具体危险犯仍主张不需要对公共危险有认识。也有有力观点提出有必要重新审视责任主义并非万能这一事实。甚至最高法院判例中出现了汽车司机因与信号灯柱相撞，致使在驾驶员不知情的情况下同乘于该车后货厢的两人死亡的案件，肯定了司机对死亡结果负有过失责任（最决平成1·3·14，刑集43卷3号262页），以及近来一系列最高法院判例也明显地表现出在处理大规模火灾事件的监督过失论问题上，也倾向于对贯彻责任主义持怀疑态度。③

7. 基于传统而承担的责任。刑事责任的理解和传统具有内在联系，即感到自身是在与传承物进行攀谈。在刑事责任中，传统的要素总是在起作用，而且这一因素构成其显明的特征。刑事责任甚至不应被认为是一种主体性的行为，而应被认为是一种处于传统中的人的行为。在行为人实施的行为中，过去和现在经常得以中介。传统的本质就是保存，它

---

① ［美］乔治·弗莱彻：《反思刑法》，邓子滨译，华夏出版社2008年版，第429页。
② ［美］乔治·弗莱彻：《反思刑法》，邓子滨译，华夏出版社2008年版，第471页。
③ ［日］甲斐克则：《责任原理与过失犯论》，谢佳君译，中国政法大学出版社2016年版，第2页。

是一种理性活动。刑事责任中一直有传统的因素，因为任何一个行为人实际上一直生活在传统之中，并且这种生活根本不是一种对象化的行为，也不是某种另外的异己的东西，它一直是行为人自己的东西，是行为人的一种行为范式和类型。因此，行为人承担的刑事责任也具有基于传统而承担的部分。

8. 接受性责任。在大陆法系的刑法和司法实践中，接受性责任一直存在着。在意大利刑法中，规定有三种客观责任：超故意（危害举止造成的危害或危险超出了行为人的预期）、推定过失和结果加重犯（缺乏特定知识和技能的人从事相应的举止时，就违背了可归咎于行为人的预防性规定）。① 在当代的德国司法实践中，也存在大量的接受性责任的案件，这种情况是指，一个人从事的一些可能会给法益造成危险的行为，因为缺少人手或者缺乏练习和技术而难以应付这种危险但仍从事的情形。② 我国刑法中的结果犯、结果加重犯、情节犯和数额犯的责任（客观责任）也属于接受性责任。这表明，社会的、客观的、身份的和人格的等个人不能操纵的责任一直是刑事责任的重要组成部分。

可以看出，刑事责任中一直存在这种与行为人主观、与行为人个人没有关系的责任，这种刑事责任就是接受性责任。这说明，接受性责任虽然属于犯罪构成，但超过了行为人的主观故意内容，并不要求行为人对之具有认识与容认的态度。于是，在刑事责任中，有些要素属于行为人认识的对象，要求行为人对之具有故意或过失的态度；有些要素则不属于犯罪主观方面的对象，不要求行为人对之具有故意或过失的态度。这说明，有些情况下，不管行为人有没有可能认识到，他都要承担相应的法律后果。

接受性责任是行为人承担的刑事责任的一部分，它既是具体的、在一定时空中存在的刑事责任；同时，它又具有超越性、普遍性。因为，在认定一个人刑事责任的时候，既要考虑行为人个人的侧面，又要使认

---

① ［意］杜里奥·帕多瓦尼：《意大利刑法学原理》，陈忠林译，法律出版社1998年版，第225—229页。

② ［德］克劳斯·罗克辛：《德国刑法学总论》（第1卷），王世洲译，法律出版社2005年版，第721页。

定刑事责任的准则任何时候都能同时又被当作一个普遍的原则①，即刑事责任的确定不仅要个别化，也要能够普遍化。行为人基于这种普遍化的东西而承担的刑事责任就是接受性责任。

(二) 接受性责任的学术史考察

启蒙时期以来，大陆法系刑法理论对于刑事责任的考察主要是通过三种路径进行的：个人责任模式、社会责任模式以及折中的模式。个人责任模式包括道义责任论和心理责任论。前者将刑事责任理解为行为人对自己的违法意志形成的"对此能够"，它通常站在非决定论的立场，认为具有意志自由的人在其自己的决议之下实施的行为及结果，应归属于行为人，就其行为和结果进行道义上的非难。② 后者将责任理解为行为人在主观上与结果的联系。如李斯特认为，刑法上的不法作为一个有责的行为，要求行为人的意志活动与结果之间存在关联，而且因其违法行为行为人要受到主观上的非难。③ 这两种责任理论都以结果作为行为人是否以及承担什么责任的标准，但是，当这种结果在原则上无法确定而行为人又要为这种结果承担责任的时候，它们所主张的责任与个人责任就没有关系了，而是与结果责任密不可分。

社会责任模式包括社会责任论和第二次世界大战后的新社会防卫论。前者将刑事责任归结为行为人反社会的品格，将社会防卫作为刑事责任的归宿。根据该理论，应受处罚的是行为人，而不是行为。至于人为什么要对犯罪负责，该说的理由是：人处在社会之中。④ 后者强调行为人对社会的责任以及社会对其应负的责任，主张加强行为人对个人、家庭和社会的责任感。这两种理论中都包含了历史和社会的内容，说明这两种责任理论都包含有接受性责任的部分。

---

① 康德在谈到纯粹实践理性的基本法则时强调："要这样行动，使得你的意志的准则任何时候都能同时被看作一个普遍立法的原则。"参见 [德] 康德《实践理性批判》，邓晓芒译，人民出版社 2003 年版，第 39 页。普遍化的要求也是确定刑事责任时需要遵循的。

② [日] 大冢仁：《刑法概说》（总论），冯军译，中国人民大学出版社 2003 年版，第 374 页。

③ [德] 弗兰茨·冯·李斯特：《德国刑法教科书》，徐久生译，法律出版社 1998 年版，第 251 页。

④ 马克昌主编：《近代西方刑法学说史略》，中国检察出版社 1996 年版，第 176 页。

此后的责任理论都试图以折中的立场调和个体责任和社会责任，使它们所主张的责任中都包含有接受性责任的内容。规范责任论接受了社会对自由和可答责的行为的理解；人格责任论接受了有缺陷的人格；罗克辛的责任理论接受了预防的内容和交谈的诸参加者的理解；雅各布斯的理论接受了积极的一般预防的内容等。这表明，接受性责任在上述责任论中也是存在的，只是存在的形式不同而已。

我国刑法理论对于刑事责任的研究也是通过三种路径进行的：第一种是苏联的模式。该模式将犯罪构成作为刑事责任的唯一根据，这种思想长期为我国刑法理论界所坚持。此后，我国的刑法学者根据这个模式分别提出了法律责任说、法律后果说、否定评价说或者谴责说、刑事义务说和刑事负担说等观点。第二种是大陆法系模式，即以大陆法系的责任模式对我国的犯罪构成进行结构性调整，将刑事责任界定为刑事义务、刑事归责、刑事负担[①]，或者直接采用大陆法系的做法，将责任称为有责性。[②] 第三种是基于现代社会情境对责任进行新的诠释，认为罪责的客观化是从责任判断的客观标准意义上来理解的，而罪责的社会化是从责任的目的意义上进行说明的。[③] 在上述三种模式中，也都存在接受性责任的因素：在第一种和第二种模式中，存在结果责任和规范意义上的责任；在第三种模式中，存在客观的和社会的责任。

（三）中外接受性责任的研究概览

1. 外国接受性责任的研究文献

关于接受性责任的直接研究文献比较少。对于接受性责任这个法律形象，德国理论界还没有进行充分的研究。不过，对于接受性责任，德国理论和判例是承认的，德国学者罗克辛的《德国刑法学总论》（第1卷）对此就有论述。[④] 德国学者伯克曼在其所著的《交通法文集》和雅

[①] 冯军：《刑事责任论》，法律出版社1996年版，第5页。
[②] 张明楷：《刑法学》，法律出版社2011年版，第222页。
[③] 劳东燕：《罪责的社会化与规范责任论的重构》，《南京师范大学学报》2009年第2期。
[④] ［德］克劳斯·罗克辛：《德国刑法学总论》（第1卷），王世洲译，法律出版社2005年版，第721、740页。

各布斯在其著作《刑法总论》中也有论述①，汉斯·海因里希·耶赛克和托马斯·魏根特合著的《德国刑法教科书》中也有简单的论述②。不过，由于德国理论中的接受性过错仅仅指与行为人个人能力有关的情形，它与笔者所提倡的接受性责任的概念并不相同。根据笔者所提倡的接受性责任的概念，自古以来的刑事责任中都包含接受性责任，所有的刑事责任理论和学说中都包含有接受性责任的内容，只是刑法学者没有发现而已。这样一来，接受性责任的间接的研究文献是大量存在的。因为，凡是关于刑事责任的研究都是接受性责任的间接研究文献。举其要者有③：

2. 我国关于接受性责任的研究文献概览

我国关于接受性责任的直接的文献是笔者所发表的两篇文章：《论接受性过失》，《甘肃政法学院学报》2008年第6期；《论刑法中的接受性责任》，《甘肃社会科学》2015年第1期。间接文献很多，举其要者有：

（1）著作类：张明楷：《刑法学》（上）（第5版），法律出版社2016

---

① ［德］汉斯·海因里希·耶赛克、托马斯·魏根特：《德国刑法教科书》，徐久生译，中国法制出版社2001年版，第695页注释。

② ［德］汉斯·海因里希·耶赛克、托马斯·魏根特：《德国刑法教科书》，徐久生译，中国法制出版社2001年版，第695—696页。

③ ［德］乌尔斯·金德霍伊泽尔：《刑法总论教科书》（第6版），蔡桂生译，北京大学出版社2015年版；［英］艾伦·诺里：《刑罚、责任与正义——关联批判》，杨丹译，中国人民大学出版社2009年版；［英］维克多·塔德洛斯：《刑事责任》，谭淦译，中国人民大学出版社2009年版；［德］米夏埃尔·帕夫利克：《目的与体系——古典哲学基础上的德国刑法学新思考》，赵书鸿等译，法律出版社2018年版；［日］甲斐克则：《责任原理与过失犯论》，谢佳君译，中国政法大学出版社2016年版；［美］保罗·H.罗宾逊：《归咎的刑事责任》，王志远、陈琦译，知识产权出版社2016年版；［德］汉斯·韦尔策尔：《目的的行为导论》，陈璇译，中国人民大学出版社2015年版；［德］格吕恩特·雅各布斯：《行为 责任 刑法——机能性描述》，冯军译，中国政法大学出版社1997年版；［德］埃里克·希尔根多夫：《德国刑法学——从传统到现代》，江溯等译，北京大学出版社2015年版；［美］约书亚·德雷斯勒：《美国刑法精解》，王秀梅等译，北京大学出版社2009年版；［日］松宫孝明：《刑法总论讲义》，钱叶六译，中国人民大学出版社2013年版；［日］山口厚：《刑法总论》，付立庆译，中国人民大学出版社2011年版；［德］冯·李斯特：《论犯罪、刑罚与形势政策》，徐久生译，北京大学出版社2016年版；［美］卡尔·N.卢埃林：《普通法传统》，中国政法大学出版社2002年版；［日］前田雅英：《刑法总论讲义》（第6版），曾文科译，北京大学出版社2017年版；［日］高桥则夫：《规范论和刑法解释论》，戴波、李世阳译，中国人民大学出版社2011年版，等等。

年版；高铭暄、马克昌：《刑法学》（第 8 版），北京大学出版社 2017 年版；陈兴良：《本体刑法学》，中国人民大学出版社 2017 年版；冯军：《刑事责任论》，社会科学文献出版社 2017 年版；郝英兵：《刑事责任论》，法律出版社 2016 年版；陈子平：《刑法总论》，中国人民大学出版社 2009 年版；吴庚：《政法理论与法学方法》，中国人民大学出版社 2007 年版；劳东燕：《风险社会中的刑法：社会转型与刑法理论的变迁》，北京大学出版社 2015 年版；劳东燕：《刑法基础的理论展开》，北京大学出版社 2008 年版；许鹏飞：《比较刑法刚要》，商务印书馆 2014 年版；林山田：《刑法通论》，北京大学出版社 2012 年版；柯耀程：《刑法的思与辩》，中国人民大学出版社 2008 年版；柯耀程：《变动中的刑法思想》，中国政法大学出版社 2003 年版；许玉秀：《当代刑法思潮》，中国民主法制出版社 2005 年版；许玉秀：《主观与客观之间》，法律出版社 2008 年版，等等。

（2）论文类：陈兴良：《从刑事责任理论到责任主义——一个学术史的考察》，《清华法学》2009 年第 2 期；张小虎：《当代刑事责任论的基本元素及其整合形态分析》，《国家检察官学院学报》2013 年第 1 期；冯筠：《道义责任论和社会责任论述评》，《比较法研究》1989 年第 2 期；黎宏：《关于"刑事责任"的另一种理解》，《清华法学》2009 年第 2 期；张旭：《关于刑事责任的若干追问》，《法学研究》2005 年第 5 期；毕成：《论法律责任的历史发展》，《法律科学》2000 年第 5 期；劳东燕：《罪责的社会化与规范责任论的重构——期待可能性理论命运之反思》，《南京师大学报》（社会科学版）2009 年第 2 期；冯军：《刑法中的责任原则兼与张明楷教授商榷》，《中外法学》2012 年第 1 期；马克昌：《刑事责任的若干问题》，《湖北公安高等专科学校学报》2001 年第 3 期；徐立：《刑事责任的实质定义》，《政法论坛》2010 年第 2 期；孙道萃：《从刑事责任根据到刑事归责体系的知识迁移》，《时代法学》2016 年第 6 期，等等。

（四）中外关于接受性责任研究文献的综述

1. 外国关于接受性责任研究文献的概述

英美法系国家的刑事责任基本还是沿用大陆法系的心理责任论的做

法，虽然英美刑法中都规定了严格责任。[①] 在德国刑法理论中，虽然提出了接受性责任的概念，但只局限于过失犯罪中。在大陆法系的其他国家，都没有提出接受性责任的概念。如在日本刑法理论中，虽然有不同的责任学说，但规范责任论基本居于通说的地位。[②] 虽然规范责任论中也存在接受性责任的内容，如适法行为的可期待性及其标准都是通过规范确定的，但日本刑法理论并没有提出接受性责任的概念。意大利刑法中虽然存在客观责任、推定过失和超故意（故意与客观责任的混合）[③]，但理论上也没有提出接受性责任的概念。在法国刑法中，刑事责任还是根据心理要件来判断的[④]，这说明，法国的刑事责任理论采用的还是心理责任论的立场。截至目前，只有德国刑法理论提出了接受性责任的概念，但其存在的范围过于狭窄，并且对接受性责任的内容也没有进行深入的研究。

2. 我国关于接受性责任研究文献的概述

我国刑法理论对于刑事责任的研究虽然有很多观点，但没有注意到刑事责任的接受性蕴含。无论是将刑事责任归结为对行为人的刑事惩罚或单纯否定性的法律评价[⑤]，还是归结为非难可能性[⑥]，学者都没有指出这种刑事责任的本体论内涵是什么。

我国关于接受性责任的研究是笔者最先开始的。从 2008 年发表第一篇《论接受性过失》的论文以来，笔者对这个问题进行了持续十余年的思考和探索，并在 2015 年又发表了《论刑法中的接受性责任》一文。在这两篇文章中，笔者指出，接受性过失是指行为人在从事一种可能会对法益造成危险的活动时，虽然认识到或能够认识到自己不能应付这种危

[①] [美] 约书亚·德雷斯勒：《美国刑法精解》，王秀梅等译，北京大学出版社 2009 年版，第 106 页；[英] 鲁伯特·克罗斯、菲利普·A. 琼斯：《英国刑法导论》，赵秉志等译，中国人民大学出版社 1991 年版，第 67 页。

[②] [日] 松宫孝明：《刑法总论讲义》，钱叶六译，中国人民大学出版社 2013 年版，第 167 页。

[③] [意] 杜里奥·帕多瓦尼：《意大利刑法学原理》，陈忠林译，法律出版社 1998 年版，第 223—229 页。

[④] [法] 卡斯东·斯特法尼：《法国刑法总论精义》，罗结珍译，中国政法大学出版社 1998 年版，第 246—271 页。

[⑤] 高铭暄、马克昌主编：《刑法学》（第 5 版），北京大学出版社 2011 年版，第 200 页。

[⑥] 张明楷：《刑法学》（第 4 版），法律出版社 2011 年版，第 222 页。

险而仍不停止，致使在自己无行为能力时对法益造成了侵害，依法应该负过失责任的情况。它的答责的基础是行为人实施的可能给法益造成危险的活动，条件是行为人在从事这种行为时对自己的行为无能力已经认识或可以认识。① 在这篇文章中，笔者仍是将接受性过失局限于责任能力这一点。也就是说，在这篇文章中，笔者基本上是沿着德国刑法学者的研究路线进行探讨的。之后，笔者一直苦于无法解决接受性责任的正当性问题，也无法论证接受性责任和它的实在性问题。为此，笔者研读了大量的哲学著作，在遇到海德格尔的《存在与时间》之后，笔者进行了仔细、反复的研读，并将海德格尔的著作购买齐全进行了研究。在此基础上，对与其有关的学者的著作也进行了仔细的研读，如胡塞尔和舍勒的，等等。通过这些著作的研究，为接受性责任的研究打开了一条新思路，即运用海德格尔的存在论的方法对刑事责任进行研究。之所以采用这种方法，是因为这种方法与马克思的主张具有亲和性，只是将马克思的关于人的社会关系的论断放在世界中并从存在的角度进行深入地展开。经过几年的研究，研究的路径与内容逐渐成形。在《论刑法中的接受性责任》一文中，笔者的观点就发生了变化。在这篇文章中，笔者认为接受性责任是指，除了由于行为人的行为无能力承担的责任之外，还包括社会的、客观的责任以及由于身份和人格等承担的责任。② 这种意义上的接受性责任，不仅在内容上发生了变化，而且是根据存在论的视角研究刑事责任的。

二 接受性责任的概念

（一）刑事责任的现代任务对新理论的呼唤

启蒙主义以来，刑事责任一直是围绕着个人责任构建的。刑事责任理论一直把个体作为理论的中心，并且把它作为行为和答责的基础。但是，刑事责任的主体性和客体性，就像主观主义与客观主义一样，都是作为刑事责任这枚硬币的两面存在的。随着刑事责任理论研究的不断深

---

① 杨国举：《论接受性过失》，《甘肃政法学院学报》2008年第6期。
② 杨国举：《论刑法中的接受性责任》，《甘肃社会科学》2015年第6期。

入，人们发现，刑事责任并非只有这两个方面的内容，它的非个人责任部分慢慢被发现。不过问题也随之出现，如何在刑事责任体系中安置这些部分，它们如何与个人责任进行联结，它们与个人责任的关系是什么，这些问题现有的刑事责任理论都没有办法解决。

现代以来，保障人权一直是刑法的任务之一。为了这个任务的实现，刑事责任曾经把自己限制在可核查的事实之上。但后来，人们发现，这种对于刑事责任的理解存在难以解决的问题。为此，人们进行了众多的尝试，试图在规范、人格、一般预防、功能设定等方面更新刑事责任的内涵和拓展刑事责任的领域。这些尝试对于现代社会秩序的维护是必要的，对于刑事责任的诠释大体是符合相应的时代的需求的。但这些尝试还是有很多问题没有解决，比如，慢慢远离行为人个人的刑事责任与人权保障的要求是不是也越来越远了？一个人承担的这些非个人的（实际上也是个人的，关键怎么诠释这种情况下的个人性）责任的边界在哪？这些责任是从哪来的？

在现代社会中，刑事责任中存在的个人责任和非个人责任之间的紧张关系无处不在。为了处理好二者的关系，需要根据一定的哲学理论作为指导。在现代社会中，刑事责任理论是为了获取刑事责任的客观性、合理性和普遍性，而这些特性的获得离不开一定的哲学理论作为其构成原则。因为，哲学的那种深邃的洞见和统一的特性可以为刑事责任问题的解决提供有益的思路和解决办法。黑格尔指出，"哲学的目标是认识那不变的、永恒的、自在自为的东西"[1]。哲学能够帮助我们对自己的思想进行分析和批判性考察，帮助我们把关于自身和世界的看法综合起来，将其整合为一种独立的、统一的、能够为之辩护的看法。[2] 正如德国哲学家文德尔班指出的那样，哲学对一般文化的关系既是"受"的关系，又是"给"的关系。[3] 刑事责任理论要想不成为一个梦幻曲，就必须在一定

---

[1] ［德］黑格尔：《哲学史讲演录》（第一卷），贺麟、王太庆译，商务印书馆1959年版，第19页。

[2] ［美］罗伯特·所罗门：《大问题——简明哲学导论》，张卜天译，广西大学出版社2011年版，第15页。

[3] ［德］文德尔班：《哲学史教程》（上卷），罗达仁译，商务印书馆1993年版，第12页。

的哲学理论的指导下形成一个系统。因为，只有在以一定哲学思想为背景的某个系统中，刑事责任理论才能够支持和促进它的目的。康德也指出，系统的统一性就是使普通的知识首次成为科学，亦即使知识的一个单纯聚集成为一个系统的东西。① 当然，康德的系统是在理性的统治下建立的。

根据一定的哲学将刑事责任组成一个系统，就能将关于刑事责任的杂多的知识在一个思想之下统一起来，并通过这个思想将刑事责任的各个组成部分的范围及其位置都进行一种妥当的安排。不过，作为刑事责任构建基础的哲学理论必须是现代的哲学理论。虽然所有的哲学在古代（尤其是古希腊哲学）中都有其渊源，但由于刑事责任需要呼应现代社会的需求，其构成原则就要在现代哲学思想中寻找，并在其基础上构建符合现代社会的刑事责任理论体系。

为了实现刑事责任的现代任务，存在论现象学的理论是合适的。这个理论能够拉近刑事责任与那些处于科学之外的种种经验（哲学经验、历史经验、日常生活的经验）的距离，能够将那些没有体系位置，在刑事责任甚至在犯罪论体系中乱跑的刑事责任要素体系化，并对刑事责任的本来含义进行一种新的理解，以便具体而微地把它的问题梳理清楚；这个理论还能够回溯到刑事责任的源头，探索刑事责任的内容有哪些，它与个人责任之间的联系等问题。运用这个理论，刑事责任的体系及内容都发生了革命性变化，一个新的刑事责任概念和理论也因而产生了。

（二）对刑事责任的存在论探索：接受性责任观念的提出

对于刑事责任来说，它只能来自它自身的存在。只有将刑事责任自身的存在方式澄清了，刑事责任的始源就找到了。海德格尔认为，只有根据"此在"的存在方式，充分地澄清其"在"的意义，才能建立一个基本的本体论。② 从存在的视角考察刑事责任，这种方法的异乎寻常的地方在于：刑事责任是在自己的存在中与这个存在本身相互协商以便把握

---

① ［德］康德：《纯粹理性批判》，邓晓芒译，杨祖陶校，人民出版社2004年版，第629页。

② 熊伟：《在的澄明——熊伟文选》，商务印书馆2011年版，第98页。

刑事责任存在的样子。换言之，刑事责任在它的存在中对这个存在具有存在关系，而这又是说：刑事责任在它的存在中总以某种方式、某种明确性对自身有所领会。刑事责任只有在它自己的存在中，并经过它的存在这个环节的中介把它向外界呈现出来。对刑事责任存在的领会本身就是对刑事责任的揭示。因此，刑事责任一刻也离不开它自身的存在，它的存在是它的始源。

　　在日常生活中，刑事责任总要以某种方式与它的存在关联起来。对刑事责任的存在的领会不仅一般地属于刑事责任，而且随着刑事责任的种种存在方式或成形或毁败。对刑事责任的存在可以进行多种解释，比如通过哲学、心理学、人类学、伦理学等方式对刑事责任进行探索。这些对刑事责任的探索在生存上也许都是原始的，但问题是它们在存在论上是否也同样曾以本源的形式得出？在对刑事责任的可能性进行了诠释之后，这种对于刑事责任存在上的诠释就会要求对刑事责任进行生存论的阐释。只有当我们根据刑事责任的存在问题自身制定方向，以便把刑事责任的基本结构全部清算出来，刑事责任的阐释工作才会在生存论上言之成理。这就要求，刑事责任的阐释工作必须坚持刑事责任存在问题的第一要求。为满足这个要求，不允许随便把任何的刑事责任存在的观念与它的实际观念仅凭一种虚构和一个教条安放到刑事责任身上，无论这些观念或教条是多么显而易见；也不允许没有经过存在论的探查就把用这类观念先行描画出来的范畴加到刑事责任身上。我们应该选择这样一条道路来通达刑事责任：使刑事责任能够在其本身并从其本身中显示出来。也就是说，这种方式应该如刑事责任首先与通常所是的那样显示它，应该在刑事责任平均的日常状态中去显示它。这种日常状态提供出来的结构规定着刑事责任存在的结构。从这个结构出发，我们就可以循序渐进地着手揭示刑事责任的本真的面貌。

　　根据上述对于刑事责任的存在论分析，行为人承担的刑事责任不是存在于行为人的个人领域中，而是存在于行为人的社会领域中。也就是说，行为人只有进入他自己所处于的社会领域中，才会有刑事责任的问题。英国学者艾伦·诺里认为："人类在两个领域之间实现平衡……一个是个人的领域……一个是社会的领域……只有都参考了这两个领域，才能充分揭示任何人的行为。"① 孔德指出,假如我们的随便什么见解都应该被看作是一种人类现象,那么这种现象也不仅仅完全是个人的,而关键是社会的,因为它其实是从集体的连续不断地变化发展中来的,在这种变化发展中所有东西和全部环节大体上是相互联系的。② 这说明,存在的不是单一的人,而是社会中的人,因为不管从哪个方面来说,个人的所有的变化都离不开社会。因此,行为人的领域也能够分为两个方面:一是个人领域,二是社会领域。

刑事责任虽然与行为人个人有关的各种基本情况有关,但这些情况不是刑事责任的本源,刑事责任也不是由于这些情况而科处行为人的。我们虽然可以把刑事责任分为两种:个人的刑事责任和作为个人的刑事责任,即作为社会中的个人应当承担的责任,但是,二者的地位并不相同。前者只是涉及承担刑事责任所需要具备的行为能力和心理性要件(即个人性要件),它只是承担刑事责任的前提条件;后者才指明了刑事责任是从哪来的,它才是刑事责任本己的东西。后一种刑事责任就是本课题所指称的接受性责任,其含义是,行为人除了对自己实施的危害行为承担刑事责任外,基于自身的角色、行为的历史及对社会关系等的负责性,还要根据一般人的标准承担一些习以为常的、为维护社会正常发展所必要的,与其行为能力和罪过都没有关系的责任。③ 提出这个概念的原因是,通过对刑事责任历史的考察,笔者发现,在各个时期中的刑事责任中都存在非个人责任部分,并且这种刑事责任与心理因素、个人的责任能力都没有关系。为了解决这种刑事责任的性质及其地位,为了追溯刑事责任的始源,笔者提出了这个理论,以便对刑事责任的内涵在新的基础上并根据新的方法论进行重构。

接受性责任是按照刑事责任的此在④的存在方式来理解的。我们不能

---

① [英]艾伦·诺里:《刑罚、责任与正义》,杨丹译,中国人民大学出版社2009年版,第256页。
② [法]奥古斯特·孔德:《论实证精神》,黄建华译,商务印书馆1996年版,第12页。
③ 杨国举:《论刑法中的接受性责任》,《甘肃社会科学》2015年第3期。
④ 刑事责任的此在是指刑事责任的现时的、具体的存在,以后本书中如没有特别说明,其含义与此同。

把对刑事责任研究的重点放在行为人的心理状态、精神状况、错误的态度等个人的事情上,而应着重于行为人所属的社会、历史、文化和传统,通过"主题化的方法"有效地吸纳现代刑事责任应该关注的方面,以寻找新的理论资源和历史证明,重构现代社会中自生自发的刑事责任体系。对刑事责任的理解,需要从它怎样去是、从它的存在来理解,应该从其所对照的犯罪行为的常规性的经验和习惯以及行为人对社会和历史的负责性上来理解。换言之,让刑事责任从其显现的东西自身那里如它从其自身所显露出来的那样诠释它。不过,根据前面对海德格尔的此在的分析可以得出,刑事责任是"在—世界—中—存在"的。至于刑事责任的本体论构造,下文还会详细探讨。这里只是指出,刑事责任的源头不是存在于行为人的个人特殊的情形中,而是在刑事责任的存在里。

　　接受性责任是刑事责任在世存在的一种形态。在每个人承担的刑事责任中,都存在个人责任和接受性责任。但是,这两种刑事责任不是界限分明、非此即彼的水油关系,而是彼此融合的。刑事责任的主体虽然具有选择的自由,但这种自由不是纯粹的自由,也不是抽象的自由,而是存在论意义上的自由。这种自由不是与责任个体所处的世界完全剥离的自由,而是处在世界中的责任个体基于其所处的世界中的自由。也就是说,责任主体的自由是根据某种标准判断的,不是根据行为人的因素判断的。个人责任与接受性责任是你中有我、我中有你的关系。但是,由于从个人视角对刑事责任的研究成果繁多,并已经进行了充分的研究。虽然这些研究从存在论看都存在问题,但限于论题,这里只着重研究刑事责任中的接受性部分。

　　人们对于接受性责任这个法律形象的研究还很少。在刑法中有很多接受性责任要素,比如身份、地位、结果、数额、情节以及理论和司法实践中广泛存在的事实和责任的推定等,这些要素一直在犯罪论体系中处于四处乱跑的状态。接受性责任概念的提出,就为它们提供了一个归宿。与传统的刑事责任不同的是,接受性责任不是将其根据建立在单一的根据上,而是建立在它在世界中的存在(社会结构、历史传统和社会共同认可的价值等)之上。这种理论是符合现代社会要求的,因为,现代国家要维持稳定,就需要容纳和借助种种不同的乃至不相容的价值。

为此，刑事责任就需要建立在各种不同的甚至不相容的根据上，需要一个装有各种价值的"杂物袋"，以备在不同的场合认定刑事责任的不时之需。

三 接受性责任的种类

（一）客观责任

在刑法中，仍存在或隐蔽存在不少有关客观责任的内容。意大利刑法学者帕多瓦尼指出，只是依据行为与结果间的因果关系（假如这种因素是客观责任的条件的话），或者某种客观存在的事实（如《意大利刑法》第539条中规定的被害人的年龄）来确定行为人的刑事责任，是客观责任的特征。① 据此，可以将客观责任定义如下：客观责任是指行为人仅仅根据其行为和结果之间的（客观上的）因果关系或者其他某种客观存在的事实而承担的刑事责任。对于这种刑事责任来说，不需要行为人对此存在罪过。

客观责任是刑法中自古以来就存在的一种刑事责任。在《旧约·利未记》第24章第17节规定，打死人的，必被处死。这实际上是一种结果责任。日耳曼法中几乎没有涉及有关责任的规定，对具备什么条件的行为人应当进行处罚，也即近现代刑法中规定的刑事责任能力和责任形式在日耳曼法中鲜有涉及。只要有损害的事实和结果，不管行为人是谁，主观上是不是有过错，都要承担责任。由此可以认为日耳曼人在责任观念上是一种结果责任（或称为客观责任、加害责任）。② 早期英国法律中的主要原则是：行为人必须为任何导致损害的行为付出代价，即使该行为是意外事件或防卫所必需的，行为人也必须支付补偿金。除此之外，个体如果对自己的物品管理不善而导致他人伤亡的，所有人也要承担责任。最为典型的就是个体疏于对武器和动物管理而承担责任的案件。一个人如将武器放在边，他人撞上武器而死亡的，武器所有人要承担责任。

---

① ［意］杜里奥·帕多瓦尼：《意大利刑法学原理》，陈忠林译，法律出版社1998年版，第225页。

② 何勤华、夏菲主编：《西方刑法史》，北京大学出版社2006年版，第193页。

假如一个人将自己的马借给他人,由于马的原因使借马人遭遇不幸的,出借人就要承担责任。① 根据这个原则,行为人所承担的责任中就有客观责任。盎格鲁-撒克逊时期的刑事责任原来就是严格责任,即只需有损害就要追究责任,并不考虑行为人的主观因素。这说明在这一时期英国刑法中客观责任还是很普遍的。

近代以来,客观责任的范围进一步缩小,但在有些国家的刑法中还是不同程度地存在着。在英国,科克法官认为,一个人如果在实施某种违法行为时意外地导致他人死亡,即使主观上没有杀人或伤害的故意,他也将被判谋杀罪。② 从 19 世纪中叶开始,司法实践中陆续出现了一些无主观过错的刑事案件。在 1846 年的伍德洛案件中,被告伍德洛因拥有 54 磅掺假的烟草而被追究刑事责任,虽然他并不知道也没有理由怀疑烟草的质量问题。法官认为,在这种情况下应当更多地考虑公众的利益。类似地,在另外一起案件中,一个屠夫因出售腐败的肉而被判有罪,虽然他不知道也没有理由知道肉的质量问题。法官的理由是个人如果选择了这种可能给人造成死亡或健康损害的买卖行业,他就要承担这个风险。③ 在美国刑法中,也存在严格责任。其适用的情形有:出售麻醉剂、出售变质的食品、交通犯罪、违反建筑规章的犯罪以及其他一些难以归入上述各类的犯罪。④

在意大利刑法中,有关客观责任的规定有很多,虽然对于这些规定是否属于客观责任存在不同意见。《意大利刑法》第 42 条第 2 款规定,若是某人在实行行为时不是故意实施的,不能由于被法律规定为重罪的行为而受到处罚,被法律明确规定为超意图犯罪或者过失犯罪的情况除外。第 3 款规定,法律规定在哪些情况下行为人应当对因自己的作为或者不作为而造成的结果以其他名义承担责任。⑤ 对于这两款规定,有人不同意该条第 2 款是有关客观责任的规定,但对其第 3 款是有关客观责

---

① 何勤华、夏菲主编:《西方刑法史》,北京大学出版社 2006 年版,第 303 页。
② 何勤华、夏菲主编:《西方刑法史》,北京大学出版社 2006 年版,第 334 页。
③ 何勤华、夏菲主编:《西方刑法史》,北京大学出版社 2006 年版,第 334—335 页。
④ 何勤华、夏菲主编:《西方刑法史》,北京大学出版社 2006 年版,第 394 页。
⑤ 《最新意大利刑法典》,黄风译,法律出版社 2007 年版,第 21 页。

任的规定却无任何人提出疑义,因为该款明确规定,"法律决定那些作为行为人的作为与不作为的后果,而应由其负责的结果的其他情况"。这里所说的"其他情况",显然就是指不是属于该条第 1 款所规定的故意、过失或超故意等情况。① 此外还有,《意大利刑法》第 83 条第 1 款,该款规定:除前条(对其他人的错误侵害)规定的情况外,当由于错误地使用实施犯罪的工具或者其他原因造成与所希望的后果不同的后果时,如果有关行为被法律规定为过失犯罪,犯罪人对其不希望发生的后果承担过失的责任。② 对于这种情况下行为人承担的刑事责任,帕多瓦尼认为是客观责任,理由是法律可以用为过失罪规定的刑罚来处罚非过失的行为。③

《意大利刑法》第 43 条第 1 款规定"当危害的作为或不作为引起的损害或危害结果比行为人希望的更严重时",重罪为超故意。对于这种超故意,一部分人认为是客观责任,或者说是故意和客观责任混合而成的责任形态,其基础是依据古老的法谚:谁冒险违法,谁就应当承担一切后果。④ 对于结果加重犯,帕多瓦尼认为可以分为三种情况:(1)作为特定犯罪目的内容的犯罪结果。如《意大利刑法》第 243 条规定的为同意大利交战的目的与外国人勾结,随后发生战争或者出现敌对状态的情况。在这里,随后发生战争或者出现敌对状态是行为人希望发生的结果,这个结果的规范作用仅仅在于认可在危害结果没有出现时,就提前对相应法益进行保护。(2)在基本犯罪规范内承担刑事责任的犯罪结果。这是指犯罪所引起的结果是犯罪行为的进一步的发展,但其本身离开犯罪行为就没有独立意义的情况。例如,无罪的人因诬告而被处一定的监禁刑,是诬告罪的加重情节,但刑法中并没有引起这种结果的行为应受刑罚处

---

① [意]杜里奥·帕多瓦尼:《意大利刑法学原理》,陈忠林译,法律出版社 1998 年版,第 226 页。
② 《最新意大利刑法典》,黄风译,法律出版社 2007 年版,第 36 页。
③ [意]杜里奥·帕多瓦尼:《意大利刑法学原理》,陈忠林译,法律出版社 1998 年版,第 253 页。
④ [意]杜里奥·帕多瓦尼:《意大利刑法学原理》,陈忠林译,法律出版社 1998 年版,第 227—229 页。

罚的专门规定,对这种结果只能在诬告罪范围内承担刑事责任,即使这种结果是故意引起的也是如此。(3)超出基本犯罪规范的犯罪结果(一般是引起他人死亡或者重伤)。这是指犯罪结果本身可以独立构成一个不同故意犯罪的情况。例如《意大利刑法》第572条第2款、第591条第3款和第593条第3款等分别规定的虐待家庭成员、遗弃未成年人或疏于救助等行为致人死亡或伤害的情况等。在上述情况下,超出基本规范的结果不是行为人所希望发生的结果。如何认定上述第2款和第3款中结果加重犯的罪过形式,是刑法学中最棘手的问题之一。为了解决这个问题,首先必须确定这两种情况中的结果究竟是属于独立的犯罪,还是属于带情节的犯罪?如果是独立的犯罪,其罪过状态显然应该属于(《意大利刑法》)刑法典第42条第3款客观责任的范畴:不论是否出于故意或过失,行为人都应当对实际发生的严重结果承担责任。就上述第2款的情况来说,确定行为人责任的标准是"无区别原则"(即行为人应承担责任的结果可能是其希望发生的,但即使其既不希望,也未预见该结果的发生,也同样应承担刑事责任);而认定上述第3款中行为人刑事责任的标准则应是"区别原则"(即对这种结果行为人不是持希望发生的态度,也不一定是行为人能够预见的结果),行为人对这种结果心理态度与超故意大致相似。如果属于带情节的犯罪,就应该适用刑法典(《意大利刑法》)第59条第2款。根据该款的规定,"加重刑罚的情节,只有在行为人或因过失而不知道,或因出于过失而误认为其不存在时,才能由行为人承担"。如果适用该款规定,行为人对实际结果承担刑事责任的基础至少必须是过失,因而不存在客观责任的问题。① 这说明,帕多瓦尼认为,在结果加重犯的第2、3款中,都存在客观责任。

在大多数国家的刑法中,客观责任都不同程度地存在着。首先,从刑事责任的不同概念中可以看出,每一个概念都隐含着客观责任。如规范责任论中的可谴责性是根据一定的标准确定的,基于积极的一般预防而承担的责任里面不可避免地包含有客观责任。在我国的刑法理论中,

---

① [意]杜里奥·帕多瓦尼:《意大利刑法学原理》,陈忠林译,法律出版社1998年版,第230—231页。

刑事责任一般定义为：刑事责任是刑事法律规定的，由于实施犯罪行为而产生的，通过司法机关强制犯罪者承担的刑事惩罚或单纯的否定性评价的负担。① 而这个否定性评价，其标准也是客观的。这说明，这个定义包含了客观责任的内容。其次，责任能力的认定包含有客观责任的内容。关于责任能力，各国的刑法一般都不会规定，立法只是对无责任能力进行规定。对于无责任能力判断的方法，主要有生物学、精神病学、心理学的标准。不管哪个标准，都是和规范性的方法结合起来使用的，这样一来，行为人是不是具有责任能力，还是要结合一般人的标准进行判断。这样，行为人承担的责任就隐蔽地包含了客观责任。最后，在责任的有无及其程度的认定上都存在客观责任。在我国刑法中，有情节犯、结果犯和数额犯等，对于情节和结果，都有与行为人的主观没有关系的部分。有些情节如前科、累犯等都与行为人的主观没有关系，但这些却会影响到行为人会不会被追究刑事责任。如果与上述情节类似的影响其责任不利评价的情节很多，导致其最终被追究刑事责任的话，那么，其承担的刑事责任中就有客观责任的成分。在司法实践中，行为人承担的从重或从轻的客观责任也很多。如由于刑事政策的变化而承担的责任就属于客观责任。

  随着社会分工的发展和科技的进步，刑事责任的客观化进程越来越快。在古代，由于社会发展的限制和人们的认识能力和观念等的影响，客观责任一直占有很大比重。受启蒙思想的影响，人们试图将客观责任从刑法中驱逐出去，甚至提出责任是主观的论断。但是，这一愿望一直没有完全实现。后来，法人作为刑事责任的主体得到有些国家的承认，在我国，单位犯罪也得到承认。现在，由于人工智能的发展，出现了机器人犯罪，虽然如何应对这种犯罪理论上争议很大，但这种犯罪与传统的犯罪不同是事实，如何让这种犯罪承担刑事责任及应该对其适用什么刑罚等都是目前刑法学界需要解决的难题。不可否认的是，不管对这种犯罪如何处罚，其承担的刑事责任（如果还能叫刑事责任的话），肯定不

---

① 高铭暄、马克昌主编：《刑法学》，北京大学出版社、高等教育出版社2011年版，第200页。

是个人责任,更不是主观责任,至于它是一种客观责任还是结果责任,甚至是一种行政责任的刑法化或者刑法的行政法化,都是需要研究的问题。

(二) 他人责任

他人责任,是指行为人所承担的刑事责任不是以个人责任的形式存在的,而是以他人责任的形式存在的。尽管自己没有实施犯罪行为,却要为他人实施的犯罪行为承担刑事责任,这种做法在古代社会的刑法中一直都存在。如《汉谟拉比法典》规定,建筑师建筑的房屋不够坚固压死房主之子时,建筑师之子处死刑(第230条)。[①] 古希腊刑法中也规定,一个人犯了罪,就等于血统犯罪、全家犯罪,要负连带刑事责任。[②] 在这种连带责任中,没有犯罪的其他人所承担的也是一种他人责任。

在日耳曼刑法中,也存在这种连带责任。日耳曼刑法规定,在奴隶的主人对奴隶杀害了国王的管家或其他人的管家知情的情况下,该奴隶在受审判后仍被处死,此外,其主人必须支付被害人的全部赎杀金及12索尔第的罚款。奴隶在其主人知情的情况下杀死了一个自由民,该奴隶及其主人双方都须被处死刑;倘若该奴隶在犯罪之后逃跑,其主人须向被害人的亲属支付30索尔第。同一家族的人在血亲复仇和支付赎罪金上也负有连带责任。支付赎罪金是加害者家族成员的共同义务,加害者家族的成员还可以是被害者家族复仇的对象。此外,奴隶由于意外事件杀害了他人的奴隶,他的主人必须向被杀奴隶的主人支付赔偿金。[③]

我国古代刑法中也广泛存在为他人的行为承担刑事责任的情况,其中包括株连制度。株连制度在我国古代一直存在,如《唐律》贼盗篇中就有一人犯罪,全家受累的规定。

进入近代以来,个人责任的理念日益深入人心。人们试图杜绝任何形式的株连和连带责任,以实现对个人人权(包括犯人的人权)的保障。但是,他人责任在刑事责任中还是一直存在着,只不过是以更加隐蔽的

[①] 何勤华、夏菲主编:《西方刑法史》,北京大学出版社2006年版,第41页。
[②] 何勤华、夏菲主编:《西方刑法史》,北京大学出版社2006年版,第95页。
[③] 何勤华、夏菲主编:《西方刑法史》,北京大学出版社2006年版,第189页。

方式或者换一种方式存在。因为，不管人们怎么界定刑法中的责任，它都只是法律责任。刑事责任是在法律上进行评价的，它和个人所信奉的伦理和道德信念没有关系，并且作为责任要素的违法性认识及其认识可能性和伴随情形的正常性也都是在一般人意义上理解的。也就是说，刑事责任中一直存在着他人责任，只不过古代社会中的他人责任更多的是以血缘或者地域为特征，并且他人都是以具体的人的形式出现的，这种对他人责任的承担的方式都是显性的，是能够从外部看见的方式呈现的；而在现代的刑事责任中，他人责任都是作为不存在的"他人"的责任隐蔽存在的。

（三）常人责任

接受性责任（包括刑事责任）都是从生存论上得到规定的，即从去存在的方式得到规定的。接受性责任作为它所是的东西在它的周围世界被操劳的东西中来照面。在日常生活中，接受性责任是和他人责任共处的。在这种共处中，它总要顾及他人的判断。这种共处使接受性责任具有庸庸碌碌的性质，这种性质使它处在他人的号令之中。也就是说，行为人承担的刑事责任不是他自己的责任，而是他人责任。换言之，他人把他人的责任强加到行为人的身上，而行为人还浑然不知。我们后文还要进行深入研究，这个他人责任就是常人责任，它是刑事责任的来源。任何人承担的刑事责任再具有个人性，其来源还是常人责任。例如，甲想杀死乙，但由于误认，将丙当作乙杀死了。虽然对于甲是不是构成故意杀人罪既遂理论上还存在争议，但大多数人认为，甲要承担故意杀人罪既遂的责任。在这个案例中，对于甲的行为的性质，一般人认为这种误认不是重要的。也就是说，在这里，甲的认识对于他会承担什么责任不具有决定的意义，而一般人的判断才是重要的。在过失犯罪中，这种情形更多。如张三通过贿赂教练和安全员拿到了驾照，但其驾驶水平远远低于驾照所要求的水准。在后来的一次驾驶事故中，正是他的驾驶水平不符合要求导致一个人死亡。在这个事故中，张三的能力不是根据他个人进行认定的，而是根据他的驾照所要求的标准认定的。换言之，张三所承担的责任是根据一定标准确定的。因此，在行为人承担的刑事责任中，常人责任都以或显明或隐蔽的方式存在着。它不仅是刑事责任的存在形式，也是刑事责任的来源。

四 接受性责任的体系位置及其程度

（一）接受性责任的体系位置

根据第一章对于刑事责任的比较研究，对于刑事责任在刑法中的体系地位，主要有两种情形。德日刑法理论所论及的刑事责任属于犯罪成立的一个要件或者环节，没有刑事责任，犯罪不成立。这种立场我国理论中也有学者支持，如张明楷教授的"不法—责任说"认为，责任是犯罪成立的要件，以客观上存在不法事实为前提。[1] 第二种情形是，我国理论上的通说认为，刑事责任是以刑法性的否定评价为具体内容的法律责任。[2] 也就是说，我国理论是从犯罪后果的意义上谈论刑事责任的。根据这种观点，我国理论也提出了很多的体系，其中影响大的有"罪—责说"和"罪—责—刑"说。前者认为，刑事责任与刑罚的位阶不同，只有刑事责任可以与犯罪并列。后者认为，犯罪、刑事责任、刑罚是各自独立又互相联系的三个范畴，刑法学体系应该按照"犯罪—刑事责任—刑罚"这样的模式建立。[3] 其中，后一种学说是我国理论的通说。

上述关于刑事责任的体系地位的不同做法与对刑事责任的理解的不同有关。将刑事责任作为犯罪成立的一个要件，这样安排基本是妥当的。因为，没有刑事责任，犯罪也是不成立的，这在理论上是容易理解的。不过，从后果上理解刑事责任也符合人们的日常说法。实施一个违法行为，就要承担相应的后果。将这种后果理解为责任，也是责任的一种内涵。尤其是结果犯的场合，行为人承担的责任在一定程度上是根据后果确定的，因为，对于结果是否发生及如何发生，行为人很多时候是无能为力。但是，这种理解的问题在于，既然刑事责任是犯罪的后果，那么，刑事责任与犯罪都是独立的，它是在犯罪成立之后进行认定的。就像我国理论所阐述的那样，是在犯罪构成之后认定的。这样一来，从逻

---

[1] 张明楷：《刑法学》（上），法律出版社2016年版，第240页。
[2] 《刑法学》编写组：《刑法学》（上册·总论），高等教育出版社2019年版，第274页。
[3] 《刑法学》编写组：《刑法学》（上册·总论），高等教育出版社2019年版，第280页。

辑上讲，虽然没有刑事责任，但犯罪还是成立的。这个结论在理论上是不可接受的。

对于刑事责任在刑法中的体系位置到底该如何安排，这涉及刑法学体系的一个重大问题。限于论题，在这里无法进行专题的研究，只是对此表明自己的看法。我国的犯罪构成体系来自苏联的犯罪构成理论。苏联的犯罪构成理论是在借鉴大陆法系犯罪构成理论的基础上形成的。它借鉴的是大陆法系的刑事古典学派的犯罪论体系，即将犯罪等同于客观的事实，将责任等同于主观的事实，并将古典学派的客观的构成要件与主观的责任的结合称作犯罪构成，使之成为犯罪成立的要件。所以，特拉伊宁指出，犯罪构成是苏维埃法律认为具体的、危害社会主义的作为（不作为）犯罪的一切客观要件和主观要件的总和，它是刑事责任的唯一根据。① 我国的犯罪构成体系基本上继承了苏联的犯罪构成体系。根据我国刑法学界的通说，我国刑法中的犯罪构成是指刑法规定的，决定某一具体行为的社会危害性及其程度，而为该行为构成犯罪所必须具备的一切客观要件和主观要件的有机统一的整体。② 根据这个体系，刑事责任有无的问题在犯罪构成中已经解决了，因为责任是主观的，这个犯罪构成体系中有主观的要件。所以，在刑事责任的章节中，主要解决的是刑事责任如何追究的问题。也就是说，我国刑法和刑法理论使用"刑事责任"一词的时候，都是就犯罪后的责任追究而言的。③ 但是，对犯罪后果的追究，与刑事责任的实现有关，而与刑事责任本身无关。这种体系导致刑事责任的研究偏离了刑事责任本身，也导致刑事责任在刑法体系中的地位弱化了。

我国的犯罪论体系或许认为，刑事责任有无的问题在犯罪构成中已经解决了，在刑事责任部分只谈如何追究责任就可以了。但是，如果认为在我国的四要件犯罪构成体系中解决了刑事责任的有无问题，那么，它也只是在两个要件中解决的，一个是犯罪主体中的责任能力，一个是

---

① ［苏］A. H. 特拉伊宁：《犯罪构成的一般学说》，薛秉钟等译，中国人民大学出版社1958年版，第48—49页。

② 《刑法学》编写组：《刑法学》（上册·总论），高等教育出版社2019年版，第93页。

③ 《刑法学》编写组：《刑法学》（上册·总论），高等教育出版社2019年版，第273页。

犯罪主观方面的故意与过失。也就是说，这种犯罪构成还是将刑事责任作为主观的方面进行把握，这种做法是符合刑事古典学派的观点的。但是，这种观点早已经过时了。如果认为我国的犯罪构成是犯罪成立的根据，那么，刑事责任成立的要件在哪里呢？如果刑事责任的有无问题没有在刑法学体系中占有一席之地，那我们的理论体系是存在重大缺陷的。

如果我们要维系犯罪构成是犯罪成立的根据，就要在其中增加刑事责任的内容。这样，可以借鉴大陆法系的做法，将犯罪构成分成两个层级，一个层级解决不法行为成立的要件，一个层级解决责任成立的要件，两个层级所要求的要件都具备了，犯罪构成才能齐备，犯罪也才成立。第一个层级要解决的问题是，犯罪成立需要的事实及在其基础上的不法判断，包括犯罪客体、犯罪客观方面和犯罪主观方面三个要件；第二个层级需要解决的问题是，在具备第一个层级的基础上，是否具有责任，包括犯罪主体的责任能力、精神状况和责任判断。根据这个体系，犯罪构成是犯罪成立的唯一根据，犯罪构成作为犯罪行为的定型化得到维持，犯罪构成与刑事责任，入罪与出罪的问题都得到了解决（合法化事由就可以放在犯罪构成中讨论了）。这样，我国的刑法体系就是犯罪——犯罪的刑法后果这种体系。[①]

我们认为，接受性责任（包括刑事责任）既是指犯罪成立意义上的，也是指后果意义上的，但主要还是指犯罪成立意义上的。具体说来，行为人根据自己的角色和地位承担的接受性责任，属于犯罪成立意义上的，行为人根据常人承担的责任，也属于犯罪成立意义上的，而行为人基于犯罪后的态度、犯罪结果和犯罪情节等承担的责任，属于犯罪后果意义上的。当然，二者的界限不是绝对的，有些情节也会影响定罪，这些情

[①] 阮齐林教授提出了一个类似的体系，即"三要件二层级"的犯罪构成体系。该体系认为，行为成立犯罪必须具备刑事违法性、社会危害性、应受惩罚性三要件。刑事违法性是行为触犯刑罚法规，具有构成要件符合性，是法条文本层面的评价；社会危害性是行为实质违法的评价；应受刑罚惩罚性是行为人对其触犯刑律的危害行为可谴责性的评价。危害性和可谴责性是在刑事违法性基础上的实质评价，认定的犯罪不仅违法而且有害、有责，方能合乎天理人情。根据这个体系，犯罪不仅要具有社会危害性，还要具有责任。参见阮齐林《刑事司法应坚持罪责实质评价》，《中国法学》2017年第4期。

节如果与责任的判断有关，也属于犯罪成立意义上的。基于这种思考，将刑事责任的要件纳入犯罪构成，不仅可以提高刑事责任在刑法及刑法理论中的地位，也能够进一步完善我国的犯罪论体系。

(二) 接受性责任的程度

作为刑事责任的一个组成部分，接受性责任也有程度的问题。上文说过，刑事责任的存在形式是常人责任。行为人承担刑事责任，是根据常人要求的，行为人自己离常人标准越远，承担的责任就越重。比如，同样构成交通肇事罪的两个人，责任程度的判断就与行为人在事故发生时对他的要求有关。一个偶尔不注意导致的交通事故，与一个常常不遵守交通法规的人并因此而导致交通事故发生的人，他们的刑事责任的程度是不一样的。

在承担的结果责任中，行为人造成的结果越严重，责任也越重。例如，甲对一个仓库实施了放火行为，烧毁了仓库，如果仓库里只有很少财物，他承担的责任就比有很多财物轻。在数额犯中，数额较大的责任就比数额巨大的轻。在行为犯中，行为人实施的行为对社会的危害或者危险越大，责任也越重。这表明，接受性责任和刑事责任一样，也存在责任的程度问题。

一个人承担的刑事责任的轻重也与行为实施的时间、地点、行为方式及犯罪对象等有关。例如，在疫情期间盗窃生活物资与平时盗窃同等的生活物资，责任是不同的。在室内盗窃与商场内盗窃，其责任程度也不同。在药家鑫案中，如果药家鑫一刀捅死了被害人，他的责任也会比七刀捅死要轻些。如果一个人在公交车上盗窃了另一个人用于看病的救命钱，要比盗窃其他用途的钱责任重。此外，行为人的人格危险的程度、社会危险的程度等都会影响责任的轻重。这些影响刑事责任轻重的因素，大多与行为人的主观方面没有联系。也就是说，行为人承担的这种刑事责任的或轻或重，大多是接受性的。

第三章

接受性责任的根据

第一节 刑事责任根据比较研究

一 中外刑事责任根据研究的现状

（一）外国刑事责任根据的考察

对于刑事责任的根据，国外刑法理论中有一个沿革的过程。受启蒙思想和自然主义的影响，心理责任论将责任的根据归结为行为人与其行为及其结果之间的心理关系。道义责任论将意思自由作为刑事责任的根据，规范责任论将责任的基础归结为规范上的"可责难性"。[1]除此之外，性格责任论将人的性格，人格责任论将人的人格，社会责任论将社会危险性作为责任的根据。法的责任论将法律作为刑事责任的根据，即责任是根据法的立场，作为法益的侵害、危险来把握，或者作为一种法律所反对的态度而把握。[2]雅各布斯将积极的一般预防作为责任的根据，罗克辛将交谈的自由和积极的一般预防作为责任根据。在英美刑法中，一般将行为人的犯罪心理状态作为刑事责任的根据。

（二）我国刑事责任根据的考察

关于刑事责任的根据，我国理论上主要有以下几种观点：（1）犯罪构成根据说。该说认为，犯罪构成是刑事责任的根据，它最早由苏联学者特拉伊宁提倡。但有学者认为该说不科学，因为犯罪构成作为一种法

---

[1] ［德］乌尔斯·金德霍伊泽尔：《刑法总论教科书》（第6版），蔡桂生译，北京大学出版社2015年版，第210页。

[2] 马克昌：《比较刑罚原理——外国刑法学总论》，武汉大学出版社2002年版，第434页。

律规定，它本身并不能引起刑事责任的产生，只有当这些规定遭到破坏时，刑事责任才能产生。(2) 犯罪行为根据说。该说认为，刑事责任的根据是犯罪行为。但有学者批评说，该说过于抽象不便于实际应用，而且分析不够全面、深入。(3) 事实总和根据说。该说认为犯罪案件事实的总和是刑事责任的根据。该说被批评为"使刑事责任的根据丧失了其作为'根据'的意义"，因为能够成为刑事责任的根据的，只能是法律事实，而不能是一切案件事实。(4) 社会危害性根据说。该说认为，犯罪的社会危害性是刑事责任的根据。该说被批评得更为尖锐："如果承认行为只要具有严重程度的社会危害性，便追究行为人的刑事责任，社会主义法制必将荡然无存。"因为只有社会危害性而没有刑事违法性的行为，根本就不可能构成犯罪。(5) 罪过根据说。该说认为，罪过是行为人承担刑事责任的根据。该说被批评为容易导致主观归罪。(6) 行为的严重社会危害性和行为人的人身危险性统一说。[①] 该说被批评为犯了与社会危害性说同样的错误。社会危害性是犯罪的属性，人身危险性是犯罪人的属性。刑事责任根据应当是一种法律事实，而不是法律事实内在的某种或者某几种抽象的属性。(7) 三根据说。该说认为，刑事责任的根据可以从法学、哲学和事实三个方面说明，其哲学根据是行为人具有相对的意志自由，或者说自由选择能力，其法学根据是行为符合刑法规定的犯罪构成，事实根据包括符合犯罪构成的事实（决定刑事责任的存在与程度）和犯罪构成事实以外的反映行为社会危害性程度以及犯罪人人身危险性程度的事实（决定刑事责任的程度）。[②] 该说是一种综合说，也具有一种综合的缺陷。该说所说的相对的意志自由是不能证实的，其作为一种哲学根据并不恰当；犯罪构成根据说具有和第一种观点同样的缺陷；以事实作为刑事责任的根据也存在缺陷，因为事实是一种客观的存在，而刑事责任是一种法律评价，那么，二者是如何联结起来的？还有，事实是面向过去和现在的，而刑事责任是包含有目的追求的，事实根据说

[①] 以上各说，参见高铭暄、马克昌主编《刑法学》（第5版），北京大学出版社2011年版，第205—208页。

[②] 《刑法学》编写组：《刑法学》（上册·总论），高等教育出版社2019年版，第281—285页。

忽视了这种追求。

关于刑事责任的根据，我国有学者指出，恐怕没有哪个问题能像刑事责任的根据这样被弄得光怪陆离、神乎其神了，不同的观点竟有十几种之多。① 作者认为，犯罪是刑罚和刑事责任共同的根据，说"犯罪应当承担刑事责任"和说"犯罪应当受刑罚处罚"是一个意思，没有必要将刑事责任的根据弄得过于复杂。② 关于刑事责任根据分歧的原因，我国有学者认为主要有：选取视角的不同对刑事责任根据理解的影响；确立基点的不同对刑事责任根据理解的影响；关注内容不同对刑事责任根据理解的影响等。③ 这说明，在刑事责任的根据是什么这个问题上，理论上还存在不同认识。

二　接受性责任根据的存在论诠释

从中外刑事责任的根据来看，中外刑法学界主张的刑事责任的根据可以分为以下两类：一是将刑事责任的根据归为某种事实。如将刑事责任的根据归结为心理事实、罪过、犯罪行为、事实的总和、人身危险性、社会危险性等事实。二是将刑事责任归结为某种抽象的范畴。如意志自由、可谴责性、一般预防、犯罪构成、哲学和法学根据、刑法目的等。第一类做法是将刑事责任引回到另一个事物上并通过另一个事物来规定刑事责任，仿佛通过这种引回到某种实在的事物的方法，刑事责任的根据就自然地得到了揭示。第二类做法是将刑事责任归结为某种范畴或者某种设定，但这种做法没有揭示刑事责任的根基是什么。这两种方案或许都一定程度达到了各自的目标（理论上的或社会效果上的），但都没有触及刑事责任的本体论基础。

没有什么是没有根据的，这是根据律的本来内涵。因为根据乃是 ratio，亦即 Rechenschaf（依置性）。若依置性没有被给予，则判断就始终

---

① 侯国云：《对刑事责任理论的质疑》，《南都学坛》（人文社会科学学报）2011 年第 4 期。

② 侯国云：《对刑事责任理论的质疑》，《南都学坛》（人文社会科学学报）2011 年第 4 期。

③ 张旭：《关于刑事责任的若干追问》，《法学研究》2005 年第 1 期。

没有合理性。判断就缺少那种被证实了的正确性。判断并不是什么真理。唯当结合之根据被给予了，唯当 ratio 亦即依置性被置下了，判断才是一种真理。① 刑事责任的研究也是如此，一个刑事责任理论的提出过程，就是寻找刑事责任的根据的过程。因为，每个人都要为他的断言与主张论证。只有被论证了的断言才是可理解的和理智的。任何人在进行刑事责任研究的时候，在与刑事责任打交道的时候，就已经在寻找根据了，就已经处在寻找根据的路上。只有找到刑事责任的真确的根据，才能保证关于刑事责任的知识是一种真理性的认识。

从不同的视角来看，刑事责任的根据可以进行不同的诠释。我们认为，刑事责任的根据可以从三个方面来论述，不过内容和通说的不同。根据前文对于刑事责任的研究，刑事责任是在世界中存在的，存在论是其哲学根据；由于刑事责任都是具体的，刑事责任的此在存在也是其根据；刑事责任最终都要归结为个人身上，它包含有伦理性评价，因此，刑事责任也要具有伦理根据。所以，刑事责任（包括接受性责任）的根据可以分为哲学根据、存在根据和伦理学根据三个方面进行诠释。

第二节　接受性责任根据存在论蕴含的展开

一　接受性责任的哲学根据

（一）现有的刑事责任的哲学根据概览

20世纪以来，刑事责任领域已经没有了可以保证不受攻击的责任理论，理性和智力的光辉不再是刑事责任理论不朽的保证。现在仍然备受推崇的问题导向的研究方法其实根本就是一种没有整齐语义的研究方法，它不断产生偏差，语义的传统看似不断发生变化，但这大多是徒劳的。造成这种现状的原因与每个刑事责任理论所奠基的哲学根据有关。由于刑事责任的理论众多，为简化讨论，对这些理论的哲学根据的考察可以分为个人责任理论、社会责任理论和折中的刑事责任理论进行论述。

---

① ［德］马丁·海德格尔：《根据律》，张珂译，商务印书馆2016年版，第5页。

个人责任理论认为,人的主观方面具有一种原始的力,能够对其犯罪行为及其刑事责任进行一种型构。这种理论将自我的意识放在刑事责任的中心地位,使其支配刑事责任构成的一整套问题。这种思想在古希腊哲学中就有其渊源,如柏拉图就确立了精神和理念的概念。后来,笛卡尔在此基础上开创了二元论的进路,将个体拖出自然和社会的怀抱。他从一种彻底的怀疑论的悬搁开始,并通过这种悬搁,将自我与纯粹心灵看作是同一的,并将这个自我作为哲学的自明的一个基础——在自我意识之光中追逐绝对确定性。笛卡尔认为,我们只是依靠我们心灵的理智功能来认识物体,而且我们不是由于看到了它,或者我们摸到了它才认识它,而是由于我们用思维领悟了它。① 胡塞尔指出,笛卡尔没有搞明白,自我——他的由于悬搁而丢失了世间性的我,在这个我的功能性思想中,世界具有对于思维所能具有的全部存在意义——不可能在世界中作为研究主题而出现,因为一切世间性的东西,包括我们自己的心灵存在,即通常意义上的我,正是从这种功能中汲取它们的意义的。② 个人责任理论采用的也是笛卡尔的二元论的进路,它将"个人"作为责任的容身之所,并将主观与客观、责任与世界隔离开来,在自我意识中确定责任。自此以后,刑事责任理论都以此作为基础,并在此基础上不断地播种、耕耘和收获。

个人责任理论还与近代哲学一直存在的这样一种看法有关:人对自然界的外在感知会产生错觉,而人的内在感知则不会。如笛卡尔认为,我体会到在我自己的内心中有某种判断能力,它和我拥有的其他一切事物相同,它不会骗我,也不会在我使用它的时候出错。③ 这种看法导致自我中心论,排斥自我以外的东西。它在刑事责任上的表现是只关注刑事责任的私人世界,从而将刑事责任私有化了。但是,对犯罪行为的内在意识,并不能架起一座通往刑事责任的桥。我们不能确定,刑事责任在哪里?它的根据是什么?我们不可能说,它是世界的一分子,它处在世

---

① [法]笛卡尔:《第一哲学沉思集》,庞景仁译,商务印书馆1986年版,第35—36页。
② [德]胡塞尔:《欧洲科学的危机与超越论的现象学》,王炳文译,商务印书馆2001年版,第107页。
③ [法]笛卡尔:《第一哲学沉思集》,庞景仁译,商务印书馆1986年版,第59页。

界的包围中。但是，我们好像在一转身中，看到了无。这样一来，刑事责任的生命及其元现象就被抹去了。

个人责任理论也与自然主义思想有关。自然主义的思想同样发端于古希腊，根据这种思想，世界的结构问题是被当作自然存在的结构问题而被提出，以至于我们所提出的所有的概念，都是因循那种适用于作为自然世界的探索方式而产生出来的。自然主义导致精神的绝对事物化，将所有事物都复原为有形的、物质性的、事物性的事件，复原为物质和力，排斥一切根本性的思索。这种思想在刑事责任上的表现是通过理论式的客体化把刑事责任把握为一种自然的所是，并依据这种对象属性的理论性知识去解释刑事责任这一特殊现象。这种自然化的刑事责任理论的特征是：一方面将主观方面自然化，包括将认识因素和意志因素都被给予性的自然化；另一方面将刑事责任的观念、理念和规范自然化。这种理解忽视了刑事责任与世界的联系，使刑事责任变成了一种抽象的、实体化的理论，而关于刑事责任的理论性感知与规定这种理解方式又总是顽固不化并不断得到推进与加深。这种对刑事责任的探索方式是从古希腊以来就存在的对自然实在性追问的一种狭隘化在刑事责任理论上的表现，它只关注行为人的责任，因而是不充分的。

社会责任理论的哲学根据是决定论。这个理论需要解决的是行为人承担这种被决定的刑事责任的理由的问题，但该理论回避了这个问题。这说明，该理论在确定刑事责任的时候，采用的是一种独断的做法。

折中的刑事责任理论的哲学根据建立在对上述哲学思想的折中上，分别具有决定论（弱决定论，如人格责任论）和非决定论的内容。决定论作为刑事责任基础的理由是，如果我们不给每个事件设定一个自然的原因，那么，我们关于刑事责任的知识好像就丢失了一个最重要的前提。非决定论作为刑事责任基础的原因在于，它可以把人的行为包括其中，也能够把自由意志包括在内。如黑格尔指出，行动唯有作为意志的过错才能归责于我。[①] 对于二者的冲突问题，康德指出："知性对于作为感官客体的自然是先天立法的，以在一个可能经验中达到对自然的理论

[①] ［德］黑格尔：《法哲学原理》，范扬、张企泰译，商务印书馆1961年版，第119页。

知识；理性对于作为主体中的超感官的东西的自由及其独特的原因是先天立法的，以达到无条件地实践的知识。"[①] 可以看出，康德的办法是：在理论问题上，自然是所有事件的完备而自身充分的规定性原因；而在实践中，自由是行动的真正根据。主张折中的刑事责任理论的学者或许有意无意地从康德的解决方案里得到了某种启发，对刑事责任中的决定论和非决定论内容的冲突这一问题上采取的也是类似于康德的做法，即对于刑事责任的理论和实践的部分，分别采取决定论和非决定论的立场。这种做法是有一定的合理性的，因为刑事责任既是理论的，也是实践的。

折中的刑事责任理论还与新康德主义哲学存在紧密的关联。新康德主义有很多流派，其中弗莱堡学派中的文德尔班指出，认识论问题是一个价值论问题，一个判断是不是真的，不是将它与事物或客体（自在之物）进行对比得来的，而是因为直接经验让人们觉得有义务去相信它。[②] 在此基础上，他把康德的二元论改造为事实与价值的二元论。此外，文德尔班还提出"规范意识"的概念，以之作为其哲学的真正前提。

文德尔班关于价值和规范的思想对刑法学产生了重大的影响，不仅使犯罪论体系发生了很大变化，也导致规范责任论的出现。根据规范责任论，刑事责任可以并应该根据对自身有效的价值和规范来构造自己的体系。这种理论以新康德主义的认识论取代自我局限的法学的形式上合乎逻辑的思想，它提出了刑事责任的评价方法，即将目的、价值和理想视为刑事责任的本质，将刑事责任与刑法的最高价值相联系，并根据这个最高价值完成刑事责任的体系化。这一思考的理由是：刑事责任的有无不是取决于行为与其后果的合乎心理规律的形式上的必然性，而是取决于行为所涉及的规范所隐含的价值。这样一来，刑事责任理论就不用再跻身特殊科学的活动中，不用根据自身的视角对特殊科学进行重新发现，也不用从特别科学的"普遍成果"中通过编纂和整理获得刑事责任

---

① ［德］康德：《判断力批判》，邓晓芒译，人民出版社 2002 年版，第 30 页。
② ［美］L. W. 贝克：《新康德主义》，孟庆时译，《哲学译丛》1979 年第 3 期。

的最一般的结构。

　　不过，折中的刑事责任理论还是有缺陷的，它不仅具有个人责任论和社会责任论的缺陷，而且它没有追问刑事责任与现实联系的途径，也没有去追问刑事责任在现实中的结构，更没有为刑事责任获得一个牢固的地基。因为，不管是意志、规范还是价值，它们背后都存在更为源始的基础，而折中的刑事责任论只探求到这里就停止了。如规范责任论注意到了价值背后的历史的共同生活质性，但没有对其进行进一步的探索，这导致刑事责任为什么存在和以什么方式存在这一问题仍然没有得到澄明。

　　根据上文的探讨，个人责任论的哲学不适合作为刑事责任的哲学的根据，因为刑事责任是完整的人对其犯罪行为整体的一次完整的回答。如在医疗事故罪中医生的责任，就不是仅仅从医生的角度上认定的，而是从医学的角度上认定的。社会责任论的哲学不能回答为什么个人要承担这种被决定的责任，而刑事责任又不应该是通过逻辑推导出来的，所以，决定论和新康德主义都不能作为刑事责任的根据。从上述考察可以看出，以往的刑事责任理论所选择的对刑事责任的揭示方式，很可能仍然是对刑事责任来源的一种遮蔽。因此，为刑事责任探求一个新的地基，仍是刑法理论面临的一个重大任务。

　　现在一种比较流行的方法是探讨各种问题的教义学结构，认为哲学启发刑法学的时代过去了。这实际上是一种肤浅的见解。刑法教义学的任务在于，通过一种能够提出科学性要求的方式给出论据，从而使一个公民只有在存在特定客观与主观的情况下，才允许被迫承受刑罚之害。根据拉德布鲁赫的观点，刑法教义学是关于实定法秩序的客观意义上的科学，是作为对法律条文在案件判决中可被贯彻的条件的控制，是作为对所试图的抱怨予以论证的叫停规则发挥着作用。① 但是，重视刑法教义学导致的问题就是，所有一切都是有争议的，每一个见解都是个人信念的产物。这在近年来司法实践中出现的一些案件中就

---

① ［德］米夏埃尔·帕夫利克：《目的与体系——古典哲学基础上的德国刑法学新思考》，赵书鸿等译，法律出版社 2018 年版，第 2 页。

可以看出。① 为了使刑法教义学和刑法学具有人格同一性，刑法学必须追溯到哲学思考，并且这种思考随着社会的发展是没有终点的。

(二) 存在论现象学：接受性责任②的哲学根据

1. 刑事责任哲学根据的现象学转向

自从 20 世纪胡塞尔哲学出现以来，就意味着哲学的一个新的时代来临了。康德和胡塞尔的共同点是都将哲学根据归结为某一个点上，他们的区别在于，前者重"实体"（古典形态），后者重"关系"（现代形态）。他们的区别还表现在：胡塞尔关注的重点不在于人类精神的"关怀"本身，而在于如何在"主题化"的方法论程序中有效地放入所关切的对象。③ 换言之，思维的效能主要是根据"主题化方式"的程序的有效性进行判断的。之所以胡塞尔更加关注基础问题而不是价值性问题，是因为他认为人类的理性能力还没有达到能够有效地处置模糊领域的程度。

刑事责任应该能够回溯到一个最后根据，并从这个根据出发，自下而上地建立起一个体系。萨特指出，把存在物还原为一系列显露的现象是一个大的进步。这样做的目的是消弭某些使哲学家陷入困境中的二元论，并且用现象的一元论来代替它。④ 刑事责任也应该建立在刑事责任的现象上，而不是一个随意的知性构想上。这能够建立刑事责任与其实事之间的联系，消除刑事责任中一直存在的二元对立。因此，我们必须拒绝任何一个无法通过直观的刑事责任事实而得到充实的事先被赋予的先天刑事责任概念或刑事责任命题，因为这要么指的是一个按其本质无法被认识的对象的无稽之谈，要么指的是一个单纯的符号，或者说，一个

---

① 如著名的昆山反杀案就能说明这种情况。2018 年 8 月 27 日，刘海龙驾驶宝马轿车在昆山市震川路西行至顺帆路路口，与同向骑自行车的于海明发生争执。刘海龙从车中取出一把砍刀连续击打于海明，后被于海明反抢砍刀并捅刺、砍击数刀，刘海龙身受重伤，经抢救无效死亡。对于该案的定性，有三种不同的观点：正当防卫说、故意伤害说和防卫过当说。从这个案件可以看出，对于一个案件的定性来说，仅仅从教义学的立场去判断，很容易得出不同的结论，甚至是相反的结论。

② 这一部分的接受性责任与刑事责任是可以互换的。

③ ［德］胡塞尔：《纯粹现象学通论——纯粹现象学和现象哲学的观念》（第一卷），李幼蒸译，中国人民大学出版社 2014 年版，第 2 页。

④ ［法］萨特：《存在与虚无》，陈宣良等译，生活·读书·新知三联书店 1987 年版，第 1 页。

随意被联结的符号之协定。

从刑事责任的现象出发，所获得的刑事责任不可能更多，也不可能更少。所有的刑事责任都可以找到最终的充实，它不再使被意指的刑事责任和被给予的刑事责任分离。这样，不被给予的刑事责任的东西就不被意指，而除意指之刑事责任之外没有什么多余的东西被给予。在被意指的刑事责任和被给予的刑事责任的这种同一中，在被意指的刑事责任和被给予的刑事责任充实的相聚点上，刑事责任就得到了本真的把捉。

2. 接受性责任的哲学根据

胡塞尔的现象学虽然回到了实事本身，可它只是达到了这一点：意识存在本身。① 也就是说，胡塞尔的"纯粹给予"的"明见性"，其自身就是意识的普照之光，因而不可能将"实事本身"带离意识的围困，虽然它完全松动了这种围困。② 胡塞尔的现象学还原只是为了获得这种纯粹意识，它的意义是对意向式存在者不加理会，从方法论意义上而言，这种原则不适合于规定意识的存在。它的还原刚好丢失了这样的一个地基，而只有在这个地基之上，意向式存在者的存在才能够进行追问。因此之故，它的作为体验的存在规定而出现的所有特性，就都不是原始的。

我们认为，刑事责任的哲学根据是海德格尔的存在论。海德格尔的存在论使接受性责任研究的视域更广，也使接受性责任的内涵更为丰富。正如莎士比亚作品中的主人翁哈姆雷特所说的那样："这是一个颠倒混乱的时代，倒霉的我却要负起重整乾坤的责任！"③ 在现实中，我们经常要承担超过我们自己能力的责任，这是常态。这表明，接受性责任不是源于一种法律的规定，而是源于前法律的领域，我们必须在前法律的领域中去寻求其根据。海德格尔的存在论解决了接受性责任由于"无世界"

---

① ［法］让-吕克·马里翁：《还原与给予》，方向红译，上海译文出版社2009年版，第78—79页。

② 余平：《"朝向实事本身"之思——从笛卡尔到海德格尔》，《四川大学学报》（哲学社会科学版）2013年第2期。

③ ［英］莎士比亚：《莎士比亚·四大悲剧》，朱升豪译，中国画报出版社2012年版，第25页。

而导致的荒漠化①,也为接受性责任奠定了基础。海德格尔的存在论为刑事责任奠定了一个描述性的——直观性的基础,这个基础清除了一切负载了前提预设的东西,它可以保障刑事责任的所有结论在经验上都得到客观的核查,也可以保证关于刑事责任的知识是这种知识:它无论何时何地都表象着那个在其作为存在者存在状态中的刑事责任,那个在其显现中显现的刑事责任。

根据海德格尔的存在论,虽然可以从刑事责任的"世界""谁之责任""在之中"三个视角对刑事责任进行分析,但在每一个环节的分析中,刑事责任则是作为其本身而整个地当场在此的。从这些视角分别得到的东西,并不是这样一些片段:通过这些可以分离的接受性责任要素,接受性责任整体才得以组建而成。对这些单个的构成环节的分析纯粹是一种专题性的分析,而这样的一种分析本身刚好总是对那个接受性责任的整体结构的一种真正把握。换言之,当我们从事上述分析时,当我们着眼于第一个视角时,即当我们对接受性责任的"世界"进行考察时,就已经暗含第二个和第三个视角。

二 接受性责任的现实根据:接受性责任的在世存在

刑事责任应该根据它在世界中的生存去诠释它:刑事责任一直是根据它世界中的存在的可能性(是它自己的可能性、不是它自己的可能性)得到诠释的。如果我们把刑事责任与它在康德那里所具有的并且支配全部责任观念的那种主观的意义分隔开,只从与责任经验的关系谈论责任,那么,刑事责任并不意指一种态度,也不意指一种情绪状态,更不意指在犯罪行为中所实现的某种主体性目的,而是指刑事责任本身的存在方式和所与方式。

刑事责任不是普通的名词,也不是某种主题化或对象化的东西,而应该是自身"恬然澄明"的亲在体验过程,是自身之所以显现于世的存

---

① 阿伦特认为,无世界性在现代的增长、种种存在于我们之间的事情的凋零,可以称之为荒漠的扩张。参见[美]汉娜·阿伦特《政治的应许》,张琳译,上海人民出版社2016年版,第169页。刑事责任理论中也存在由于"世界"的缺乏而导致的荒漠化。

在论的东西。西方人从苏格拉底和柏拉图以后，特别是从笛卡尔之后，过分夸大理性的作用，以致他们往往只关心自身主体的核心体验，往往忽略了对于自身"亲在"的存在论体验，并在很大程度上将自身的存在问题从属于认知活动和求利行为，到头来，尽管他们自以为把握了真理，获得了自己所追求的利益，却忘记了自身存在的本体论基础。海德格尔将自己的理论建立在存在之上，他指出，根据的原始现象是为之故，"根据"之本源存在于成为根据的自由之自由中。[1] 刑事责任是和人的行为密切相关的，而人的行为离不开人的存在。把握刑事责任根据的窍门就是从刑事责任的存在体验入手才有可能。换言之，刑事责任之所以在世间存在的那个"在"才是刑事责任的现实根据。

随着社会的发展，刑事责任的内容也在发生变化，刑事责任的研究需要在其不断涌现的新的遮蔽的在场中打开新的询问畛域、新的询问方面的知与识，以为刑事责任的研究提供新的视域和标准。将刑事责任的存在作为刑事责任的根据，对刑事责任的探讨就不再奠基在认识论之上，而是对刑事责任所秉有的存在方式进行的一种现象学的揭示。海德格尔认为，实在的知识是那种知识，它无论何时何地都被表象着在其存在状态中的存在者，在其显现中的显现者。[2] 接受性责任也应该是被其表象的存在者在世界中的显现，这种显现为接受性责任理论（包括刑事责任）开创了一个地基。

在刑法理论中也有从存在的视角为有关理论寻求基础的思路。如关于不作为犯的义务来源，以前是根据形式的法义务理论来说明的，但这种理论无法说明义务产生的根据，也不能为司法实践提供一个坚实的基础。梅茨格尔认为，一个在法律上规定的防止结果出现的法义务，对于肯定一个保证人地位是不够的，这个地位必须具有可以证明的意义。[3] 基于这种思考，考夫曼建立了一个新的理论——功能理论。他将保证人划

---

[1] ［德］马丁·海德格尔：《从莱布尼茨出发的逻辑学的形而上学始基》，赵卫国译，西北大学出版社2015年版，第302—303页。
[2] ［德］马丁·海德格尔：《林中路》，孙周兴译，商务印书馆2015年版，第167页。
[3] ［德］克劳斯·罗克辛：《德国刑法学总论》（第2卷），王世洲等译，法律出版社2013版，第538页。

分为照料性保证人与监护性保证人。在第一类案件中，就像父母对其子女、夫妻之间，在监护人对被保护人或者对应当保护的财产价值中那样，那些应当得到保护的法益，这些法益应当通过保证人来防卫所有属于保护范围内的危险。在第二类中，这个保证人仅仅应当看好特定的危险源。[①] 这个理论的优点在于，通过不同义务的社会内容来解决保证人问题，既可以标识其产生的根据，又可以避免将保证人义务无限地扩大。又如，20世纪30年代初，威尔兹尔把人的行为的现实存在作为犯罪论的中心概念。这种思考方式是受现实世界和法严格区分并向社会存在转变所决定的，试图探讨每一个法形态所规定的"事实构造"，并将刑法建立在事物本质之上。[②] 虽然威尔兹尔的行为理论没有被接受，但他的理论是最明确的行为理论之一。

以刑事责任的存在作为接受性责任的根据，不仅是元教义学上的问题，也是元实证[③]上的问题。说它是元教义学上的问题，是因为它适合评价教义学上论证的好处，使教义学上需要探求的本源得以开揭；说它属于元实证上的问题，是因为它不可避免地超越了实证法和熟悉的解释方法。以往所有的关于刑事责任的根据的论证都没有触及刑事责任的深层次的结构，所以逐渐被哲学和社会自我认识的进步湮没了。

刑事责任的存在不是绝对地与其所依寓的行为分开，而是参与了其所依寓的行为的存在。只是由于一种反思，才抽象掉了具体活动在刑事责任中的这种现时的存在。也就是说，刑事责任并不是消失在其指示功能里，而是在其自身存在中参与了它所意指的东西。只要这种参与是刑事责任的构成物自身表现的涌现，而且作为刑事责任的构成物自身的涌现而被判断，这种参与就具有一种不可摆脱的、无法消弭的形式具有复现同一东西的特质。每一种复现对于刑事责任来说其实都是本源的，在这种复现中，刑事责任自身没有减少什么，那就表明刑事责任越来越丰

[①] ［德］克劳斯·罗克辛：《德国刑法学总论》（第2卷），王世洲等译，法律出版社2013年版，第538页。

[②] ［德］汉斯·海因里希·耶赛克、托马斯·魏根特：《德国刑法教科书》，徐久生译，中国法制出版社2001年版，第260页。

[③] 无实证，是指观察或感觉经验的第一手资料或者本源意义上的证明。

富了。

从刑事责任的存在出发可以将隐蔽着的接受性责任揭示出来。接受性责任一向隐蔽地存在于世界中，但是，这种隐蔽存在并不是完全处于晦蔽中，它可以通过自身的"在世"以及操心体验而现身为现象并实现自身的在场化。如行为人在实施一种可能会给社会招致危险的行为的时候，知道或者应当知道由于自己能力不够或者缺乏技术等原因不能阻止危险的实现却仍实施该行为的，那么，对于这个行为导致的任何后果他是要承担责任的。因为，对于行为及其可能发生的后果，行为人是必须"操心"或应该"操心"的。这样一来，通过这种"操心"，行为人所承担的先于行为人个人自身存在的刑事责任就显现了出来。正是这种"操心"，把我们带入了通达接受性责任的"存在论现象学通道"。这不是根据康德和胡塞尔的观点或理论对刑事责任进行的一种先行把握，而是源于刑事责任自身的生存质性。

不管是刑事责任还是接受性责任，都是行为人承担的一种法律责任。法律责任总是要归责于某个人的，也就是说，它总是某个人应该承担的责任。在刑事责任的定义中，一直就有伦理非难的内容。那么，在刑事责任中，尤其是在接受性责任中，让一个人接受性承担这种刑事责任的伦理根据是什么呢？一个人为什么要承担这种与自己无关的刑事责任呢？这些问题与接受性责任（包括刑事责任）的伦理根据有关。

三　接受性责任[①]的伦理学根据

（一）刑事责任的伦理学根据中的接受性蕴含

1. 伦理学理论概说

在对接受性责任的伦理学基础进行研究之前，需要简要地说明伦理学理论演化的历史脉络，以便能大致理解那些作为不同责任理论的伦理学基础的学说是怎样被提出的，以及它们表达着对于责任伦理世界的怎样的图景。由于伦理学的理论众多并且复杂，这里只介绍一些对刑事责任有重大影响的伦理学理论。

---

① 这一部分的分析也适用于刑事责任。

（1）超验目的论伦理学

伦理学最早的理论形式是目的论伦理学。这种理论主张，有一些东西本来就是善的，是值得人们去追求的，在这些东西中，最值得人们追求的最高的善就是人的生活的目的。根据这种理论，对于一个人来说，追求有价值的东西是最重要的，对这些东西的追求，只要不过度，就是有德性的人，就是正确和正当的。如柏拉图认为，只有持久的东西才是真实的和有价值的，而最有价值的东西是理性，理性具有绝对的价值，是至善。①

从13世纪到16世纪，很多学者都以某种正确理性理论作为伦理标准。根据这种主张，每个人都有一个"理性"，它永远存在于上帝的思维中。当一个人的所作所为和上帝心中的那个"永恒的理性"要求一致的时候，他就做得很好。这个理论实际上源于柏拉图的理性论，即认为世界上每一种东西都有其完善的原型。换言之，所有的人都被认为共同包含在人的理性形式之中，一个好人的行为必然与理想的"人性"一致。

托马斯·莫尔认为，理性的第一指令就是点燃我们心中对至高无上的神的爱和敬畏，我们所有的东西和一切能希望的都是归功于神。理性指引我们保持思想的自由免受激情的干扰，保持尽可能的快乐，并应该把我们自己看作是被善良本性和人道所约束而必须要尽我们最大的努力去帮助其他人提高他们的幸福。② 胡克认为，理性就是人的意志的指导者，它能够发现行为中什么是好的。善举之法，就是正确理性的规定……在其他事情之中存在着这样的理性之明灯，凭此，善也许可以从恶中得到了解，并且能够用同样的方法正确地发现那被称为正确的东西。③

---

① ［美］弗兰克·梯利：《西方哲学史》（增补修订版），葛力译，商务印书馆2005年版，第72页。

② ［美］布尔克：《西方伦理学史》，黄慰愿译，华东师范大学出版社2016年版，第143页。

③ ［美］布尔克：《西方伦理学史》，黄慰愿译，华东师范大学出版社2016年版，第131页。

在 17 世纪和 18 世纪，欧洲伦理学者把道德哲学发展成一个重要的研究领域，他们倾向于把伦理学放在他们整体哲学的更大的框架中研究。在这些学者中，康德是最重要的代表。麦金太尔指出，伦理学史上诸个伟大的分界点，康德代表其中之一。[①] 对于后来的大多数哲学家而言，伦理学成了一门以康德的术语来言说的学科。康德不仅相信理性和推理的力量，而且他解决了启蒙运动中的一些难题。其中，典型的范例是康德对牛顿的物理学和爱尔维修[②]及休谟的经验主义这两个偶像的综合。根据经验主义的观点，我们有合理的理由确信，在我们的感官所及的事物外，不存在任何东西。牛顿物理学则把能够运用于时空中任何事物的法则提供给了我们。根据康德的理论，我们全部的经验都是被法则所支配的，而且是被牛顿式的因果关系律的法则所支配的。这不是因为外部世界的特征所致，而是我们用以把握这个世界的概念的特征所致。不过，人们的经验能够对外界或内部的刺激或影响做出积极的、有选择的反应或回答，而不只是感觉的被动接收者。如果我们没有用概念和范畴对我们的感觉进行理解和规整，经验就会是没有形式的，也是没有意义的。概念无感觉则空，感觉无概念则盲。只有当我们把范畴运用于经验，我们才可发现因果关系。在经验之外，我们没有任何方法可推断出因果关系。

这种伦理学靠理性这个先验的概念说明善恶的来源，没有抓住伦理的实在。鹏霍费尔指出，这种有理性的人没有能力看到邪恶的深渊，也没有能力看到神圣的深渊；他们怀着最善良的意愿，自以为能够借助一点儿理性，把解体的木骨架重新接合，但最终总是一事无成。[③]

（2）幸福论的伦理学

幸福论的伦理学不是把某个超越的善，而是把人的身体可以感知到的东西，如幸福、快乐、德性、效用等当作目的。如亚里士多德把幸福作为人所能获得的最高的善，幸福被看作人们在活动中获得的各种事物

[①] [美] 麦金太尔：《伦理学简史》，龚群译，商务印书馆 2003 年版，第 253 页。

[②] 克洛德·阿德里安·爱尔维修，法国作家、哲学家、启蒙思想家。他继承和发展了洛克的经验主义，认为感觉是一切知识最根本的源泉。

[③] [德] 鹏霍费尔：《伦理学》，胡其鼎译，商务印书馆 2012 年版，第 56 页。

所指向的那种最好的生活，它把人的生活的一切善都包括了。① 这个伦理学的问题在于，一个人是幸福的并不能说他是善的。这说明，它不能揭示一个行为的伦理属性。

（3）快乐主义伦理学

快乐主义伦理学有一个很长久的历史。托马斯·莫尔把快乐定义为：本性所教导我们的，无论是身体或思想，去享受的所有感情或状态。② 在古代同快乐主义联系最密切的思想家是伊壁鸠鲁。他认为，人的本性趋向快乐。一切动物都依赖天生的本能趋乐避苦，快乐是我们要追求而且应该追求的目的。③ 这种伦理学的问题在于，只从人的本能的角度并不能揭示人的伦理的全貌，因为，人并不仅仅是生物学意义上的。

（4）自然主义伦理学

自然主义伦理学是这样一种思想，伦理学能按照自然科学来理解，即认为道德属性（如善和正当）都是等同于"自然"属性，即在事物的科学描述和科学解释中出现的属性。④ 这种思想把伦理学当作自然科学的延续，它还认为有正当理由的道德信念是在某些特殊的因果关系过程中产生的。

对于伦理自然主义最重要的反对理由是：第一，它忽略了伦理学的规范性方面。由于伦理学的整个目的在于指导行动，对于伦理自然主义来说，没有比这更严重的不满了。第二，我们不能从"是"推出"应该"。第三，伦理学命题是规定性的，而自然主义的解释是描述性的。或者说，看看整个自然主义叙述，你发现不了它会告诉你做什么。第四，取消了伦理学作为一门独立的学科的地位。自然主义伦理学就是一门或多门自然科学或历史科学的一个组成部分或应用。但是，伦理学应

---

① ［古希腊］亚里士多德：《尼各马可伦理学》，廖申白译注，商务印书馆2003年版，第16—17页。

② ［美］布尔克：《西方伦理史》，黄慰愿译，华东师范大学出版社2016年版，第144页。

③ ［美］弗兰克·梯利：《西方哲学史》（增补修订版），葛力译，商务印书馆2005年版，第108页。

④ ［美］休拉·福莱特主编：《伦理学理论》，龚群译，中国人民大学出版社2008年版，第87页。

该有自身正确与谬误的标准的独立的学科,其标准与其他自然事实没有关系。

(5) 功利主义（效用主义）伦理学

功利主义认为一个行为是否正确,是通过它产生的效果来判断的。在17世纪末期,理查德·昆布兰已经把普遍功利主义的理论引入英国伦理学中。他认为:"除非能够预见到我们所做事情在各种场合下的后续影响,无论是近期或遥远的后续影响,并能够把它们进行相互比较,否则我们不可能确定什么是我们能够做得最好的事情。"[①] 在表达了这个功利主义方法论之后的,是他对为最大多数人的最大幸福这个原理的清晰陈述。他把这个命题称为"自然法则的源泉"。[②] 根据这种理论,每个理性主体对于全社会的最大善行,就成了该社会一般的和个人具体的最幸福状况,只要这幸福是在他们力所能及的范围内去取得的。因此,所有人的共同利益,就是最高的法律。

功利主义伦理学的缺陷在于,用效果不能揭示伦理的本质。伦理是指导行为的准则,而行为的效果是行为之后才显现的。用事后的后果来说明伦理的本质,只能说明伦理的一种未来的追求（虽然这种追求对于认识伦理是有意义的）,但不能把握伦理的本来含义。

(6) 文艺复兴时期的人道主义伦理学

文艺复兴运动中的伦理学思想的基本特征是人道主义。这种伦理学的特征在于将其关注的重点集中到人类的个体上,给予他无限的能力、自由以及他不仅在未来的拯救中,也在目前世俗生活中成功的机会。皮科·米朗多拉借上帝之口说的下面的话,代表了人道主义的态度:亚当啊……我们已经根据你的愿望和判断,给了你所要的地方、你所要的形态以及你所要的功能。其他创造物的本性是已经被确定了的,其范围只限定于我们所规定的,而你却是无限的。我把你交给你的自由意志了。应该由你自己根据你的自由意志,来确定你的本性……你应该凭你所喜

[①] [美] 布尔克:《西方伦理学史》,黄慰愿译,华东师范大学出版社2016年版,第222页。

[②] [美] 布尔克:《西方伦理学史》,黄慰愿译,华东师范大学出版社2016年版,第224页。

欢的来塑造自己。①

（7）社会伦理学

社会伦理学认为，随着人类的发展，伦理判断的基础可以在人类社会中找到。这种伦理学是基于这样的信念，在任何的道德行为和伦理规范被发现之前，人类社团中就已经存在着用来判断什么是"应该的"的基础的先验知识。甚至有主张说在所有的民族中都是普遍一样的，而这些就是所有民族共同的法律基础。这个自然法则关心的是"社会生活中的人类的必要素质或效用"。马克思主义伦理学也属于这种伦理学，即主张经济基础决定上层建筑，伦理系统是由它们所处的社会经济基础产生的。这种伦理学发现了伦理中的社会的一面，发现伦理不能没有社会而自发形成，但是，伦理总要与人的行为相关，总要与人的决定相关。如果人的伦理是被社会决定的，这种被决定的行为还能够用善恶来评价吗？

自然主义伦理学、快乐伦理学和幸福伦理学都是把伦理的本质归结于某一个点，这个点可能是伦理的一个属性，或许是与伦理没有关系的外在的东西。这种理论都是基于这样的思路：我们所接触的伦理是以我们能够经验到的感性充实的形式具体给予我们的，是在感性经验中直观地给予我们的。这实际上是洛克以来流传下来的一种坏的思考方式的遗产在伦理学中的反映。这种思考方式用"感性材料""感觉材料"来偷换在日常直观世界中实际体验到的物体的属性。这种思考方式的问题在于，我们每个人对于一个事物的感觉是不一样的，得出的结论也会不一样，这就使一种科学研究变得不可能了。

上述伦理学理论的共同点在于，它们都试图探索有关善恶的知识，其起始点是一个人的自我个体，或是世界的实体。它们的目的是要从人的自我与世界的实体分析中获得善恶的知识，尤其是有关道德规范和价值的知识。它们相信与善恶相关的知识，能够引导人类走向成善、成恶的路途。这种探求有关善恶知识的努力，具体地体现了人类的骄傲：人各求拥有知识，要成为终极的智者，甚至把自己当作万物的起源，而不

---

① ［美］布尔克：《西方伦理学史》，黄慰愿译，华东师范大学出版社2016年版，第135—136页。

去探索伦理真正的源头，也不去探索伦理是怎样成为的。

伦理学的伦理是关于人的善恶的问题，这种研究不能离开人。人是在世界中存在的，关于人的伦理的研究也只能放在世界这个大的背景中，只能在世界中探究人的伦理与他人、他物以及整个世界的关系。因此，伦理学应该从伦理的在世入手，分析伦理的存在状态和存在的形式，从而揭示伦理的真正面貌。

2. 刑事责任伦理中的接受性内容

在刑事责任的发展过程中，上述的伦理学理论在不同时期的刑事责任理论中都不同程度地得到体现。最早出现的自然的责任概念和随后出现的心理责任论的伦理学根据是自然主义的伦理学。这种责任理论将自然的事实（故意或过失）作为承担刑事责任的伦理学基础，并且在判断故意或过失的时候还是以结果为导向的。此外，这种责任理论的伦理学基础还包括以下伦理学理论：超验目的论伦理学、正确理性理论、文艺复兴时期的人道主义伦理学和以康德为代表的欧洲理性主义伦理学等。在这里，不管是超验目的论伦理学中的目的，还是人道主义伦理学中的自由意志、正确理性和理性主义伦理学中的理性，这些都包含了超出行为人的一个观念，行为人的刑事责任是根据这些观念进行判断的。因此，他所承担的刑事责任隐蔽地来自那些先天的基础。

社会责任论的伦理学基础是社会伦理学。根据这种理论，刑事责任的伦理学基础早就存在于社会中，存在于社会或者社团的某种伦理共识中并根据这种共识来决定刑事责任的有无。这说明，这种理论中行为人所承担的责任也有接受性的内容。

现在影响比较大的积极的一般预防的责任理论的伦理学基础主要有幸福论的伦理学、快乐主义伦理学、功利主义（效用主义）伦理学等。这些伦理学共同的特点是将伦理学与实践结合起来，而不是与某个超越的概念结合起来。它们都试图通过伦理学理论在实践中的具体运用，达到其所设定的目标。因此，这些伦理学理论作为刑事责任的伦理基础也包含接受性的成分，例如根据功利主义（效用主义）伦理学，刑事责任必须发挥其最大的效果才能体现其是正当的，这个效果能够最大限度地预防犯罪。这样一来，刑事责任的有无与犯罪预防的效果有关，而这个效果与行为人是没有关系的。

3. 现有刑事责任的伦理学根据存在的问题

现有刑事责任的伦理学进路主要有两个，一个是康德伦理学的进路，一个是实用主义的进路。自古以来，伦理学需要解决的问题就是伦理的"应该"与"是"的关系问题，康德伦理学解决了前者，所以康德的伦理学又被称为义务论的伦理学；康德又是个二元论者，他认为"应该"不能从"是"中抽取出来，二者是互不相干的。实用主义伦理学解决了后者，它认为伦理就是实践中需要达到的那个"是"（实体）。

不过，这两个进路都是有缺陷的。根据康德伦理学，行为人的刑事责任发源于理性。行为人之所以承担刑事责任，是因为他违背了自己应该承担的义务。但康德伦理学的问题在于，他主张的理性是超验的，而这个超验的理性是怎么和行为人发生关联的，并没有被指明。康德的伦理学只是关心了家里的仆人，却没有关心家里的孩子。它是空泛的，它的片面的义务观念实际上是虚假的义务英雄主义。实用主义伦理学的缺陷在于，它对刑事责任伦理的把握具有随意性。这种理论将刑事责任的某种效果与刑事责任的伦理追求等同，它使刑事责任的伦理变成因人而异的东西。它没有找到将"应该"与"是"结合或者统一起来的办法。要想将"应该"与"是"结合起来，就要为刑事责任确立一个伦理学基础。由于刑事责任是在世界中存在的，那么，它的伦理学根据也要从它的存在中寻找。目前，与存在有关的伦理学主要有马克斯·舍勒的价值伦理学和海德格尔的存在主义伦理学，有必要对他们的有关理论进行研究。

（二）马克斯·舍勒的价值伦理学和海德格尔的存在主义伦理学

1. 舍勒的价值伦理学

目前刑事责任的伦理学基础基本都是以康德的伦理学为基础的。但是，康德的伦理学阻遏了伦理学的发展，它没有探讨伦理学中的伦理价值、这些价值的层级以及关于建立在这些层级上的规范的、具体明白的、又独立于一切实证心理学和历史的经验理论，也没有办法将伦理建立在确实的探索之上，并通过这种方式将伦理建构到人的生活中去。只要那个空洞而又巨大无比的公式仍然被视为一切哲学伦理学的唯一严格的和明晰的结果，我们就无法看到丰富的伦常世界及其质性，也无法坚信可以在它们和它们的关系之上形成某些具有约束力的东西。

康德根据先验的原则把伦理学从纯粹经验方式的相对主义的统治中救了出来。他是通过纯粹形式的伦理学做到这一点的，而这种形式的伦理学，并没有为具体问题提供清楚而明确的解决办法，它不能作为实际行动的确定指导来发挥作用。正是因为这个原因，舍勒感到必须从对于这个"钢铁巨人"——康德式的形式主义——的批判考察中着手重建伦理学。他试图表明，先验主义不必是纯粹形式的，它在非形式的价值——迄今为止它是经验主义伦理学独占的领域——的基础上同样可以巩固地建立起来，这种综合可以在现象学的伦理学中达到。

价值伦理学倾向于对价值问题提出理想主义的和客观的学说。这个学派的代表人物是德国哲学家马克斯·舍勒。马克斯·舍勒（1874—1928）是价值伦理学的最伟大的代表人物之一，他的代表作是《伦理学中的形式主义与质料的价值伦理学》。他的思想基础是"共同世界"，一个与他人共享的经验领域。"与他人共处"虽然不是一个存在于物理性世界中的实体，却是个体生存于其中的一个本体王国。舍勒认为，康德的形式伦理学基本上是正确的，但是康德忽略了整个客观的道德价值领域。康德的理论中不存在实质的先验，而舍勒看来这种东西应该是有的，并且这种东西在不同时期、不同的人群中有很多变种。[①] 舍勒要问的是，在这些道德多样性之中，是否存在着伦理学也许能够揭示的某种基本的结构和统一性？

舍勒通过现象学的方法，为他的伦理学人格主义（价值伦理学）奠基。他用现象学本质直观的形式来探究价值与人格，并将他的价值伦理学的客观有效性建立在一些能够经过意向感受而被把捉的先天被给予的、明白可见的价值内涵上。他的立场可被称作"情感直觉主义"和"质料先天主义"。他的伦理学的一个原理是：所有价值，包括所有可能的实事

---

① ［德］马克斯·舍勒：《伦理学中的形式主义与质料的价值伦理学》，倪梁康译，商务印书馆2011年版，第9页。

价值和所有非人格的共同体和组织的价值,都从属于人格价值。[①] 舍勒伦理学中的关于每一个人格的原初共同责任性的学说为所有人格王国的总体的救赎排除了任何一种虚假的所谓"个体主义",连同它的所有谬误的和有害的结论。对于他来说,在伦常上有价值的人格不是一个"孤立的"人格,而仅仅是那个原初与神相连而知晓着的、朝向爱中的世界并与精神世界和人类之整体凝聚一致地感受着的人格(凝聚原则)。[②]

现代伦理学将关切的对象从个人转向社会。首先进行这种转向的是亚里士多德的德性论伦理学。在他的哲学中,"德性"首先被视为是一种本己的能力,它开始是指履行社会分配给自己的职责的能力。当时的希腊人认为,一个能够正确行使这种职责的人,就具有德性。舍勒在这点上与亚里士多德是一致的。他认为,伦常的意愿,乃至全部伦常的行为,都建立在价值认识(或在特别情况中伦常价值认识)连同其本己的先天内涵和其本己的明见性之上,以至于任何意愿(甚至任何追求)都原本地朝向一个在这些行为中被给予的价值之实现。唯有当这个价值在伦常认识领域也事实地被给予时,这个意愿才是一个在伦常上明晰的、不同于盲目的意愿,或者更确切地说,不同于盲目冲动的意愿。[③]

作为伦理学者,舍勒最重要的发现是质料价值的等级。价值的名称是指那些被我们称作"善业"的、以事物方式被给予的单位之特性。[④] 他发现价值有这些特征:(1)持续性(持续的价值比短暂的价值更好);(2)广泛性(一种价值可被许多人共享却不瓦解的特质);(3)独立性(更高的价值从来不会是低价值的基础);(4)满足的程度(价值经验越是意义深远,其价值就越高)。用这些标准,他提出了以下的价值等级:首先是可感知的价值,包括愉快和痛苦的对象,以及多种多样的功能;

[①] [德]马克斯·舍勒:《伦理学中的形式主义与质料的价值伦理学》,倪梁康译,商务印书馆2011年版,第10页。

[②] [德]马克斯·舍勒:《伦理学中的形式主义与质料的价值伦理学》,倪梁康译,商务印书馆2011年版,第11页。

[③] [德]马克斯·舍勒:《伦理学中的形式主义与质料的价值伦理学》,倪梁康译,商务印书馆2011年版,第119页。

[④] [德]马克斯·舍勒:《伦理学中的形式主义与质料的价值伦理学》,倪梁康译,商务印书馆2011年版,第41页。

其次是生命价值，包括高贵和卑贱、强和弱、好品质和坏品质等；再次是文化价值，比如美和丑、合法与违法、真实的知识辨别等；最后，也是最高的价值，是宗教价值，包括至福和绝望、神圣的感觉和它的反面。这种价值等级制度对最近欧洲的伦理学产生了巨大的影响。对于舍勒来说，"应该"有两种类型：（1）应该是什么；（2）应该怎么做。后者取决于前者，而这两者共同确立了道德义务的基础。道德价值并不对应于我们刚刚讨论过的四个价值水平。相反，当一个人要去实现或选择一个高水平的物价值而放弃一个低水平的相似价值的时候，道德价值就出现了。因此，所有的道德价值都是个人的。如舍勒所说，善作为一个价值是"骑在"行为这个"马背上"的。① 从长远来看，道德义务存在于这样的个人对前述价值的特殊反应中。通过价值伦理学，舍勒使伦理学免除了心理学的、社会学的和历史学的相对主义的威胁。

舍勒接近他的目标的第一步是找出并检验康德的形式主义的隐蔽前提。康德在他的《实践理性批判》中反对具有任何内容的道德准则，其理由是内容只能是所渴望的对象，这种渴望必然是经验的，这将使伦理学在本质上成为主观的，并使我们的所有行为都服从于自私和幸福的支配。在对这种假设进行非难时，舍勒的一个主要论点是在所渴望的对象或财富和价值之间加以区分，价值是在目的和财富中保持的特性，它与后者绝不是一致的。虽然舍勒承认渴望的对象是纯粹经验的、可变的和主观的，但是他否认它们所负载的价值也是如此。他主张价值具有一种与单纯后验的体验完全不同的基础和品格，即现象学的直观和直观的洞察。他反对康德的伦理学把法则和命令作为道德的基础，而坚持价值现象优先的地位。

接下来的问题是，价值应该到哪寻找呢？舍勒认为，应该到感情现象中寻找。他认为，有大量的感情具有"客观的"性质，并且不同于那种过去被看作是一切感情的代表的纯粹主观的感情。为此，舍勒从一种根本的区分开始，即在没有任何相关物的纯粹心理状态这样的感情（其

---

① ［美］布尔克：《西方伦理学史》，黄慰愿译，华东师范大学出版社2016年版，第308页。

最典型的例子是像兴高采烈或意志消沉这样的心境）和有超出自身之外的相关物的感情之间加以区分。后一种意义上的感情，具有与任何其他我们借以意想到某个东西（包括我们自己的状态）的"意向"活动同样的结构。在这些起作用的感情中，对于价值的感情——像惬意、美、善这样的品质就是在这种感情中呈现的——是一种与众不同的特殊情况。它们即使对于像对某事物高兴或愤慨这样特殊的反应来说也是基本的。与单纯的感情状态和其他非认识类型的意向感情不同，舍勒认为这些"价值感情"具有真正的认识功能。舍勒主张这些感情的客观有效性，因为它们是以对于事实真相的仔细研究和对于它们的价值的认真权衡为基础的。

这些价值是怎么与人的行为联结起来的呢？舍勒找到的中介是人格。他认为，本质不相同的行为种类的不同逻辑主体只能在一种形式统一中存在，只要反思是朝向它们的可能"存在"，而不仅仅是朝向它们的本质，这种情况使得我们现在可以说：在一个人格中存在，并且仅仅在一个人格中存在，这本身就属于行为的差异性的本质。[1] 之所以人格能够将价值与个体联结起来，是因为每一个有限的人格都含有一个个别人格和一个总体人格。它的每一个世界都含有一个总体世界和个别世界：两者都本质必然地是一个具体的人格与世界之整体的两面。[2] 个别人格和总体人格在每一个可能的具体的有限人格以内都还相互间是可联系的，而它们的相互关系则是可体验的。故而，即便是各个总体人格及其世界也不是各个总体人格甚或个别人格所进行的某种"综合"的结果，相反，它是被体验到的实在。而且，正如总体人格不是某种方式的"总和"或某种方式的人为的或实在的个别人格之集体（或者它们的特性不是个别人格之特性的组合）一样，总体人格也不例如"首先"被包含在个别人格中，总体人格的世界也不哪怕首先包含在个别人格一般的各个世界之"总和"中。因此，也不需要任何一种对一个总体人格之实在的推理或任

---

[1] ［德］马克斯·舍勒：《伦理学中的形式主义与质料的价值伦理学》，倪梁康译，商务印书馆2011年版，第559页。

[2] ［德］马克斯·舍勒：《伦理学中的形式主义与质料的价值伦理学》，倪梁康译，商务印书馆2011年版，第749页。

何一种建构性的综合行为。只有在需要查明一个总体人格的特别世界这一内容时才可能涉及这些行为。

很多伦理学者，特别是20世纪的伦理学者，曾经试图去解决"应该怎样"和"是怎样"的关系的问题。用另一个术语来说，它也许可以表述为如何从实事中获得价值的问题。舍勒就试图解决这个问题。他用现象学的方法（在感情现象中寻找价值的始源）研究伦理学虽然极富启发性，但他很容易把自己的初步印象误认为是最后的洞察。在舍勒的理论中，不仅价值依然未得到规定，而且在那种使区分据之而能够进行的先导性的着手点，也是在没有得到意义廓清或起码没有得到追问的情况下，就端出了各种存在者之间的源本的一种联系和区别（感情现象与价值）。这一基本的错误还远远不是单纯的疏忽和对这个本该提出的问题的单纯忽略，远远不是在追随传统式定义时所发生的偶然的忽视。毋宁说，通过他对存在本身这一首要问题的耽误上，显示出传统所具有的一种不可低估的强力与重负，并使他言过其实地说自己的结论是建立在现象学的自明性之上的。但为什么仅仅在感情中去寻找价值，则是他没有解释的。

这说明，舍勒虽然试图解决伦理学中"应该怎样"和"是怎样"的关系，但对于"是怎样"中的"是"的选择过于草率，对于"应该怎样"是怎样从"是怎样"中把捉到的也没有指明。他总是夸大其词地说他的最终论断是根据现象学的立场显见地推出的，但这个论断还是与他在体系的构建中一直奉行的谨小慎微的态度背道而驰。不过，舍勒还是为我们指出了一条二者融合的道路，只要调整一下研究伦理的视域，就会找到一个科学的解决方案。

2. 海德格尔的存在主义伦理学

在中外哲学史上，哲学家常常从人性和人的相互关系的视角探讨伦理问题。按照这种路径，个人的或集体的或阶级的人性，乃是哲学的研究对象或主要论题。[①] 以往的哲学是把各种各样的人性作为"实体"加以

[①] 如休谟指出，一切科学对于人性总是或多或少地有些关系，任何学科不论对于人性离得多远，它们总是会通过这样那样的途径回到人性。参见［英］休谟《人性论》（上册），关文云译，郑之骧校，商务印书馆1980年版，第6页。

研究。不管是唯物主义者，还是唯心主义者，他们都将人性的存在作为他们研究的起点，他们的分野只是在于人性是物质的还是精神的。在哲学上，试图走出这种窠臼的是存在主义伦理学。

在存在主义者看来，人根本就没有本质。人都是具体的、即时的存在，人作为人是由于他存在。换言之，人只有先存在，才能进一步地谈论人生。我们不能离开人的存在这个基本问题而去空洞地谈论人的本性问题。在这个世界上，值得研究的问题，是每个人的现实的存在问题——他是如何"存在"的？他的存在状态是怎样的？他是自由自在地存在着吗？人应该采取什么样的存在方式呢？如此等等。存在主义最基本的原则是：否定一切抽象的必要性。在存在主义的学者中，海德格尔最有代表性。虽然海德格尔没有专门讨论伦理学，但他的存在论中还是包含有伦理学的部分。

在存在主义看来，伦理学不能建立在本质主义的基础上，而应该通过实存哲学来实现。海德格尔指出，从原初含义上讲，伦理学要思考人的"居留"，那么，"那种把存在之真理思为一个绽出地实存着的人的原初要素的思想，本身就已经是源始的伦理学了"。[①] 海德格尔关于研究"存在"的基本方法的主要内容是：第一，存在的看守者（"人"）是探究"存在"的起点；人的"存在"就是"此在"。第二，"此在"和"时间"相关。日常生活中的"此在"是在时间中存在的，"时间"是理解"此在"的主要环节。第三，要运用"现象学"的方法探究"存在"。

根据现象学的方法，海德格尔对个人的"存在"（"此在"）的基本结构从以下几个方面进行了剖析：(1)"此在"的本质就在于它的生存。它的意思是，"人"是通过他"在那儿"而存在着；也就是说，是在"存在"的光照中存在着。对于此在的意义，中世纪哲学把"此在"看成为现实的，康德把"生存"诠释为客观性的体验，黑格尔把"生存"规定为绝对的主观性的自我认识的观念，尼采把生存理解为同一事物的永远回归；海德格尔认为，"在那儿"的这个存在，也唯有这个存在，才具有生存的基本特征，才显现出存在的那种令人神往的敞开样态。(2)"此在"的"各人唯

[①] [德] 马丁·海德格尔：《路标》，孙周兴译，商务印书馆2000年版，第420页。

一性"。"此在"一直是"我的""你的""他的""此在","我的""此在"不同于"你的""他的"或任何一个个人的"此在"。对于"此在"而言,用中国的一句俗话说:"我的就是我的,你的就是你的"。这便是所谓"此在"的"自一性"非他性。(3)"此在"存在于世界之中。人要存在,就必须存在于世界中,那么,"此在"必然与世界发生关系。这一关系的主要形式就是"担忧"。我担忧世界上所有的东西,因为我要占据这些东西,我要把这些东西都变为我的"工具"。这种担忧,就像一个小偷为了把别人的东西占为己有,在他偷东西时必然产生"担忧"一样。所以,海德格尔所言的世界,不是人们常说的客观的外部世界,而是指人生活在其中、与人发生关系、能够为人所用的一切事物。(4)"此在"有三个主要特征:"担忧""并在""自在"。"此在"和它身边世界的关系是"担忧",这在上边已经说过。"此在"和它自己的关系是"自在",即自己一直对自己的存在的反思;在反思中,"此在"将体会到它既不是物体又不是灵魂,它只是它自己。"此在"和他人的关系是"共在","共在"表明此在在存在中不可避免地会与其他人相遇、交往。在和他人打交道时,每个人常常遭到集体的"围困"而失去自己特有的品性。自此,"此在"在"人们"包围中并深陷其中,这就是"共在"。(5)"此在"并不是如铁球那样闭门自守和无法渗入。"此在"是开放的,它的开放性就体现在"此在"的各种心情或感受,这些心情或感受都不受理性的管制。(6)"此在"的"失落"。在与他人"共在"中,个人就失去了自己的本性。这是因为,在与人"共在"时,"此在"常常会遇到"人们"的各种"闲言""好奇心"等习惯的侵犯,从而使"此在"堕入凡夫俗子的围困中,导致了"此在"的"失落"。[①]

　　海德格尔通过对"此在"的分析,解决了"此在"的本体论结构,但这一分析仅仅把此在的存在提出来,没有阐释存在的伦理意义。这种分析只是走上了一条通往一般存在分析的道路,那么,在走上这一条道路以后,又该如何对一般存在的伦理意义进行分析呢?有没有可能将舍勒的价值质料伦理学的路径和海德格尔的存在论的路径综合起来呢?

[①] 以上内容,参见[法]高宣扬《存在主义》,上海交通大学出版社2016年版,第143—145页。

（三）存在论的价值论伦理学

1. 探求伦理学基础的方法

为伦理学寻找基础的做法可以被称为伦理学的"基础主义"。它的基本方法大体有两种：一种是系统的奠基，如笛卡尔所做的那样：通过大量的批判和筛选找到一个阿基米德点，并从这个系统的理论点开始，把一切剩余的定理和命题推论出来，这种方法实际上是数学几何学的推演形式，舍勒将这种体系称为是一种"连环画现象学"。[①] 它构成人们所说的现代性的一个主要特征。另一种是发生的奠基，或者叫生长的奠基。经过向过去生成的回看，最终发现一个本源的开端，这是一个最为原始的基点。而后，以这个开端为基础来探索人类思想中的种种原作、缘由、产生、发展、积淀、超逸、疏远、偏向、矫正、回本等，以便得到对人类思想发展的种种结论和评判。迄今为止，这种理论的"奠基"形式在哲学中仍然没有过时。从20世纪的胡塞尔、舍勒、海德格尔到21世纪的福柯、拉康、德里达等众多伟大的哲学家都采用这种方法为哲学的发展贡献出过各自的智慧和方案。所以说，"系统奠基"的方法在我们的时代已经失去了它曾经的吸引力，但是，从某种意义上说，我们仍处在"发生奠基"的时代。

现代伦理学应该采用第二种道路，即找到伦理发生的本源，并对其发生的过程进行考察。在采用这个道路的理论中，舍勒和海德格尔的理论最具代表性，二者的共同点都是采用现象学的方法对伦理的本源进行考察，但着重点不同，舍勒将伦理学的基础建立在价值和人格上，并对价值和人格进行了详细的分类和研究，海德格尔从存在论对伦理进行探究，着重探讨伦理的存在。但二者都有缺陷，舍勒的缺陷在于，将价值和人格的开端放在情绪中，过于草率，人的情绪虽然与价值和人格都有关，但不是唯一起作用的因素，甚至不是起主要作用的因素。另外，舍勒甚至将原初的价值和人格与神联系起来，实际是把自己无法解决的问

[①] 连环画现象学，是指一种静态的，像连环画呈现事实一样的现象学。参见［德］马克斯·舍勒《伦理学中的形式主义与质料的价值伦理学》，倪梁康译，商务印书馆2011年版，第3页。

题推给神，这是一种理论上的无奈。海德格尔从存在上解决存在者的始源，具有方法上的妥当性，但其问题在于，存在概念过于抽象，他没有对伦理产生的原点进行探究，会导致伦理相对主义。

伦理学的研究还是要解决伦理学所一直面对的难题，即"应该"和"是"的相互关系问题。伦理学研究人的行为的善恶问题，这离不开对人的行为的应然判断。这一应然判断不能是超越的，也不能是没有根基的。伦理需要一种与众不同的、原汁原味的话语，它不应完全陷入形而上学的、本体论的、物理学的、经验主义的、人权的、自然法的话语之中。很多这类话语都否定人的偶然性，否定将来之事的不可确定性，以及否定生命的最终不确定性。这些话语仍然呼吁主体去作出决定并为其决定负责，预测不可预测之物，决定不能决定之物，证成不能证成之物——正是这种情境的不可能使得伦理成为可能。为了解决伦理学的问题，需要采用现象学的方法。虽然舍勒和海德格尔都采用现象学的路径，舍勒更接近胡塞尔的路径，而海德格尔采用的是存在论的方法。从人、人的行为以及人格的存在考察人的伦理的存在，这种路径是适合的。由于海德格尔没有将其研究重点放在伦理学上，所以他对伦理学研究得不够深入和细致。他只是解决了伦理的存在，但对于伦理是以什么样态存在的以及这种样态应该怎么判断，却没有提出解决的方案。不过，二者的理论在路径上没有冲突，在内容上可以互补，只要将二者结合起来，既能够揭示伦理学的实质内容，又能够解决这些内容的来源和存在的样态。

2. 现代伦理学的根据：存在论的价值论伦理学的提倡

人类的所有认识都源于经验①，伦理学也要奠基于"经验"之中。什么东西组成了那些向我们提供伦常认识的经验的本质？这样一些经验包括哪些本质的元素？如果我在回忆中或已经在实施前就把我的一个行动评判为"善的"或"恶的"，或者，如果把我周围人的行为举止评判为"善的"或"恶的"，那么，是何种经验提供了这个判断的质料呢？这里

---

① 休谟指出，我们对科学本身所能给予的唯一牢固的基础，是它必须建立在经验和观察之上。参见［英］休谟《人性论》（上册），关文云译，郑之骧校，商务印书馆1980年版，第8页。

不是要对这些通过语言表达出来的命题展开分析和研究，这些分析和研究在逻辑形式方面与判断别无二致。这里要问的是：和这个"评判"相一致的到底是什么样的事实质料呢？它是怎样达及我们的？它是由哪些因子组成的？

康德曾试图将"善"与"恶"这两个价值语词的含义回归为一个应然（无论它是一个观念的应然、应然的存在，还是一个律令的应然、存在的应然）的内容之所是；或者，他试图表明，若没有一个应然，也就根本不会有一个"善"或"恶"。他的这个企图是错误的。问题并不在于将这些价值回归为一个行为（意欲）的单纯"合法则性"，即不在于将价值回归为一个偏好活动与一个法则的一致性，回归为"正当的东西"。这里的问题是，"善"和"恶"的价值相对于其他价值具有哪些特殊性，并且它们与其他价值是如何本质地联结在一起的。我们必须抛弃这样的思维方式：只有根据"理性"和"感性"这两个方面的对立才能对人类的思想进行一种彻底的探查，才能对所有的东西进行一种非彼即此的界分，才能对人的伦理进行一种本己的探索。

如果我们使一个人格、一个意图行为、一个行动等的好或者坏依赖于它们与一个被设定为现实的现存善（或弊端）世界的关系，那么我们也就使意图的好或者坏仰赖于这个善的世界的特别而或然的存在，同时也就仰赖于对它的经验认识。无论这些善叫作什么，例如叫作一个现有社团的福利、国家、民族或人类某个发展阶段上的文化财产和文明财产，意愿的伦常价值都会取决于以下的状况：它究竟是"包含着"这个善的世界，还是"促进着"这个善的世界，或者是以促进或阻碍、加快或延缓的方式干预着这个善业世界的现有"发展趋向"。但是，好的行为和坏的行为无法用一个目的来衡量，即无法以它是促进还是阻碍这个目的的情况来衡量。因此，好与坏不是一些以某种方式从经验的目的内容中获取的概念。每一个目的，只要我们所了解的是它本身而不是它如何被设定的方式，就不可能是好的或坏的。

西方人从苏格拉底和柏拉图以后，尤其是从笛卡尔以后，常常忽视了关于个体自己"亲在"的存在论体会。他们过分强调理性的功能和旨趣，导致他们一般情况下只是关切个体主体性的核心地位，并在很多方面把主体的存在问题隶属于人们的认识活动。虽然他们自己认为掌握了真理,得到自己所寻求的东西,却忘了自己存在的本体论根基,将"自身亲在"这种最基本的事情抛在一边。伦理学并不处在那种"真正的伦理学"之中,不处在一种完全带有"个体主义"观点进行的德行分析之中①,也不处在对那些价值的个别的(自身有益的)分析之中。因为,这些价值从它们原先在其中被体验到的共同体和历史的结构中凸显出来,并且被完全无时间化了。

伦理学是直接与人的存在密切相关的,把握伦理学的窍门是从人自身的存在体验入手。只有从人的存在这一问题着手,才能使这个问题成为一种探索性的、依据伦理本身而得到探寻的问题,并借助现象学的原则将伦理学重新带回到它自身。根据这种路径所构建的伦理学包括两个方面的内容:(1)伦理学研究的是人的行为价值问题。伦理学的核心问题是人的行为的"善"和"恶",这个问题的源头与行为的价值有关。伦常意愿,乃至全部伦常行为都建立在这个价值认识的基础上,甚至每个意愿都是这些行为中被赋予的价值的体现。唯有当这个价值在伦常认识领域也实际地被赋予时,这个意愿才是一个在伦常上清晰的,而不是一个盲目冲动的意愿。在这里,某种价值(包括它的位阶)就在我们的感知行为中或多或少地呈现了出来,这种呈现是这种价值的"自身被给予性"的显现。由于它是自身被给予的,这个意愿(或在偏好情况中的选择)便是必然的。在这个意义上,苏格拉底的论断获得恢复:一切"好的意愿"都奠基于"对好的认识"之中;或者,一切坏的意愿都建立在伦常欺罔的基础上。② 只有当伦理建立在对行为的价值的对象性明察的基础上,它才是客观的和有效的。舍勒认为,价值和应然之间的本质联系首先在于这样一个定律:一切应然都必须奠基于价值之中,即只有价值

---

① 为什么世界以及它的根据"应当"去满足这样一种关于人的"尊严和自由"极为偏激的概念的单纯要求呢?人们难道可以并且能够用这种东西来"规定"那些肯定大都是"独立于"我们的东西,即规定那些绝对的存在吗?参见[德]马克斯·舍勒《伦理学中的形式主义与质料的价值伦理学》,倪梁康译,商务印书馆2011年版,第118页。

② [德]马克斯·舍勒:《伦理学中的形式主义与质料的价值伦理学》,倪梁康译,商务印书馆2011年版,第119—120页。

才应当存在和不应当存在；以及这样的定律，正价值应当存在，负价值不应当存在。①

这种价值判断既有主观的内容，也有客观的内容，它与历史传统和社会的环境分不开。不过，这些判断只有与人的行为联系起来才是有价值或无价值的。价值与人格是密切相关的。舍勒指出，在伦理中，价值的载体是人格，唯有人格才能在伦常上是善的和恶的，一切其他东西的善恶都只能是就人格而言，不论这种"就……而言"是多么间接。② 一个人的行为是善的还是恶的，并不是通过我们给这些事物的某个固定标记确定的。只要人格的属性（根据规则）是依赖于人格的善而变更，那么这些属性就叫作德行（人格是连续的现行性，就一个应然之物而言，人格在现行性的"能然"样式中体验着德性）；只要它们是根据人格的恶而变更，那么它们就叫作恶习，就是意愿行为也只有在它包含着活动人格时才是善的或恶的。这些价值毋宁说是本质性的事物价值和事件价值。而反过来：不存在伦常上善与恶的事物和事件。③ 在行为中蕴含着真实的价值本性，它标识着一个具有特别关联的特定目标区域。这些真正的和真实的价值，就是人格，也可以说，"善"和"恶"是人格价值。人格是一个存在与否的问题，如果对人格是否符合规范进行判断，那是没有意义的。因此，价值和人格，或者说，人格价值是伦理学的主题。

（2）任何人格都是在世界中存在的。由于每一个人格都不是"个体主义"意义上的人格，而是将人格的所有的要素凝聚在一起生成的，所以，每一个在伦常上有价值的人格都不是一个孤立的人格。这个人格也不是舍勒所说的原本与神相连的人格，而是"在世界中存在"的人格。"在世界中存在"是人格的一个构成性原则。根据这一原则，人格的构造包括：人格的"世界"、"谁"之人格、"在之中"。首先，人格总是关于某个世界的人格。它总是本来就已经寓于世界的某些范围，总是沉沦于

---

① ［德］马克斯·舍勒：《伦理学中的形式主义与质料的价值伦理学》，倪梁康译，商务印书馆2011年版，第138页。
② ［德］马克斯·舍勒：《伦理学中的形式主义与质料的价值伦理学》，倪梁康译，商务印书馆2011年版，第143页。
③ 倪梁康：《伦理学中的先天质料》（上），《学海》2010年第5期。

某个人周围的世界中的人格。外科医生的人格总是根据外科医生所处的世界进行判断的，卡车司机的人格也是根据卡车司机交往的领域里认真的、谨慎的卡车司机的人格认定的。其次，人格是以"常人人格"的方式存在的。常人人格是人格在日常生活中的存在样式，它反映出人们在人格方面存在非常类似的人格同形性，以至于很多情况下人们可以从常人人格出发对其他人的本质和行动作出预测。比如，外科医生的人格是根据外科医生所属的圈子里认真的、谨慎的外科医生的人格（外科医生的常人）来认定的，卡车司机的人格也是按照卡车司机所交往的圈子里认真的、谨慎的卡车司机（卡车司机的常人）的人格认定的。最后，人格是通过"在之中"这种方式存在的。"在之中"是人格的一种存在建构，只有根据"在之中"这种存在方式，才能将人格揭示出来。因此，我们所提倡的存在论的价值论伦理学的核心观点就是：伦理学基础是常人人格，这种人格是在世界（人所属的世界）中存在的；人的行为的善与恶是与人格价值有关的，而人格价值是在世界中存在并生成的；价值在等级方面所处的位置越高，它们就越不能通过意愿和行动得到实现；每个人的人格中都包含有个人人格和常人人格，他的行为既是个人的行为，又是在常人人格的支配下实施的。

（四）存在论的价值论伦理学作为接受性责任（刑事责任）的伦理学基础

1. 传统刑事责任伦理学的基础

刑法理论曾经把刑事责任的伦理学基础归结为"罪过""罪责"等。即使我们以某种方式已经领会到与这些词相符的事实，我们的这种领会也根本不处在内体验中。心理学家，即以内经验为其领域的研究者，也根本不知道他的事实是伦理的还是非伦理的。心理学并不区分善的与恶的感受，也不区分有罪的和无罪的感受。即使伦理学的概念会把一切可能的东西都描绘到内存在和内发生之中，以至于一个特定类型的不快能够作为"罪责"显现出来，就像一棵"树"显现出来的一样，而作为心理学家，他却必须无视这些含义的区别，而后才能获得他的对象。因此，伦理事实并不隐藏在"内感知"的领域中。

刑事责任的伦理基础是不是存在于观念对象的世界中呢？这个看法

在这样的一种意义上是正确的：存在一个观念的"恶"，我可以在一个恶行中意识到它，就像我们看到红色意识到"红"的观念一样。但是，一个"数"的观念与"红"的观念是不一样的。如 3 这个数只有一个，多于或者少于都不是 3 了，而红色可以有程度的区别。同样，一个恶行不因为程度的不同就不是恶的行为。所以，如果将刑事责任的伦理学基础归结为一种恶的观念，那么，犯罪与其他违法行为就无法区分了。①

传统的刑事责任的伦理学根据是以康德伦理学为基础建立起来的。康德就把他的伦理学建立在观念之上，他的所有的命题都与"应该"或"不应该"这类表述联系在一起，而不是"是"与"不是"。康德伦理学所犯的一个基本谬误就在于，它将行动的统一化解为"现象"，它否认这些现象的连续性，并且如此展示它们，就好像行动可以分解为一个"内心的意愿行为"和一个与此只是在时间上相衔接的客观肢体运动，而这种运动只是通过它们的各种作用（或相伴的现象）、通过一连串的触摸感觉、关节感觉或位置感觉等，而将自己泄露给意识；或者说，就好像有一个对肢体的"运动表象"在追随着内心的意愿行为，这种运动表象当然只可能是对一个已经发生的肢体运动的再造，而这种肢体运动原初又必定是纯粹反射性的。按照上述这些说法，也就不存在一个本真的、遵循着"意欲做"的"运动"意识；与"运动表象"相衔接的干脆就是运动本身。意欲（作为意欲做）对我们身体所起的那种最终纳入运动之中的作用在这里被否认。康德伦理学一方面借助于一个抽象的善（理性）作为人们行为的伦理根据，另一方面又试图将这一超越的设定与个体结合起来，这种结合一直没能成功。

刑事责任的伦理基础是不是一个"应然联结"呢？一种刑法上的可责性是不是可以为刑事责任的判断奠基呢？在这里，一个人的行为在刑法上是可责的意义并不在于，这个可责的行为应当是什么，这个"应当"只是表明，主项并不是事实的、经验的事情，而是理想中的事情。也就是说，这个可责性的理想情形是什么。但这个理想化并不是判断的结果，而是在判断前就存在了。凡是谈及对刑事责任的应然判断的地方，必定

---

① 现在，无论在理论上还是司法实践中，犯罪与一般违法行为的区分确实是个难题。

首先发生了一个对这个行为所体现的价值的把握。当我们说，一个行为应当被谴责，一个基于这种谴责的责任应当存在，总会有一个关系一同被把握到，即一个价值和这个价值的一个可能的载体、一个事件等之间的关系。一个责任"应当"存在，其前提是，这个"应当"存在的责任的价值在意向中被把握到。这不是说，这个"应当"存在于这个价值与行为的关系之中，而是说，这个"应当"是建立在这样一个关系之上。

另外，需要讨论的问题是，刑事责任的伦理基础能不能归结为一种伦理上的"回报"呢？在古老的观念中，好的行为自然有好的结果，坏的行为会有不幸的结果。康德的学说也是这种古老观念的变种，即通过他的实践理性的公设，要求这样一种回报。这里有必要说明一下回报的含义。"被回报"的东西只能是那些带来幸福的或带来损害的并因此造成快的或者不快的现实作用或可能作用，这些作用是指一个伦常上好的或者坏的行动对其他生物所具有的作用。只有在这些作用中，才会存在与善或恶有关的价值。但是，对于在这些行为中隐藏的善或恶的价值——无论是作为行为的特性，还是作为人格的特性——来说，回报的概念没有任何意义。"回报"，在这里可能只具有这个意义：对犯罪人以恶相待，对好人以善相待。然而，对犯罪人以善甚至爱相待也不少见，尤其在现在的社区矫正中。这表明，回报不是伦理的一个领域。回报仅仅从那个因为一个犯罪行为而受害的人的立场出发以及从一个第三者的立场出发才有意义的概念。它所获得的意义并不是来自行为人的行为，也不是对于行为人具有什么意义。在刑事责任的伦理领域内，没有任何报复的要求，只有对正义的要求。

这种观念的另一个变式是将刑事责任的伦理基础建立在一种"痛苦"之上。将痛苦理解为对行为人的一种改善手段或理解为一种教育的手段都是可疑的，因为这种理解无法表明，为什么恰恰需要某种痛苦才能达到这些目标。如果将痛苦作为一种"净化"的力量，但净化仅仅意味着将那些不是行为人的人格本质的东西从其身上抛开。它不是指伦理上的改善，也不是教育。

2. 存在论的价值论伦理学作为接受性责任的伦理学基础

刑事责任的伦理学根据需要解决的问题是：行为人"应不应该"承

担刑事责任,行为人承担的刑事责任"是"什么以及这个刑事责任是怎么来的。第一个问题涉及对行为人行为的评价问题。这个问题与行为的价值有关。通常在论及一个应然的地方,已经存在对一个价值的领会。每当我们说,某人的行为应当承担刑事责任,总会有一个关系一同被把握到,即在这种答责中一个正价值和在这个价值的一个可能的实在媒介物、一个事物、一个事件等之间的关系。一个责任"应当"存在,其条件是,这个责任的价值在意向中被领会到。第二个问题涉及与行为人的行为有关的"价值"是什么。它是一种主观的认识或者认识的关系,还是一种客观的设定?这个"价值"还要与行为人联系在一起,否则,这个"价值"就不能对行为人的行为起支配作用。最后的问题涉及这个与行为人的行为密切相关的"价值"的来源是什么。要考察这个"价值"的来源,就要与它自身的生存联结起来。这样,这种考察才具有一种明察的性质。正如日本学者平野龙一教授所指出的,刑事责任的认定不能以对人的自由意志形而上学的设定为前提,而应当把经验之光照耀到刑事责任中以便揭示其本来的面目,并将它从个人责任这种貌似精美绝伦的概念中解放出来。[①]

我们将行为人的行为评价为对社会具有严重危害性的行为,那么,这种评价的基础是什么?是什么构成了我们评价的东西的本质,以及这种东西包含有哪些本质要素?人们容易承认自然科学意义上的事实,如物理学、化学的事实,理论必须与这些事实相一致。如果这种评价的基础被认为是一种事实,比如结果等,那么,是否会存在一种伦理上的事实。这种评价本身已经是一种精神的建构,以便为我们达到某种概念、问题和假设提供答案。不管怎么样,伦理意义上的事实与其他事实不是一个问题。在对自然事实的直观中,我们能直接感知到这种事实;而在对一个行为的伦理直观中,我们是看不到这种事实的。一个行为是否是伦理上值得谴责的、一个行为是否破坏了刑法规范是不可能出现在人们的内感知中的。

---

① 黎宏:《平野龙一及其机能主义刑法观——〈刑法的基础〉读后》,《清华法学》2011年第6期。

20世纪以来，为自己所研究的社会科学的某一个领域寻找一个实证的根基成为一种潮流。笔者所提出的存在论的价值论伦理学恰好满足了作为接受性责任（刑事责任）的伦理学基础的所有要求。这种伦理学致力于探索刑事责任伦理的本源，致力于探讨刑事责任伦理本身的更细微结构。它不仅尊重伦理现象，更充分、更如实地倾听伦理现象，而且注重与行为人所深切关怀的事情的联系。它返回到行为人伦理这个最初的来源，回到由最初的来源引出的对伦理本己结构的洞察，以便直观地说明这些概念和在直观的基础上重新陈说这些问题，并起码在原则上解决这些问题。

根据存在论的价值论伦理学，行为人行为的"善"与"恶"都与内含于其行为中的价值有关。这种价值不是一种形式的断言，而是在世界中存在的实事。因为行为人是世界的一分子，行为人的行为也是在世界中发生的，其行为的价值早已内含于他的人格中了。同时，我们不能将任何一种现代社会中的价值与它赖以产生的社会历史分开。一个时代、一个社会的伦理价值，一方面有着历史传统的继承性；另一方面，它是作为供需者去满足那个时代的社会生活需要的。对于一个时代的价值的变化，假如离开它所赖以存在和发生变化的背景条件，是难以理解的。因此，接受性责任的伦理学基础要从主体中心理性走向主体存在的价值，一种人格的价值，既保持近代哲学高扬主体中心理性以来人类所能达到的杰出思想成就，又要克服它的内在不足，从而继续发展一种"现代人格价值理性"。或者说，我们应当把康德所高扬的道德理性的基点转移到人格价值的存在上来。

存在论的价值论伦理学认为，作为责任基础的价值是自在存在的。第一，这样一种价值陈述并不仅仅朝向实存的对象，尽管它们也能够做到这一点。一个行为的价值不是从这个行为中抽象出来的概念，而是一种独立的现象，对它的把握不依赖于它的载体的实际存在，而是在一个可能的实在存在方面进行的。康德的义务所对应的也不是实存之物，它朝向的也是一个非实在价值的实现上，一种通过一个可能追求来实现的方向上受到的考察。这种价值并不是一个所谓的"先验自我"对一个经验自我所实施的"逼迫""呼唤""要求"。毋宁说，一切规范、律令、要求都建立在一个独立的存在中，建立在价值存在中，如果它们不想是随意的命令的话。因此，任何关于责任的判断都建基于对责任中的一种客观价值的明察，也即一种伦常的善的明察上。第二，在这些伦常的价值中，都包含有对一个人人格的指明。所有行为的进行和构型都处在这个个体的价值观念的目标给定的影响之下，这个个体人格也就获得了一个独一无二的地位与他人区别开来。当一个应当负责性指向一个人时，这个负责性是关于这个人的价值形象，并且是根据这个人的行为才呈现在行为人面前的价值形象，它包含了对这个人的指明。这种可负责性的结论的得出，不是源于知识，而是自在存在的。至此，康德所没有解决的伦理基础与个人的分裂就解决了。

在诠释行为人人格的时候，不能仅仅根据它自身的概念化模式和理解道德生活的模式进行诠释，而应诉诸一种独立的价值。这种价值可以称为人格价值或者人格，它不是超越地被理解的，而是存在于行为人的世界之中。这样一来，人格不是被想象为一个事物或一个实体或者某种能力或力量（包括理性的"能力"和"力量"等），不是一个只是被想象为在直接被体验物以后和以外的事物，而是那个存在在行为人世界之中并被把捉到的生活——亲历的统一，是与行为人有关的历史传统和社会环境的统一。现在需要探讨的，这种作为行为人承担刑事责任的基础的人格是什么？它是怎样存在的？

（五）刑法中的人格的本体论探查

1. 人格概说

关于人格是什么，理论上没有形成一致的见解。目前，关于人格的观点主要有以下几种。

（1）弗洛伊德的人格概念

弗洛伊德认为，人格包含有生物方面、心理方面及社会对人格的贡献等内容。在弗洛伊德那里，生物方面的人格（即本我）是人格的根源，是人格的所有内容中最本源的部分，它是根据快乐原则活动的。自我从本我那里获取力量，它指向意识，而且为了满足本我的需求，尽量与现实保持一致，它已经包含有客观的东西，因为自我负有满足本我需求的任务。超我代表人格中的社会的因素和规则的因素。超我是按照规则活动的，它也是从本我能量中发展而来的，它最主要的功能就是帮助控制本我冲动。① 不过，弗洛伊德的人格理论的局限在于，它在预言未来行为方面的能力微乎其微。它适合在事实收集起来以后，对个体的行为作后溯的解释。

（2）叔本华的人格概念

叔本华将人格归结为人的个性，这种个性与"人是什么"以及"人自身固有的东西"有关。因为人的个性一直都陪伴着他，使他的存在呈现出个人的色彩。他指出，人格，由它所造成的一切，乃是我们幸福和福祉唯一直接的源泉，而其他则只是媒介和手段。……我们的个性或多或少，在我们活着的每一刻，都在不断地左右着我们，其他方面的影响则是暂时的、偶然的、转瞬即逝的，并且要受到各种机遇和变故的制约。② 根据他的观点，一个人的幸运与否很少与降临到我们身上的东西有关，而是与我们生活的方式和我们的品性有关。这种品性是一种持久而且永恒的因素，它每一刻都在不断地左右着我们，其他方面的影响是暂时的、偶尔的、稍纵即逝的，而且要遭到种种机会和变化的限制。叔本华这个思想来自亚里士多德，亚里士多德曾指出，始终如一者不是财富而是品格。③ 这样，你若有良好的品格，你就直接受益；若有不好的品格，就直接受损。正如一句格言所说的：你若笑口常开，你便幸福；你若悲哀不已，你便不幸。叔本华指出了人格所具有的决定性的内涵和功能，揭示了人格中的非个人因素，但他没有对为什么一个人要为这种被决定的人格负责进行有力的论证。

（3）康德的人格概念

根据康德的哲学，思维知道自己就是一切，除了它的权威以外没有别的权威，所有权威需要思维作为标准。思维是自己规定自己的，它是一种主观的东西。这主观性的一面就是形式，而这种形式是处于主导地位的。康德的思维是受理性支配的，理性是作为实践理性自身独立的、

---

① ［奥］西格蒙德·弗洛伊德：《精神分析导论演讲新篇》，程小平、王希勇译，国际文化出版公司2007年版，第58—77页。

② ［德］叔本华：《叔本华论说文集》，范进等译，商务印书馆1999年版，第13—14页。

③ ［德］叔本华：《叔本华论说文集》，范进等译，商务印书馆1999年版，第14页。

自由的，一切有道德的行为都建立在自由上面，在自由里人有了他的绝对的自我意识。以自由观念为前提，康德提出了一个行动的规律：行为的主观原则、准则，在任何时候都必须同时能够当作客观原则，当作普遍原则，当作我们的普遍立法原则。①

康德伦理学把人格标识为"理性人格"。其含义是指，人格是一个理性的，遵从那些观念法则的行为活动的各个逻辑主体。或者说，人格是某个理性活动的 X，因而伦常的人格就是符合伦常法则的意愿的 X。② 这个术语并不意味着，人格的本质就在于进行那些——独立于所有因果性——遵从一种观念的意义法则性和实事法则性（逻辑学、伦理学等）的行为；相反，这个术语已经（在一个语词中）凸显出对形式主义的物质设定，即人格根本不是别的，而是每个理性的、遵守那些概念规则的举止行为的逻辑主体。或者简短地说，人格就是根据理性进行行为的东西，就是合乎伦理规则的愿望行为的东西；即是说，并不是首先表明，人格以及它的特殊统一的本质究竟何在，而后再指明理性活动属于它的本质；这即是说，人格是出发点，它来自一个合法则的理性意愿或一个作为实践活动的出发点的 X。在康德这里，人格观念明显还包含着一个假象，即一个实际生存与血肉之躯超越出一个理性意愿的 X 的假象，这是因为康德也将这个 X 等同于本体人，即他的"物自体"与现象人的对立的结果。③ 这样一来，人格返回到行为的某种单纯的关联或交汇之上。

心理责任论采用的就是康德的人格概念。根据这种理论，一个人越是成为人格，一个人越是听凭自己通过一个超个体的理性法则来活动，他在伦理上就越有价值。只有当他实现了普遍有效的价值或听从了一个普遍有效的伦常法则，他才因此而获得一个肯定的伦常价值。不仅所有应然对他来说是普遍有效的，以至于根本就不存在一个人格的亦即个体

---

① ［德］康德：《道德形而上学原理》，苗力田译，上海世纪出版集团 2005 年版，第 72 页。
② ［德］马克斯·舍勒：《伦理学中的形式主义与质料的价值伦理学》，倪梁康译，商务印书馆 2011 年版，第 541 页。
③ 戴兆国：《伦理学：形式的？抑或实质的？——论马克斯·舍勒对康德伦理学的批判》，《世界哲学》2007 年第 4 期。

的"应然"。即是说，一个意愿的普遍化能力、它适宜成为原则的能力对它来说是其伦常行为的根据。换言之，行为人所意欲的就是任何人"在他的位置上"也意欲的东西。

心理责任论将人格归于抽象的理性、自由意志以及心理关系，是二元论在人格上的表现。它一方面认为人格含有超越的内涵，另一方面认为人格具有实证的意义（人格主义心理学）。根据这个理论，人格的经验统一和对象一般的观念（包括内"心理"对象、外"物理"对象和观念的对象）的初始条件就在于，每一个人格都一定伴随一个"我思"；这里所说的"我"不是一个后补充给对象统一的相关项，相反，它的统一性和同一性是人格的统一性和同一性的条件。"人格"凭此就只是一个自我所认可的某物。同一性在这里并非人格的一个本质标志，而且不是一个能够在任何一个人格中被直接把握为这样一种标志的东西，相反，"人格"的含义应该和某物可以经过一个自我而获得认可的情况相一致。于是，根据这种观点，自我比人格更源本地具有同一性，而且人格可以说是从自我那里才承袭了它。这种理论认为责任任何时候都是指一种意愿的实现，只要这个意愿受理性法则的支配而使某种东西成为它的客体。

不过，康德的人格概念太抽象了。它很难有什么拘束力，拥有这种人格的主体也不会因此承担什么具体的义务。康德的人格概念中除了同一性、自我一致性、普遍性之外没有任何别的东西。这种普遍性虽然不会使其内容之间互相抵触，但它却是空洞的，在实践和理论上都不可能获得确实性的根基。

康德的人格概念首先会导致这样的结果：任何一种把人格概念返回到一个特定人格的做法已经是一种去人格化。因为这个在此被称作"人格"的东西，是一个理性行为的主体，这种人格是每个人都毫无分别地拥有的东西，而且都具有同一的特性。按此说法，仅仅在其人格存在中的人是根本没有分别的。据此甚至可以说：一个"个体人格"的概念会成为一个语词矛盾。因为，理性行为肯定——即便是被定义为与某个实事法则性相一致的行为——是外个体的，或者是"超个体的"。因而，那些作为规定着个体性的而附加给这些行为之主体观念上的东西，同样必然地取消了有关生物的人格存在。但这样一个结论是与下列本质联系相违背的：任何一个具体的人格，都是一个个体的人格，这种人格中的个体不是因为它的特别的（外部的和内部的）感知的东西才成为个体，既不是由于它所考虑、所愿望、所感知的事情等才成为个体，更不是由于它对人的身体的据有（空间的充盈）才成为个体。这意味着，人格的存在永远不可能化解为一个法则性的理性行为的主体。这种本身是一个被称作人格的本质，例如一个特定的人的东西，同时又是一个超出了它，超出了"合乎法则的理性行为的出发点"的东西——这个东西在这里是不能论证其人格存在的，毋宁说它只能制约这个人格存在，甚至能够相对地取缔这个人格存在。这表明，人格根本不是那种人们所设想一个实物或东西，它包含有某种"能力"和"力量"，其中包含有理性的"能力"和"力量"，等等。这会导致一个错误的抉择：或者是经过单纯的理律才对人格进行他律乃至倾向于一种完全的去人格化，或者是伦理上的纵欲个体主义同时不带有其任何内部的权利限制。然而，唯有承认人格和个体性才能避免这些错误，而这种承认会从一开始就彻底排除那个概念系统。

　　这种理论对人格理解的缺陷还体现在以下两个方面：首先，根据这种人格概念，具有这种人格的个体既应是同一个人，但又不应是同一个人，从而存在一种逻辑上的矛盾。具有这种人格的主体，是一种先验的主体。这种人格仅仅是自身负责的，并不同时原本地对他人的行为共同负责，这样一来，具有这种人格的行为人所负的义务就没有了。一个人如果仅仅被当作纯粹理性的主体，仅仅参与对于某一行为的认知活动，那他还没有人格的问题。这些主体虽然还是进行着理性行为的（逻辑）主体：但他们不是"人格"。即便他们参加行为的内感知和外感知，而且勤勉地进行自然认识和心灵认识，即使他们在自身当中发现了"自我"这个对象而且对"这个自我"的可能的和实际的体验作出了完善的看穿、描述和说明，就像对一切个体自我的可能的和实际的体会一样，他们也仍旧不是"人格"。一个自己仅仅思考自己的人还不具有一个人格。如果关于自身的意识还没有联合起来对自身进行把握，那么，对自身的意识还不是人格。其次，这种理论对人格的理解缺乏实在的基础。这种伦理以一种完全独立于人的意识和行为的理性天空或价值天空作为人格的基础，使人格脱离了它自己的历史本性和社会本性。为什么伦理以及它的根据应当去满足这样一种关于人的"尊严和自由"的极为偏激的概念的单纯要求呢？人们难道可以并且能够用这种东西来规定人格的绝对存在吗？这种伦理学的理性人本主义缺少对人格伦常生活的分析，忽视主体的伦常生活，因而是不妥当的。

（4）舍勒的人格概念

舍勒指出，人格是不同类型的本质行为的具体的、自身本质的存在统一，它自在地（因而不是为我们的）先行于所有本质的行为差异。人格的存在为所有本质不同的行为"奠基"。[①] 根据他的看法，人格并不是"一个出发点"，而是现实的存在，没有它，一切对于行为的指称都始终不能把捉到该行为的本质，最终只能得到一个空洞的本质性。只有涉及每个具体人格的实质的特性，人格才是一个具体的存在。

（5）沙利文的人格理论

美国精神分析理论家沙利文指出，个体需求的满足和发展任务的完成都需要一系列的两人关系，这种两人关系从"母亲"开始，在性伙伴的选择过程中达到顶点。沙利文认为，我们具有多少种人际关系就有多少种人格，他将人格定义为"成为一个人生活特征的一再发生的人际情境的相对持久的模式"。[②] 该定义侧重于人格中的"社会兴趣"，指出每个人的人格中都有一个"重要他人"（在一个人生活中对他最有影响的人）。没有这个"重要他人"，这个人的人格就不存在。这个"重要他人"是一个人格形成的基础，也是人格系统形成的基础。

（6）规范责任论的人格

规范责任论将人格归结为一个行为（意欲）的单纯"合法则性"，一个偏好活动与一个法则的一致性。这种人格试图以新的态度处理人格与科学的关系。从心理转向规范是这个学说的进步，它切近了人格的规范

---

① ［德］马克斯·舍勒：《伦理学中的形式主义与质料的价值伦理学》，倪梁康译，商务印书馆2011年版，第559页。

② ［德］乌尔里希·贝克、伊丽莎白·贝克-格恩斯海姆：《个体化》，李荣山等译，北京大学出版社2011年版，第124页。

属性，所以在德国和日本刑法理论中基本处于通说的地位。

这种理论的缺陷在于，它试图将责任的含义回归到一个应然的内容之所是。它没有探查人格的结构、通向人格的途径。它仅仅对人格进行一种技术上的探究，而人格的"是什么"却没有得到追问。

(7) 功能性的责任理论中的人格

功能性的责任有两种，一种是消极意义上的责任，这种责任观指望通过刑事责任的追究能够使刑法产生一种清除犯罪的作用；另一种是积极的功能性的责任，这种责任试图通过刑事责任的追究而使人们的责任感增强，从而达到减少犯罪的目的。这种理论将一种理论上的善与行为人的人格结合起来，是实用主义在人格上的具体运用。它的缺陷在于：忽视了人格的本有结构。人格只能在纯粹的存在上（不能在功效上）得到衡量，只能在最丰富的充盈和每个人人格的内心和谐上得到衡量。

(8) 人格责任论中的人格

人格责任论试图根据行为人的危险的人格追究责任[1]。这种思路是因为人们发现，人的行为是被他人格左右的。罗克辛教授认为，人格责任论可以统一说明作为犯罪成立要件的责任、量刑责任、行刑责任，在这一点上可以说是一种卓越的理论。[2] 平野龙一认为，对不是被外界所强迫的、与人格相当的行为，让其承担与其人格程度相符的责任，有足够合理的根据。换言之，假如说行为是人格和环境互相作用的必然结果，那么，只要环境正常，则该人实施犯罪的危险性就大。为了让其不实施该种行为，就必须对该人的人格进行强烈干预。即原则上，越是与人格即规范人格层面的"特质"相当，责任就越重。[3]

比较而言，人格责任论对于责任的说明上具有优势。它能够较好地说明累犯、常习犯、过失犯等的责任的理由。任何人的人格都是在自己的发展中慢慢积累而发展起来的。一个实施犯罪行为的人，他实施犯罪

---

[1] 需要指出的是，人格和性格是不同的两个概念。性格只是主体持续的意愿资质或其他资质，而人格根本不是它的各个资质的总和。

[2] ［德］克劳斯·罗克辛：《德国刑法学总论》（第1卷），王世洲译，法律出版社2005年版，第160页。

[3] ［日］平野龙一：《刑法的基础》，东京：东京大学出版会1966年版，第23页。

行为时的人格虽然不是犯罪时才形成的，却是他在实施犯罪行为前的所有的生活决定积累起来的，并且这些决定也都是行为人自己基于自由意志做出的，基于此，人格责任论认为，作为行为人的人格的集合体可以追究其人格形成责任。如德国学者约翰内斯·韦塞尔斯指出，人的行为冲动，发自心理深层，在成为现实之前要经过一个所谓的自我中心，作为思想上——心理上的控制机制。在这些决定性的力量和行为者的行为决定之间，有一个人格层面上的作决定的动作，该动作意味着人对要通过他自己发生的行为说是的"是"。[①] 根据他的观点，行为人在实施犯罪行为时还具有选择的余地，还具有控制自己不实施犯罪行为的可能性。正是从这一点上，人格责任论认为行为人应该对他的人格行为负责。

人格责任论的问题在于，它没有解释为什么要让人承担基于人格的责任？这种责任是怎么与行为人个人结合在一起的？人格责任论只是为刑事责任找到了一个载体，却没有说明行为人的这种人格的存在形式是什么。

2. 刑法中的人格新论

在现行的刑法和司法实践中，行为人的人格的重要性在很多方面都得到体现。如各国刑法中关于自首、坦白、前科和犯罪后的表现，与被害人及其家属达成和解等量刑情节，都说明人格对责任有不同程度的影响。陈忠林教授指出，在刑罚制度中根据行为人的人格而判处的不同的刑罚，说明人格是现代刑罚中最具灵性、最有人性的部分。只有从犯罪人人格的角度，才能真正理解刑法中规定犯罪的意义、犯罪原因、犯罪实质、犯罪的目的，才可能真正地在刑法中将人作为刑法的目的，而不是作为实现某种目的的手段。[②] 只有从人格的角度，才能将各种刑事责任统一起来。因为，只有人格是原初唯一在所有个别行为之前并独立于这些行为而负载着刑事责任的东西，任何一种将刑事责任回归为一个意愿行为、单纯的应然合法则性之充实的做法，都会立即使这个明察变得不

---

① [德] 约翰内斯·韦塞尔斯：《德国刑法总论》，李昌珂译，法律出版社2008年版，第214页。

② 陈忠林：《意大利刑法纲要》，中国人民大学出版社1999年版，第244页。

可能。

一个具有伦常的人格需要具备两个条件：首要条件是拥有健全心智，只有具有健全心智的人，其意向行为才能够通过意义的统一而被联结在一起；拥有伦常人格的第二个条件在于，一个人只有在一个特定的阶段才拥有人格。一个小孩只有成年后才能拥有一个伦理意义上的人格。这里的成年是指：自己能够体验到每一个体验自身内已经蕴含的那些本己的和异己的行为、愿欲、感受、思维等的差异性；并且这种体验并不必去考虑这个体验究竟是通过一个异己身体还是一个本己身体向外展示的。构成成年的一个人是能够区分，而不是已经区分。

除了上述条件之外，只有我们能够控制我们自己的身体的时候，只有我们感觉到、体会到我们是自己身体的控制者的时候，我们才算是拥有了人格。反之，如果我们一直被我们的身体需求所控制，并在这种控制之下做出决定和实施行为，那么，我们拥有的就不是人格。只有那些经过"我们的身体"为桥梁还把那些对我们来说的内在认知和外在认知认识到的体会归属于我们自己的人，才配得上人格这个名称。

综上所述，可以将人格定义为人们的所有差异性行为的统一，在这种统一中，一个"能够做"一直贯穿于这些行为之中。只有人格才能为行为人实施的行为承担刑事责任在伦理上奠基。人格不能被理解为先作用于人的内心世界，然后再作用于外部世界；也不能被理解为两者的统一。我们不能将行为人的人格归结为他所实施的行为的一个出发点，也不能理解为一种关系。人格是一种具体的存在，没有这种存在，所有关于行为的说法都不可能把握行为的实质，而始终只能切合一种抽象的本质。

3. 刑法中的人格与人格价值的本体论分析

关于刑法中的人格与人格价值的关系，可以从以下两个方面理解。首先，刑事责任与人的行为的价值有关。刑事责任与人的行为的善与恶直接相关，而一个行为为善为恶的核心就是人的行为的价值问题。行为人的人格价值，就是在对最低价值的实现行为中显现出来的价值，这种价值是被偏好的价值相争执而与被偏恶的行为相一致。行为人根据其所处的社会群体的共同的价值本质成为对他而言的"理想形象"，因为他不仅处在价值的一般的方向上，而且也处在价值对他的指导的方向上。因此，所有经验生活的进行和构型都处在这个个体人格的价值观念的目标给定的影响之下。

一个人的行为是不是刑法上有责的行为，并非是通过我们所能给出的在这些行为或过程上的固定标记为我们所确定的，而且在这些行为或过程中也根本不存在这些标记。当我们错误地认为刑事责任是与一个在价值领域自身之外存在的标识相联系时，不论这标识是那些能够证实的人的身体或心灵的某些属性，还是一个目标设定，都像讨论一个客观可确定和可定义的类别一样，都会导致理论意义上的认识错误。

行为人的人格是个人的、具体的、拥有自身价值的行为中心。他的人格中离不开一种义务规范的设定，这个义务设定规制着他的人格，规制着对他的人格的明察。没有一个对规范、伦常法则的"敬重"不是建基于对设定它的人格的敬重之中。每个行为人都生存在世界之中，他所生存的世界和他的人格都是由共同认可的价值来奠基的。行为人的可负责性的起源并不处在一种行为的应然之中，而是处在对共同认可的人格价值的忠诚之中，这种忠诚植根于这样一个规范命题中：没有新添的、充分的价值根据，一个原本的相互一同愿欲就不会改变。一个无此基础的所谓义务不是一个义务，而只是对一个义务的虚构。

刑事责任研究应该着眼于真正的、直观的本质性。刑事责任中应然的可负责性与普遍性（如康德的义务是必然普遍有效性的学说）无关，也与合规则性无关，而是与这个应然的基础有关，这个基础就是对这个应然的客观价值的明察。任何一个应然都存在着对一个价值的明见的明察之可能性，在这个价值的客观本质和内涵中蕴含着对一个个体的人格的明白指认。因此，从属于这个价值的应然就作为一种"呼唤"而指向这个人格，而且只是向这个人格发出，不论这同一个"呼唤"是不是也向别人发出。因而这是对我的人格的本质价值的看出。只有在这个特定的个体价值之上才能够确定个体责任中所要求的那个"应该"的存在。这也是说，对这个特定价值的认识就是对人格中的本来的善的看出，而这个"善"正好是"为我的自在的善"。在这个"善"中根本不隐含任何逻辑矛盾。因为，它并不是因为"我的缘故"而是善的，相反，它恰恰是在"不依赖于我的知识"的意义上而是善的。但这个人格仍然包含有一个对我的指明，它从这个内涵发出并指向我，并向我提出行动的要求。

其次，作为刑事责任伦理根据的最后意义和最后价值，最终是在人格中得到充实和发展的。人格有善的人格与恶的人格。善的人格本身包含有极乐的人格，恶的人格本身则是必然绝望的人格。行为人正是因为其行为中所体现出来的恶的人格而承担刑事责任的。价值判断的内容有主观的、客观的、历史传统和社会的环境等，这些内容最终都与人的行为有关，也就是说，与人格有关。一个对于行为支配的全部能量时时都汇聚于人格之上，并且涌向人格。人格是行为实行者。人格的统一体不是体验的产物，不是自我显示的形态的统一体，而是从其自身的方面规定着行为的存在。人格的存在不是任何一种一般的自我属性，而是一种个体化的人格。虽然决定一个行为的应当受到谴责性是独立于这个行为的，但能够承载这种谴责的乃是"人格"。人格的存在，以至于我们可以从载体的立场出发便可以说：对行为人的谴责源于其人格价值。

无论是行为人的人格还是人格价值，都不是孤立存在的。每一个行为人的人格都是在他所属的周围世界中形成的，他的周围世界中的共同负责性为其人格提供了基础。行为人的人格价值是在世界中存在的，是在世界中生成的。任何一个人在其成长过程中都呈现出对某种确定的价值的认识可能性，但与这个可能性相应的是向着伦常任务与行动的逼迫，这些任务和行动是永远无法重复的，并且在自在存在的伦常价值的价值秩序之客观关联中，它们对此生命瞬间而言可以说是预先决定了的。只有对在时间上普遍有效的价值连同"历史上"具体的处境价值一起的共观，也就是说，坚持同时的、继续着的对生命整体的概观并且细心地倾听那个完全是绝无仅有的"时机的要求"——唯有这些才能提供一个伦常人格的完整明见性。每一个行为人只有对那个只有他把握的价值性质进行特殊观照，同时也没有忽略那些普遍的价值，才能获得对其人格的伦理价值的完整性明察。

4. 刑法中的人格的时间和世界维度

刑事责任的理论曾经在心理和物理这两个领域为刑事责任寻找栖身

之处。康德从理性中寻找基础。但是，如果行为人仅仅根据理性去行为，仅仅是理性的生物，仅仅根据理性进行认识并根据这种认识实施行为，就没有人格的存在。因为，在这里，行为人并没有用自己所获得的所有认识或意识对自己进行自身的把握。由于刑法中的行为都是具体的，要想认识这个行为的本质，只有人格才能将我——你、心理——物理、自我——外部世界总括起来。这是因为，责任自我总是一方面与一个"你"相联系，又与一个外部世界相联系。而人格不是，人格所指的是某种具有总体性的、自身自足的东西。例如，我们说行为人在盗窃，实际上是指他的某种人格在盗窃，但不能说他的"自我"在盗窃。

每个行为人的全部人格都隐藏在每一个完整具体的行为之中。人格栖身于每一个行为中却并不消散在它的某个行为的"变更"中，或者不会像一个时间中的事物那样"改变"。可以说，人格生活在时间中，它通过一种变化了的形式将人格行为伸展到时间当中。不过，这里的时间不是现象意义上的时间，也不是物理学中的时间，这种时间是在内感知的精神过程的发展中自身显现的，它不仅没有快，而且也没有慢。每一个具体的行为，都体现了仅就人格来说在具体人格行为上的抽象特征。我们不能把每个行为之间的关系归结为人格，同样，也不能把对一个行为实质的抽象的概括等同于一个具体的人格行为。不如说，人格自身存在于它的所有的行为之中，而且用它的特性彻底连接了这些行为。

每个行为人的人格都是世界中的人格。任何一个行为都是一个人格的征表，而任何一个人格都是一个世界的征表。例如，实施同样行为的犯罪人，由于他们的人格所征表的世界不同，他们行为中所体现出来的人格也不同。需指出的是，人格中的每一个世界在其本质建构中都先天地束缚在那些处在各个实事本质性之间的本质联系和结构联系上。不过，每一个世界只有在成为一个人格的世界时才算是一个具体的世界。在行为人的人格世界中，不管它是内部世界、外部世界、他的身体、观念的世界和价值的世界，这些都是抽象的世界。它们只有作为行为人人格的组成部分时才是具体的、现实的，也只有在世界的语境中才能被理解。因此，所有人格的本质共同体都不是建基于某个"理性合法则性"或一个抽象的理性观念中，而是仅仅建基于这些人格的世界中。

行为人的人格是联系他自己和世界的中介。行为人的人格具有一种独立的存在，如果他是在这种人格中长大的，则他的人格就会把他同时引入一种确定的世界关系和世界行为之中。在这里，世界是这样一种共同性的东西，它不指称任何一个地方，只指称大家都认可的共同基础，这种基础把所有人联结在一起。因此，他的人格使他自己和世界在其原始的依据性中得以表现。现在的问题是，这种在世界中存在的人格是怎样存在的？又是怎样显现出来的？

5. 常人人格：刑法中的人格的存在形式

在刑事责任的答责中，自我不是刑事责任的出发点或本质性的制作者，它不是一个——单方面的——为所有其他本质性奠基的。在认识中被给予的是外感知的行为朝向，但绝不是一个自我。只有当行为人在一个曾显现出他的自我的内感知的行为中，并且在一个外感知的行为中——在这个行为中自然如此直接地被给予——作为同一个进行这种行为的人格被我们意识到时，我们才能说，他是行为的责任人。但是，这个"他"不是这个"他"，也不意味着行为的个体"自我"，而仅仅意味着与"你"相对的"他"，即与一个人格相对的个体人格。不是一个自我在实施一个行为，而是一个人，他具有一个自我，并且他自己在进行他的外感知和内感知的过程中意识到这个人格。

个体不只是自然态度的"正——去那里——生存"，个体是而且止是作为一切客观化物源泉的被先验还原的主体性。他的成就在于揭示了唯心论和实在论之间通常认识论争执的虚假性，而以主体性和客体性的内在协调代替这种争执作为主体。从世界的视界考察人格，是对主体的存在进行的一种系统的、存在论的考察。通过这种考察方式，主体对世界的态度的可理解性就不存在于有意识的体验及其意向性里，而是存在于个体的匿名性的"作为"里。

每个刑事责任都是基于行为人个人选择的结果，这表明个人是有自由的。但是，越是一个真正的选择，它就越不是按个人的意愿进行的。不如说，我们陷入了一个选择，甚至可以说，我们被卷入了一个选择。选择中的做出者与其说是选择的做出者，不如说是选择的接受者。谁都不知道选择会"产生出"什么的结果，选择及其后续的过程，就像是一个不受我们意志支配而降临到我们身上的事件。这说明，选择有其自己的精神，选择让某种东西"显露出来"和涌现出来，而这种东西自此才存在。

实际上，根本不存在任何单纯的自为的责任个体。尽管不需要有一个他者实际地参与责任，但必须一直有一个他者在那里存在，并且这个他者用某种抗拒行为来恢复行为人从自身出发的行为。这样，责任在行为人采取的行为的跟前的优先性也将被行为人以一种特别的形式感觉到。这里涉及了责任的主体性问题。我们可以说某人可能或计划实施犯罪行为，这句话的意思是，这个人在决定实施行为的时候，他并没有被限制在某一种可能性上，也没有被限制在某一个行为方向或者行为方法上。他还有其他的方式、对象、方向等可以选择，但是，人格的力量在于，它超越行为人而成为主宰。所有的选择都是一种为某人的表现活动。在人格中所体现的共同价值构成了刑事责任的封闭性。人格并不是在行为人的意识或者行为中共存，而是相反，它吸引了行为人进入它的领域中，并且使行为人充满了它的精神。人格自身蕴含着某种意义的内容。因此，人格为某人而存在，虽然没有一个人在那里。

如此看来，每一个行为人的人格都具有个人人格和常人人格这两个方面的内容。在日常生活中，行为人的人格是以"常人人格"的方式存在的。任何人的个人人格都是与他人人格"共在"的，当我们谈论一个行为人人格的时候，是按照他人人格的标准来认定的。相应地，他的世界都包含有一个常人世界和个人世界，二者对于一个完整人格来说都是必不可少的。这意味着，每一个行为人除了自己所招致的罪责外，还存在着一个常人罪责。虽然这个常人罪责不是行为人所招致的，但行为人都（以特定的、变换的方式）分有这种罪责。在社会生活中，每个行为人都始终是作为一种相互一同生活或这种生活的一个特定形式的 X、Y 被给予（如作为一个小车司机的张三）。在这种生活中的伦理负责性的领域就是 X、Y 所交往的那个共同体（相互一同体验的主体），而 X、Y 只是对这个共同体的意愿、做、作用共同负责。因此，在刑法中确定行为人"内部"意图的前提就是这种相互一同体验。

每个人格不仅对它自己的行为，还要对其他行为是本来共同负责的。

这说明，每一个人的人格中都是个人人格与常人人格凝聚在一起的。这种凝聚原则意味着，每一个人与所有人的伦理上的共同责任性并不是建立在一种义务上，也不是行为人自由承担的，而是行为人的个人责任性本来就始终伴随着这种共同责任性。① 基于这个原则而共同负责的人格对于发生的事实只要发挥着某个实际的意愿——因果的共同作用就行，需说明的是，这个共同作用仅仅起着定位的作用，而不是创造了这种责任。这种共同责任性也会根据行为参与的不同而程度不同，但它并不是从这个参与证明中产生的。因此，共同负责性与个人负责性都包含在一个人的人格中，并被一起呈现出来。

个人人格和常人人格是相互联系的，它们的相互关系是可体验的。一方面，常人人格并不是由个别人格组合而成的，它同样不是个别人格的单纯相互作用的结果或随意总和的综合结果。它是被体验到的实在，不是一个建构构成物，但是刑事责任的起点。个体人格之所以和常人人格不可分离，是因为个体性和一般经验之间存在着密切联系。个体性总是具有对某种全体性的预感，深入个体性就意味着一种通向人类整体状况的道路。

在法律中，常人人格是现代法制的产物。任何一个法治国家，都是常人人格在起作用，而每一个个体都懂得如何达到法律所要求的这种人格，也懂得如何实现这种人格所追求的目标。唯有作为常人人格，个体才能以说话、签订契约、履行契约、享受的方式进入世界之中。个人人格虽然具有一个作为 X 可能充实的私密存在区域，但这个 X 的任何内容都不会进入世界之中。

在社会生活中，每个人都是以一个共同体成员而存在的。每个行为人都是在一个背景上认识自己的，而且一直感到自己就是根据这个背景所组成的共同体的"成员"，并且每个人也是以"共同行为者""共同参与者""共同负责者"的身份在这个背景中得到理解的。行为人基于常人人格而承担的接受性责任（包括刑事责任）并不是一种附加的负担，这

---

① 在历史上，血亲复仇、部落复仇就属于以共同负责性为形式的伦理，每一个家庭或部落成员都只是根据其成员地位而共同负责的。

是他作为共同体成员、一个他所属的社会领域中的一个成员、一个他日常生活中所隶属的世界赋予他的责任。因为，一个人，既然享受社会所给予的各种利益，就要承担相应的义务。每个人本来都将自己既体验为常人人格，也体验为个人人格。所以，行为人承担的刑事责任，都是以它的常人人格为依据的，例如，小车司机的人格、卡车司机的人格、外科医生的人格，等等。

另一方面，行为人的个别人格不仅是在常人人格之中，而且作为它的成员对于其实施的行为是共同负责的。无论每个人属于什么整体，他的人格也不会消融在成员性中，他的自身负责性也不会被共同负责性所湮没。这是因为，行为人的个体人格和常人人格共同属于一些共同的价值之中，这些价值表现为对某种行为所需要的那种要求的意义的统一。之所以行为人要承受这种基于常人人格的责任，是因为，无论行为人的人格是在如何丰富多样的成员性中被编织到伦常宇宙的整体之中，无论将行为人的人格束缚在这个整体、它的进程和它的意义之上的那个共同负责性因此具有如何杂多的不同方向，行为人的人格都永远不会消融在成员性之中，它的自身负责性也永远不会消融在纯共同负责性中，它的义务和权利永远不会消融在从它的成员地位中对他生长起来的那些义务与权利（家庭义务、职务义务、职业义务、国民义务、阶层义务等）之中。在所有体验活动的背后，即在那些加入并深入这些成员位置中并通过对这些位置的占据而阻碍着或促进着这个作为整体的人格的体验活动的背后，无论每个人如何试图去清楚地直观到这些成员位置以及他在其中的存在，他都还（在某种程度上）觉察到一个超越出这个整体的特有的自身存在（同样还有自身价值、自身非价值），他知道自己在这个自身存在中（描述性地说）是孤独的。

第四章

接受性责任的存在论结构

第一节 接受性责任存在分析的任务

一 接受性责任存在[①]分析的优先性

刑事责任发展的过程大致是这样的：起先，一个占据优势地位的理论致力于对刑事责任进行解谜；随着时间的推移，出现了严重的危机；最后，由于新理论的出现，危机得以平息。一个新的责任理论之所以能够代替旧的责任理论，是因为一种世界观的改变，一种研究方法的改变。正如库恩所说的，范式一改变，这世界本身也随之改变了；科学家由一个新范式指引，去采用新工具，注意新领域。[②] 实际上，刑事责任的研究史就是刑事责任研究范式的沿革史，是刑法学者对刑事责任看法的改变史。

目前，主流的刑事责任理论大都是对刑事责任进行一种先天的研究。这些研究都不是以经验的、归纳的知识为根据，也不是以实在之物作为参照。法国哲学家利奥塔尔指出，科学在起源时便与叙事发生冲突，用科学自身的标准衡量，大部分叙事本来只是寓言。[③] 刑事责任的研究如果不想使自己沦为责任事实的简单的复述，如果还想探究刑事责任的本来

[①] 在本书以后的部分中，如没有特别指明，关于接受性责任的内容对刑事责任也是适用的。

[②] ［美］托马斯·库恩：《科学革命的结构》（第4版），金吾伦、胡新和译，北京大学出版社2012年版，第94页。

[③] ［法］让-弗朗索瓦·利奥塔尔：《后现代状态》，车槿山译，南京大学出版社2011年版，第1页。

面貌，它就必须致力于刑事责任理论的合法化，必须构造出符合自己的合法化话语的基础。

要想使刑事责任理论合法化，就要保证刑事责任的理论是从刑事责任的存在得出的。在日常生活中，我们对任何事物的认识都要从该事物的存在开始，否则，我们关于该事物的认识就没有根据。对刑事责任的认识也是如此。我们无论从哪个视角诠释刑事责任，都要保证是对它的存在的某种领会。这种从刑事责任的存在揭示刑事责任包括以下两个层面的内容：一是刑事责任的研究要面向刑事责任实事（存在）。为了研究刑事责任的存在，就必须回到刑事责任自身。也就是说，刑事责任是在自己的存在过程中存在出来的。这样的存在，就是一个具体的刑事责任。一切真正的刑事责任的知识和见解，最后总是在对刑事责任事实的直观中得到证实。二是要致力于诠释刑事责任存在的形态、方式。刑事责任是一种在世界中存在的现象，这就要求人们只能根据刑事责任的存在方式来把握刑事责任，而不是根据逻辑的或者认识论的方式去把握它，不能再依凭传统的刑事责任观念和刑事责任理论，不能将传统的刑事责任观念和刑事责任理论当成出发点，而要从传统的刑事责任理论和刑事责任概念和人们早已习以为常的思维方法中解脱出来，从偏见中解脱出来，转向人们最先发现的刑事责任的原来的纯真样态，转向刑事责任的存在。

在司法实践中，一切刑事责任的现象都是隐蔽存在的。不过，每一个刑事责任在隐蔽之时，就包含有自我去蔽的可能性，即自我显示的可能性。我们通过对这种可能性的把握，就把握住了由刑事责任的现象所自我呈现出来的刑事责任。刑事责任是被发现的，是对刑事责任自身充分显露的无蔽的把握，这是刑事责任的一种显示，是对刑事责任的一种可能性的开揭。刑事责任的研究只有把刑事责任的可能性作为可能性予以保持，才能使对刑事责任的探寻不受一种或然的情状固化为最终确实的东西，才能使刑事责任的理论敞开地保持一种逼近刑事责任事实的倾向，并摆脱传统一直对刑事责任的那种虚幻的约束。因此，刑事责任的把捉就是指向刑事责任事实本身，让刑事责任事实本身收回到自己本身。

从存在论意义上讲，接受性责任（刑事责任）可分为接受性责任（刑事责任）的此在和接受性责任（刑事责任）的存在两个环节。其中，接受性责任的此在是指与具体行为人有关的那种接受性责任的"存在"，后者是对接受性责任存在本身的分析，是对接受性责任存在的本体论结构的研究。因此，对于接受性责任构造的揭示，可以从这两个方面进行。

接受性责任（刑事责任）的存在是刑事责任研究的真正对象。以接受性责任（刑事责任）的存在为对象进行的研究工作，就是依据刑事责任事实本身而探索刑事责任。这包含了刑事责任研究中最彻底的开端：把刑事责任的研究又重新带回到它自己本身，而不是带回到一个预先被规定的背负着特定的问题视野、学科和概念图式的理论中。这种对刑事责任研究的基本任务，就是重建一个以对"刑事责任的存在一般"进行重点研究，以为刑事责任确定一个新的基础。

二 接受性责任存在的问题点

接受性责任存在的问题所指的是，把它作为问题加以厘定。通过这一厘定，获得关于接受性责任之存在这一问题的更为可靠的视野（问题视野），并由此预先勾画出那旨在回答这个探索的途径与步骤，预先勾画出那蕴含着问题之答案和对答案之确证的东西。那么，接受性责任的存在指的是什么呢？对此的形式的回答是：接受性责任的存在指的是接受性责任的如此如此。在这里，我们所追问的不是在根本上是否有一般的接受性责任存在这样的东西，毋宁说，我们所探寻的是，在"存在"的名义下，我们对接受性责任如何理解。当我们针对存在的意义如此发问时，接受性责任的存在，这有待规定者就以某种方式已然被我们理解了，而这里的"以某种方式"指的是在一种完全无规定的前理解的意义上，而这种无规定性的特征能够通过现象学的方式得到领会。

接受性责任存在的意思是什么呢？在这个问题中，我们所要问的就是接受性责任的存在的旨趣这个问题，这也是我们致力于去解决的问题。当我们追根究底地查问接受性责任的存在时，就是在查问那个确定接受性责任作为接受性责任的根本品质。而这个决定着接受性责任作为接受性责任的东西，就是接受性责任的存在。接受性责任存在的旨趣就包含着问之所问——接受性责任的存在。假如接受性责任应经过它的存在而得到限定，就要对它的存在进行追问。只有当我们追根究底地去查问接受性责任的存在的时候，接受性责任的存在和对接受性责任存在意义的显示性界定才能够得到明白地指出。这样，接受性责任存在的问题及其追问的构造就包括以下三个方面的内容：第一，问之所求：接受性责任存在的旨趣。第二，问之所问：接受性责任的存在。第三，问之所涉：接受性责任本身。因此，接受性责任的存在问题就有待按照这三个方面清晰地得到展示。

现在我们就从第三个方面开始。首先，为了探寻接受性责任的存在，必须问及接受性责任本身。为此，接受性责任的存在就必须自在自足地得到经验。那么，那个有待自在自足地得到经验的接受性责任是什么呢？我们从哪里去赢得并摹写它存在的可能的意义呢？如果它是可规定的，那么，那通向它、使得它自在自足地就能够成为明白可见的经验方式和理解方式又是哪一种呢？就这个问题而言，接受性责任的存在包含着两个方面：一是对于那种可以源始而原本地显出存在之意义的刑事责任的规定；二是对于切入这种刑事责任的正确的通达途径的规定。

其次，这一问题还含有它的问之所问。在这个问题中，问之所问是接受性责任的存在：不管我们怎么谈论它，我们只有在对接受性责任进行领悟之后，才能获得对接受性责任自身的理解。这里需要再次澄清的是，接受性责任的存在与接受性责任不是一回事。为此，海德格尔指出，哲学领会存在问题的第一步在于"不叙述历史"，也就是说，不要靠把一个存在者引回到它所由来的另一存在者这种方式来规定存在者之为存在者，仿佛存在具有某种可能的存在者的性质似的。[①] 作为刑事责任的本源的接受性责任存在的问题也是如此，将刑事责任引到另一个事物（比如心理关系、可责性、预防等）上并没有对刑事责任存在的诠释有什么帮助。所以，接受性责任的存在作为问之所问需要一种本己的展现形式，这种展现形式本质上与对某种事物的诠释不同。

只要问之所问是接受性责任的存在，那么在这个存在问题中，被问及的东西就是接受性责任本身。可以说，就是要从接受性责任中发现它

---

① ［德］马丁·海德格尔：《存在与时间》，陈嘉映、王庆节译，生活·读书·新知三联书店2006年版，第8页。

的存在。但是，如果要使接受性责任的存在本性原原本本地呈现出来，就要把握住接受性责任本来是的那个样子。从这个方面来看，要理解接受性责任存在这个问题，我们就要拥有一个通达接受性责任的一个妥当的方法。

这就是说，问之所涉——接受性责任——是着眼于某种东西而被问及的。在问题中，接受性责任本身并不是单纯直接地止于自身而得到接纳的，毋宁说，它是作为什么而得到看待的和作为什么而获得采纳的。我们是着眼于它的存在而去把握它的。在问题中就包含着这样的一种对某种东西的探寻。这一探寻需要一种方向的参照，为了在接受性责任那里把它的存在收入眼帘，就必须取得这个方向的参照。现在，不但有关接受性责任本身的恰当的经验方式还有待确定，同时，那种我们必须借以去把握被问及的接受性责任的着眼点也还有待规定，凭此，我们才能够从根本上在接受性责任那里窥见像"存在"这样的东西。现在，我们暂时根据这两个视角来规定着眼点：一方面，根据寻求性的瞩目之方向；另一方面，根据在接受性责任中被着意的东西——正是着意于这个东西，问之所涉的存在有必要得到追问。

最后，在问之所问中还含有问之所求本身：接受性责任的存在所意指的含义，即接受性责任的存在应当作为什么而得到把持。在问之所求这里，我们所寻求的是接受性责任的存在的概念。我们必须探明：完全不顾它的内容上可加以规定的属性，接受性责任的存在本来的是什么，它是否就是某种范畴或范畴之类的东西？据此，在问题中就含有这样三个方面：第一，对于首先有待问及的东西的源本的前经验及对于经验方式的规定；第二，在问之所涉中生发出来的并与这问之所涉息息相关的着眼点，这就是我们在问之所涉那里所意欲寻获的东西——接受性责任的存在；第三，问之所问自身的意义特征，它的概念属性。

这样，我们就相对容易地标识出了接受性责任的存在问题的形式构架。与此相对照，面对一种实质性的、旨在形成研究的指导线索的工作，对于提问方式的必要的具体厘定就将以一种艰难的方式进行。那么，这一对于提问方式的厘定将要完成什么样的任务呢？

从接受性责任本身（接受性责任的问之所涉）出发，我们需要通过接受性责任之存在（接受性责任的问之所问）去确定接受性责任原本的经验方式，去确定接受性责任观察的方式和所观察的内容本身。至于接受性责任的问之所求，我们还需要阐明的是：我们应当以一种什么样的特别方式去把捉和理解那些蕴含着接受性责任存在问题之回答的概念，这些概念具有一种什么样的概念属性。但是，在这里，这一还有待得到规定的东西，这一"切近……的通路""关于……的经验""针对……的着眼点""作为……加以看待""作为……加以把捉理解"究竟是什么呢？为了确切地推出接受性责任存在的意义的问题，我们先要去界定某种东西。我们越是搞清楚接受性责任存在的意义这个问题，关于其存在的问题及提问方式就将越是明澈可见的。据此，为了回答接受性责任的存在问题，我们首先要根据存在的视角对接受性责任进行研究，即对我们称之为发问本身的接受性责任进行研究。

接受性责任与其存在是密不可分的。接受性责任的存在越是原本地和纯粹地得到探究，那么，接受性责任的存在问题就越是有可能以彻底的方式获得回答。接受性责任本身越是原初地得到经验，越是在概念上恰当地得到界定。我们越是原本地获得和领会与接受性责任的存在关系，接受性责任就越是有可能纯粹地得到探究。我们越少从成见和观点出发去断定这一关系（无论这些成见和观点是多么不言自明地和普遍地得到了承认），我们就必定能更加真切地获得这样的一种存在关系，而这一存在关系越是能够出自其自身而显现自身，那么，我们就越是可以将其作为现象加以把握。

当我们面对"厘定关于接受性责任的存在本身的问题"这一任务时，我们需要记住的是：这一发问就其本身而言已经就是一种存在者了。这一发问本身就是一种存在者，这个存在者是在发问活动的进行中伴随着关于接受性责任之存在的问题而一起显示出来的，不管人们是不是清楚地察觉到了它。现在，我们首先就有必要更为恰当地获得这一存在者。我们越是原本地获得这一存在者，我们就会越有保证透彻地提出关于接受性责任存在本身的问题。这样，只要在问题内容即问之所求中，问之所求本身就是发问活动自身所是的东西，那么，我们就具备了一种完全别具一格的追问。在如此追问之际，发问活动中的问之所求即接受性责任存在的意义还是以全无规定的方式显示出来的，除了只是作为被探求的东西以外，它再没有受到其他的规定。

如果发问要成为真切的发问，它就必须尽可能地切合于它的问之所求，就是说发问必须依循接受性责任的存在来正确地理解它所问及的东西。在这里，在这一发问是一种接受性责任的意义上，问之所求本身又回溯到了发问活动本身那里。但是，在对接受性责任的存在的追问里，我们并没有提出接受性责任之存在的问题，毋宁说，当我们首先仅仅从其所是的事物方面去开始这个作为接受性责任的发问活动时，我们才满足了接受性责任的存在问题的意义。现在，我们还不能清楚地探寻这个发问活动的意义，因为我们还正在寻求根据它的"是什么"将这一发问和发问方式更切近地界定为接受性责任。那么，那种我们追问、关切、认同、诠释的是一种什么样的接受性责任呢？答案是：它就是其本身所是的刑事责任，是其向来是的样子，可以将其称为接受性责任的此在。

厘清关于接受性责任存在意义的提问方式，这指的就是：揭示作为一种接受性责任的发问活动，即揭示接受性责任此在本身。因为，只有这样，被探求的东西才能在它的原本的意义上成为一种真正的被探求者。在这里，由发问的问之所求而来，发问活动本身也一同被卷入了问题之中，因为这里进行的是关于接受性责任存在的发问，而发问本身则是一存在者。这一由问之所求而来的与发问的接受性责任的牵涉，就属于接受性责任存在问题本身的本己的意义。

对于提问的实际的厘定，就成了接受性责任此在的现象学。这样的厘清恰好已经找到了问题之回答，并且找到了纯粹探寻性的回答。因为，对发问的厘清牵涉了那种自身就包含着一种明显的存在干系的接受性责任。在这里，接受性责任的此在不仅仅在实存状态上起着决定性的作用，它同时在存在论上也是决定性的。接下来需要探求的问题是，这里所说的接受性责任的构造是什么？

第二节　接受性责任的存在论构造

一　接受性责任存在的开展状态

接受性责任的存在是指它在世界中的开展状态，这种开展状态规定着接受性责任的结构整体及其存在的基本方式,它是由接受性责任事实的发生、对这些事实的领会和表达来规定的。根据上述的研究,这个展开状态包括两个环节:接受性责任此在的生存论分析和接受性责任存在的本体论分析。其中,第一个环节主要包括四个方面的内容:接受性责任的"世界"、接受性责任之"谁"的责任、"在之中"和接受性责任的时间性,第二个环节是指接受性责任的一般存在的问题。

  根据现象学的立场,我们揭示的所有具体的接受性责任都是它自己呈示出来的。我们在揭示的过程中,仅仅可以揭示出已经存在的接受性责任的那种样态,即揭示出接受性责任已经过去和已经不存在的那种"在"的样态。无论什么时候我们对接受性责任存在的揭示,都不可能是对它当时、当地的揭示。换句话说,无论接受性责任存在的发展所经过的程序是多么亲密和直白,都不可能在它的存在中揭示它。这是因为我们在进行"揭示"的时候,接受性责任的存在就已经在那里了,接受性责任的存在已经成为它的过去的时态,它的存在已经转化为"无"了。我们揭示出来的接受性责任(刑事责任也是)都是它过去的样态。因此,我们揭示的接受性责任的存在都具有否定的结构,我们也只能揭示它的否定的结构。一切现有的刑事责任理论不敢面对刑事责任的否定的构造,都因此导致自己否认自己这样一个无奈的结果。而今,海德格尔将生存论的剖析和现象学的应用结合起来,最终完成了存在自己呈现的目标,也诠释了存在本身的本来构造,即它的"无"的否定性构造。因此,只有通过刑事责任自身显现("说")向我们呈现的东西,通过在其真正现实性上应当简单地被当作它自身呈现的东西,并且只是在它自我涌现的范围内,刑事责任才能被本真地把捉到。而传统的刑事责任理论看不到刑事责任的这种本来所是的东西,看不到刑事责任的此在[①]在其存在所经过的各个阶段中的自身呈现,看不到对接受性责任的揭示都是在时间中

[①] 刑事责任的"此在"是一种刑事责任的存在者,这种存在者并不是众多刑事责任理论之中的一种存在者。它是在刑事责任的存在中与这个存在具有关系。也就是说,刑事责任的"此在"在它的存在中总以某种方式、某种明确性对自身有所领会。它的存在是随着它的存在并通过它的存在而对它本身开展出来的。对刑事责任存在的领会本身就是刑事责任"此在"的存在规定,即刑事责任的"此在"是存在论层次上的存在。

完成的。它们把刑事责任的时间性当成是和刑事责任的过去、现在和将来这三种时间维度中的某种维度的联结，完全脱离了刑事责任存在自身在"显现"的过程中的时间性的自我展现。

在第二个环节，接受性责任的一般存在主要包括接受性责任的存在与它的"无"的形而上学的分析和接受性责任的家——语言——的分析两部分。从"接受性责任此在"的"存在"到接受性责任的一般"存在"，即从接受性责任此在的时间性的存在到接受性责任一般存在，就是接受性责任存在论的第一环节，而从接受性责任"存在"本身的哲学反省和语言的叙说抵达接受性责任的本真面貌，就形成了第二环节。这两个环节既是对接受性责任存在的一种双向证成，也表明了现象学的方法在这两个环节中的完全应用，表明了这种研究中的存在论及其方法论上的一致性。

接受性责任此在是接受性责任存在的第一个环节，也是研究接受性责任的起点。在对接受性责任进行深入的探索之前，首先需要探讨的是它具有哪些特征。由于接受性责任都是在世界中存在的，所以，接受性责任的此在都与它的生存有关，也就是说，只有理解了接受性责任的生存，才能理解接受性责任的此在。又由于接受性责任都是属于行为人的，它总是行为人的责任。这样，接受性责任的此在的特征就要在这两个方面进行展开。

二　接受性责任此在的特征

（一）接受性责任的"存在"优先于它的"是什么"

接受性责任首先必须"存在"，而后才谈得上"是什么"。接受性责任存在的本质，就在于它的生存性。可以在接受性责任中整理出来的所有性质，都不是表面上这样那样的刑事责任的现实属性，而是它一直存在的各种潜在形式。这个接受性责任的所有存在的形态，就是它自己本身的自我言说。

如果我们想把握接受性责任此在是什么，那么它的"是什么"也必须从接受性责任怎样去是、怎样去存在（现时存在）上来理解。接受性责任的此在就是其自身怎样在世界中存在，它是刑事责任在世界中的生存本身，是刑事责任在世界中本来是、向来是的东西，是一种向来以本己的方式存在的东西，这一特性是刑事责任的基本品格，也是接受性责任的基本品格。这意味着，接受性责任是一种自己存在的过程，是一个生存过程，对于它来说，除了存在以外，没有别的什么意义。接受性责任的存在就是它的生存，它在其存在中展现自己。接受性责任去自我存在意味着：它在自己的存在中靠自身的自我实现而完成自己的存在。

从否定的角度看，我们不能依据接受性责任的外观，不能依据那些组成了接受性责任的东西、不能依据那些可以因之而找到有关接受性责任的一种特定的观察方式的局部和层面来经验和探寻接受性责任。这种外观即使得到了深入的揭示，它也永远不会提供出关于接受性责任存在方式这一问题的答案。也许，行为人与结果的心理联结、规范意义上的可责性、刑法在社会中的功能、罪责抵偿等从某种角度标识出了那些组成接受性责任的东西。可是，即使我们把握住了这一组合物及其各个组成部分，我们依然从一开始就未对这一组合物的存在方式有所确定，也没有可能依据这一组合物将接受性责任的存在方式事后抽取出来。因为，仅仅根据上述那些组成部分对接受性责任进行揭示，就已经将接受性责任错误地放在一个全然不同的、与本来的接受性责任迥然不同的存在维度之中了。我们需要加以揭示的，不是接受性责任的任何外观，而是它的去存在的方式；我们有待去诠释的，不是组成接受性责任的"是什么"，而是接受性责任的存在之"如何"以及这种"如何"所具有的品格。因此，作为接受性责任的核心内涵，接受性责任的本质在于它的现时存在，它身上所具有的各种性质都不是看上去的现成的属性，而是对它来讲那种去存在的各种可能性。

(二) 接受性责任的向来属我性

接受性责任是自身"恬然澄明"的亲在体验过程，是自己涌现于世的。接受性责任的"此在"不是普通的名词，也不是一般人所理解的生活行为的后果，它是自己之所以存在的那个"在"本身。这个"在"不是我们所现成地看到的那些东西，我们千万不要把这个"在"和能够看到的东西混淆起来。这个"在"更为根本，它是刑事责任的基础。接受性责任是行为人所承担的责任，只有明白了行为人的生存，才能明白接受性责任的意义。行为人对自己的存在是能够认识和领会的,他能够用语言把自己存在的意义、自身存在的情况等"说"出来。就是在这个意义上说,接受性责任的存在与自然存在物的存在是不同的。自然存在物的存在只是实存,而接受性责任的存在具有生存的意义。

在刑法中,每个行为人承担的接受性责任具有向来属己(属于每个行为人自己)的性质。海德格尔指出,这个存在者为之存在的那个存在,就是我的存在……由于"此在"的言说总必须与这个存在者的向来属我性相符合,所以,这个"此在"的言说总要伴说出人称代词:"我存在""你存在"。① 在海德格尔看来,"存在"之所以必须从"此在"的现象学分析入手,正是因为"此在"最典型地表现了上述"唯一性""不可替代性""独一无二性"。接受性责任也是如此,它是具体存在的,它的这种具体性就是它的向来属己性。任何接受性责任的此在,只能是以"我的""你的"或"他的"刑事责任存在的,它具有各人唯一性。任何接受性责任的此在,其根本特性,只能在同时说出其所属的人称代词的时候,才能体现出来。也就是说,要弄清什么是接受性责任的"存在",必须从"我的""你的"或"他的"接受性责任之"此在"的现象学分析入手。

接受性责任此在的存在之为存在在于它是各个具体的个人所承担的接受性责任这种或那种存在方式。接受性责任总是其自身的存在,它能够(通过行为人)选择它的存在方式,从而获得它自己的存在,这就是接受性责任存在论意义上的"向来我属性"。这就是说,接受性责任含有也同时表达一般存在的本体论意义,这是根据存在论现象学对刑事责任的一种探查。我们可以说,接受性责任的此在是属于每个责任主体所承担的接受性责任的在这种或那种方式中去存在的。为此,从任何意义上讲,接受性责任的此在都不是指某个接受性责任的"是什么",而是指这个接受性责任为之存在而去存在的那个过程本身,是在这个"接受性责任"为存在而存在的过程中所自身显示出来的本真活动。正如海德格尔所说:"我们用此在这个名称来指这个存在者,其实不是标识它所是的什

---

① [法]高宣扬:《存在主义》,上海交通大学出版社2016年版,第73页。

么，如桌子、椅子、树那样，而是表达存在。"① 我们用接受性责任的此在，所表示的也不是接受性责任以这种或那种方式在司法实践中的存在形态，而是表达它的存在本身。这就是说，接受性责任"存在"的具体性，并不是指作为它的"什么"而存在的那个"接受性责任"，而是指各个特定的和具体的"接受性责任"原本地"如何去存在"；它所意指的，是在"如何去存在"的过程中所显现的那个接受性责任的"存在"本身的真正具体性。

接受性责任必须以其自身的存在为基础。从存在的立场，能够不把接受性责任存在的自我展现曲解为接受性责任的外部和迂回的显露过程，不把接受性责任的存在看作是与它自己不相干的已经存在的"东西"。涂尔干指出，若是要让责任观念深入人心，我们就必须得拥有连续维持这种观念的生活条件。② 这实际上就是强调要从责任的社会存在的立场理解责任。只有根据存在论的立场，才能建立一个以对接受性责任的存在进行重点研究为基础的新的刑事责任理论。我们知道，刑事责任是在世界中存在的，作为刑事责任本源的接受性责任也是在世界中存在的，那么，接受性责任（包括刑事责任）生活在其中的这个世界的样貌是什么呢？

---

① ［法］高宣扬：《存在主义》，上海交通大学出版社2016年版，第73页。
② ［法］埃米尔·涂尔干：《社会分工论》，渠敬东译，生活·读书·新知三联书店2000年版，第16页。

第 五 章

接受性责任的世界

第一节 接受性责任此在的"世界"

一 接受性责任此在的世间性

(一) 以往的刑事责任理论对刑事责任世界的遗忘

自近代以来,刑事责任的结构问题总是被当成自然之存在的结构问题而提出,以至刑事责任的概念就是因循作为自然世界的探究方式而产生出来的。这一揭示方式可以追溯到古希腊,因为,在古希腊,世界的存在结构也是根据自然的方法进行把握的。

到近代,笛卡尔在一般地追问一种存在者时,他就是追寻古希腊人对存在的追问,即追问实体。在他看来,实体具有两个方面的含义:一方面指的是具有实体之存在样式的存在者本身,同时它还指与我们的如下区分相应的实体性:一方面是作为世上之物事的世界;另一方面是作为世界之存在方式的世间性。① 对于这些实体的本性,他认为是通过属性进行把握的。他指出,存在物的形态是某些属性,我们利用这些属性就可以理解每个事物的本质和存在。② 根据笛卡尔的理解,为了把握存在者的存在,我们需要先行地以一种属性为参照,以一种关于存在者各自所是的东西之界定为参照。笛卡尔认为,我们能够根据物体的首要的属

---

① [德] 马丁·海德格尔:《时间概念史导论》,欧东明译,商务印书馆2009年版,第235页。
② [荷] 斯宾诺莎:《笛卡尔哲学原理》,王荫庭、洪汉鼎译,商务印书馆1980年版,第151页。

性而把握物体的存在,所谓首要的属性就是存在者作为此一存在者所总是秉有的东西、那在一切变易中保持不变的东西,这个属性构成了该实体的类别和本质的属性,而所有其余的属性都归属于这个首要的属性。①

现有的刑事责任理论采用的就是笛卡尔的路径,认为刑事责任是通过它的首要属性来构建和认识的。如心理责任论将行为人与结果的心理联结作为刑事责任的首要属性,规范责任论从可责性上来把握刑事责任,人格责任论将行为人有缺陷的人格表达作为刑事责任的首要的属性,功能性的责任将积极的一般预防作为刑事责任的首要属性等。在这些刑事责任理论中,它们所揭示的刑事责任的首要属性都是作为刑事责任的常驻的存在使其各自的理论所揭示的刑事责任成为一个笛卡尔意义上的实体,并因此变成现成可见的。

遗憾的是,现有的刑事责任理论都错过了刑事责任的世间性结构,没有对刑事责任中的"世界"进行研究。它们都希望从一些现成的、然而绝非已经得到揭示的东西来诠释刑事责任。之所以出现这种跳跃,不是因为这个"世界"远处于不可通达的领域,而是因为它如此之近,以至于我们没有丝毫便于去观察它的距离。于是,人们就将这个"世界"划给个人责任,更准确地说,判归给个人责任当时的敞开状态。人们只是将刑事责任作为一种自然之物,即一种带有诸秉性与性质(有些是价值性质,如规范责任论)的自然物的全部层次与结构构成的,从而导致刑事责任的自然化。这种做法最终使刑事责任沦入客体化并把刑事责任的分析引入歧途,并使刑事责任成了远离世间、超越世间的东西。这种基于笛卡尔的路径对刑事责任的探究,导致对刑事责任的实在性追问的一种有害的狭隘化。

这种狭隘化至今仍统治着刑事责任的研究。它不能揭示刑事责任的"是什么",最终免不了在一条死胡同里兜圈子。由于刑事责任是融身于

---

① [德]马丁·海德格尔:《时间概念史导论》,欧东明译,商务印书馆2009年版,第240—241页。

它操持的世界之中,仿佛被它所操持的世界所牵绊,那么,只有当刑事责任的世界在某种理论性的意义上得到理解的时候,刑事责任才能够得到经验。只有当刑事责任的世界在理论上得到追问的时候,这个在理论性看法中照面的刑事责任才成为专题性的。因此,只有在刑事责任的世界那里,刑事责任才能够得到原本的把握。

(二)接受性责任的世界的含义

为了避免出现在刑事责任的研究中跳过刑事责任的世界这一问题,就要找到现象上正确的出发点。这一出发点应从刑事责任的平均日常状态(作为刑事责任的最切近的存在方式)着手,以便使刑事责任的在世从而也使刑事责任的世界一道成为研究的课题。只要探索刑事责任的日常在世,接受性责任(也是刑事责任)的世界就一定会涌现出来。

接受性责任的世界是什么呢?海德格尔认为,世界就是此在之存在所在的其间(Worin),在实存状态的意义上,"世界"是一种显然不等同于那存在于其中的此在本身的存在者,而是此在必须寓于其中才秉有自身之存在的存在者,是此在所趋向的存在者。[①] 据此,接受性责任的此在是在世界中存在的,它的世界就是接受性责任之此在所在的那个其间,是接受性责任此在必须寓于其中才秉有自身存在的存在者,是接受性责任此在所趋向的那个存在者。这个世界是与一切客观主义相对立的,是接受性责任在其中作为历史存在物生存着的整体。

接受性责任是从相应的世界走向我们的,并且是在这个世界中向我们显现的。我们不是先认识接受性责任,然后再认识它的世界,也不是相反,先认识接受性责任的世界,再认识接受性责任,它们是同时出现的。需要指出的是,接受性责任的"世界"是接受性责任此在"在世界之中"存在的一个组建环节的结构,是接受性责任的此在生活在其中的东西。这里的世界是指刑事责任在确定之前就已经生活在其中的世界,

---

[①] [德] 马丁·海德格尔:《时间概念史导论》,欧东明译,商务印书馆2009年版,第229页。

以至刑事责任只有从这个世界的变化（在观念意义上）才能得到理解。德国哲学家黑尔德认为，每一个存在者如何显露出来，这种显露之如何便是它嵌入所有藏匿的普遍境域即"世界"之中，就是它的世界性，被现象学首次当作课题的就是这种世界性。[①] 狄尔泰指出，世界观的基本要素是具体的生活经验，它们汇集为一个综合，一个由人们自己以及与他人所获取的不同个别"经验"之总和。这些经验规定着各个个体的生平。在各个生平的联结和统一化中形成图像，它们使"世界"这个在其存在方式上不确定的联系作为世界图像得以被看见。这些世界图像根据那些应当具有引导作用的生活理想来向人提出要求。[②] 接受性责任的此在也是如此，它的"世界"虽然不是一个独立的存在，但它却对接受性责任的此在起决定性的规定作用。只有当这个"世界"被揭示出来了，接受性责任的此在才能算是现有的存在于世界中的事物。

这种与世界的关联在接受性责任的此在中一直存在并起着支配作用。这种关联要求我们去寻找接受性责任此在本身，以便按照它的实质及其存在形式使其成为一种深入探究和论证规定的对象。就像海德格尔所说的那样，与世界的联系贯串并且支配着一切科学本身。[③] 只有我们把握到了接受性责任的此在中的这种与世界的关联，接受性责任的此在才得到完全的理解。德国学者雅各布斯指出，通过刑法来解决社会问题，无论如何要通过作为社会的部分系统来实现。这就是说，问题的解决是在社会中进行的，应当排除使刑法和社会相分离的做法。[④] 离开这个"世界"，接受性责任此在不仅无从显现，而且也无法得到揭示。那么，这个世界是怎么呈现出来的呢？

[①] ［德］克劳斯·黑尔德：《世界现象学》，倪梁康等译，生活·读书·新知三联书店 2003 年版，第 100 页。

[②] ［德］胡塞尔：《哲学作为严格的科学》，倪梁康译，商务印书馆 1999 年版，第 105 页。

[③] ［德］马丁·海德格尔：《存在与时间》，陈嘉映、王庆节译，生活·读书·新知三联书店 2006 年版，第 120 页。

[④] ［德］格吕恩特·雅各布斯：《行为 责任 刑法——机能性描述》，冯军译，中国政法大学出版社 1997 年版，第 105 页。

二　接受性责任此在的周围世界

（一）在周围世界中照面的刑事责任

海德格尔指出，世界是存在者本身之整体的敞开[①]。在这里，海德格尔揭示了世界的呈现方式。据此，接受性责任此在的世界就是接受性责任此在在其中作为历史存在物生存着的整体，是其自身整体的敞开。在这种敞开中，接受性责任此在的世界不是以泛指意义上的世界呈现的，而是以大众的世界或者责任自己的而且最贴近的日常的周围世界呈现的。

接受性责任此在的周围世界是通过它的日常在世显现出来的。在日常生活中，接受性责任最贴近的世界就是它的周围世界。在接受性责任的研究中，一般都是从它的平均的在世（即平均状态）来接触其周围世界，并进到世界之为世界。一个真正科学的刑事责任理论必须关注刑事责任的日常生活世界，必须能够对刑事责任的日常生活世界作出回应、思考和表达。

接受性责任此在的周围世界不是孤零零地存在的，而是与世界内的其他东西一直进行着交往，这种打交道的形式已经扩散在各种各样的那些操劳中了。接受性责任存在的为之意义就来自责任主体的这种操劳：它为之操劳着、挂念着所有的东西。它为之操劳着、挂念着所有的东西的原因是它想要拥有世界上的所有的东西，它想把这些东西都为它所用，成为它自己的"用具"。对此，奥地利哲学家舒茨指出，意义是由社会动力本身建构起来的；在这种意义的建构中，生活世界的作用是关键；生活世界包含着文化的、被认为理所当然的社会生活框架，行动者根据这种框架来理解并与他人发生相互作用；生活世界构成了关于社会的规定和分配的某些技能、象征、日常事物的知识。[②] 根据舒茨的观点，行为的

[①] 为了说明对这种敞开的体验，海德格尔举了一个著名的讲台体验的例子：如果走进教室，我们会把讲台体验为讲台，但如果突然移居到这里的塞内加尔的黑人看到这个讲台，他会将讲台看作一个东西，一个"他不知道"拿它怎么办的东西。在这个例子中，一直有一个东西从讲台的周围世界中向体验者给出。参见［德］马丁·海德格尔《形而上学的基本概念》，赵卫国译，商务印书馆2017年版，第409页。

[②] ［美］斯蒂芬·P. 特纳、保罗·A. 罗思主编：《社会科学哲学》，杨富斌译，中国人民大学出版社2009年版，第50—81页。

意义不是由行为人自己构建的，而是与社会动力（包括行为人）一起构建的。行为人所承担的接受性责任也是如此，它也是由社会动力一起构建的。这样就能够得出一个具有重要意义的洞见：接受性责任的生活世界是通过人的交往活动组织起来的；它的存在意义不是在认知活动中获得的，而是在交往中通过人对它的使用获得的。

接受性责任总是一种世间的存在，需要将它放在世界的晕圈中考察。也就是说，我们不能忽略它的世界问题。这个问题是与行为人的生活世界密切相关的。行为人在其特定的、居优先地位的生活世界范围内的每一个环节中都具有与世界的关系（与周围世界的动因价值、其生命视域的事物、同类、社会关系），这种关联只在向行为人的真正源头的回溯中方得以获得，它需要发生学上的自我固定的宁静感和可靠性，它需要富有价值、自我构造的生命的内在真实性。那么，行为人所承担的刑事责任的每一个环节也都与其所生活的世界有关系。刑事责任并不是理论阐述的对象，不是实践的规则制定的对象，而是典范的前生命的对象，是具有原始动因的个人和非个人的存在的作用。只有这样，刑事责任才能真正地构造自己：刑事责任作为真正的、重要的生命形式（亦即在纯粹实事内容和本源中生活的类型），以及刑事责任作为在非责任的生活世界里共同起支配作用的习惯性要素（受过责任训练的人，在生活中，责任保持着一种本己的意义），只有当它是从一种内在生命中成长起来时，才真正地实现和完成自己。因此，在刑事责任的生活世界和自在的真的世界（科学的世界）之间的对决中，重心必然会从对作为所谓真的世界的诸存在者的科学把握向生活世界转移，只有这样，对刑事责任的整体性把握才能够完成。

（二）接受性责任世界的特性

接受性责任[①]此在这一趋向世界的存在具有操劳的特性。正是由于以各种不同的方式和可能性对世界的操劳（与世界的打交道），生成着在世界中存在的接受性责任，也揭示着接受性责任本身的东西。换言之，接受性责任此在的这种与世界的打交道，让接受性责任此在中的世界得以

[①] 由于接受性责任是刑事责任的组成部分，也是作为刑事责任的始源意义上来探讨的，所以，在很多地方，二者是可以互换使用的，在文中由于表达的需要，也存在这种情况。

照面。① 比如，一个盗窃犯为了把别人的东西占为己有，在他盗窃时必然产生这种操心和担忧。他会考虑，用他身边的什么工具去盗窃，盗窃后怎么销赃，怎么规避监控，如此等等。正是在这种操劳中，一个盗窃犯实施的某一个盗窃行为的世界就呈现了出来。因此，接受性责任此在的世界，并不是我们一般人所说的客观的外在世界，而是指行为人生活在其中、与其发生关系又随时可能为他所用的一切事物。说刑事责任在世界之中，其意义是它操劳着同世界内与之有密切关联的事物打交道。

在日常生活的操劳过程中照面的接受性责任，可以称为用具（把刑事责任作为一种用具，这与刑法的工具论类似）。刑事责任首先并非作为一个物质性的空间事物与我们照面，而是首先作为某个具体的用具与我们照面。刑事责任在历史发展中，总是作为一个用具整体出现的，不同的是，不同的时代揭示出来的用具不同，但这个用具总是用具整体中的一个。海德格尔指出，用具本质上是一种"为了……作"的东西，有用、有益、合用、方便等都是"为了作……之用"的方式。② 刑事责任也是如此，不同的刑事责任理论也都是一种"为了……作"的东西。我们关于刑事责任的认知与刑事责任的"用具性存在"是不可分的。如心理责任论为了对刑事责任的适用作一个明确的限制，才将刑事责任限制在一个能够根据自然科学的方法进行认定的心理事实上去；在规范责任论那里，刑事责任是为了从刑法规范的立场界分责任。人格责任论为了给刑事责任找一个基础，而将刑事责任奠基在责任主体的人格之中；功能性责任将刑事责任界定在"为了发挥功能"的东西上。至于刑事责任以什么用具被揭示出来，取决于当时人们在与刑事责任打交道的过程中所操劳的"为了作"是什么。

---

① 在刑事责任的构建中，我们实际上背负了太多的由理论和意见以及由一种特定的自然式的间接所导致的包袱，以至我们不能看到，刑事责任的这种与世界的打交道（非理论性的交往）恰好就是那种不但揭示着刑事责任的世界，而且揭示着刑事责任本身的东西。

② ［德］马丁·海德格尔：《存在与时间》，陈嘉映、王庆节译，生活·读书·新知三联书店2006年版，第80页。

第二节　接受性责任世界的揭示

一　接受性责任世界的指引和标志

（一）接受性责任世界的指引

接受性责任的世界是通过指引与指引的整体性进行组建的。首先，接受性责任此在的"世界"是通过源自关于自身的指引整体的指引来照面的。接受性责任此在的"世界"是指它现象学上的源始结构：它"去在"（去存在）的方式及其可能性，这种结构是通过其自身的沉沦于世的"指引整体"得到揭示的。正如海德格尔所指出的，世界上的事物本来一直经过对一个他物的指引并作为对他物的指引而呈现的。[1] 休谟认为，公共的效用是正义的唯一来源，对这一德性的有益效果的反思是其价值的唯一基础。[2] 这说明，休谟认为，正义是通过"对公共的效用"这一指引整体而显现出来的。在日常生活中，接受性责任此在的"世界"也是通过"对……有用""有助于……""对……有意义"等这类特性而显示出来的，也是通过组建着接受性责任之为接受性责任的意蕴的指引整体呈现出来的，根据这种指引（有益性、有用性等）呈现出来的东西，就是接受性责任的用处所在、目的所在。这个指引整体固定在一个"为何之故"中。这个指引整体把与接受性责任相关的东西与这个"为了……"概括在一起，就是为了把它从现象上表达出来。因此，接受性责任此在的"世界"并不是孤立绝缘的世间物，更不是专题性的以理论的方式被感知的对象，毋宁说，它不断地隐没在指引整体之中，它的当前化是通过指引显现出来的，这种显现是通过一种不触目状态和与之相应的世界的当场具有呈现的，这表明指引的优先性。

在刑法分则中，具体的条文一般都对刑事责任的世界进行了较为明晰的指引。我们通过刑法条文的规定，可以知道该条文所规定的刑事责

---

[1] ［德］马丁·海德格尔：《时间概念史导论》，欧东明译，商务印书馆2009年版，第256页。

[2] ［英］休谟：《道德原则研究》，曾晓平译，商务印书馆2001年版，第35页。

任的世界是什么。例如,我国《刑法》第 225 条规定:违反国家规定,有下列非法经营行为之一,扰乱市场秩序,情节严重的,处五年以下有期徒刑或者拘役,并处或者单处违法所得一倍以上五倍以下罚金;情节特别严重的,处五年以上有期徒刑,并处违法所得一倍以上五倍以下罚金或者没收财产:(1)未经许可经营法律、行政法规规定的专营、专卖物品或者其他限制买卖的物品的;(2)买卖进出口许可证、进出口原产地证明以及其他法律、行政法规规定的经营许可证或者批准文件的;(3)未经国家有关主管部门批准非法经营证券、期货、保险业务的,或者非法从事资金支付结算业务的;(4)其他严重扰乱市场秩序的非法经营行为。在这个条文中,刑法通过列举四种行为将刑事责任的世界的内容和范围作了规定。通过这种规定,只有行为人实施了上述四种行为之一,才有可能承担刑事责任。从刑法的这种规定可以看出,规定非法经营罪的目的是打击扰乱市场秩序的特定的行为。因此,刑法还规定了一个指引:"扰乱市场秩序,情节严重的"。在判断一个实施了刑法第 225 条所规定的情形之一的行为是不是构成犯罪,不能忽视上述指引。否则,就会得出错误的结论。[①]

其次,接受性责任的指引奠基于刑事责任的用具的存在结构,奠基于刑事责任的效用。在刑事责任中,曾经有将刑事责任的指引作为关系来把握的情况。如心理责任论中,行为与行为人之间的心理关系是这种责任的一种指引,根据这种理论,刑事责任涉及的关系很多,只有这种关系指引着责任的存在。由于刑事责任涉及的关系具有形式上的普遍性,这种关系本身还是需要指引的。如果刑事责任是一种对犯罪的报偿,那么,根据这种报偿("何所用"),刑事责任就通过罪责抵偿得到了具体

[①] 2017 年 2 月 13 日上午 9 时,内蒙古自治区巴彦淖尔市中级人民法院依法公开审理了由最高人民法院指令再审的原审被告人王力军非法经营案。该案原由内蒙古自治区巴彦淖尔市临河区人民检察院以被告人王力军犯非法经营罪提起公诉,经巴彦淖尔市临河区人民法院审理,于 2016 年 4 月 15 日作出刑事判决,认定王力军犯非法经营罪,判处有期徒刑一年,缓刑二年,并处罚金两万元。宣判后,被告人王力军未上诉,检察机关未抗诉,判决发生法律效力。2016 年 12 月 16 日最高人民法院作出再审决定,指令巴彦淖尔市中级人民法院对该案进行再审。经再审,王力军被判无罪。一审法院之所以作出错误的判决,就是忽略了刑法第 225 条中的"扰乱市场秩序,情节严重的"的指引和《刑法》第 13 条但书的指引。

化。不同的是，刑事责任的用具的指引则是刑事责任存在论的一种规定。通过这种指引，刑事责任的"何所用"得到了具体化。例如，刑法规定非法经营罪的目的也是追究非法经营行为的刑事责任的"何所用"（打击扰乱市场秩序的特定的行为），通过这个"何所用"，非法经营罪的刑事责任的世界就被具体化了。

（二）接受性责任世界的标志

在揭示接受性责任世界的时候，会借用它在世界中的标志这种东西。这种标志指的是什么呢？每种刑事责任理论在构建的时候，总要为该理论确定一个方向，我们根据这个方向所确立的东西认识刑事责任时，就会将围绕着这个标志的周围世界带进对于刑事责任的概观。刑事责任的标志不是物与物的关系，而是一种用具，这种用具把刑事责任的用具整体纳入人们的视界，从而使刑事责任的世界性显示出来。如在规范责任论那里，刑事责任的用具性体现为给刑事责任的认定确立一个法律上的规则，根据这个标志，与其有关的所有的事情都汇聚在一起，并根据合规则性对刑事责任进行把握。根据上述方法，就获得并确保了所操心的刑事责任的一种方向。如我国《刑法》第141条第一款规定：生产、销售、提供假药的，处三年以下有期徒刑或者拘役，并处罚金。如果认为，只要生产、销售、提供了根据我国《药品管理法》认定的假药就构成此罪，就没有理解本罪的本体论含义。在本条第二款和第三款的规定中，已经为本罪设立了一个标志，或者说，为我们理解本罪确立了一个方向：对人体健康造成严重危害的生产、销售假药的行为。只有生产、销售的假药对人体的健康会造成危害，才是本罪中所说的假药，而不是说没有取得《药品管理法》许可的药都是假药。《刑法修正案十一》已经将第141条和第142条中关于假药和劣药的规定删除了，也是意识到这些规定对于相关条文的理解没有帮助，删除是妥当的。

每一种刑事责任理论都要为自己设置标志。这种标志可以为理解刑事责任提供一个桥梁。例如，对于责任来说，预防是一个不同的概念。将预防作为刑事责任的一个标志，是因为在确定刑事责任时，预防被纳入人们的视界之中。① 当然，还可以有设立其他标志的可能性，比如，如果将矫正作为刑事责任的一个标志，刑事责任就具有另一种内涵。在这个意义上说，刑事责任的标志不仅能够代表刑事责任所指的东西，而且也是刑事责任所指的东西，它和刑事责任是共存的。我们认为，在为刑事责任设定标志的时候，要根据刑事责任的用具这个属性来设立。如上文所说，非法经营罪的用具是打击扰乱市场秩序的特定的行为，那么，它为承担刑事责任所设立的标志就应该围绕着这个用具进行。如果设立的标志不清晰，会给法律的适用带来困难。所以，非法经营罪被称为口袋罪的原因，就是与它所规定的第四种行为方式不明确有关。也就是说，与它设立的标志不恰当有关。现在需要追问的是，作为刑事责任的一种存在论上的"指引"和标志，它是由什么构成的呢？

二 接受性责任世界的因缘和意蕴

（一）接受性责任世界的因缘

刑事责任是在世界中显现的。只要它在世界中出现，它的世界总是最先得到揭示。接受性责任的指引和标志，只是接受性责任的"显示"，这种"显示"并不是存在论意义上的。它们只是说明，接受性责任本身具有指引的性质，并是在这个指引方向上得到理解的。也就是说，接受性责任已经通过指引来与某种东西结缘了。从存在论意义上说，接受性责任的性质就是因缘，即接受性责任因自身的本性而通过某事得到理解。

接受性责任此在的"世界"是通过因缘显现出来的。因缘乃是世内存在者的存在：世内存在者向来已首先向之开放。存在者之为存在者，向来就有因缘。因缘的何所缘，就是效用的何所用。② 接受性责任此在作为刑事责任的一种在世存在的形式，其世界总是以某种同周围世界交往的方式亮相，其亮相的方式总是与其因缘有关。因为，接受性责任的归属，总是为了达到某种效用。接受性责任此在作为一个世间存在者，本

---

① 在有些地方，南风被当作下雨的标志。南风这个标志的创建来自对天气的关切（比如南风对农业的用具性），这种标志是在一切气象学的加工之先的对南风的一种原初的揭示。

② ［德］马丁·海德格尔：《存在与时间》，陈嘉映、王庆节译，生活·读书·新知三联书店2006年版，第98页。

来就有因缘。接受性责任此在的因缘与它的效用与适用的何所用有关。这个何所用总与接受性责任的存在有关，并导向接受性责任的"为何之故"。只有在揭示了接受性责任此在的因缘整体性之后，才能揭示它的因缘。接受性责任这种因缘的了却基于：对"结缘"、了结因缘的"何所缘"和因缘的"何所因"这些观念都有所领悟。接受性责任的了却因缘是把接受性责任向因缘整体性方面展现出来，这肯定是以某种形式把它向之展现的东西展开出来了。作为刑事责任在世的形态出现的接受性责任，只有通过"向……开放"才能够得以通达。这些东西都要追溯到那个"为何之故"上，而这个"为何之故"的结构就是构成接受性责任之为接受性责任的东西。

在刑法理论上，很多学者也是通过类似的指引关联和因缘来揭示刑事责任的内涵的。如雅各布斯指出，责任，根据现代的理解不是心理事实，而是因为其行为对行为人做出评判的内容。这种评判与刑罚的目的有关。因为责任刑法作为不应是无目的的刑法而应该是有益于维持秩序的刑法，需要长期存在。① 雅各布斯实际上认为，刑事责任就是通过"有助于实现刑罚目的""社会的保护规范有效性的保护""对预防有用"等这类指引和因缘得到揭示的。我们认为，刑事责任中的因缘，需要从接受性责任（刑事责任）存在的立场去发现。这样，通过这些因缘的了却，我们就能够获得刑事责任本来的意义。

接受性责任（刑事责任）总已经出自某种"为何之故"把自己指引到一种因缘的"何所缘"那里。这就是说，只要接受性责任（刑事责任）存在，它就总是已经让那些显现出来的东西来照面。由此看来，通过这类指引和因缘仿佛一同被推入呈显的刑事责任（接受性责任），就是刑事责任（接受性责任）作为有用之物的用处所在、目的所在、因缘所在。不过，这种指引是互相联系的，还是一个封闭的整体。通过这个整体让接受性责任（刑事责任）来照面的"何所在""何所向"，就是接受性责任（刑事责任）的世界。如我国刑法中的工程重大安全事故罪的目的就

---

① ［德］格吕恩特·雅各布斯：《行为 责任 刑法——机能性描述》，冯军译，中国政法大学出版社1997年版，第6页。

是防止有关单位违反国家规定，降低工程质量标准，造成重大安全事故的行为。该罪的刑事责任就是通过"违反国家规定，降低工程质量标准"这一指引整体而给出的，通过这一指引，该罪的"世界"就被揭示出来了，也能够容易地将该罪与其近似的罪区分开来。

（二）接受性责任世界的意蕴

通过上述指引关联，接受性责任（刑事责任）为自己的世界赋予含义。这种含义可以称之为接受性责任世界的意蕴。它是构成接受性责任世界的东西，是接受性责任作为接受性责任本来生存在其中的东西。我们关于接受性责任的指引联络作为接受性责任世界的意蕴组建着接受性责任的世界。

接受性责任世界的意蕴是以在场的方式存在的。我们谈论的刑事责任都是在世界中存在的，它一直涉及自身在世界中的指引关联的理解。只有将这种理解表达出来了，刑事责任才能得到源初的把捉。这样得到的刑事责任不是人为构造起来的，而是奠基于它的现象实情的，它本来就已经在那里存在了。也就是说，刑事责任中存在着世界这样的东西，它包含着世界的呈现方式和存在方式。只有通过对它的世界性的理解，才能把握住它的本体性内涵。例如，一个外科医生是不是要为一个严重的医疗事故承担刑事责任，与该医生所交往的世界有关。如果该医生所在的医院是边远地区的三甲医院，就只能按照这个医院的外科医生是不是具有那种避免这种事故的能力，而不是根据北京市三甲医院外科医生的标准确定的。

不过，对接受性责任（刑事责任）此在的世界的分析只是将它的整个在世现象纳入考察范围，对其在世界中的存在方式还没有揭示。这是因为，接受性责任（刑事责任）的此在不仅一般地存在于世界之中，而且它还是在一种占支配地位的向世界存在的方式中有所作为。由于接受性责任（刑事责任）的本质根基于它的生存，那么，只有从现象上展示出它的某种存在方式才能回答它是如何存在的（它是谁）。接受性责任（刑事责任）首先消散于它的世界，这种消散于世的存在方式都是由下面这个问题决定的：刑事责任在日常状态中到底是谁？那个经过世界而得到规定的那种相互共存和一种由此所产生出来的共同理解是如何在接受性责任（刑事责任）中自身构成的？换言之，如何把这种理解本身解释为出于接受性责任之存在关键的相互共存？在此基础上，需要追问的是：在这样的相互共存中，那首先得到理解的接受性责任到底是什么？由于接受性责任仍然是行为人承担的刑事责任，在回答上述追问之前，首先要回答的是，接受性责任的主体是谁？

第六章

接受性责任的存在形式

第一节　接受性责任的主体

一　刑事责任中的主体

（一）中外刑法中的责任主体

刑事责任的主体就是承担刑事责任的人。大陆法系的刑法中没有犯罪主体的概念，它们一般在构成要件中论及行为主体，或者叫主体，而在责任环节论述责任能力。

对于责任能力的问题，《德国刑法典》没有规定，只是规定了一些能够排除罪责的条件（第19条、第20条）。这样，从原则上讲，成年人在刑罚法规上能够遵守规范，且具备必要的行为能力和动机能力，就具备刑法上的责任能力。在德国刑法中，无责任能力的情形有两种，一是不满14周岁的儿童，二是德国刑法第20条规定的无责任能力的情形。对于后者，是从两个阶段进行确认的：一是作为无责任能力的前提条件。按照德国刑法第20条的规定，如果谁在实施行为时，因为病理性的精神障碍、深度的意识障碍、智力低下或者其他严重的精神异常，而无能力为行为的不法负责，或根据这一洞察而行事，那么，他的行为是没有罪责的。因而，需要从两个阶层来确认是否满足无罪责能力这一前提条件：首先，需要考察的是，是否有在生物学意义上存在这四种情况（意识障碍等）中的任何一种。如果是，那么，其次就要考察，是否行为人因为这种生物学意义上的原因，而在心理上没有能力为行为的不法负责或根据这一洞察行事。因而，这种无罪责能力是建立在没有能力洞察或者控制行动这种心理因素之上的，而这种心理因素又必须以特定的生物学原因为基础。也就是说，在这一阶段，首先根据生物学的标准考察行为人是不是具有病理性精神障碍、深度的意识障碍、智能低下和严重的精神异常，然后再根据心理学意义的标准判断行为人是否没有洞察能力和行动控制能力。在第二阶段，在德国实务中，导致无责任能力的另一种情形是恍惚状态。恍惚状态是指在实务中常见的一种病理性精神障碍，它包括（过度）饮酒、吸毒或者服用精神病药物而引发的恍惚状态（有人也将之归类到深度的意识障碍中），因中毒，这种恍惚状态导致脑工作能力的损害。特别是在饮酒上，适用如下这一简单的规则：如果血液中酒精浓度大于或等于3‰，那么，就可以算作无罪责能力，当然，也还必须考虑案件的具体情况。当血液酒精浓度越超过2‰时，就越有可能出现第21条意义上的罪责能力的减弱。反之，若血液酒精浓度低于2‰，那么，就不能排除有罪能力了。质言之，不管在什么情况下，总是需要对情况做出整体评价，在这种评价中，血液酒精浓度是一个重要的证据指标。[1]

日本刑法规定的无责任能力和减轻责任能力的情形也包括两类：一类是由于未满14周岁的情形；另一类是日本刑法第39条规定的心神丧失和心神耗弱。对于心神丧失与心神耗弱的含义，日本判例和通说依据生物学的要件（精神的障碍）和心理学的要件（辨认、控制能力）理解的，即所谓心神丧失，是指由于精神障碍，不能辨认行为的违法性（辨认能力），或欠缺控制自己根据对违法性的辨认加以行动的能力（控制能力）的状态。不管是缺乏辨认能力还是欠缺控制能力的场合都属于心神丧失；与此相对，所谓心神耗弱，是指由于精神障碍而导致辨认能力或者控制能力（虽未达到欠缺的程度）受到显著限定的状态。[2]

在意大利，犯罪主体是指按照刑法规定可能实施刑事违法行为的

---

[1] [德] 乌尔斯·金德霍伊泽尔：《刑法总论教科书》（第6版），北京大学出版社2015年版，第215—217页。

[2] [日] 山口厚：《刑法总论》（第2版），付立庆译，中国人民大学出版社2011年版，第255—256页。

人。① 根据意大利刑法的规定，一个人要承担刑事责任的能力是指行为人的理解能力和意思能力。根据意大利刑法的规定，无刑事责任能力的情形有：因疾病导致的完全的心智丧失；因偶然事件或不可抗力导致的完全醉酒状态，从而在从事行为时不具有理解或意思能力的；因慢性酒精和麻醉品造成的慢性中毒状态中实施行为时足以排除理解或意思能力的情况；处于聋哑状态的人在实施行为时因其残疾而不具有理解或意思能力的；不满 14 岁的未成年人。②

在我国，刑事责任主体是在犯罪主体中讨论的。我国刑法理论的通说认为，犯罪主体是指实施危害社会的行为并依法应负刑事责任的自然人和单位。③ 对于犯罪主体的刑事责任能力，我国认为是指行为人辨认和控制自己行为的能力。我国刑法规定的影响刑事责任能力的因素主要有：刑事责任年龄，未满 12 周岁的人没有刑事责任能力；精神障碍，根据我国《刑法》第 18 条的规定，精神病人在不能辨认或不能控制自己行为的时候造成危害结果的，不负刑事责任。刑事责任能力的判断标准是医学标准（生物学标准）和心理学标准相结合的方式，在心理学标准的内容上，采用的是丧失辨认能力或者控制能力的择一说。

从中外刑法关于刑事责任能力的规定看，中外刑法对刑事责任能力的规定基本一致，年龄标准差别不大，对于责任能力的判断标准也一致，即都采取生物学和心理学的标准。除了刑法规定的特殊情形外，刑法都假定，达到刑事责任年龄的、又没有法律所规定的特殊的情形的，都具有刑事责任能力。这种标准是根据康德的理性人为基础制定的，随着社会的发展并没有变化。

近代以来，个人一直是刑事责任的主体。这种观念不仅把自我作为刑事责任理论的中心，而且把它作为犯罪行为的中心。在这种主体中，个体理性作为责任的中心概念，承认个体是其人格或能力的拥有

---

① ［意］杜里奥·帕多瓦尼：《意大利刑法学原理》，陈忠林译，法律出版社 1998 年版，第 87 页。

② 《最新意大利刑法典》，黄风译注，法律出版社 2007 年版，第 37—38 页。

③ 高铭暄、马克昌主编：《刑法学》（第 5 版），北京大学出版社、高等教育出版社 2011 年版，第 82 页。

者，而不将它们归功于社会。这样，理性的个体就成为吊起刑事责任的巨钩。

这种责任主体的概念是笛卡尔开创的，并经过康德的发展而最终确立。笛卡尔是现代个人主义的奠基者，他的理论使个体思想者以第一人称的独特性确立他自己的责任。[①] 这种思想经过康德的发展而成为现代责任理论的基石。康德是在三个意义上适用"我"这个词的：（1）先验自我。即有能力进行理性思考，从其具身性[②]的社会、文化与历史情景中抽离出来，以求得先验原则的引导。这就是康德所认为的"我"作为纯粹的统觉之光，照亮了黑暗与混沌的世界。（2）具身性的"自我"。他把理性融入自己的行为中，而且具有某种实存的、经验的同一性。（3）道德法则的"自我"。他服从道德法令，而不是听凭自己欲望的差遣。康德指出，只有那在自身中拥有自己实存的目的的东西，即人，他通过理性自己规定自己的目的，或是当他必须从外部知觉中拿来这些目的时，却能把它们与本质的和普遍的目的放在一起加以对照，并因而也能审美地评判它们与那些目的的协调一致：只有这样的人，才能成为美的一个理想，正如唯有人类在其人格中，作为理智者，才能成为世间一切对象中的完善性的理想一样。[③] 康德的"自我"好像是一座熔炉，一团烈火，它销熔互不相干的多样性，并将这种多样性还原为统一性。这就是康德所谓的纯粹统觉，它不同于普通统觉，普通统觉把多样性东西本身接纳到自身，而纯粹统觉则应被视为使多样性东西自我化的活动。

在黑格尔"自我"中，也存在普遍的东西。黑格尔指出，"自我"是否定与扬弃了一切特殊东西的纯粹自为存在，是意识的这个最后的、简单和纯粹的东西。我们可以说，"自我"与思维是同一个东西，或更确切地说，"自我"是作为能思维者的思维。我在我的意识中具有的东西是为我而存在的。"自我"就是这种虚空的东西，是一切事物与每个事物的

[①] ［加］查尔斯·泰勒：《自我的根源——现代认同的形成》，韩震等译，译林出版社2012年版，第260页。

[②] 具身性是指知觉、理智等精神现象与具体的身体密切相关，人的认知以具体的身体结构和身体活动为基础。

[③] ［德］康德：《判断力批判》，邓晓芒译，人民出版社2002年版，第69页。

容器，一切东西都为这个容器而存在，这个容器在自身中保存着一切东西。每个人都是许多表象组成的一个完整的世界，这许多表象都埋葬在"自我"的黑夜中。由此可见，"自我"是抽掉了一切特殊事物，但同时又潜藏着一切事物的普遍东西。所以，"自我"不是单纯抽象的普遍性，而是自身包含一切事物的普遍性。[①]

（二）现行刑事责任主体存在的问题

康德的问题在于，他不能很好地说明，他的三种"自我"是怎样相互关联并在经验中统合的。他还创造出了本体世界（经验自我展开行事所在的那个实存的、实践的世界）与现象世界（通过思维范畴认知的那个世界）之间的鸿沟。到最后，康德不得不借助这个思想来自圆其说：理性将"我思"和它思考的那个现象世界联结起来了。这种主体是作为道德法则的主体，是遵循这个法则而使自己成为自由的主体。这种意义上的自我更多的是"作为自我"，而不是"成为自我"。这个拥有理性和自由的主体是想认知一切、主宰宇宙和掌握绝对知识的人，实际上是一种与神相关的形象，是一种人的神学化。

由于现代哲学把对人的有限性所作的经验分析当成了对人的无限的本质所作的分析，所以，现代哲学就陷入了一种"人的幻象"。这种幻象是把无限的、绝对的角色归诸有限的人，让有限的人不堪重负，并幻想着进行一种从有限向无限的跃迁。这种哲学把本是"实"的人的有限性"虚"掉了，因为，人一直是生存着的、劳动着和交往着的存在，人一经存在就是"实"的。

从规范责任的观念提出以来，经验证明了个体责任主体的主张是站不住脚的。在决定一个人有没有责任的时候，我们从没有碰到"某个人"。当我们分析一个人的刑事责任的时候，我们并没有发现他的自由、本性或本质是什么。我们发现的是无论这个人和我们是否愿意都在起支配作用的无意识存在的东西。这些东西决定了这个人承担刑事责任的内容和范围。正如一个心理分析医生在分析一个个体的某个行为或意识时，他所遇到的并不是人，而是像驱力、本能和冲动这样的东西。被揭示出

[①] ［德］黑格尔：《逻辑学》，梁志学译，人民出版社2002年版，第70页。

来的是这些东西的机制。这样一来，责任个体作为责任的中心就被消解了。①

无论根据康德的还是黑格尔的主体的理论，每一个责任主体都是自足的个体，都是可以掌控他的全部生活，可以从自身内部驱动、更新其行动能力，都是自身技能和能力的拥有者。在当代欧洲，主流哲学仍把个人的自我意识作为认识的可靠出发点，并把个人的理性作为伦理判断的唯一尺度。② 但是，这种主体的概念意味着相互义务的消失，恰恰取消了个体的责任。它歪曲了个体的观念，凭空制造了个体与社会的分割。此外，这种主体概念只是指出了存在这样一个个体，但没有深入探讨"个体存在"的奥秘。这种个体观忽略了现代生活对个体日常生活的影响，忽略了现代生活一直以一种直接的方式与个体生活的融合并与个体的"自我"交错在一起这种现象。

二 常人：刑事责任的主体

（一）刑事责任主体的社会性内涵

在哲学上，早就有人指出个体中所包含的非个体的成分。③ 如黑格尔指出，单独的个别人，从其本意来说，只在他是体现着（一切）个别性的普遍的众多时才是真实的；离开这个众多，则孤独的自我事实上是一个非现实的无力量的自我。④ 黑格尔实际上认为，个体中存在非个体的东西。每个个体都是社会中的个体，他的身上必然蕴含着社会性的某种东

---

① 在哲学的发展史上，一直存在去中心的传统。达尔文去除了人类的中心，尼采去除了上帝的中心，弗洛伊德去除了意识的中心，海德格尔和福柯等消解了人类学主体主义。

② ［瑞士］爱尔马·霍伦施泰因：《人的自我理解》，徐献军译，商务印书馆2019年版，第7页。

③ 作为现代刑事责任主体的"人"（person）的观念，在罗马文化里，最初是指人们在公共仪式上戴的面具。面具的使用并不仅限于古罗马，而是在各个部落社会中，被普遍用来在仪式上表示不同的角色或地位。古罗马在"人"这个术语的用法上的特别之处在于，这个概念具有某种法律地位，附有一些特定的权利和义务。罗马社会的自由民，享有授予作为人（person）的权利和责任。这说明，在罗马文化人的观念中，人戴的面具所代表的意义对于人的理解具有主导地位。

④ ［德］黑格尔：《精神现象学》（下卷），贺麟、王玖兴译，商务印书馆1979年版，第41页。

西。这表明,个体的存在意味着为他人而存在,意味着经过他人为自己而存在。他虽然向内注视着自己,也看穿他人的眼睛,或者用他人的眼睛来看。只有在与他人同在的世界中,才能体验到作为一种客观经验事实。个体仿佛审查员站在自己的意象和内在会话的门口,肯认同话语世界的种种法则与准则,就此采取了群体的一般性态度。他的思维是一种内在会话,在其中,他可能会扮演特定熟人的角色来面对自身,但更常见的情况是,他是以"一般化他人"的方式在进行交谈,并就此达到抽象思维的层面,达到非个人性,即所谓客观性。

米歇尔·福柯对近代知识和思想的起源与发展作了"形式"研究,他划分了文艺复兴时期、古典时期和现代时期三个"知识型"。据他看来,西方思想直到现代时期才产生了形而上学的"主体"和"人"的概念,才出现一个奇怪的"经验—超验复合体",即"人"或"主体"。这样一个复合体成了现代精神科学研究的中心。福柯认为,这个"经验—超验"复合的"人"或"主体"是不真实的,而且它正在"消失"。他的想法很简单:当尼采宣布"上帝死了"时,也就宣告了在"经验—超验"复合的"人"身上的"超验"部分的死亡,因而也势必导致"人的死亡"。按照福柯的意思,从"上帝之死"到"人之死"实在只是一步之遥。"……人之被消抹,就像画在海边沙滩上的一张脸那样被消抹掉了"。①

米德用"主我"和"客我"这两个代词,来细化自己的自我学说。"客我"是一种循途守辙的个体。它必须具有每一个人都具有的那些习惯和反应;否则,这样的个体就不可能是共同体的一个成员了。② 但是,个体也持续不断地以表达自己的意愿的方式对这样一个有组织的共同体做出反应——他并不一定是在冒犯这个共同体的意义上坚持自己的权利,而通常是在任何一个共同体中都存在的这样一种合作过程中表达和实现他自己的意愿。米德认为,只有当我们成为其他人的社会客体,即成为

---

① [美]福柯:《事物的秩序》,纽约,1973年,第387页。
② [美]乔治·郝伯特·米德:《心灵、自我和社会》,霍桂桓译,译林出版社2012年版,第219页。

"客我",我们才能获得有关自我的某种感觉。"主我"不仅仅是一股意识流,而且是与有关"客我"的客观感觉相伴而生,作为后者的主观性、反思性的一面。① "主我"和"客我"这两个方面对于自我来说都是必不可少的。② 一个人如果想成为一个共同体的一员,他在行为时就要采纳这个共同体中的其他人的意见,在思考时就要使用那个他置身其中的那个共同体中的东西。因为他要在这个共同体中从事各种理性的交往活动,他要与这个共同体中的成员进行理性的交往,他只有与这个共同体中的其他人建立起关系,与这个共同体建立起关系,他才能成为一位公民。在日常社会活动中,对于自我意识中这种"一般化他人"的觉知,意味着两点:第一,这是一种一般化、非个人化的立场。由此来看待自身,在看待我们自己和我们行为的时候,我们就不那么情绪化了。通过这种自我意识的力量,我们就不会被某种想法和感受所束缚,并能够主动以更客观的方式去看待它们。第二,一般化他人体现出社会或社会某一部分的规则、法则和道德标准。从童年开始,当看护者对我们的行为表达评判时,就成为我们的自我的组成部分。特定个体告诉我们该做什么、什么对什么不对的声音渐渐淡化,我们只剩下有关社会价值观念和他人可能如何评判我们的更为一般化的理解。这并不等于说思维变成完全非个人化,去除了有关他人的意象,而只是说道德理解变得越来越非个人化。

要想真正理解刑事责任主体是谁这个问题,要首先摒弃这样的一种观念,即行为人都是独立自主的原子意义上的个体,他应为自己的行为承担所有的责任。我们需要找出行为人蕴含的某种本体性的东西,不管它是一种形态还是什么固有的人格特征,以便找出行为人的同一性/身份/认同。作为责任主体,他并非就是自己内在固有能力的所有者,而是一直处于一个由各种社会关系组成的世界,他出自代代前辈之手,就算人们能有所作用,改变他,也只能是运用自己手边现有的材料和工具。

---

① [英]伊恩·伯基特:《社会性自我——自我与社会面面观》,李康译,北京大学出版社2012年版,第47页。

② [英]伊恩·伯基特:《社会性自我——自我与社会面面观》,李康译,北京大学出版社2012年版,第221页。

把社会成员铸造成个体，这是现代社会的特征。一个人要成为他所是的那样，就要从现代社会的层面来理解，因为每一个个体的能力都是在社会中发展起来的。行为人要在世界中生存，就要积极遵从既有的社会类型和行为模式；模仿、遵循这种模式，融入它的文化，不要背离规范。刑事责任的主体也是如此，他必须介入世界，转化世界，并在其过程中转化主体自己的自我。这样一来，责任主体不再是由他的理性能力和意志行为给自己加冕的宇宙之主，而是转到了"自身存在的牧羊人"的地位。

这种意义上的责任主体是一种在世的存在。这里的意思是：他与世界的关系是开放的，世界不仅仅是他的经验环境，而且是使他的内涵及其存在变得更加明晰的地方。进入这一开放的场所，他将自己揭示为一种企图——但不是在人的构成的意义上。他是一个类，就其实存而言是如此，也是就其驶向那将人抛入或投入关心的情形中的存在之开放性而言的。世界是责任个体存在的显明，他通过他的被抛入的秉性而达到他。他的世内存在描画了他存在的性质，即他首先存在于对世界的开放中。关于个体与世界的关系，英国学者吉登斯指出，所有人类均生活于我所谓之"存在性矛盾"的情境中：作为具有自我意识并认识到生命有限性的本质存在，我们人类乃是无生命世界之一部分，然而却要从这无生命世界中开启我们的生命之旅。① 换言之，我们虽然能够操纵世界，但又被世界操纵。

现在需要解决的是，既然日常生活中的责任主体不是它自己本身所是的那个存在，那么，这个存在于世间的责任主体是谁？它是以什么方式存在的？它是如何构成的？

（二）常人作为接受性责任（刑事责任）的主体

通过对责任主体社会内涵的论述，他是谁的答案也就显露出来了。责任主体必须从生存论上进行诠释。只有根据现象学的方法揭示出责任个体的某种一定的存在形式，才能回答责任主体是谁的问题。因为，责

---

① ［英］安东尼·吉登斯：《现代性与自我认同——晚期现代中的自我与社会》，夏璐译，中国人民大学出版社 2016 年版，第 45 页。

任主体就是那个他自己一向所是的那个存在者,他只有生存着才是他自己,所以,接下来就要探究这个责任主体是怎样在世界中存在的。

海德格尔指出,长久以来"人"的概念有两个定义:一是人作为理性的动物;二是将人、人格视为在世界上可以观察和经验到的各种"预先被给予的对象化关联语境"中形成的东西。[①] 第一种概念属于事物分类的序列,如上帝、人、植物、动物等。第二种概念生成于基督教的造物说,即人被上帝创造并赋形赋意。这两个定义的共同点在于,都是先给予"人"一个现成的既定本质,然后再赋之一种"确定的存在方式",这个"人"就此"一直无差别地被定义为一个现实的存在"。上帝创造了人,人是有理性的动物,这是他区别于其他动物的存在方式,永远不变。这种人的定义也是全部西方形而上学人学观的基础。但是,这种定义忘记了人是一个以言说方式来拥有它的世界的存在者,交谈和说话都是当下在场的,而理性(逻辑)则已经是离开在场的抽象的东西,这个定义是一种匿名的定义,无主体的知识,无身份的理论。海德格尔指出,关于人的思考不是将独断的神学定义变成一种同样抽象的非神学理论本质,哪怕它叫理性的动物或感性的自然存在,这是无益于问题的真正解决的。在他看来,关于人的思考的唯一出路是放弃抽象的概念定义,走向此在的实际性生存。他说,这个实际性的此在,"每个我们本己的此在"中,并不包含"自我""人""行动的中心"这些独断论的外部强加的实体观念。此在就是实际性生活本身。[②]

现在的问题是,责任主体是怎样生存的呢?在日常生活中,刑事责任的主体是通过对他人的迎接而成为一个个体的,并且他迎接进来的这个"他人"才是真正的主体。波伏娃指出,虽然他人是不在场的,但它却一直在主体的世界之中。他人的范畴像意识本身一样原始。在最原始

---

① [德] 马丁·海德格尔:《存在论:实际性的解释学》,何卫平译,人民出版社2009年版,第27页。
② [德] 马丁·海德格尔:《存在论:实际性的解释学》,何卫平译,人民出版社2009年版,第35页。

的社会中，在最古老的神话中，总是可以找到自我和他人的二元论。[①] 加拿大学者乔治·帕夫利奇认为，人的存在方式是"悦纳异己"，这也是我们与我们自己异己（与我们自己一样的或者与我们自己不同的）其他人相处的方式。从语源上讲，"悦纳异己"（hospitality）来自拉丁文"hospitale"，意指"客人"；也来自"hospitale"，意指"像客人一样"。也就是说，主人欢迎他人（外地人、客人、陌生人等）到家庭、事件、族群等中来。通过这种欢迎，悦纳异己的具体内容表现出来，伦理也就此形成。悦纳异己的偶然性勾勒出了伦理及其不确定性以及如何与他人相处的商谈。[②] 列维纳斯也指出，主体性是作为对他人的迎接、作为好客的主体性。[③] 这表明，他人是责任主体中的一个基本范畴。这个"他人"的含义是："他人"就是与我毫无分别的人，我本来就是他人中的一员。由于这种共同的存在，世界总是责任主体与他人分有的世界。作为刑事责任的主体并不是一个独立自存的单子，而是在与他人的关系中存在的。责任主体从一开始就包含有这个"他者"，并且达到了非常密切的程度，以至于没有对方，责任主体自身也无法想象。正如利科所指出的，他者性并不是从外面被添加到自身之上的，它属于自身性的意义内涵和本体论构成。[④]

责任主体的这种与他人共处，意味着该责任主体处在他人支配之下。海德格尔指出，共在是每一个自己存在的一种规定性，只要他人的此在通过他的世界而为一种共在敞开，共同此在就标记着他人此在的特征。[⑤] 在和他人的共在中，责任主体自己的特点、个性就被平整了。这样一种

---

① [法] 西蒙娜·德·波伏娃：《第二性》，郑克鲁译，上海译文出版社 2015 年版，第 11 页。

② [比利时] 洛德·沃尔格雷夫编：《法与恢复性司法》，郝方昉、王洁译，中国人民公安大学出版社 2011 年版，第 11—13 页。

③ [法] 伊曼纽尔·列维纳斯：《总体与无限——论外在性》，朱刚译，北京大学出版社 2016 年版，第 8 页。

④ [法] 保罗·利科：《作为一个他者的自身》，佘碧平译，商务印书馆 2013 年版，第 461 页。

⑤ [德] 马丁·海德格尔：《存在与时间》，陈嘉映、王庆节译，生活·读书·新知三联书店 2006 年版，第 140 页。

共在已经不是责任主体自身的存在了，而是责任主体根据他人去存在了，或者说，他人把责任主体的个性拿走了，剩下的是他人代替责任主体去存在。他人喜欢如何存在，责任主体就相应地以某种方式存在。需要指出的是，这个他人并不是特定的，随便哪个人都能替代这个他人。重要的仅仅是这个他人虽然看起来不显眼，却通过与责任主体的共在悄悄地接管了对他的支配权。责任主体之所以甘愿被他人支配，是因为他自己归属于他人，而且还通过自己的行为不断增强着他人的权威。人们采用"他人"这个概念的原因，是为了隐藏自己实际上也是他人的一员。在这里，这种意义上的"他人"是指那些在平时共同相处、共同存在中最初并常常"都在"的那些人。

需指出的是，责任主体作为共在在本质上是为他人之故而存在，这一点是作为生存论的本质命题来领会的。即便某个行为人不趋向他人，即便他认为没有必要在乎他人或者当真远离人群，他也是以和他人共在的形式存在的。共在就是生存论上的"为他人之故"，在这样的共在中，他人已在责任主体中打开了。因此，在对责任主体的理解之中本来就包含有对他人的理解。这里的理解不是通过认识的途径获得的知识，而是对责任主体的本来生存论意义上的存在形式的诠释。

每一个责任主体都不是按自己的方式生活的。人不是一种具有先验理性本质的动物，自己的世界和本己的自身恰好是最遥远的，而那最为临近的东西正好就是人们共同处于其中的世界，他只是在这个此岸世界之中并依据这个世界的法则言说和思考，在这个意义上，只是世界让他做和说。只有从这个世界出发，人们才能或多或少真切地顺应自己的世界。这个共同的世界，这一首先出现的，且为所有的个体都需顺应的世界，作为公共的世界就驾驭着对于世界和每个责任主体的解释。这个世界并非一种对象性的外部东西，它本身就是由我们的交道性操劳之功用活动环顾建构起来的客观的共在领域，以及谈论这种操劳领域的公众被解释的状态；这个公共的世界预先提出了它的主张和要求，它正好驻留于行为人的所有的决定及行为的过程中。这个世界由公众之做和公众之说夷平为每一个当下的时代精神，这种时代精神即是人的平日心境。在这个世界中，每个人之外并非真的存在一个魔鬼引诱者，最大的魔鬼就是无此人的他人，我们恰恰是在无意识认同他人中失去真正的本己性的。

这个我们生活中无处不在的他人，实际上就是"常人"。海德格尔指出，由于人自身隶属于他人之列而且加强着他人的权力，而这样的人就是在日常共处中首先与通常"在此"的人们，这个谁不是这个人，那个人，也不是一切人的总数，而是一个中性的"常人"。① 常人——作为责任主体是谁的答案——就是无人。在这里，这个"常人"不必是确定的，每个人都可以代表这个常人。这个常人当下是谁，这是无关紧要的，唯一重要的是接受性责任的主体所从属于其中的常人。常人（标准人）——绝对他者——不是像意见、权威或神奇的超自然现象那样违背同一。它恰好适合于迎接它的人，它是人世间的。在公共的相互共存中，所有的责任主体都出自其自身而已经把自己交付了这个作为无人的常人。在任何时候，人们的所有行为都受制于这个常人的结构，这个结构存在于所有的时代和所有的社会中，都随着时代和社会的变化而变化。常人是卓越的非暴力，因为它不伤害个体的自由，而是把个体的自由唤作责任，并创建个体的自由。然而作为非暴力，它维持着个体与他者的多元性。常人与个人之间并没有任何边界，与常人的关联并没有把自己暴露给那种在总体中严重损害同一的排异反应。在这种对责任主体的理解中，责任主体通过与常人在世界中的同在形成了个体的主体性。通过对主体常人化（世界化）的理解，个体的心理化就被去除了。

常人有自己的存在形式，这种形式就是平均状态。这种状态是对常人的一种生存论揭示。在日常生活中，常人是通过碌碌无为、平均形态、平坦作用等形式存在的，如分内之事的平均状态：责任能力的平均状态，认识的平均状态，行为能力的平均状态，回避能力的平均状态，卡车司机的平均状态，如此等等。平均状态看守着任何超出的意外，任何优越状态都被压住。常人的这种存在形式构成我们称之为"一般人意见"的东西，一般人意见调整着对刑事责任的一切揭示并始终保持为正确的标准，并使所有东西都黯淡不明而又把这样掩盖起来的东西当成一目了然

---

① ［德］马丁·海德格尔：《存在与时间》，陈嘉映、王庆节译，生活·读书·新知三联书店2006年版，第147页。

的东西和人人可以知晓的东西。这样，我们会在不同的世界中遇到新的主体，主体不再是一个，而是被分裂为多个；主体不再是至高无上的，而是有所依赖的；主体不再是绝对的起源，而是可以不停地改变的。

在日常活动中，常人是时时处处存在的。不过，他的在场是这样的：当个体自己做决定的时候，常人就悄悄地消失了。但是，由于常人事先确立了所有的推断与选择，他就从每一个行为人那里把责任夺走了。常人好像可以顺利地让每个行为人一直向他求援。常人是可以最方便地为所有的东西承担责任的人，因为他根本不需要对这些东西担负保证的义务。不过，常人总是"曾经"负有保证义务的人，但也能够说"根本没有这个人"。在行为人的平时生活中，很多决定都是由"根本没有的这个人"作出的，很多结果也都是由这个人造成的。这样一来，人人都能是常人，但人人都不是这个常人自身。这个常人，就是行为人在日常生活中是谁的问题的答案，它从根本上驱除了自康德以来西方传统的主体性形而上学的迷雾。

第二节 "常人"责任：接受性责任[①]的存在形式

一 接受性责任与他人责任

（一）接受性责任是什么这一问题的着手点

在刑法理论上，刑事责任一直被认为是一种存在者，一直是以他的（她的）刑事责任存在的。这种意义上的刑事责任是以个人责任的形式存在的。正是这个个人使多样性的刑事责任的体验保持为同一的东西，也把刑事责任领会为在一个封闭的领域内现成存在的东西，领会为把一种优越的意义作为根据的东西。如心理责任论把刑事责任封闭在行为人与行为的一种心理联系中，规范责任论把刑事责任封闭在对行为人的规范上的可责性中。这样理解的原因在于，刑事责任应当被理解为依附于现成的个体的一种存在方式，以便刑事责任具有更为实体性的内涵。但是，

---

① 在这一部分，接受性责任和刑事责任是可以互换使用的。

根据这种给定的领域所得到的刑事责任是确定无疑的吗？这种刑事责任是根据它的日常存在开展出来的吗？

如果不从个体的视角理解刑事责任，那么，应该从什么地方着手呢？对这个问题的解答应该从刑事责任平时滞留在其中的那种存在形式所作的剖析中获取。刑事责任的根基在于它的在世存在，只有从它的这种存在着手，才能回答它是什么。也就是说，刑事责任的存在方式是通达它的唯一适当的通道。不过，我们对接受性责任却不能依据它的某种突出而又例外的存在样态去理解它。我们不可以通过对其目标和意图的设定去看待接受性责任。我们必须去加以揭示的，是接受性责任在其最为切近的日常状态中所依据的存在方式，是接受性责任在其实际的"去——存在"之"如何"中所实现的实际的刑事责任。这种意义上的刑事责任不可能是以传记的方式去讲述作为个别人的某一特定的行为所负的特定的责任，而是刑事责任在日常生活中的日常相，是刑事责任事实之实相。

（二）接受性责任的现身：刑事责任与他人责任的共存

刑事责任生活在其中的世界，呈现了一切经验的预先给定的基础。这个世界与刑事责任是密切相关的，它是在消逝的即时性中存在的。刑事责任的世界存在于那种一直在一定限度内有效的活动中，它标志着刑事责任是作为一个整体在世界中存在的。因此，这种世界同时也是一个共同的世界，而且蕴含了其他责任的共在。

在对日常生活中的刑事责任进行考察的时候，他人责任就一同来照面了。这种照面是一种共同——在——此，而不是一种现成可见状态，刑事责任就是根据这些他人责任的标准而被把握的。例如，根据一种规范的理解，一个人实施危害行为之后是否具有理解能力和控制能力，判断的依据是他是否具有规范上的可交谈性，这种可交谈性是一种他人的标准。当一个人基于不可避免的法律错误实施一个行为的时候，他的行为就是免责的。这种免责的理由是，一个不具备从规范中要求认识这种可能性的人，在规范上便是不可交谈的。在这里，在行为人的刑事责任的免除中他人就介入进来了。如我国刑法中财产犯罪的数额较大、数额巨大和数额特别巨大，其标准是按照受理案件所在地省、自治区、直辖市高级人民法院、人民检察院确定的有关数额标准认定的，在这里，行为人责任的轻重也与一般化的他人的标准有关。还有，我国《刑法》第389条规定，为谋取不正当利益，给予国家工作人员以财物的，是行贿罪。在这里，行为人是否构成行贿罪，谋取不正当利益的判断是关键的，而其判断是根据行为人所谋取的利益是否违反了相关的法律、法规、政策以及国务院各部门规章的规定。因此，接受性责任是和他人的责任共同存在的。

刑事责任不仅和他人责任共同存在于世，而且正是由于他人责任，刑事责任才显现出来。这里的意思是：由于他人责任的存在，接受性责任才刚好是现成可见的，仅仅因为事实上出现了他人责任，接受性责任才会和他人责任以共在的方式存在。海德格尔指出，共在所表示的是属于此在自身的一种与"在——世界——中——存在"同等原初的存在品格，而这一品格就是他人的此在在向来属己的此在面前的共同展开状态的可能性的形式上的条件。[1] 接受性责任与他人责任的共存也是如此，它不仅是刑事责任的原初品格，也是刑事责任作为一种本己的一种存在的展开状态的可能性的前提条件。这样，即使当他人责任的存在还没有得到谈论之时、当他人责任的存在还没有作为现成可见者而成为可感知的东西之时，这一共在的品格也仍然规定着刑事责任的此在。这是因为，责任个体不具有那种属于外在经验世界对象的固有的内在超越性，因为他都是一个他"我"，他是按照"我"被理解的，同时又是和"我"分离的，并且像"我"一样是独立的。弗洛伊德也认为，人本身，既是"我"，又是"你"；他可以把自己假定为别人，这恰好是由于他除了把自己的个体性当作对象，还把自己的类、自己的本质当作对象。[2] 接受性责任主体的这种共在品格意味着听从他人的责任，具有从属于他人责任的结构，只有在与他人责任的关联中才能被理解。这是因为，接受性责任往往陷入他人责任的包围而失去自己独有的个性。

接下来的问题是，该怎么理解这个与刑事责任一起存在的他人责任

---

[1] ［德］马丁·海德格尔：《时间概念史导论》，欧东明译，商务印书馆2009年版，第331页。

[2] ［奥］弗洛伊德：《精神分析引论》，高觉敷译，商务印书馆1984年版，第30页。

呢？关于接受性责任与他人责任的关系，更恰当的表达是：接受性责任不是一个充满内容的容器，而是倚恃于他人责任的共同存在和以这种或那种方式所操劳的世界而生成的。在日常生活中，接受性责任这种与他人责任的共存，就是其融身于操劳所及的世界之中所具有的特征。在接受性责任所操劳的世界里，在接受性责任所羁留于其中的世界里，他人责任也一同在此，即便它没有作为现成的东西而得到感知。当刑事责任被把握为一种物（如心理关系、结果）时，也许他人责任恰好没有在此，但实际情况是，他人责任一直以一种不触目的、完全的在此而存在的。例如，构成盗窃罪，盗窃的必须是他人的财物，在这里，不管是财物的他人性还是财物的认定，都有"他人"参与其中。构成故意伤害罪中的轻伤和重伤，都是根据有关部门确定的标准认定的。构成生产、销售假药罪，其中的假药也是根据有关规定认定的。构成破坏交通工具罪，其中的交通工具应是正在使用中的交通工具，没有使用的汽车等还不是这种意义上的交通工具，至于"正在使用"的含义，也是根据一定的标准确定的。这说明，在犯罪的成立及其刑事责任的认定中，一个看不见的他人标准一直是存在的，他人责任也是一直以一种公众的可理解性形式存在的。

需指明的是，在日常的竞逐之中，接受性责任与他人责任的共处并不就是其自己本身，相反，他人责任倒是替接受性责任存在的东西，是作为接受性责任的统一体和恒常条件而在场的。他人责任不是从外面添加到接受性责任之上的，而是它本身就属于接受性责任的意义内涵和本体论构成并作为接受性责任的客观性的真正保证而在场的。接受性责任（刑事责任）也是如此，它的共在不是指在一个人的刑事责任之外还有特殊责任，而是在他人责任还没有得到谈论和作为现成可见者而成为可感知的东西之时，这一共在的品格也仍然规定着刑事责任。在刑事责任中，由于接受性责任与个人责任、他人责任是共同存在的，那么，在对接受性责任之存在的理解中已经有对他人责任的理解。这种理解和平常的理解一样，是一种刑事责任的源本生存论上的存在形式，只有这种源本的存在形式才使对刑事责任的认识变成可能。

以上关于接受性责任与他人责任共在的分析可以得出这样的结论：

接受性责任与他人责任都是从生存论上得到规定的，也就是说，是从它们去存在的方式得到规定的。作为共在的接受性责任是倚恃于他人责任和个人责任的以这种或那种方式所操持着的世界而生成的。现在需要解决的问题是：经由世界而得到规定的那种相互共存和一种由此所产生出来的共同理解是如何在接受性责任之中自身构成的。进一步就会问到这个问题：在日常生活中存在的接受性责任到底是谁？

二 "常人"责任：刑事责任的存在形式

（一）刑事责任的日常存在

在刑事责任的答责中，人们常常沉陷于这一白日梦，即弗洛伊德意义上的笛卡尔之梦：刑事责任仅仅是并且从来都只是个人的——这仿佛已经给出了对于日常生活中刑事责任是谁这个问题的回答。这个白日梦产生的原因在于，在刑事责任的答责上一直都存在这样一个难题：如何将犯罪行为产生的某些后果或全部后果归责于行为人？人们知道，任何行为人从未拥有对自己所发起的行动的可靠的控制力，也从来无法完全实现自己原初的意图，那么，对行为人的答责就需要一种"狡计"。个人责任论用康德的"理性的狡计"进行归责，但这种做法无助于问题的解决。假如我们期望从行为人的主观反思开始去探究刑事责任的本体问题，那么，我们所探讨的这个问题就找不到任何答案。

刑事责任的真正主旨不是行为人，刑事责任只是通过行为人得以表现的。刑事责任绝不是一个与自为存在的责任主体相对立的对象，它独立于行为人的认识。成为我们思考对象的，不是刑事责任意识，而是刑事责任经验以及由此而来的刑事责任的存在方式。通常在行为人的自为存在没有得到限定主题视域的地方，通常在不存在任何刑事责任主体的地方，就存在刑事责任，而且存在真正的刑事责任。刑事责任的本质规定是这样显明和根本，至于谁在从事这种活动是无关紧要的。刑事责任的存在形式并没有以下性质，即那儿务必有一个刑事责任的主体。其实，刑事责任有一种被动式并含有主动式的意义。我们在讲到刑事责任时，说那里有危害行为发生，有行为要被追责。刑事责任根本不能理解为一种个人的活动。刑事责任的真正主旨显然不是那个有责行为的主体性，而是刑事责任本身。我们只是习惯于把刑事责任这种现象与主体性及其行为相关联,以至于对语言的这种提示总是置之不顾。这样一来,刑事责任相对于行为人意识的优先性就表现出来了。刑事责任的存在方式与自然的存在方式是这样的接近,以至于我们可以得出一个重要的方法论推论:因为人是自然,人的刑事责任才是一种纯粹的自我表现。

由于每个人的刑事责任一直都是和他人的责任共存的,而这个他人责任相较于每个人的刑事责任而言又是在先的。这个绝对先在性的他人责任的提出,为通达接受性责任打开了一条新的通道。这才是对接受性责任的一种本体论的诠释,因为,无论我与你,都是为他人而存在的。他人喜欢什么,我就喜欢什么。在日常生活中,虽然个体具有选择如何存在的可能性,但这个个体在选择的时候也是属于他人并受其支配。这个他人是不显眼的,却在作为共在的行为人那里具有统治权。那么,这个"他人"是谁呢,其是怎样在日常共处中把刑事责任承担过来了呢?

(二) 常人责任作为刑事责任的始源

在责任主体的内容中,我们已经指出,刑事责任中的他人责任的这个"他人"就是常人。刑事责任的主体虽然是个体,但他也属于常人之列,所以,他承担的刑事责任属于"常人责任",即通过存在于世界之中的被针对的意义可视为相同而且可重新视为相同的统一体而得到领会的刑事责任。常人责任为接受性责任和个人责任架设了一个连接点,它解决了行为人承担的接受性责任的正当性问题。因为,他承担的常人责任也是他自己的责任。常人责任是刑事责任在世界中的存在方式,也是日常状态中刑事责任是什么这一问题的答案。

刑事责任的主体之所以要承担接受性的责任,是因为他自身内就蕴含着常人的部分。德国学者贝克指出,个体自我实现的伦理在现代社会中处于最有力的位置,人们的选择和决定塑造着他们自身,个体成为自身生活的原作者——成为个体认同的创造者,这就是我们所处的这个时代最重要的特征,同时也是潜藏在家庭并与工作和政治有密切关联。[①] 由

---

① [德] 乌尔里希·贝克、伊丽莎白·贝克-格恩斯海姆:《个体化》,李荣山等译,北京大学出版社2011年版,第27页。

于现代社会的高度分化,任何一个人也不会成为一个全人,任何人都要通过他所拥有的身份才能整合进社会,比如纳税人、司机等。个体总是在不同的生活领域中徘徊。这样,常人的人生成为个体的一种选择。自我决定与自我选择实现的不仅仅是个体的目标,同时也是常人的目标。这个常人从不实际地存在,从不在具体的案件中现身。但在需要一种评判之时,常人就出现了。

在刑事责任中,常人责任是从生存论上得到规定的。根据康德的责任观,行为人的刑事责任只与他的独断独行、只对自己负责的生物的骄傲和与这种作为不可逃避的义务的责任感的结合有关。这种责任感要求行为人尽可能地了解自己及其处境,忽略了刑事责任的其他内涵,比如人的社会和文化责任等。根据常人责任,在社会中,每一个人承担的刑事责任都完全消解在"常人刑事责任"的存在方式中,都处于一种"平均状态"中:人们基于其认识能力的平均状态和行为能力的平均状态等所承担的刑事责任,这种平均状态描绘出了什么责任是可能的且能够被允许的东西。这一平均化是刑事责任的一种生存论的规定,是刑事责任存在可能性的一种平整,它是通过刑事责任的容身于世表现出来的。在这种不显明而又不能定居的情形中,常人开始了他的绝对地统治:常人如何认识,我们就如何认识;常人怎样负有义务,我们就怎样负有义务;常人怎样行为,我们就怎样行为;常人怎样答责,我们就怎样答责。这个常人不是某个特定的人,却规定着刑事责任日常生活中的存在形式。在这种方式中,"常人责任"始终警惕着每个例外的刑事责任,一切例外都无声无息地被压制了下去,它把持着、分配着对刑事责任平均理解的可能性以及和平均理解连在一起的呈现的可能性。这样一来,每个人承担的刑事责任都是处在这种平均状态中这一并非某个特定之人的常人的责任。这一属于"所有人"但又不是全体人之总和的常人所承担的责任,就规范着刑事责任的存在方式。

不过,常人并不是无其人,但也并非就是那种我所能看见、把捉与衡量的世界中的具体的人。这一常人越是公开,它就越是无可把捉。白建军教授将民意对刑法的影响称为"影子刑法",认为影子刑法有三个不确定:其一,"说什么"不确定;其二,"谁在说"不确定;其三,"为什么说"不确定。① 实际上，这不是"影子刑法"，而应该是"常人刑法"。民意也好，传统也好，它们对刑法的影响只有从常人这一视角，才是在生存论上进行诠释的，白建军教授所说得到"三个不确定"也能够得到确定了。因此，这一被看作在某种意义上"最实在的刑事责任主体"的常人具有的现象上的结构清楚地显明：常人的刑事责任不是任何物也不是什么世界上的东西，毋宁说，它本身只是刑事责任的一种存在的方式，它恰好构成了社会中向来属己的刑事责任所答责的那个"谁"。正如海德格尔指出的，本真的自己存在并非是依赖于主体从常人那里解脱出来那样一种例外情况。② 刑事责任必然与常人责任在一起，因为它所遇到的这个世界已经是按照公共的使用和意义而获得的事物组成的世界。涂尔干指出，存在着两种遭到这种法律禁止和谴责的犯罪行为，在当事人与集体类型之间直接存在一种强烈的差异性或者当事人触犯了代表共同意识的机关。这两种行为所触犯和违抗的力量是一致的。它是最根本的社会相似性的产物，它的作用就在于维护这种相似性所产生的社会凝聚力。③ 刑事责任中的常人责任就是刑事责任中的相似性，刑法要维护这种相似性，以便为社会提供基本的保障。通过维护这种最低的相似性，个人承担的责任既不是过分的负担，也免得行为人威胁到社会发展所必需的安全和秩序。因此，刑事责任是根据"常人"的标准认定的。没有常人责任，刑事责任本身就无法理解。④

常人责任是刑事责任的常态，个人责任是刑事责任的一种生存的变式。个人责任和常人责任不是截然分开的，二者是凝聚在一起的。这就

---

① 白建军：《中国民众刑法偏好研究》，《中国社会科学》2017年第1期。
② [德] 马丁·海德格尔：《存在与时间》，陈嘉映、王庆节译，生活·读书·新知三联书店2006年版，第151页。
③ [法] 埃米尔·涂尔干：《社会分工论》，渠敬东译，生活·读书·新知三联书店2000年版，第68页。
④ 根据常人的标准确定责任在刑法理论中是常见的。如对于期待可能性的判断，现在一般采用的是平均人标准说。这个平均人不是所有人的平均数，而是行为人日常生活交往领域里的平均人。再如，过失行为的判断标准是根据一般人的标准进行判断的。在英国刑事司法中，刑事责任的判断是根据合理人的标准进行认定的。参见 [日] 前田雅英《刑法总论讲义》，曾文科译，北京大学出版社2017年版，第192、263页；[英] 维克托·塔德洛斯《刑事责任论》，谭淦译，中国人民大学出版社2009年版，第388页。

是所谓的刑事责任的凝聚原则，即每个行为人除了自己所挣得的责任外，还存在着一个常人责任，这种责任并不是行为人所挣得的责任的总和，而是他以某种方式分担着这种常人责任。据此，每个行为人不仅对他自己的行为负责，而且也要对那个看不见的常人的行为负责。这个凝聚原则表明：每一个行为人与常人的伦理上的共同责任性并不是建立在某种特定的、通过合同或者法律规定的义务中，也不是行为人自己完全自由承担下来的，而是早就存在于行为人在世界中的生存中了。因为，在行为人的生存中，他自己早就和常人凝聚在一起了，并且还总是受常人的支配。这表明，行为人所承担的个人责任和常人责任是一起通过它们的存在给出的。正是在它们的共存中，行为人的个人负责性与（以常人标准）对社会的负责性组成了一个不可分割的统一体。

常人责任不仅是刑事责任（接受性责任）的存在形式，也是刑事责任（接受性责任）的始源。在与常人责任的相互共存中，刑事责任已经把自己交付给了基于这个无人的常人所确定的责任。只要行为人是在常人中生成的、是从常人出发而成为其自身，那么常人就从行为人那里夺走了他的选择、他的判断和他的价值评价，刑事责任的答责就由这个匿名的人摆布和操纵。这就意味着，刑事责任总是已经原本地通过常人责任而得到了给出，总是属于常人的刑事责任所沉浸于其中的世界。常人责任比个人责任到得更早，个人责任无权同一常人责任，相反，个人责任是为常人责任存在的。刑事责任通过在常人责任这种平均化的均质状态中敞开，能够给予刑事责任以特有的确定性、稳固性以及牢靠的必然性，并担保从一个刑事责任到另一个之轻而易举的过渡。因此，从现象学上说，"常人责任"才是刑事责任（接受性责任）的价值和意义的源头。

第七章

接受性责任的生存论建构

第一节 接受性责任存在的境域

一 接受性责任存在境域的选择

（一）以往刑事责任存在境域的考察

刑事责任总是要在一定的背景下存在并被认识的。心理责任论将与行为人及其行为有关的事实（客观事实和主观事实）作为刑事责任存在的境域，规范责任论是在规范中对刑事责任进行探索，社会责任论是在行为人及其行为的社会意义上对刑事责任进行考察，人格责任论将行为人的人格表达作为刑事责任存在的领域，功能性的刑事责任是在刑法的作用上研究刑事责任。这些刑事责任理论都根据自己的任务选择了刑事责任所处的不同境域，并在所选择的境遇中构建自己的刑事责任理论体系。

上述刑事责任理论在探寻刑事责任寓居的处所的时候，都是将刑事责任放在一个（现成的或认定的）东西之内。比如，心理责任论将刑事责任放在心理的事实中，规范责任论将责任放在规范的评价中，功能性责任将刑事责任放在刑事责任的一种功能的期望中，如此等等。根据上述理论，"在……之中"是刑事责任的一种性质，好像刑事责任可以通过这种性质被把捉到。它们对自己研究刑事责任的方法不加约束，总是喜欢用一个简单的"元根据"来指明刑事责任的来源。这种方法的荒谬是显而易见的，其荒谬性正像我们要研究 A，但 A 作为 A 的属性要到 B 的领域中去寻找。我们除了这种方法以外，能不能将刑事责任理解为某两个东西之间的存在呢？比如，我们能不能将刑事责任理解为存在于行为人与心理关系、行为人的行为与可责性、行为人与他的人格、罪责与一般预防等等之间呢？这种关于刑事责任的"之间"的设定虽然具有一种现象上的提示，但它在存在论上是没有得到规定的。如果我们把刑事责任理解为两个现成的东西之间的结果或者存在于两个东西之间，那么，我们怎么把这两个东西整合进刑事责任之中呢？我们可能没有相应的黏合剂，甚至也不能指望通过这两个东西来组建刑事责任（构成刑事责任的东西可能在这两个东西之外）。这说明，虽然在司法实践中刑事责任是否存在是很显明的，但我们认识它的方法反而给它加上了种种伪装，以至于真正的刑事责任反而看不见了。

（二）接受性责任境域的选择

到目前为止的考察中，我们已经探讨了接受性责任的世界结构以及接受性责任之"谁"。现在的任务是将刑事责任的在世存在的本源结构揭示出来，并从存在论上对其存在的方式及其可能性进行规定。为了完成这个任务，就不能认为刑事责任存在于某个对象或者关系中，而应将刑事责任自身的"在之中"作为它的存在方式来把捉。因为，对刑事责任的研究必须是针对它自身的研究，必须在它自己所处的境域中去研究，而不能离开它及其所处的世界到它自身之外去寻求它。

通过对刑事责任的研究，我们知道接受性责任都是"在——世界——之中"存在的。关于接受性责任存在的世界及其存在形态的诠释一直都是对"在——世界——之中——存在"这一结构整体的一种揭示。这就意味着，只有根据刑事责任的"在（世界）之中"这种境域进行考察，它的本体的现象才有可能得到揭示，它本身才能得到规定。因此，"在之中"是刑事责任的一种生存建构，它能为接受性责任的结构提供一个原始的保障。

二 "在之中"对接受性责任的生存论建构

（一）接受性责任的"在之中"

在日常生活中，我们谈到"在……之中"时一般意指一个东西在另一个东西之中。如牡丹花在花园之中，鱼在水中。这种意义上的

"在……之中"指的是现成的两个事物之间的空间关系，它对于事物本性的把握是没有什么意义的。例如，对于牡丹花的性质，它和花园的空间关系是提供不了什么的。我们这里谈论接受性责任的"在之中"，是通过"在之中"揭示刑事责任的源始结构，不能将它理解为刑事责任与某种东西的空间关系。那么，我们应该在什么意义上理解刑事责任的"在之中"呢？

在日常生活中，我们有时候会说，一个人居住、逗留"在……之中"。比如，我们说一个人是一个大学生，这样说的意思是指，这个人属于大学生的一员，他生活在大学生之中。我们对这个人的认识不是基于他与校园、教室的空间关系，也不是与某个同学的亲疏关系，而是基于他的大学生的生活世界。只有从他的这个生活世界出发，我们才能对这个人的性格、行为等进行认识。也就是说，只有从他生存于其中的世界，才能获得对这个人的整体情况的正确认识。如果我们说一个大学生走过来了，其含义不是指一个大学生模样的人走过来了，而是指这个大学生和他作为大学生的整体一起走过来了。

基于上述思考，接受性责任的"在之中"是从接受性责任的生存的世界出发来认识的。它的含义是指接受性责任在它的"世界"之中。它不是指一种空间上的相互容纳，而是指接受性责任居住于、依寓于、逗留于其亲熟的世界之中，更近一层的解释是：接受性责任消散于世界之中。为了更源始地考察接受性责任的存在结构，就应当更切近地考察它的这个"依寓于"。这个"依寓于"是一个生存论环节，它不意味着有一个现成的接受性责任连同一个叫着"世界"的存在者"比肩并存"，而是意味着只有当接受性责任以"在之中"这种方式存在，只有当接受性责任中的"世界这样的东西"由于接受性责任的现时存在已经被揭示出来了，接受性责任才可能以世间化的方式被公开出来，才可能作为现成的一种存在成为可通达的。离开接受性责任的这个"在之中"，接受性责任（包括刑事责任）不可能被接触到，也不可能被本源地揭示出来。如三甲医院外科医生的刑事责任就依寓于他交往的世界之中，而不是二甲医院的外科医生交往的世界之中；小车司机的刑事责任依寓于小车司机所交往的世界之中，而不是卡车司机所交往的世界之中。

（二）"在之中"对刑事责任的型塑

在认识论中，一直有一个假设：存在两个不同的世界，一个是外部世界，这个世界外在于我们的信念和经验，不会被我们的想法影响；一个是我们的信念、观念的、内在的世界。根据这个假设，我们关于刑事责任的认识是内在的东西，而刑事责任是一个外在的东西（虽然它不是一个实体），那么，问题是，我们关于刑事责任的领会，是怎样越过我们的"内部的领域"而抵达那个"外部的领域"的？

在揭示刑事责任的时候，人们一开始就或是清楚或是模糊地假定了在关于刑事责任的内在认识与刑事责任的存在之间的一种存在关系。如果进一步追问，这两种存在者之间的联系是如何可能的？这就表明，关于二者之间的关系更加特别地运用到了有关内在之物与外在之物的界定之中。人们常常不假思索地假定获得的认识与刑事责任的实情是一致的，可是，对于这个认识的存在意义，对于这种认识与刑事责任之间的存在关系之存在意义，却未给出最起码的规定。人们既未澄清获得的关于刑事责任的认识的存在意义，也没有相对于刑事责任的存在意义而界定出对于刑事责任的认识的意义。只要提出这样一个问题：关于刑事责任的认识如何走出其自身而达到外在于它的刑事责任，那么，无论这里的认识如何得到界定，关于刑事责任的认识的探究方式就会成为一种基于假象的探究方式而陷入错误。

上述错误只有根据接受性责任（包括刑事责任）生存于其间的"在之中"这种新的境域才能得到克服。接受性责任（包括刑事责任）不是由自身构成的，而是由作为"在之中"的世界构成的。只有根据这个境域，才能从刑事责任存在的角度思考刑事责任，才能使刑事责任保持原样，不受扰乱。接受性责任既不源于事物，也不源于责任主体，而是在它所生存的世界境域中呈现出来的，而这个境域是显—隐两重性的发生和运动。只有通过"在世界之中"这一存在论建构，对接受性责任的本体论理解才可以启动。这种哲学场域的转移和从方法问题向存在问题的转移一样重要，在这种转移中，通过存在论这一新工具的运用，刑事责任的始源及其存在方式就得到了澄明。

只有接受性责任已然在——世界——之中——存在，它才有可能承当这样一种与世界的联系。这种意义上的"在之中"不是接受性责任或者具有或者不具有的某种属性，不是接受性责任所偶然赋予的、被添加在它身上的某种属性，仿佛在没有这种属性的情况下，人们仍然能从另外一种与"在之中"不相干的视角对接受性责任进行探究。这即是说，"在之中"是接受性责任的存在建构，它的一切存在方式都存在于这一建构之中。比如，作为接受性责任（包括刑事责任）的存在形式的常人责任就不是生存在个体或者社会中，也不是存在于个体与社会的关系中，而是生存在它所寓居、生活的世界之中。

由于需要认识的刑事责任存在于世界之中，对刑事责任的认识来自于刑事责任的存在形式当中，即来自刑事责任的"在世界中存在"。以往对刑事责任的认识的根本缺陷在于：它没有着眼于刑事责任的那种源初的现象上的发现而把自己用"认识"所标识的东西看作刑事责任的存在方式、看作属于刑事责任的"在之中"的存在方式，并由这一根本见解出发，来把捉一切在这个地基之中才能够生发出来的问题。接下来的问题是，这个存在于"在之中"的刑事责任是怎么现身的？我们是怎么把捉到它的？

第二节　接受性责任在世界中的显现

一　接受性责任的现身和领会

（一）接受性责任的现身

在日常生活中，很多人在空间上离我们很近，却可能一生都与我们没有交集。其原因不是这些人不存在，而是这些人在我们的生活里没有现身，也就是说，他们没有来到我们的视界中，没有来到我们的身边。但是，如果有一天，由于某种原因或者机缘我们要关注这些人，那么，这些人就来到了我们的身边，我们就对这些人的情况变得熟悉，甚至这些人会成为我们的朋友。也就是说，正是我们对这些人的关心或者操心，让这些人在芸芸众生中现身了。这种现身，消除了我们与这些人的距离

(不是空间意义上的),也就是通过所谓的去远①,使这些人来到我们的身边。

接受性责任(包括刑事责任)的现身也是如此。刑事责任是在世界中存在的,它不是经过认识才现身的,而是它本身就在世界中。它能够来到我们的视界中,是因为我们对它的操劳(定向)使我们与它的距离消失(去远)了。也就是说,正是这种操劳使刑事责任的世间性显现出来。刑事责任不是从外部或内部来到我们面前的,而是以在世的方式并从这个在世本身显现在我们面前的。刑事责任的世界、与他人责任的共在以及它的存在方式都是通过现身显现出来的。例如,甲的一种攻击才刚刚进行准备就被乙的预防性措施阻止了,因为后来再进行防卫是不可能的了,在这个过程中,甲受了轻伤。在这里,乙的行为是要承担刑事责任的。乙的行为的可责性来源于人们对于公共和平的操心,因为预防性地对危险进行防卫在原则上是警察的事,不能将这种防卫交给个人。但是,如在一个非常偏远的地方一个小旅店的老板,在晚上休息前听到几个旅客商议在半夜如何打劫他,因为他自己不能对付这些人,就在给他们的啤酒中下了麻醉药。这个行为就能够根据《刑法》第21条得到正当化。在这里,该老板的行为是不可责的,因为,由于他的特殊的处境,他的安全就是需要优先操心的。

(二)接受性责任的领会

接受性责任的存在不仅与它的现身有关,而且与对它的领会有关。对刑事责任的领会与刑事责任的现身一同构成了刑事责任的在此。刑事责任是在世界中的存在,对它的领会包含了它能在的存在方式。对接受性责任(刑事责任)的本体论把握总是与它的种种可能性有关。一方面,对接受性责任(刑事责任)的领会是通过刑事责任的筹划进行的。这种筹划是依循着刑事责任的为何之故向着世界被筹划的,即向着一个意蕴整体被筹划的,这种筹划组建着接受性责任(刑事责任)的存在。海德

---

① 去远是此在在世的一种方式。它说的是使相去之距消失不见,去某物之远而使之近。为了去远,就要发现它,发现它的途径就是操劳,也就是对这个物的定向。通过去远与定向,一个物就在我们的世界中出现了。参见[德]马丁·海德格尔《存在与时间》,陈嘉映、王庆节译,生活·读书·新知三联书店2006年版,第122—128页。

格尔认为，此在作为有所领会的此在既可从世界和他人方面来领会自己，也可以从自己的本己的能在方面来领会自己。① 接受性责任（刑事责任）也是从世界和他人方面进行理解的，虽然它与责任个体有密切联系，但后者在根本上还是要通过世界才能显现出来，因为，作为实际存在的接受性责任（刑事责任）自身总已经寓于一个被揭示的世界。不过，这个被揭示的世界是一种在先的存在，接受性责任（刑事责任）就是根据这个在先的存在进行筹划的。② 在对刑事责任的世界的筹划中，是从来自其特殊的生存处境的前理解中获得方向，而这种前理解划定了什么能够作为统一的旨趣被实现并划出了论题框架和对每种筹划起限定作用的因素。因为，我们关于刑事责任的认识活动是被那些我们几乎觉察不到或者根本察觉不到的前意识的"集体习惯化"型塑的，是以对于刑事责任的预先的理解为前提的。因此，谁在理解刑事责任，谁就是在进行一种筹划。

另一方面，接受性责任（刑事责任）是一种可能的存在。通过筹划，接受性责任（刑事责任）就是它的各种可能性之中的可能性。海德格尔指出，此在一向是它所能是者，此在如何是可能性，它就如何存在，此在的实质性的可能之在关涉我们特殊描画的各种对世界的操劳和对他人的操持。③ 接受性责任（刑事责任）也是如此，它向来已经陷入某种可能性，并向它的种种可能性开放，对接受性责任（刑事责任）的理解也只有在某种"能在"中确定方向。接受性责任（刑事责任）总已经和它本身的一种可能性合在一起了，这显示出它的存在的一种源始的具体化。这种具体化的"能在"是说，接受性责任（刑事责任）在其存在中已经先行于自身了，它就是一直为其故而如其所在地存在着的东西，它总超出自身，作为向它自己本身所是的"能在"的存在。这种对接受性责任

---

① ［德］马丁·海德格尔：《存在与时间》，陈嘉映、王庆节译，生活·读书·新知三联书店2006年版，第255页。

② 解释的第一要务一直是不让历来就有的前有、前见和前把握以偶发奇想和流俗之见的形式出现，而是从事情本身出发处理这些前有、前见和前把握，从而保证论题的科学性。参见［德］汉斯-格奥尔格·伽达默尔《诠释学Ⅰ：真理与方法》，洪汉鼎译，商务印书馆2007年版，第363页。

③ ［德］马丁·海德格尔：《存在与时间》，陈嘉映、王庆节译，生活·读书·新知三联书店2006年版，第167页。

（刑事责任）的可能性的把捉是在其存在中来把捉和发展的，并通过这种把捉获得自己的当前化。至于接受性责任（刑事责任）以什么可能性呈现出来，取决于人们在思考刑事责任时所操劳的侧重点是什么。如历史上的身份责任，基于报应、预防和结果而承担的责任，都是由于人们在思考责任时操劳的方向不同而形成的不同的责任理论。这种基于可能性而存在的接受性责任（刑事责任）开展着与接受性责任（刑事责任）一道存在的何所在，这种开展活动，始终关涉接受性责任的整个基本建构，也是刑事责任的源始的本体论规定性。

对刑事责任的认识要消除那些众多的虚浮不实的、强制炮制出来的结论。关于刑事责任的认识不是这样一种认识：那一开始仿佛还不是在世界中存在的刑事责任，正是通过认识、正是在认识中才产生了一种与世界的联系。对于刑事责任的认识，只有将其建立在一种已经寓于刑事责任之存在的基础上才有意义。也就是说，人们正是根据对于刑事责任的认识而显示出来的刑事责任所具有的特定的客体属性而去界划刑事责任的存在方式的。这里，就存在以下两个方面的关联，一方面是关于刑事责任所处于其中的世界之存在的规定方式，另一方面是那种以刑事责任与世界的首要的认知关系为着眼点而对刑事责任本身所作的基本刻画。

不过，对刑事责任本身所作的这种基本刻画必须建立在让刑事责任本身"能够看见"的基础上，这样一种"能够看见"只能是在一种"能够显现"的基础上才是可能的，而这样一种能够显现又只是在一种总是寓于刑事责任所熟悉的存在于世内的某物的基础上才是可能的。只有当刑事责任在其存在中拥有了让世界照面这一禀赋的时候，它才拥有一种认识的可能性。海德格尔指出："认识无非就是在——世界中——存在的一种方式，确切地讲，它还根本不是在——世界——中——存在的一种首要的方式，而是在——世界——中——存在的一种被奠基的存在方式，它从来都只是在一种非认知行为的基础上才是可能的。"[①] 对刑事责任的

---

① ［德］马丁·海德格尔：《时间概念史导论》，欧东明译，商务印书馆2009年版，第224页。

认识也是如此，我们对刑事责任的认识奠基于一种在世界中存在的一个非认知的东西的基础上，奠基在刑事责任的一种源始的结构的基础之上，是对刑事责任被遮蔽的情形的一种源本的揭示。

这种能够看见的刑事责任就是接受性责任的在此，就是一种可能的刑事责任。这样的一种可能的刑事责任是依循着接受性责任的为何之故向着世界被筹划的，在生存论上，这种筹划蕴含着接受性责任此在的存在形式。接受性责任此在的"此"是接受性责任活动于其中的生存论结构之一，这个在此就是在世界中展开了的"此"。根据前述对刑事责任的世界的分析，这个在此的开展状态存在于对"为其故"的理解之中，源于这种领会的意蕴的一起开展中。

接受性责任的此在作为行为人所承担的一种刑事责任，其本质是在世界中自我存在的。这种"去存在"，正表明它的一种朝向接受性责任存在本身的可能性。首先，这种接受性责任此在的"去存在"不等于某个现成存在。有的刑事责任理论也试图为刑事责任寻找一个基础，如心理责任论的心理关系、人格责任论的人格等，但它们的失误在于从心理关系和人格的现成存在状态入手，从而不懂得区别作为刑事责任现成存在状态的"什么"与作为刑事责任可能成为本真存在状态的"可能性"，陷入了对刑事责任现成存在状态的"是什么"的非存在论的分析，并误认这种对刑事责任的"是什么"的分析就是对刑事责任的本体论分析，甘心于对这些责任对象的非存在论的知识性满足，致使传统刑事责任理论长期地耽误了对刑事责任存在本身的分析。其次，接受性责任此在的"去存在"，表达的是朝着接受性责任"存在之自我展示"的"存在之自我创造""存在之自我选择""存在之自我决定"。就其朝着自身的自我展示而言，它总是一种趋势，一种"将是什么"的那个"是"的可能性，一种正在进行、又没有完成的存在状态。它不但有别于"已成为什么"或"已是什么"的现成存在状态，也有别于那种非实现存在自我显现的一般存在可能性（如积极的一般预防、威慑）。

通过这种"去存在"，接受性责任就是它的各种可能性之中的可能性。接受性责任（刑事责任）是其在世的某种可能性，并向它的种种可能性开放,对接受性责任此在(包括刑事责任)的理解也只有在它的某种能在中确定方向。接受性责任的此在是行为人承担的一种刑事责任,行为人只有对这种责任"如何存在"有所领悟,才能在这种领悟中使接受性责任的存在可能性本身成为接受性责任存在的自我展示过程,才能解答为什么行为人要承担这种接受性责任。这种基于可能性而存在的刑事责任,有别于空洞的逻辑上的可能性,是对刑事责任的源始的本体论规定性。

接受性责任的此在的本质就是它的生存。海德格尔指出,此在一直从它的生存来领会自己本身:总是从它本身的可能性——是它自身或不是它自身——来领会自己本身。① 接受性责任的此在也是如此。我们只有从它的生存来领会它,才能够弄清楚它的基本结构,接受性责任的此在才能如其自己展现和自己描述的那样得到把握。这种生存论意义上的领会始终关涉接受性责任的整个基本建构,这种领会把接受性责任的世界的可能的内容打开了。接受性责任的可用、有用、功能等这些"能在"就被揭示出来了,它的因缘整体性也被揭示出来了。在这种展开中,领会作为能在,它自身就含有各种可能性。刑事责任在其存在中总已经和它本身的一种可能性结合在一起了。这种刑事责任的能在就是如其实际上存在着的那样存在的刑事责任的此在向来为其故而存在的东西,因而它是自明的,而不是人为赋予的(他明的)。

作为接受性责任此在的开展活动,通达接受性责任此在的道路在于凭借对它的领会解释活动进行的。这种领会活动包括行为人对接受性责任此在的自我领会和自我解释活动与社会对接受性责任此在的领会和解释。前者是指行为人对这个接受性责任此在的存在过程的认识和自我展现,后者是指社会基于上述认识对其的领悟和解释。这些对于接受性责任此在的解释,都是从它的生存状态上进行的,因而是原始的。那么,如何借助领会解释活动通达接受性责任的此在呢?

---

① [德]马丁·海德格尔:《存在与时间》,陈嘉映、王庆节译,生活·读书·新知三联书店2006年版,第15页。

二 接受性责任的日常存在和沉沦

（一）常人言说：接受性责任的日常存在

前面探讨了接受性责任在世间存在的构造，接受性责任的日常形态就在我们面前展开了。现在需要进一步追问的是：如果刑事责任是以常人责任的形式存在的，那么，它的生存论环节包括哪些呢？我们说常人责任是刑事责任的始源，它是怎么现身的呢？如果说对刑事责任的领会是指刑事责任的能在，那么，作为刑事责任的存在形式的常人责任把刑事责任的哪些能在占为己有呢？只有阐明了上述问题，刑事责任原始的存在形态才在存在论上得以揭示。

在日常生活中，常人责任与关于刑事责任的常人言说是分不开的。这种关于刑事责任的常人言说构成了对常人责任的诠释样式。这种言说控制着对刑事责任平均理解的可能性以及与这种平均领会一起现身的可能性，因为，只有对刑事责任的平均的理解才能被社会和大众所接受。刑事责任总是存在于这种言说中，从来没有从这种言说中脱身出来。从来没有一个刑事责任不受这种言说的影响而自己独自存在。这种言说已经决定了刑事责任同世界发生关联的基本形式，它规定着我们怎么"看"刑事责任，并在刑事责任那里"看"到了什么。

不过，这种言说不是一种现成的形态，也并不是以现成事物那样存在着。它是一种无根的存在，却依存于刑事责任的世界中，并向着刑事责任自身而存在着。这种无根的存在并不表明刑事责任不存在，反而构成了刑事责任在日常生活中最日常的存在。

在谈及刑事责任的时候，常常存在怎样言说都可以的情形。在日常生活中，对于一件事情，每个人都可以说点什么。对一个刑事案件也是如此，比如对于昆山反杀案的性质，刑法学者的意见并不一致。对于刑事责任的概念，学者的主张也不相同。这说明，对于刑事责任的日常存在的形式，会有不同的认识，这是刑事责任在世间存在的方式。不过，哪一种言说是正确的，哪一种言说是常人言说，要取决于一定时期社会和大众的立场。如对于昆山反杀案最终定性为正当防卫，与该案例被广泛关注有关。近年来，社会上不时存在"邪不压正"的现象，司法中对正当防卫的认定一直存在比较克制的态度，导致邪恶力量的释放比较明显，公众普遍认为司法应向社会明确传递正当防卫的信息，普遍认为于海明的行为系正当防卫。这表明，社会大众认为，像于海明这样的行为应属于正当防卫，因此，根据现在的社会和大众的理解，于海明的行为是正当防卫的结论就是关于该案的常人言说。

（二）刑事责任的沉沦

对刑事责任的日常言说与不同的认识标识着刑事责任的日常的存在，以此展开了刑事责任的在世形式。所有这些标识着刑事责任存在的方式，在这种方式中存在的刑事责任，可以称为刑事责任的沉沦。这种指称不是从否定或消极的意义上说的，而是指刑事责任平时都是寓于它所操劳的世界。刑事责任的这种沉沦，可以说是藏匿于常人责任的这种特性。刑事责任总是离开它自身，依靠关于它的言说与不同理解而藏匿于世。我们前文提到刑事责任与他人责任的共处，刑事责任的沉沦就消失于这种共处中。这种沉沦表明刑事责任不是一种本真的存在，但正是这种非本真的存在①构成了刑事责任的一种独特的在世，一种被常人责任所俘获的在世。

沉沦的刑事责任是刑事责任的存在论上的结构，它向之沉沦的不是它刚好碰上的某个东西，而是它本来就身在其中的那个世界。作为刑事责任的"在之中"不是作为一个机械的架子在起作用，而只是刑事责任沉沦的一种方式。通过这种沉沦，刑事责任就存在于它的世界里，以常人责任这种非本真的方式存在着。作为刑事责任的一种最好的安排，常人责任使刑事责任完美真实地生活在世界中，将一种安定带入刑事责任中。

---

① 需注意的是，这里的非本真的存在不是指不存在，只是指刑事责任的沉沦状态。

第八章

接受性责任的一般存在结构

第一节 接受性责任此在的时间性和历史性

一 接受性责任此在分析的局限

以上所分析的接受性责任此在的特征,只是从它的此在出发,通过它的存在方式论证它自身的本体论结构及其意义。这种从具体的刑事责任的生存论结构出发所进行的刑事责任的本体论论述,就其与现象学对于"存在要在其本身的自我显露中呈现其本体结构"相符而言,就其展示刑事责任的"存在"先于刑事责任的"本质"而言,就其作为一个特殊刑事责任的"自我言说"和"自我领悟"而言,都可以典型地表达出刑事责任的本体论的意义及基本内容,可以揭示刑事责任"存在"本身的"真理"。

不过,这种从接受性责任的此在到存在的本体论论证,还带有两个明显的限制,不利于更直接地把握接受性责任的"存在"本身:第一,它必须从接受性责任此在的生存论出发。第二,接受性责任的此在所显示的存在本身,既然是它在"在世"过程中的那种"存在",那么,那个自我显示的接受性责任的"存在"结构,也就总是"接受性责任此在"的在世可能性。也就是说,从接受性责任的生存论分析出发去研究刑事责任存在的本体论意义,只能限于接受性责任此在的存在论上的世间性分析,其目的是扭转以往的责任理论对于刑事责任的"存在"问题的歪曲和误解。但是,这只是接受性责任存在论探讨的出发点,只是把"接受性责任此在"的存在提出来，而没有阐明接受性责任存在的意义。

上述对接受性责任的分析只是涉及对它的世间性的分析，还没有涉及对它的时间性分析。只有把接受性责任的此在解释为时间性的，才能走出探索接受性责任一般存在的第一步。这一步具有极其重要的意义，因为它为接受性责任存在的研究指明了一条通往接受性责任一般存在问题的道路：对于接受性责任此在的存在的探索，目标是解答接受性责任一般存在的问题。

二 从时间和历史维度对接受性责任的诠释

（一）接受性责任此在的时间性

时间是人们获得认识的基础。康德指出，唯有在时间的先决条件之下我们才能够想象一些东西存在于同一个时间中（同时），或处于不同的时间内（相继）。[①] 不过，在传统的哲学中，往往都是把时间观念作为一种存在者状态上的标准，借此来区分存在者的种种不同领域。如康德指出，时间只有一维：不同的时间不是同时的，而是先后相继的。[②] 我们将时间性的存在者（自然过程和历史事项）与非时间的存在者（空间关系和数学关系）划分开来。我们常常把说出命题的时间性的进程，与命题的无时间的意义区分开来。此外，我们能够发觉在时间性的存在者和超时间的不朽者之间有一条天堑，我们想为二者搭桥。在这里，有时间的历来的意思仅仅是存在于时间中，而这个规定自然也够隐晦的。

对于时间分析的结构和具体内容，海德格尔进行了详尽的阐述。海德格尔指出，此在蕴含有一种早于存在论的存在作为其存在者层次上的结构。此在是以这样的形式存在的：它通过存在者的形式领悟着存在这样的东西。建立了这一联系后，我们就可以指出，在隐晦地认识到存在这样的东西之时，此在由之出发的视野就是时间。我们必须把时间明确为对存在的所有领会及解释的视域，必须这样自然地领会时间。[③] 对于此

[①] ［德］康德：《纯粹理性批判》，邓晓芒译，人民出版社2004年版，第34页。
[②] ［德］康德：《纯粹理性批判》，邓晓芒译，人民出版社2004年版，第34页。
[③] ［德］马丁·海德格尔：《存在与时间》，陈嘉映、王庆节译，生活·读书·新知三联书店2006年版，第21页。

在的时间的领会，海德格尔认为根基在于操心。他认为，操心构成了此在结构整体的整体性。①操心的结构包括：先行于自己的——已经在（世界中的）——作为寓于（世内照面的存在者）的存在。②其中，先行于本身奠定在未来中，已经在……中标识曾在，寓于……而存在标识当前化。时间使操心的结构的整体性统一成为可能，也就是说，操心的各个环节不是通过任何积累拼凑起来的。此在的将来、曾在与当前等现象是时间性的呈现，是各种呈现的统一中的到场。海德格尔指出，时间性的呈现统一性，也即将来、曾在形态与当前这诸种放任形态中"出离自己"的统一性，是那作为其"此"生存的生存者之所以可能存在的条件。③胡塞尔也指出，时间的消逝现象是一个不断变化的连续统，它构成一个无法分离的统一，无法分离为每个可以自为存在的片断，而且不可划分为各个能够自为存在的相位，不可划分为各个连续的点。④

对于刑事责任的存在分析在存在论上还不是充分的，要将对刑事责任的分析建立在人类学及其存在论的基础上，还必须引入对刑事责任的时间分析的视野。海德格尔指出，我们平常所知并纳入思考的那个时间，不过就是此在的日常状态所沉湎于其中的常人（境界）。⑤在刑事责任中，时间也一直充任着标准，并将刑事责任区分为不同的种类，如作为对过去的行为责任的一种惩罚和对未来的一种预防而承担的责任等。但是，时间性的刑事责任和超时间的永恒的刑事责任之间有一条鸿沟。时间怎么能拥有这个异乎寻常的功能？我们用时间对刑事责任进行解读的时候，时间是否承担了一种本真的存在论上的东西？这类问题至今还无人问津。

---

① ［德］马丁·海德格尔：《存在与时间》，陈嘉映、王庆节译，生活·读书·新知三联书店2006年版，第271页。

② ［德］马丁·海德格尔：《存在与时间》，陈嘉映、王庆节译，生活·读书·新知三联书店2006年版，第361页。

③ ［德］马丁·海德格尔：《存在与时间》，陈嘉映、王庆节译，生活·读书·新知三联书店2006年版，第398—399页。

④ ［德］埃德蒙德·胡塞尔：《内时间意识现象学》，倪梁康译，商务印书馆2009年版，第59页。

⑤ ［德］马丁·海德格尔：《时间概念史导论》，欧东明译，商务印书馆2009年版，第447页。

我们好像理所当然地认为,时间仿佛本来就具有这种显而易见的存在论功能,并把这种显而易见保留至今。

接受性责任(刑事责任)此在的时间是理解接受性责任(刑事责任)的境域,是接受性责任(刑事责任)在世的本真结构。我们不可能在一个没有时间跨度的绝对当下点上去把握刑事责任,因为在时间之流或"体验流"中,任何关于刑事责任的认识都是一个包括了过去和将来——不管它们是何等短促——的境域,于是与过去和将来的可能认识有内在的关联。它在对罪责的回顾和对现在刑事责任的操心的基础上,就会表现出对未来的操心。当接受性责任(刑事责任)在整合了过去、现在,未来的操心,而组成一个整体时,就产生了刑事责任的时间性的观念。换言之,接受性责任的过去和现在所烘托的未来构成了一个整体,是过去、现在,以及现在所烘托的未来的三个方面整体统一的呈现,这就是接受性责任(也是刑事责任)的时间性。比如,当我们欣赏一首曲子时,我们在每个瞬间听到的不仅仅是当时的那个声音,而是也有才消失的和立即要到来的声音,并经过它的势态或可能的维度与更多的音势相通。否则,我们听到的只是互相独立的杂音,因为,依靠事后的回想是没有办法跟上当时感知的要求的。我们听到的任何声音都隐含了它的过去、现在和将来的旋律,不是一个个孤零零的当时的声音材料。我们所把握的刑事责任与我们对声音的感知一样,它已经蕴含了自己的三个向度即过去、现在和将来的责任,不是仅仅着眼于过去的罪责或者未来的预防意义上的责任。在司法实践中,法官确定的任何一个刑事判决既有对行为人过去的情况(已实施的行为、累犯、前科、不良的生活习惯等)的谴责,也会包含有预防的内容(包括一般预防和特殊预防),行为人现在的一些情况(自首、坦白、认罪认罚、退赃退赔、赔礼道歉、取得被害人谅解等)也会在判决中得到反映。因此,让刑事责任在我们面前敞开的是我们对刑事责任的操心,也只有在这种操心中,我们才能够知觉到、"看"到刑事责任。只有当我们不去根据一种现成的东西去寻求刑事责任此在的整体构造,而是根据刑事责任的生存论可能性的统一根据去询问对刑事责任的操心,我们才能领会刑事责任的那种显明的敞开。

通过对接受性责任的时间维度的考察，能够为接受性责任的存在问题提供一个具体而微的答案。时间使接受性责任成为可能的东西。作为一种在时间中的相互共处，接受性责任的生存乃是一种堕入时间性的特定样子。接受性责任是它自身的存在方式，它是一个先于责任主体的问题，一个先于规范与归责的问题，它总是在时间的背景中被把握的。

在刑事责任的构建中有注重过去的，如心理责任论是根据过去的事情追究责任，也有注重将来的，如功能性的责任观就是根据刑事责任的将来构建的。德国刑法学家罗克辛认为，责任取决于两种现实：行为人的罪责和应当从法律中提取出来的刑法威胁的预防必要性。① 在这里，行为人的罪责属于刑事责任的过去和现在，而刑法威胁的预防必要性则是以对刑事责任的未来的筹划为主。对于这种理论来说，过去的已经过去，现在的也无可挽回了，唯有未来是可选择的、可期待的。对此，德国刑法学家雅各布斯也指出，责任解消无论如何不是允许采取刑罚的充分条件。因为，如果完全是为了解消责任而处罚的话，那么，刑罚就必须与责任分量绝对相适应，为此，需要一个要么全有要么全无的铁律，但是，这一铁律的必要性是难以接受的。一种刑罚所维持的秩序并不存在于责任之上：根据责任分量或者只根据责任分量来适用刑罚这种原则之中。② 这表明，雅各布斯认为，刑事责任不是存在于过去（责任解消）之中。现在，这种注重于将来的责任理论具有很大的影响。这是因为，对于刑事责任的诸种绽出，人们总是首先想到将来。将来在刑事责任的诸种绽出的统一中具有优先的地位，虽然刑事责任的时间性不是通过诸绽出的积累与嬗递中到场的，而是都是在诸绽出的同等的源始性中到场的。不过，罗克辛和雅各布斯的缺陷在于，没有将刑事责任的过去、现在和将来统一起来，没有注意到刑事责任存在于它的将来、曾在状态与当前这些视野格式在时间中的绽出的统一性中，也没有指出刑事责任的将来的

---

① ［德］克劳斯·罗克辛：《德国刑法学总论》（第1卷），王世洲译，法律出版社2005年版，第557页。
② ［德］格吕恩特·雅各布斯：《行为 责任 刑法——机能性描述》，冯军译，中国政法大学出版社1997年版，第1—2页。

来处，导致其理论缺乏根基。

（二）接受性责任的历史性

从接受性责任的时间性，不难体会其历史性。接受性责任的历史性就是刑事责任在时间中的展开，这种展开是刑事责任自身在一种操心中的展开。在这里，对接受性责任的历史进行分析想要显示的是刑事责任的某个具体的存在不是由于处在历史中才是时间性的，而是由于它在其存在的根据处是时间性的。对于接受性责任来说，研究它的历史性的目的不是记录已经变为过往的刑事责任的遗迹，也不是从刑事责任的历史中发掘什么必然的东西，而是要在刑事责任的过去中发掘它选择自己的未来的可能性，从而对刑事责任的未来发生作用。

接受性责任是在特定的历史中存在的。接受性责任历史的目标在于，一种是为了现在，它服务于我们同时代的刑事责任体系的完善；另一种是为了未来，服务于未来的刑事责任体系的完善。在哲学中也有运用历史的视角解释主体的行为的意义的。如伽达默尔指出，现代哲学诠释学运用"效果历史"这一概念来解释主体性的行为，即真正历史的对象根本不是对象，而是自己和他者的统一体，或一种关系，在这种关系中同时存在着历史的实在以及历史理解的实在。① 依照伽达默尔的观点，所有事物在其存在之时，就已经处于某种效果历史中了，所以，我们对某个事物的认识必定包含有对它的效果历史意识。伽达默尔表达了这样一个意思：将一个人自己的处境上升到意识的高度，以"审查"它处理文本或传统的方式，这就是海德格尔所要求的对一个人的前理解的解释。② 刑事责任也是如此，每个刑事责任中都包含有历史的内涵。每一个刑事责任的这样的价值一旦被发现就会马上从属于人类的价值宝库，并且它也会对教化、世界观以及人类的观念的内涵产生规定性的作用。我们可以不像传统的责任理论那样将责任理解为一种主体性的事件，而是应当将责任理解为一种置身于传统过程中的事件。这种传统不是一种对象化的

---

① ［德］汉斯-格奥尔格·伽达默尔：《诠释学I：真理与方法》，洪汉鼎译，商务印书馆2007年版，第9页。

② ［加］让·格朗丹：《哲学解释学导论》，何卫平译，商务印书馆2009年版，第181页。

行为,也不是与刑事责任不同的一种异己的东西,而是刑事责任自己的东西,是一种范例和借鉴,一种对刑事责任自身的重新认识,在这种认识中,我们对刑事责任传统的认识几乎不被看作为认识,而被认为是刑事责任对传统的最单纯的吸收和融化。

第二节 接受性责任的一般存在

一 接受性责任一般存在的探查

(一) 一般存在的本体论含义

从 20 世纪初期开始,传统的形而上学先后受到新康德主义、逻辑实证主义、狄尔泰的历史诠释学、尼采的生活哲学、哲学人类学等的批评,使它越来越难以立足。20 世纪 30 年代之后,海德格尔从存在的自身表现来探讨存在论的问题。后来,海德格尔对存在的这种"自我显现"以及在"说"中自我显示的意义,有了进一步的认识。这种认识就是发现了存在与语言的关系,从而为论证存在开辟了一条新路。

海德格尔发现的一般存在的道路,是发现了存在的否定结构。海德格尔在对此在的时间性的分析之后,开始分析存在的否定性的结构,从而找到了存在的本体的否定构造。个体是个能思考和运用语言交流的一个存在者,是个能够自己领会自己和自己将自己思维所得的成果用语言、语音、语调、表情、行为等方式反映出来的存在者,这种存在者在他的存在过程中,通过他在他的整个时间性的存在过程中的从生到死的自己对自己的否定,通过在他的存在过程中所呈现出来的"是自己又不是自己"的自我否定,达到了自己的一般存在。从另一个方面来看,如果没有通过存在对它的自身显现中的否定的结构的分析,就没有真正地把握住现象出来的此在的存在论的本真结构,也就无法对存在进行有效的存在论证明。

传统形而上学都没有去探究存在的否定结构,最终走向了自己否定自己的结果。在这个背景下,海德格尔根据现象学的方法论,构建了存在论的现象学,为重新塑造形而上学的问题开辟了一个新的途径。海德格尔指出,现象学探查的本体论基础,是那种无法证实和无法推导的此在的事实性，即生存，而不是作为典型普遍性本质结构的纯粹我思。① 海德格尔通过运用现象学的方法对此在的生存论的本体论的剖析，实现了让存在本身自己呈现自己的目的，从而展示了存在自身的本来结构，即它的"无"的否定性结构。海德格尔存在论的重要性是他察觉到了形而上学本身的否定性，而这种否定性是在存在的自身否定中被证明的。也就是说，海德格尔发现的形而上学的这种否定的结构，不仅表明传统的形而上学论断的错误和无根基，而且表明从否定结构方面探索存在的本真结构的可行性，甚至也表明只有从这个路径出发才能发现真正的形而上学。这种形而上学是亚里士多德所一直向往的那种把存在作为存在来研究的本来意义上的形而上学。所以，只有领会了海德格尔关于存在的"无"及其否定性构造的含义，才能真正理解海德格尔哲学与传统形而上学之间的区别。海德格尔曾经说过：追问存在者的问题已经开始，追问非存在者及追问"无"的问题也就随之而出，这种对"无"的追问，并不仅仅是一种表面的随同现象，就其广度和深度及其原始性而言，都足以使此一问比询问存在者的问题毫不逊色。对"无"进行发问的方式，足以成为对存在者发问的标示和标志。② 通过这种转向，海德格尔在现象学"实证主义"中认识到了形而上学不能解决的基本问题。

（二）接受性责任（包括刑事责任）的一般存在问题

海德格尔所发现的形而上学一般存在的问题在刑事责任的研究中也存在。传统的刑事责任理论都是致力于寻找刑事责任肯定的结构，都是通过不管不顾刑事责任自身的存在过程而到另一个现有的事物中去寻找刑事责任的这种肯定结构。这种思路采取的是这样的方法：为了定义 A，就要找到 A 的肯定结构，但 A 的肯定结构，要到 B 中去寻找。比如，心理责任论采用的就是这种模式，为了寻找责任，它仅仅从肯定的侧面去寻找，并且是在心理联系（与责任不同的另一种事物）中去寻找。但是，这样一种思维的跨越，完全是对刑事责任的本来构造的漠视。也就是说，

---

① ［德］汉斯-格奥尔格·伽达默尔：《诠释学 I：真理与方法》，洪汉鼎译，商务印书馆 2007 年版，第 348 页。

② ［法］高宣扬：《德国哲学概观》，北京大学出版社 2011 年版，第 311 页。

传统责任理论的问题是：它极力想要证明刑事责任是存在的，而不是不存在的。但结果是，它所说的刑事责任的那个结构，根本不是刑事责任的本来结构。

世界上存在的所有事物（包括刑事责任）都不只具有肯定的结构，都必然地具有否定的结构。所有的事物都是肯定与否定的统一体，这至少是一种理论性的共识。对于接受性责任（刑事责任）的探讨，只有兼顾它的肯定和否定两个方面，才能把捉到它的本真含义。对于接受性责任（刑事责任）本真含义的把捉，不能从什么别的事物中去寻找，而只能从刑事责任自身中去寻找，即从刑事责任自身的生存中去寻找，从刑事责任在自己生存中的自我显示和自我言说中寻找。这就要求从刑事责任的生存论上去把捉刑事责任的本真的含义，以便保证接受性责任（刑事责任）基础（接受性责任或刑事责任的肯定性言说）的可靠性。此后，接受性责任（刑事责任）的自我显示和自我言说的完成都是经过我们的思维和语言才能实现，而不管是在思维中还是语言中，接受性责任（刑事责任）就从"肯定"的形式来到了"无"的形式中，即从它的具体存在来到了它的一般存在中。只有将这两个方面结合起来，接受性责任（刑事责任）的本真结构才能得到揭示。

对接受性责任此在的分析，已经走上了一条通往接受性责任的一般存在分析的道路。按照这条道路，接受性责任是自身澄明的，这种澄明是通过去除掩盖其本来面目的那些种种假象实现的。这就表明这种澄明就是一种逾越，就是越过那些荫蔽着接受性责任的东西，从而让接受性责任自己显露出来（把捉到接受性责任的肯定方面）。这样显露出来的接受性责任，实际上就是接受性责任自己呈现出来的，是自己将它在时间中的存在形式呈现出来的。接受性责任自己在其存在的过程中、在时间中的本真的存在，意味着刑事责任本身的自我显现。虽然对于接受性责任的此在的这种意义上的超越的分析是必要的，但在此基础上还要在更高处探寻接受性责任存在的"普遍性"（另一种意义上的超越——接受性责任的"无"的侧面）。接受性责任的存在与存在的结构超出一切接受性责任之外，超出接受性责任的一切可能的接受性责任此在方式的规定性之外。这种超越是通过对接受性责任的思维并借助语言这种形式实现的，通过这种超越，接受性责任的肯定方面与否定方面就在思维和语言中达到了统一。因此，只要采取存在论的路径对接受性责任进行研究，就会自然返回到对"接受性责任的存在作为存在"的本来的本体论研究：从"接受性责任的此在"到"接受性责任的存在"，或者从"接受性责任的此在"自身的自我显示到"接受性责任存在自身"的本体论探究。

接受性责任的存在就是接受性责任此在的对立面，是接受性责任此在的转化。接受性责任的存在是通过"接受性责任的此在"显示的。这种显示不可避免地通过对"接受性责任的此在"的超越，通过作为接受性责任的"无"的思考，以便通过一种名义上的虚无化实现对接受性责任的一般存在的自身呈现的把捉，并通过对接受性责任存在之思的语言的自我言说而获得接受性责任存在的真理。黑格尔指出："存在作为存在并不是固定的和最终的东西，而是作为辩证的东西转化为自己的对立面，这个对立面直接地来看，便是无。"[1] 因此，接受性责任的一般存在包括对于接受性责任的否定性的探查和对于作为接受性责任存在的栖身之所的语言的探查。

二 接受性责任[2]的"无"及其寓所

（一）接受性责任的否定性的本真结构

西方形而上学的观念系统是由一些基本的"二元对立"组成的，比如在场和不在场、精神和物质、主体和客体、先验和经验、可指和所指、灵魂和肉体、理智和情感、形式和内容、必然和偶然、现象和本质、声音和书写、中心和边缘，等等，乃是一些基本的"二元对立"。所有这些对立概念的双方并不是平权地在对立的"二元"中，其中一方老是占据着有利的位置，而另一方总被看作仅仅是对前者的派生、否认和摒弃。比如，在场优于不在场，声音优于书写，中心优于边缘，如此等等。德里达指出，这种"二元对立"的等第制就是传统形而上学的根本特性。从柏拉图到卢梭，从笛卡尔到胡塞尔，所有的形而上学家都是这样思考

---

[1] ［德］黑格尔：《逻辑学》，梁志学译，人民出版社2002年版，第170页。
[2] 在这部分中，接受性责任的分析对于刑事责任也是适用的。

的：善在恶之前，积极在消极之前，纯洁在污秽之前，简单在复杂之前，必然在偶然之前，被模仿在模仿之前，如此等等。这是形而上学的要求，是最悠久深远的潜在程序。① 根据这种二元思考方法，传统形而上学"忽略"了"存在"问题的本质，无法揭示存在中自身显示出来的"无"的真实内涵。因为没有采用存在论的方法，传统形而上学不知道只能从对存在的"无"的研究中去研究存在的问题。

尼采注意到了"无"的问题的重要性。他认为，时间是记忆现象成为人类有限历史性存在的一个本质特征，遗忘实际上属于记忆和回忆，遗忘不仅是一种凋零和贫乏，而且也是精神的一种生命条件。② 在这里，尼采指出了遗忘与记忆的关系，指出了遗忘对于记忆的重要性。伽达默尔指出："海德格尔曾经因为'无'的问题在西方思想所造成的本体论困境而揭示了本质性的'存在的遗忘'。这种'存在的遗忘'在希腊形而上学以后就在西方占支配地位。由于海德格尔把研究存在的问题同时表明为研究'无'的问题，从而他把形而上学的开头和结尾结合起来。研究存在的问题可以从研究'无'的问题那里提出来，这一点就预先规定了形而上学所拒绝的'无'的问题。"③

在谈到形而上学的"无"的问题的时候，海德格尔主要地表达了以下两个重要的观点：第一，以前所有的传统形而上学都忘记了存在这个问题，也回避了"无"的存在论问题。传统形而上学的历史正是它的否定性结果的自我表现，这正好证实了"无"是存在的本体论结构的有机组成部分。第二，存在自己的本己呈现就是关于存在的"无"的一种哲学上的有力证据。这说明，存在的这种呈现会促使人们构建一个关于"无"的新的形而上学。因为这个关于"无"的存在本体论是建立在存在自身的自我呈现的现象学的基础之上，所以，这个新的关于"无"的存在本体论，除了宣布传统形而上学的完全失败之外，还同时展现了存在自我显示的本有结构。

---

① 孙周兴：《后哲学的哲学问题》，商务印书馆2009年版，第209页。
② ［法］高宣扬：《存在主义》，上海交通大学出版社2016年版，第177页。
③ ［法］高宣扬：《存在主义》，上海交通大学出版社2016年版，第178页。

对于存在与无的关系，黑格尔指出："这种纯粹的存在现在是纯粹的抽象，因而是绝对否定的东西，而这种绝对否定的东西同样直接地来看，就是无。"① 黑格尔这种说法没有错，只不过他把这两个同一的东西，都归属于他的"思想"概念。而在海德格尔看来，两者的同一在于，存在自身终将是在本质之中，而且只能在"此在"之入迷于"无"的"超越"之中显现出来。② 熊伟教授也认为，宇宙本一"有""无"相成的宇宙。不能全"有"，不能全"无"。有有无无，不有不无。③ 他还指出，就是"无"，也得对"有""不"一下，才行；否则"无"都"无"不起来。就是"有"，也得对"无""不"一下，才行；否则，"有"也"有"不起来。④

存在与无的统一是在关于存在的"思"中进行的。海德格尔指出，思想和存在是同一的⑤。他认为，思想之本质取决于给予思想的东西，也即取决于在场者之在场，取决于存在者之存在。唯当思想思—念存在者，思—念这个词语真正地亦即未言明地命名那个东西时，思想才成其为思想。⑥ 在这里，海德格尔所说的"思"，不管是在海德格尔自己的思想的伸展这个意义上还是在存在本身的本己展现上看，都与我们日常生活中所理解的那种含义全然不同：不如说，海德格尔所说的"思"是一个不断发展的过程，在这个过程中包含很多阶段，每一个阶段的推进都是对前一个"思"的起点的否定，然后逐步向前推进，当"思"到达了终点之时，"思"就完成了对其自己的否定，而这个自己对自己的否定的点，就是"存在"自己显露的地方。到这里，在对"存在"与"无"的形而上学研究中，"思"与"存在"最终完成了统一，"存在"也在"思"中最终找到了自己的真正的家。海德格尔在这个"思"中，把"存在"在

---

① ［德］黑格尔：《逻辑学》，梁志学译，人民出版社 2002 年版，第 170 页。
② ［法］高宣扬：《存在主义》，上海交通大学出版社 2016 年版，第 183 页。
③ 熊伟：《熊伟文选》，商务印书馆 2011 年版，第 26 页。
④ 熊伟：《熊伟文选》，商务印书馆 2011 年版，第 24 页。
⑤ ［德］马丁·海德格尔：《什么叫思想？》，孙周兴译，商务印书馆 2017 年版，第 284 页。
⑥ ［德］马丁·海德格尔：《什么叫思想？》，孙周兴译，商务印书馆 2017 年版，第 287—288 页。

否定意义上的自我呈现过程同"思想"的发展过程统一起来。在这里，不管是存在的自我否定还是"思"的自我否定，都是在此在的"存在"的过程中去领会或者去自身呈现，而不能在某个哲学的体系中显示出来和稳固下来。因此，一切形而上学，只能作为"存在"和"思"的自我否定而存在。

海德格尔关于存在与无的分析对于接受性责任（包括刑事责任）也是适用的。海德格尔指出："到底为何在者在而无反倒不在？这是问题所在。"① 接受性责任（刑事责任）在自我显现中也离不开"无"的问题。套用海德格尔的问题，我们可以追问：究竟为什么刑事责任在而它的无反而不在？传统的刑事责任理论都是在"现时""在场"的方面追求一种刑事责任的意义秩序，以思维、理性和逻辑的根据和原则为旨归，其目标是某个终极的（刑事责任的）"能指"。这种（刑事责任的）"能指"都指示着刑事责任的某种恒定的在场——（刑事责任的）理念、原则、目的、实体、意识，等等。传统的刑事责任理论步入这个误区的原因，是由于它不知道也看不见刑事责任是在它的存在中的自我显露，不知道刑事责任是在时间中显露出来的。它的错误在于根据认识论的"主客体一致"的这种范式研究刑事责任，导致刑事责任的"存在"被弃置而只对与刑事责任有关或无关的某种东西进行探究。它不知道研究刑事责任的"存在"问题必须从"刑事责任'无'的问题"开始，看不到刑事责任的"无"的否定性结构才是它的本真结构。由于传统的责任理论看不到刑事责任的这种呈现过程，看不到刑事责任的"无"实际上是刑事责任存在的条件，看不到刑事责任在时间中的这个"能够存在"的独有的否定性形态，即刑事责任的"无"的存在形态。

要达到接受性责任存在的否定性的本真结构，需要通过两个方面的分析才能完成。一是需要对接受性责任的此在的时间性进行分析。接受性责任的主体都是能够思考、能够自我表达的个体，都是能够自己进行领会、交流的"能够存在"的个体。在接受性责任"存在"的过程中，

---

① ［德］马丁·海德格尔：《形而上学导论》，熊伟、王庆节译，商务印书馆1996年版，第3页。

通过责任主体在其实施的行为的时间性结构的自我否定，显示出责任主体与接受性责任的"此在"在时间性结构中它们"是所不是"的自我否定性，并借此而显示出它们"不是"的状态，从而达到对它们存在自身的自我展现。二是通过现象学的方法，让接受性责任自己根据自己的亲自存在自己把自己"说"出来。这能够进一步补全对接受性责任存在的本体论论证，能够揭示接受性责任的这种自我展现过程。把上述两个方面结合起来，就实现了对接受性责任本体的否定，完成了接受性责任的现象学意义上那种"超越的真理"，最终实现了对接受性责任自身的否定。这种接受性责任起点和终点的真正重合，构成了接受性责任的本真的结构。

根据现象学的观点，我们所揭示的接受性责任，只能是它的过去的和已经被扬弃的那种样态。我们所揭示的接受性责任，从来不是对它的此时此地的具身化的揭示，这是接受性责任的本来构造在存在论意义上让人悲催的地方。换言之，即使接受性责任存在的过程与它关系再密切和再没有中间环节的阻隔，我们都不可能在它存在的时候把它揭示出来，这是因为，在我们揭示它的时候，它早就在那里存在了，它作为我们的揭示对象已经变成过去式了，即成了"无"了。我们所揭示的那个在世界中自己现象出来的接受性责任，只是对它的过去的结构的揭示。因此，经过自身显现而被我们所把捉到的接受性责任，就只能是从接受性责任存在的否定意义上被我们所把握的，我们也只能把握它的这种否定性结构。

现在的刑事责任理论采用传统的形而上学的路径，试图且只想从肯定方面研究刑事责任。这需要越过刑事责任的此在的存在境域而到另一个事物的存在境域中去寻找，并都自以为找到了刑事责任的肯定结构。但它们不知道，它们所揭示的刑事责任的构造，根本与刑事责任的本真结构无关。比如，心理责任论认为，行为人与行为之间的那种心理联结就是责任。那么，这种心理联结驻留于何处？在行为人的心里还是在行为中？规范责任论中的可谴责性是在规范中，还是在行为中？功能性的责任理论中的积极的一般预防究竟藏身在何处？如此等等。我们所列举的这些都确实在（根据人们的经验），但是，一旦我们要去把握它们时，我们却又总是扑空。这一点，海德格尔早就发现了："我们在此所询问的在，几乎就是无。"① 对于刑事责任的询问也是如此，我们所询问的刑事责任也几乎都是无。传统的刑事责任理论总是把刑事责任的肯定存在与"无"对立起来，抛开刑事责任去研究刑事责任与它的"无"之间的关系，从而将刑事责任的"无"当作刑事责任的否定。实际上，刑事责任的"无"并不是与刑事责任对立的东西，而是在其中揭示着其自身对于刑事责任的存在的隶属性。只有通过现象学的方法揭示出刑事责任本身呈示出来的含义，才能确切地领会刑事责任的"无"的本质及其与"无"的关系。

根据上述论述，接受性责任的"有"与"无"是同一的。它的"有""无"相成，"有"须不"无"，"无"须不"有"，这种"无"藏身于每个接受性责任的此在之中，接受性责任的此在只有借助并超越这种时时处处与其伴随的"无"才能显现出来。通过对接受性责任存在的自我呈现而完成对接受性责任存在的"无"的叩问和研讨，构成了关于接受性责任"存在"的一个新的课题。这个新的课题，总是在对接受性责任的"无"和它的时间构造的诠释中进行的。接受性责任的存在总是以它的无为界，没有这个无，也就没有它的存在。

由此可见，根据存在论现象学对接受性责任的探索，是对刑事责任的一种反思。这种对接受性责任此在的自我反思过程，就是对接受性责任存在的一种"思"。因为我们不局限于对接受性责任的"思"的层面，而是要把我们的这种"思"表达出来，即"说"出来。所以，我们对接受性责任的"思"，也是对它的"说"。对接受性责任的"思"包含两个方面的内容：第一，是从存在论方面对接受性责任的"此在"中自我显现出来的接受性责任的证成。第二，在接受性责任存在的过程中，通过自己的呈现和自己"说"出自己，从而把我们对接受性责任的理解建立在"思"其自身的基础上，最终实现了对接受性责任的时间结构的否定，接受性责任的"无"的存在样态就被揭示出来了。

---

① ［德］马丁·海德格尔：《形而上学导论》，熊伟、王庆节译，商务印书馆1996年版，第37页。

这种对接受性责任的"思",同接受性责任本身以现象学的形式而自己"思和说"以及自身呈现的过程是同一的。这里的"思",是对接受性责任的每一步"思"的过程,是对接受性责任"思"的出发点的一种否定;每一个"思"抵达的时点,就是自己对自己否定的时点。这个否定点,就是接受性责任自己显现出来的地方。这样,关于接受性责任的"思"与其"存在"就在这种关于刑事责任的"存在"与刑事责任的"无"的探索中统一起来了。接受性责任的"存在"最终在对其的"思"中回到它自己本来的家。套用海德格尔的话说,对接受性责任的"思"是接受性责任的存在地形学。这种地形学,是接受性责任的"在"在场的处所。[①] 这样,接受性责任的"存在"也就最终回到了它的真正的寓所——对接受性责任的"思"——中。

根据现象学的"超越"的观点,对接受性责任一般存在的追问,就是对于接受性责任的此在自身的超越的追问。它是对接受性责任的一种整体的理解,是接受性责任本身回到"无"的过程,即存在着"接受性责任的此在"从其作为"接受性责任的此在"向其整体的那种超越。这种超越,是通过接受性责任的自我展现过程和对于接受性责任的思的过程实现的。由于这两个过程都是一种自我否定,在某种意义上,接受性责任的存在只能作为其"在"的自我否定和对于其思的自我否定而存在。

(二)接受性责任的存在与语言

关于理解与语言的关系,伽达默尔指出,所有理解现象,所有构成诠释学对象的理解和误解都表现为语言现象。[②] 在20世纪30年代之后,海德格尔在重新建构形而上学的道路上,转向通过对存在在语言中的本己显现来理解存在呈现的结构关系和运行方式,最终得出了"存在的自身呈现是'语言'的自身呈现"和"语言是存在的家"[③] 的重要结论。

[①] 海德格尔指出:"能思的诗本是存在的地形学。存在的地形学,是诗之诗性在场的处所。"[德] 参见马丁·海德格尔《思的经验》,陈春文译,人民出版社2008年版,第66页。

[②] [德] 汉斯-格奥尔格·伽达默尔:《诠释学Ⅱ:真理与方法》,洪汉鼎译,商务印书馆2007年版,第220页。

[③] [德] 马丁·海德格尔:《在通向语言的途中》,孙周兴译,商务印书馆2004年版,第269页。

海德格尔指出：语言就是语言，语言之为语言是由于语言。"语言就是语言"这句话，使我们被悬挂在无底的深渊之上；同样地，只要我们有耐心地不使我们远离这句成语所说及的事情，我们也同样被悬挂在那深渊之上。① 根据海德格尔的说法，语言具有强大的力量和价值，有了它，我们的思想、精神活动以及所有与我们有关的东西就拥有了一个浩瀚无垠、无始无终的辽阔的世界。它没有根基，也不受其他东西的限制，它就是不受任何东西、不受时间和空间限制的自己本身。

海德格尔把"存在"与人的语言的自身展示结合起来揭示"存在"自己的自身展开。海德格尔引用一句诗进一步阐述了他的观点：词语破碎处，无物可存在。其含义是，词语不单处于一种与物的关系之中，并且词语自身就"可以是"那个保持物之为物，而且与物之为物发生关系的东西；作为这样一个发生关系的东西，词语就可以是：关系本身。② 在这里，海德格尔把语言的自己呈现或自我言说过程看作是存在的自身显示过程，讲明了语言与存在之间的紧密联系。也就是说，人的"存在"是通过"存在"的过程中的"说"得到揭示的。从这个角度上说，人是语言的使者和承受者，人是语言生活在其中的一个地方。语言的"说"的过程，恰是呈现在人的此在的自身显现过程。此在的自我显现过程，通过语言自己在存在中的自己言说，而得到了它的本己的意义。换言之，作为"存在"的作品，"此在"是通过作品语言本身的"存在化"而存在的。当一个人在说话的时候，他并不是作为一个主体在说话，而是"语言"在说话，或者说，是语言——人依寓于其中的处所——在展示人在的形态。这是语言在"独自陈述"，也是语言自身在"聆听"这个"独自陈述"。这表明，我们要让语言自己去说自己，让语言自己去展现自己。海德格尔所说的 Die Sprach Spricht（语言在讲话），并不是语言在自言自语。语言的这种"自言自语"并不是"对话"的条件，而不如说是"聆听"的条件；在这种"自言自语"中，语言"聆听"和"理解"

---

① ［法］高宣扬：《存在主义》，上海交通大学出版社 2016 年版，第 190 页。
② ［德］马丁·海德格尔：《在通向语言的途中》，孙周兴译，商务印书馆 2004 年版，第 178—179 页。

它自己。

"说"当然是"一种人类活动"。这种"活动"说明,"说"是一种有意向的主体性的自身展示。对于海德格尔来说,"说"就是"听",而且这不是用(受动的)"听"取代(主动的)"说",而是在一个人的"说"中把捉到这个"人",并据此来判断这个人的性质。这样看来,这个人的性质的判断的依据不是在"说"中,而是在"听"中。从这个方面来说,不是这个那个"人"决定"说",而是被听的"说"的内容决定"说",是这个那个"人"的说决定那在外表上看似"主体"的说话者。

熊伟教授指出,此宇宙是要"说"的宇宙,不是"不说"的宇宙。此宇宙是"可说"的宇宙。但"可说",要"有""可说";"有""可说"又要"无""不可说"乃成其"有""可说"。是"可说"要以其"不可说"乃成其"可说"。又正以其"可说"反成其"不可说"。"它""不可说""我"便"不可说"!"它""可说""我"便"可说"。故"可说"与"不可说"都是"说"。无非有以"可说"为"说",有以"不可说"为"说"。又"可说"又"不可说",乃成其为"说"。若只"可说"或只"不可说",皆"说"不成。[①] 熊伟教授的上述论述是对海德格尔的观点的进一步展开,根据其观点,存在是此在的自我展现("可说"),这种展现是通过在"存在"过程中的"说"的过程进行的。

上文提到,对于接受性责任的存在自身呈现来说,既要通过接受性责任的此在的生存论诠释,又要通过接受性责任"说"出自身。这后一部分就涉及接受性责任的存在与语言的关系。接受性责任是"可说"(自我展示)的,也是"要说"的;它必须"有""可说"才能成其"说",而它的这种"有""可说"是以其"不可说"为条件的;没有它的"不可说",它的"可说"就难以实现。因此,接受性责任的"可说"和"不可说"都是接受性责任的"说",二者是同一的关系。接受性责任的"说"是通过语言达成的。可以说,接受性责任的存在是语言的自我存在的场所,接受性责任的自我显示,是通过语言而获得它的本真的意义的。

接受性责任是在语言中得以表现的。施莱尔马赫指出,诠释学的所

[①] 熊伟:《熊伟文选》,商务印书馆2011年版,第29页。

有前提无非是语言。① 伽达默尔指出，语言并不只是指称对象整体世界的符号系统，语言是一种近似摹本的东西，它以一种谜一般的方式同"被描摹的对象"相联结。② 我们关于接受性责任的语言也不是由人操纵的符号，而是与刑事责任这种"事物"相联结并附属于刑事责任的存在，我们理解刑事责任时所用的语词的意义就是它所代表或指称的刑事责任。我们关于接受性责任的表述也是一种类似摹本的东西，正是在这种摹本之中，被描画的接受性责任才得以表达并得到继续存在的表现。因此，语言与接受性责任的关系不是简单的符号与它所标识或指代的事物的关系，而是摹本与原型的关系。

我们在谈论接受性责任的时候，都不是按照我们的意愿进行的。应该说我们陷入了一场关于接受性责任的谈论，或者说，我们卷入了一场关于接受性责任的谈论。在谈论中我们所运用的语言也具有自己的真理。语言能让接受性责任显现出来和呈现出来，这样，接受性责任这种东西到此才存在，接受性责任才能构成自己的现实性。我们在谈论接受性责任的时候，我们的话语所表达的根本就不是一种符号或者精神，而是所意指的接受性责任此在（一种"事物"），我们所表达的总是与接受性责任的事实有关。路德曾经指出："谁不认识某物，谁就不能从它的词义得出它的意义。"③ 海德格尔也指出："语言是存在自己的既显明又遮蔽的抵达。"④ 关于语言与接受性责任的关系也是如此，如果我们不知道接受性责任的此在，就不能从接受性责任的词义中得出接受性责任的意义。为了揭示接受性责任的存在，就需要通过语言去揭示接受性责任的本质，让接受性责任在语言的自我言说中无蔽地呈现出来，从而使接受性责任"显现"或"涌现"在世界中。对接受性责任的诠释离不开语言，对接受

---

① ［德］汉斯-格奥尔格·伽达默尔：《诠释学 I：真理与方法》，洪汉鼎译，商务印书馆 2007 年版，第 517 页。

② ［德］汉斯-格奥尔格·伽达默尔：《诠释学 I：真理与方法》，洪汉鼎译，商务印书馆 2007 年版，第 562 页。

③ ［德］汉斯-格奥尔格·伽达默尔：《诠释学 I：真理与方法》，洪汉鼎译，商务印书馆 2007 年版，第 241 页。

④ ［法］高宣扬：《存在主义》，上海交通大学出版社 2016 年版，第 188 页。

性责任理解的实现方式乃是它本身通过语言得以表达。换言之，语言就像光一样，而接受性责任只有在（语言的）光里才能被人看见。谁在对接受性责任进行理解，谁就总是已经进入了一个接受性责任的事件，通过这个事件有意义的东西表现了出来。因此，对接受性责任的理解必然通过语言的形式而产生，或者说，语言是关于接受性责任的理解得以完成的形式。

现有的刑事责任的语言通常不是从刑事责任本身的存在出发理解刑事责任，而是更多地以一种算计或者通过理性对刑事责任进行塑造。实际上，接受性责任（刑事责任）的语言必须是一种关于接受性责任（刑事责任）这一"事情"的语言，它必须能够使我们知道接受性责任（刑事责任）实际上是什么东西。它不是供使用消费的材料，不是供人使用然后扔到一旁的工具，而是在刑事责任中有其存在，并被"推挤到无中"的东西。

第九章

接受性责任理论的适用

第一节 接受性责任理论在刑法
理论中的应用

一 接受性责任理论的必要性

（一）有利于实现刑事责任研究的理想

每一个独立的思想家每隔 10 年都要真正地改换自己的名字，因为这时他已经变成另一个人了。现在流行的刑事责任理论，最新的也几十年了。虽然社会和日常生活的图景已经发生了根本变化，但这一点还没有在刑事责任中得到反映。

在学说史上，刑事责任的研究都有各自不同的理想。心理责任论的理想是将刑事责任建立在清楚并且能证实的事实之上，使刑事责任理论成为立足自然科学的心理学研究。这种刑事责任理论的缺陷在于，它们没有能够克服自然科学的客观主义对刑事责任的诱惑，而且一直是如此。规范责任论试图改变心理学对责任的影响，试图根据刑法学自身的理解对刑事责任进行重构，从而将心理学的内容从刑事责任中移除。这种做法现在也越来越受到挑战和批判。那么，刑事责任研究的理想是什么呢？

刑事责任研究的理想其实是，在刑事责任现象的一次性中不经歪曲地如刑事责任本身所是的那样把握它。在这种把握活动中，无论有多么多的普遍经验在起作用，其目的并不是证实和增添关于刑事责任的普遍经验以达到对刑事责任的认识，而是去诠释这个刑事责任是怎样成为现在这个样子的。接受性责任理论为实现刑事责任研究的这个理想提供了一个契机。根据这个理论，我们是对刑事责任的存在进行的一种现象学的领会。这种领会不是从任何一种构想出来或借用过来的问题出发来把握刑事责任的，相反，它是在刑事责任自己的基础上把握的，是通过"刑事责任在世界中存在"这一存在论枢机直观地将刑事责任当前化，而且只在这样的当前化中去把捉刑事责任的本真意义及其本己的结构。

（二）有利于揭示刑事责任的本真面貌

以往的刑事责任理论都不是根据刑事责任自身出发对其进行认定的，不可避免会对刑事责任的认定存在偏差，甚至会导致错误的认识。接受性责任理论是从刑事责任所处的（周围）世界来探究刑事责任，是将刑事责任与它所处的世界一起来认识。刑事责任都是与其他事物一起存在的，是与其他事物一起生存于世的。离开它生活的世界，它就变成了非它了。这种研究刑事责任的方法，能保证获得一个源始的刑事责任，一个真实的刑事责任。接受性责任理论试图为刑事责任的研究探索一条新的路径。这种对刑事责任的研究是一种生成的研究，即通过刑事责任的始源、生成过程、存在的样态等对刑事责任进行一种生成的把捉。它通过刑事责任自身的显现来认识刑事责任，能够保证获得的关于刑事责任的认识的可靠性。

刑事责任研究要致力于把捉刑事责任的本真面貌。认识刑事责任这种面貌要从刑事责任自身着手，而刑事责任又不是孤立的自我存在，而是一种在世存在。刑事责任不是个人意义上的责任，更多的是它的在世的意义。这种意义上的刑事责任是任何人、任何社会都必须接受的。这种情况在我们对其他的事物的认识中也存在。比如，一张课桌，只有放在一个正在使用的教室里，它才向人们呈现出一个课桌的面貌，人们也接受它所呈现出的这种课桌面貌。但是，假如这张课桌出现在一个废弃的教室里，或者出现在一个垃圾场里，它就不会以课桌的面貌示人，人们也不会接受课桌这个称谓。所以，一张课桌是不是一张课桌，不是取决于它是不是具有课桌的样子，而是取决于这种课桌是不是在教室里。刑事责任也是如此，它也只有在它所处的世界里面才是它自己。比如，一个落水孩子的父亲由于在外地打工，他就不会由于对孩子具有的义务而承担责任,因为,在孩子落水的那时那里,他刚好不在,他的责任就不存在了。这与课桌离开教室就不叫课桌是一样的道理。接受性责任理论是把刑事责任放在它自己所在的世界中去把捉,能够将其本真的面貌揭示出来。

接受性责任理论所采用的视域与方法在刑法理论中得到了大量运用。在我国刑法中,一个行为是否构成犯罪要看它是否具有社会危害性。一个行为是不是具有危害要把该行为放在它的周围的世界中进行判断。比如,遵守道路限速的规定一般是没有社会危害性的,但在特殊的情况下,遵守限速的规定可能导致发生车辆相撞。一个犯罪行为该如何量刑,也要考虑社会伦理和民意的因素。这些都与接受性责任的思考具有契合性。不过,限于篇幅和论题,下面就接受性责任在故意与过失中的应用进行一些研究。

二 接受性责任在责任要素中的应用

(一)刑法中的责任要素

责任要素,是指判断刑事责任成立及其程度的各种要素。刑事责任包括哪些要素,理论上还存在不同认识。(1)三要素说。该说认为,责任要素包括客观要素、主观要素和思想要素。其中,客观要素是指对意志形成的责任非难产生影响的特定的外部情况,比如,受亲属的嘱托而杀人的场合;主观要素是对行为人的罪责产生影响的特定内部情况,比如因挑衅而故意杀人;思想要素是指直接体现了反伦理价值的精神态度的情况。比如,在谋杀的情况下,违反伦理价值的动机(谋杀嗜好、满足性欲、物欲或其他卑劣动机等),是真正的思想要素。[①](2)二要素说。该说认为,责任的要素有两种:一是主观的责任要素,包括故意、过失及违法意识的可能性、目的、动机、性格、人格等。二是客观的责任要素,包括对适法行为的期待可能性有影响的客观的情况,行为人的

---

① [德]汉斯·海因里希·耶赛克、托马斯·魏根特:《德国刑法教科书》,徐久生译,中国法制出版社 2001 年版,第 563—565 页。

人格环境在给予行为的意思决定以影响的限度内，也属于客观的责任要素。①（3）五要素说。认为责任的要素包括故意、过失、辨认控制能力、违法性认识的可能性、他行为可能性。②

上述三种观点基本上差别不大，可以互相补充。我们认为，辨认控制能力属于责任的前提，作为责任的要素并不是很妥当。德国理论中的思想要素的判断标准不可避免地具有主观性，会有害于法适用的统一性，在德国司法中越来越受到质疑。③ 比较而言，我们认为二要素说比较可采。

（二）接受性故意与接受性过失

在责任的要素中，对于期待可能性、人格和性格中的接受性内容，在前文有关的部分中已涉及，这里就不再探讨。这里主要研究故意与过失中的接受性内容。

1. 接受性故意

（1）故意的内容

在现代刑事责任中，故意一直是刑事责任的充分的根据。故意责任也一直承担着对行为人承担的刑事责任进行减负的一个功能，即行为人不用再为客观的事件承担责任了，也不用再为与自己无关的事件答责了。如果真的做到了这一点，刑事责任的人权保障的目标就完全实现了。但是，刑事责任中仍存在客观责任和他人责任。并且，随着科技的发展，这种刑事责任存在的范围也越来越广。在故意的责任中，这种一直存在的客观的和他人的因素是什么性质？这个问题用传统的故意理论无法解答，为此，我们需要对上述情形中的故意责任进行一种新的研究并提供一种新的诠释。在进行这种诠释之前，需要先对传统故意的内容进行回顾性描述。

①故意的认识因素

认识因素是故意成立的前提条件。人的一切行为都是基于对客观事

---

① 马克昌：《比较刑法原理》，武汉大学出版社2002年版，第441—442页。
② 张明楷：《刑法学》（上）（第5版），法律出版社2016年版，第245—246页。
③ ［德］汉斯·海因里希·耶赛克、托马斯·魏根特：《德国刑法教科书》，徐久生译，中国法制出版社2001年版，第567页。

实的认识，从而进一步经过意志，确立举止的方向，选择行为的形式和过程，直到最后实现行为的结果。犯罪故意的认识因素是指明知自己的行为会发生危害社会的结果的主观心理状态。它是指对犯罪客观方面的一切客观事实（包括实行行为、结果、行为与结果的因果关系、行为主体、犯罪对象、行为状况、规范的构成要素等）的认识。对于责任能力、处罚条件和追诉条件等没有必要认识。其中，在记述的构成要件要素的情况下，必须能够理解其自然的含义，在规范的构成要件要素的情况下，必须认识其规范的含义，但不要求与立法者一样具有严密的法的认识，一般只要明白了常人所理解程度的社会意义就够了。易言之，行为人根据他自己的知识水平去领会蕴含在上述概念中的立法者的评价就够了。也就是说，犯罪故意的认识因素，只需要具有"实事角度的伴随意识"即可，这种"实事角度的伴随意识"不是那种现实的反思性的认识，而是对于行为情状的现存意义上的"知"，这种"知"主要是针对行为人扮演的、与构成要件有关的角色、行为的环境以及构成要件性的结果中，行为人所创设的风险的具体实现。[①]

故意的认识可以分为事实性的认识和违法性的认识两种。事实性认识是指对于犯罪构成事实的认知，对于事实的认识来说，行为人只要认识到上述事实的自然的或社会的意义就够了。违法性认识是指对于行为人所实施的行为的违法性评价，它是关于认识的一种规范评价。违法性认识和事实性认识在性质上是不同的。不过，事实性认识的事实，并不是一种"裸"的事实，也包括评判的因素。这种评判，包含了规范、文化、伦理等方面的评判。虽然如此，这种事实依然是构成事实。

②故意的意志因素

故意的意志因素是指在认识到犯罪的客观方面后对实现这些事实的决意，包括希望和放任两种情况。希望是指行为人追求某一目的的实现。在刑法理论上，根据希望这一要素构成的故意被称为直接故意。直接故意是和某个目的联系在一起的，只有一个行为是有目的实施的，这个行

[①] ［德］乌尔斯·金德霍伊泽尔：《刑法总论教科书》，蔡桂生译，北京大学出版社2015年版，第134—135页。

为中才存在希望这种心理状态。在希望的情况下，由于行为人是有意识地靠自己的行为达到某个目的，行为和结果的关系就是手段和目的的关系，意志借助行为对结果起控制作用。放任是行为人对将要发生的结果持一种怂恿的立场。在刑法理论上，由放任这一要素组成的故意被称为间接故意。

刑法理论将故意分为直接故意和间接故意两种。在直接故意中，"意识"仅仅准确到可能性就够了。一个杀人犯确切地知道，他的炸弹不仅可以将他的杀害对象炸死，也可以将站在旁边的人炸死，那么，就可以将这些人的死亡都"标志"为他所希望的，尽管行为人并不追求那个结果的发生。在间接故意中，它的意志因素在结果的产生上是非常轻微的，在认识因素上也是如此，这种故意内容上的收缩，使得间接故意与有认识过失之间的界限很模糊，以至于几乎无法区分。

德国主流学说认为，故意不需要有"欲"，而仅仅只需要有个"认可"就够了；这个认可不再是行为人清楚地知道的对结果的预见，而是预见到了结果，却没有拦阻自己的行为。[①] 现在德国理论界有一种很有代表性的意见，主张"实行计划"就形成了故意的本质。在客观评价时，只要一个结果是符合行为人的计划的，那么，这个结果就应当被看成是故意的。这也可以用来用作区别间接故意和有认识过失的准则。[②]

（2）接受性故意

①故意概念中的接受性因素

故意概念的出现是为了将犯罪行为及其结果与行为人的故意结合起来，以便使得行为人只承担自己故意所及的责任。但是，故意的这一任务自其产生以来就没有完全实现过，这从故意概念的不同学说中就可以看出。

根据认识说，行为人对犯罪结果的认识、可能性的认识或者极有可能性的认识，就成立故意。但是，我们知道，从对结果发生或发生可能

[①] ［德］乌尔斯·金德霍伊泽尔：《刑法总论教科书》，蔡桂生译，北京大学出版社2015年版，第136页。

[②] ［德］克劳斯·罗克辛：《德国刑法学总论》（第1卷），王世洲译，法律出版社2005年版，第286页。

性的认识，到行为的实施，再到结果的发生，这会有一个或长或短的过程，在这一过程中，行为人的认识与行为人对结果的操纵是不同的，很难说认识到结果的发生就存在一种对结果的操纵。此外，行为人什么情况下具有对犯罪结果的认识，也是需要一定标准进行确定的。这表明，根据该说，行为人承担的故意责任中具有超出对结果的认识的部分。

在普珀（Puppe）提出的那种极其可能性理论的一种改进型理论中，故意的认识必须达到一种"达到标准的危险的认识"，而这种标准的危险的认识是根据理性人进行评定的。① 据这种理论，如果行为人认识到一种危险，但这种危险是没有达到标准的危险的认识，那他的这种认识就不是故意的认识，只有他的认识达到了标准的危险的认识，才是一种故意的认识。这表明，行为人对一种危险的认识是不是一种故意的认识，不是取决于行为人个人，而是取决于外在于行为人的一个标准。

在弗里施的方案中，故意仅仅与不能允许风险的认识有关。② 一种危险是不是被允许的，与行为人无关，而是与有关的法律和规章的规定有关。换言之，如果一个人实施了一个具有风险的行为，并且对于这种行为的风险是有认识的，但不知道这种危险是被允许的风险，那么，他的行为还不是故意实施的；如果这种行为的风险是不被允许的，虽然行为人对这种情况没有认识，他仍是故意行为的。这说明，根据这种理论，行为人的故意源于这种危险是否被允许，而不是行为人的认识。

关于故意的概念，容认说基本上是通说。容认说认为，故意的成立需要认识到构成要件结果发生的可能性并容认它的发生。德国主流学说将这种容认标明为认可，即认为故意只需要有个"认可"就够了。这个认可不再是行为人对结果的预见，而是预见到了结果，却还不收手。还有学说认为，在客观评价时，只要一个结果是符合行为人的计划的，那

---

① ［德］克劳斯·罗克辛：《德国刑法学总论》（第1卷），王世洲译，法律出版社2005年版，第299页。

② ［德］克劳斯·罗克辛：《德国刑法学总论》（第1卷），王世洲译，法律出版社2005年版，第302页。

么，这个结果就应当被看作是故意的。[1] 德国学者阿明·考夫曼从目的行为的概念中发展出"未实现避免意志的理论"。根据这个方案，当行为人想象了结果的可能性时，有条件故意只能在（但总是在）行为人的控制性意志指向避免这个结果的条件下，才能被拒绝。因此，当行为人在自己致力于造成这个结果的行为中，同时投入反对性的因素，试图借助这些因素来控制这个过程，使作为可能性想象的附属结果不会出现时，有意识的过失就存在了，不过，这里的条件是这个行为人"把自己本人熟练的技术让给了一个正直的机会"。这种"未证实避免意志的理论"，就像极其可能性理论所代表的立场一样，也为故意的确定提供了一种重要的标志。在行为人不作相反的努力而让事情随其自然地发展时，人们经常能够推断出，他是容认这个结果的。德国学者 Behrendt 提出了一个改进的反向控制的理论，根据这个理论，故意取决于行为人是否"在对危险等级的恰当评价中，认真地进行避免风险的努力"。[2]

根据容认说，故意中也存在非故意的情形。不管是将容认标记为"认可"还是"实行计划"，都是需要根据一定的标准认定的。同样，考夫曼的"未实现避免意志"和 Behrendt 的一种反向控制，也是根据某种标准认定的。虽然他们的理论并不能总是为故意的成立确定一个明晰的标准。他们不能说明在投入了反对意志的情况下，为什么能够阻止一个故意的成立。因为，很多行为人在进行一种危险行为时都寄托于一种幸运或者预见到一个危害结果可能出现，但仍去实施这种行为，在这里，一种故意是能够成立的，至于行为人对于这个危害结果的发生是信任还是认真对待，对于故意的成立是没有影响的。

在故意的定义上，中外刑法学界大多支持与容认说类似的立场。在容认说中，对结果的希望或放任就有故意。在这种希望或放任中，就存在一种非故意责任。比如，行为人甲想杀死乙，并实施了杀人的行为，但是，乙并没有立即死亡，而是被送往医院，但在医院里，由于医生的

---

[1] ［德］克劳斯·罗克辛：《德国刑法学总论》（第1卷），王世洲译，法律出版社2005年版，第286页。

[2] ［德］克劳斯·罗克辛：《德国刑法学总论》（第1卷），王世洲译，法律出版社2005年版，第300页。

技术问题没有救治过来，在这种情况下，甲对乙的死无疑是要承担故意责任的。但是，如果乙被送去一个好的医院，由于医生的技术好而被救活了，甲只成立未遂的责任。这说明，不管是直接故意还是间接故意中，故意责任都包含有与行为人的认识因素和意志因素没有关系的责任。

②接受性故意的提倡

根据以上的研究可以看出，在故意的概念中不仅存在非故意的成分，而且故意的成立还取决于这种成分。也就是说，我们常常强调的认识因素和意志因素只是故意成立的前提条件，没有这些条件，故意不成立，但故意成立的始源却不是它们，而是故意中存在的这些接受性的东西。我们可以将它们称之为接受性故意。所谓接受性故意，指行为人根据他在社会中的地位、身份、社会角色和对社会的负责性等而接受性承担的故意的责任；这种故意成立的关键要素是其存在。接受性故意是故意的主要内容之一，也是故意的判断标准和始源。

虽然理论上要求故意要与行为同在（即主客观相统一），但是，作为构成要件的故意却不需要一直是存在的，只要在行为开始后的某一时点存在就可以了。换言之，只要行为人在着手以后的行为的某一点存在故意，对于其后的所有情形及其后果都须承担故意的责任，这已经说明行为人对故意存在的时点之前或之后的行为及其后果都是故意；另外，对于故意是否存在的判断标准也是与行为人的认识无关的。此外，对于结果、数额、情节等的故意，也与行为人的认识无关。行为人为这些事情所承担的故意责任都是接受性故意。那么，接受性故意在哪些范围内存在呢？

（3）接受性故意成立的范围

接受性故意在故意的认识阶段和意志阶段都不同程度地存在，它成立的范围可以分别根据这两个阶段进行说明。

①认识要素中的接受性因素

故意的认识因素，指的是没有这个认识因素就要排除故意的情形。在这里，对于这种认识来说，有这样一种想象就足够了，即这个特别的行为将有可能导致一个犯罪构成的满足。这里涉及这样一个问题，在行为人的意识中，一种想象的出现到底必须多么强烈和明显，人们才能谈论一种刑法意义上的"认识"。在描述性的因素的场合,行为人的认识必须涵盖这些特征的自然意义。但是,描述性因素中的事实,并不仅仅是事实,还包括对事实的规范评价、文化评价、伦理评价等的内容。如果行为人对于刑法中的某一个概念的理解有误,如行为人将别人的货车的轮胎放气并认为这样一个行为不是一种对他人财物的毁坏,这样一种归入错误并不影响故意的成立。这说明,刑法意义上的毁坏与行为人的归入错误无关,而是与通常的理解有关。在规范性的要素的场合,行为人仅仅认识到"他人的""占为己有"的事实还不够,他还必须理解这些概念的法律——社会影响性上的意义。这表明,对于规范性要素是否存在刑法上的认识是按照外行方式的理解为基础的。

在事实的认识错误的场合,这种接受性的因素是经常性地存在的。在德国《联邦最高法院刑事判例集》第 11 卷第 268 页中,有一个十分轰动的案件:某庚试图与两个同谋犯进行一次入室盗窃。三个人带着枪支而且商定,在同案犯有受逮捕危险的时候,就可以朝对方射击。在回来的路上,某庚发觉有一个人跟着自己,认为他是个盯梢的,就以杀人的目的朝他开枪。但是,这个被认为是盯梢的人,其实是某庚自己的俩同伙之一。他被打伤了。[①] 对于这种错误,人们一致认为,直接行为人的这样一种对人身的认识错误是不重要的。[②] 韦塞尔斯认为,行为者事实上所设想的客体,如果在犯罪构成要件上相互等值,则发生的对象混同对于认识错误的可罚性不影响构成要件故意的存在。因为,故意的关系点只是外部行为情形,而不是与行为联结的动机或者长远目标。[③] 我国理论的通说认为,这种错误属于具体目标的错误,它对行为人的刑事责任没有影响,行为人仍应负故意的责任。[④]

---

① [德] 克劳斯·罗克辛:《德国刑法学总论》(第 1 卷),王世洲译,法律出版社 2005 年版,第 347 页。
② [德] 克劳斯·罗克辛:《德国刑法学总论》(第 1 卷),王世洲译,法律出版社 2005 年版,第 347 页。
③ [德] 约翰内斯·韦塞尔斯:《德国刑法总论》,李昌珂译,法律出版社 2008 年版,第 143 页。
④ 高铭暄、马克昌主编:《刑法学》(第 5 版),北京大学出版社、高等教育出版社 2011 年版,第 122 页。

上述结论虽然是通说，但其理由却不一定是有说服力的。当一个行为差误原则上是值得注意的时候，在对象错误的场合，故意的成立仅仅需要根据其符合类型的品质包括构成要件行为就够了，这结论就很勉强。因为，根据这个结论，一个人的死亡，在没有被认识到时，也为这个行为人的意识和意志所包含。具体来说，这个学说认为，这个行为人已经击中了这个他所瞄准的那个具体的人，与行为差误不同，在这里，这个"具体的人"是根据规范认定的，即行为人对对象所在的地点和行为时的认识是决定性的，而行为人对行为对象身份的偏离性的想象在具体人的认定上是无关紧要的。

这种结论不是那么不言自明的。这种对人身的认识错误在结构上也是一种对因果关系的错误（如果人们把行为人对行为对象的身份的想象作为基础的话），并且在这个范围内，与行为差误的差别与人们所声称的那样要小得多。但是，如果只从行为人对对象所在的地点和行为时的认识对行为对象进行个别化并将之判断为行为人已经达到了他的目的，这种判断是以一种过程性的评价为条件的，它不是从逻辑上或者范畴上得出的，而是一种目的论的解释。但是，当人们不是把行为人对对象所在的场所和行为时的想象，而是把他对被害人身份的想象视为决定性的时候，对于人身的认识错误就会得出不同的结论：行为人的行为失败了，他应该是一种行为的未遂。如李斯特就认为，对人身的一种认识错误，是值得注意的。[①]

在行为人由于对象的错误认识而实施杀人行为的场合，根据德国主流观点，对于直接行为人来说，就应当认定他的错误的不值得注意性。当行为人看到自己面前的一个具体的人，就以计划好的方式将他枪杀时，如果认定行为人没有完成杀人行为，就与这个事件的社会意义的内涵相矛盾。在这种理解中，是将在感官上觉察到的东西在故意的归责中放在突出的位置，以至于其他的东西（被害人的身份等）就被推到不重要的位置了。这表明，在对象认识错误的场合，对行为人故意的归责与规范

---

① ［德］克劳斯·罗克辛：《德国刑法学总论》（第1卷），王世洲译，法律出版社2005年版，第347页。

性的成分有关。

在因果关系错误的场合，行为人承担的故意责任也存在接受性的部分。德国刑法的主流观点认为因果关系是故意的内容（我国的通说也是这样认为的）。不过，由于一个行为在发展过程中的所有具体情况是没有办法全部预见到的，那么，在偏离行为人所认识的因果过程时，正常情况下都不会取消故意。因为，根据日常的生活经验，这种偏离还是能够预见的，并且，没有其他任何评价能够为这种构成行为提供根据。在常见的教学例子中，如行为人想杀甲而勒住甲的脖子，因为甲不动了，行为人认为甲已经死亡而将其埋入沙里，事后证明甲因吸入细沙而死亡。这种情况又被称为是概括故意，它指的是一种由两个动作组成的事件过程，行为人以为第一个动作就已经完成了这个结果，但实际上是第二个动作导致结果发生的。概括故意将这两个行为作为一个统一的事件来理解，这样，第二个行为也就能够为故意所包含，即将故意扩展到第二个行为上去。现在德国的司法及理论已经不再用概括故意为这种情形提供根据了。德国的主流理论和司法实践是从不重要的因果偏离上说明这种情形按照故意既遂处罚的根据的。[①] 但这个理论的问题在于，在这种案件中，因果过程的偏离都在行为人的事先预见之外，而这类情况并不都是这样的。如有人把自己的打击行为而致昏迷的被害人误认为已经死亡，并计划把他扔到偏僻的地方，但在路上出了交通事故，被害人因此死亡，在这里，行为人只能由于未遂而被处罚。因此，从因果过程的偏离上解释这种情况是有问题的。

在这种情况下，就产生了实际的因果过程与想象的因果过程偏离到何种程度才是事实的错误的问题。一般认为，要视这种偏离是否重要，如果偏离是重要的，通常情况下是未遂，因为错误只是通往结果之路。在这里，就涉及一种评价性问题，也就是说，在什么范围内的因果性偏离，根据规范的判断，仍然是应当归责于故意的。

现在一般认为，在因果过程的偏离中，不是由于故意的排除，而是

---

① [德]克劳斯·罗克辛：《德国刑法学总论》（第1卷），王世洲译，法律出版社2005年版，第343页。

结果的归责问题。这表明，因果进程的认识不是故意的内容，对它的不认识也不是事实错误的问题。确切地说，属于故意认识内容的，是关于客观归责基础情节的意识。也就是说，对于这个行为人来说，他必须认识到，他对法益创设了一种不能允许的危险（在这里，这种不能允许性又应当根据对全部构成行为进行评价的特定规则进行处理）。当他还追求这种结果时，或者他至少是容认它的时候，就存在认识性和意志性的故意要素，他就在故意的行为了。客观行为构成的归责问题是危险的实现，而故意的归责问题是计划的实现。因此，在判断是否可以将一个结果归于行为人时要判断这个结果是否属于他的计划之内。这表明，在因果偏离的情况中，对行为人故意的认定是根据有关规则进行的，即行为人承担的故意责任是根据规则而接受性承担的。

②意志因素中的接受性因素

在希望的场合，故意的认定是没有争议的。但在希望的场合，仍然隐蔽地包含接受性的内容。根据前面的论述，故意只要在行为过程中的某一点存在即可，那么，行为人在行为中的某个希望就意味着对整个行为过程的希望。至于何为容认，理论上却存在不同意见。现在，一般将"认真对待""容认"或"算计"了这个结果或忍受了这个结果作为间接故意成立的标准。对于已经认识到危险的行为人是否容认了结果，要根据一些情形进行判断，例如对风险的习惯性，加以避免的努力和已受防护性。理论上不管采取哪种学说，在进行判断时都要借助于一定的规则，例如，是不是存在一种已受防护性，是要根据某种规则来判断的。这表明，意志因素也是根据一些规则、习惯等进行认定的。

③认识与意志以外的接受性故意因素

在我国，主客观相统一的原则是刑法的基本原则之一。它的基本含义是：对犯罪嫌疑人、被告人追究刑事责任，必须同时具备主客观两方面的条件，并要求主客观两方面条件的有机统一。[①] 根据该原则，行为人所实施的犯罪行为只有在基于他的故意或者过失的情况下，才能被追究

[①] 《刑法学》编写组：《刑法学》（上册·总论），高等教育出版社2019年版，第67页。

刑事责任。一般来说，能够归属到故意的对象就是犯罪客观方面的那些特征。这样，犯罪客观方面和故意就存在一种统一，也就是主客观相统一的原则。但是，在一些情况下，有些犯罪构成的要素却不需要与主观方面统一。这种情况在外国刑法中主要有所谓的客观的处罚条件，在我国刑法中，也存在类似的情形。

在刑法条文中存在一些这样的要素，尽管某个行为是不是可罚需要以它们的实现或者存在为前提条件，但它们并非主观归属的对象，这些要素就是犯罪成立的客观条件。对于这些要素，无论是故意、过失还是罪责，都是不需要的。这些条件的存在，主要是出于刑事政策的考虑，将它们从犯罪主观方面单列出来。作为犯罪成立的客观条件在刑法中是以多种形式存在的，我国刑法中主要有情节犯、数额犯、结果犯，此外还有其他的一些情形，这些情形是立法者为了使犯罪成立而附加的一些条件。

情节犯是我国刑法中的一个特色。虽然对于何为情节犯理论上还存在不同争议，但我国刑法中的情节包括定罪情节和量刑情节，那么，情节犯就可以定义为以一定的情节作为犯罪成立或影响刑罚轻重的犯罪类型。我国刑法对于犯罪情节的规定主要有"情节严重的""情节较重的""或者有其他严重情节的""情节恶劣的""其他较重情节的""情节特别严重的""情节特别恶劣的""情节较轻的"等种类，有上述规定的刑法条文有205条，其中，决定犯罪成立情节的条文有94条，其表述通常是"情节严重的""情节较重的""或者有其他严重情节的""情节恶劣的"等，其余条文规定的情节都是影响刑罚轻重的情节。在我国刑法中，有些情节属于构成要件要素，可以还原到有关的构成要件中，涉及行为的方式、行为的地点、结果的情节，基本上属于犯罪构成的客观方面，但对于其他的情形，比如间接结果、前科、累犯、自首等都无法还原到犯罪构成里面，行为人因为这些情节而承担的刑事责任的减轻或者加重，与行为人的主观方面都没有关系。

在定罪量刑的模式上，外国刑法采用的是"立法定性＋司法定量"的模式，而我国刑法采用的则是"立法定性＋立法定量＋司法解释细化"的模式。我国《刑法》不仅在第13条中规定了"但书"这样一个明显的定量因素的条款，而且在分则中的很多条文中都分别规定了"数额较大""情节严重""造成严重后果"等。在很多刑法条文中，不仅规定了犯罪构成行为，还规定了相应犯罪行为构成犯罪所必须具备的情节、数额、结果或者行为的其他情形（如行为次数）。这样，行为人仅仅实施犯罪构成行为还不构成犯罪，还必须具有刑法所规定的上述情形。这引起刑法理论对于上述情形的体系性地位的不同意见，大体来说，主要有以下几种观点：第一，构成要件要素说。该说认为，犯罪的定量要素都是构成要件要素，都具有故意限制机能，需要被行为人的主观故意所覆盖。如梁根林教授认为，数额型罪量要素和后果型罪量要素可以归入定量构成要件要素，其与定性的构成要件要素共同决定构成要件的该当性。因此，数额型和后果型罪量要素作为客观构成要件要素，无疑为罪责的规制对象。[①] 第二，可罚的违法性说。该说认为上述情形属于可罚的违法性。[②] 第三，客观处罚条件说。陈兴良教授将犯罪的成立分为罪体、罪责、罪量三个环节，将定量要素放在罪责阶层之后，使其成为一个独立要件。根据他的观点，上述情形不是责任的对象，行为人的故意不需要对此进行认识。第四，客观超过要素说。张明楷教授认为，客观超过要素主要指部分危害结果，行为人对这些危害结果作为超过的客观要素不需要认识与希望或放任态度，只要具有预见可能性即可。[③]

在上述几种观点中，第一种观点认为所有的客观方面要件的内容都是故意需要认识的要素，是不符合实际情况的。如在丢失枪支不及时报告罪中，如果认为行为人对于随后发生的严重后果具有认识，是很勉强的。这种情况在很多刑法条文中都存在。第二种和第三种观点是立足于大陆法系的学说，这种学说与我国的刑法体系是不兼容的，上述学者直接将外国的理论拿来嫁接到我国的刑法理论中，势必产生严重的水土不服的问题。张明楷教授的客观超过要素说的问题在于，它认为对于这些要素尽管不要求具有故意，但要求对这些因素具有认识的可能性，这又

[①] 梁根林：《但书、罪量与扒窃入罪》，《法学研究》2013年第2期。
[②] 刘为波：《可罚的违法性论——兼论我国犯罪概念中的但书规定》，《刑事法评论》2002年第10期。
[③] 张明楷：《"客观的超过要素"概念之提倡》，《法学研究》1999年第3期。

回到第一种观点了，因为，认识到这些要素发生的可能性还实施相应的行为，就说明行为人是故意的行为。此外，将这些因素都归入犯罪构成中的客观要件也不合适，因为，有些要素不属于客观构成要件，如情节犯中的情节，不都是属于客观要件的。

在我国刑法中还规定有数额犯，数额犯是指根据数额作为犯罪成立条件或者刑罚轻重的犯罪类型。如普通盗窃罪的数额较大是犯罪成立的一个标准，行为人实施的盗窃行为如果没有达到这个标准，就不构成普通盗窃罪。数额犯大多与量刑有关，其用语主要是"数额巨大""数额特别巨大"等。在数额犯中，即使行为人对于犯罪数额具有认识，由于数额是根据一定标准认定的，所以，行为人是不是承担刑事责任以及承担的刑事责任的轻重也属于接受性的。

此外，我国刑法还有多次犯的规定。所谓多次犯是指犯罪的成立以行为人实施的违法行为的次数为条件，达到刑法所规定的次数，犯罪就成立。如《刑法》第264条规定的多次盗窃，构成这种意义上的盗窃，根据有关的司法解释，只有行为人在2年内实施了3次以上的盗窃才能成立，这样，在一定时间内盗窃行为的次数就成为盗窃罪成立的关键。多次盗窃中的多次自然是构成要件的客观要素，但是，不应要求行为人认识到这一要素。不然就会出现产生以下荒诞的结果：盗窃罪是否成立与行为人是不是记住自己盗窃行为的次数有关，与行为人的记忆能力的强弱有关。因此，可以得出结论：多次不是盗窃犯需要认识到的要素。这表明，在多次犯中，行为人承担的这种故意责任是接受性的。

在刑事责任的承担中，还存在由于刑事政策的考量在责任能力上而接受性承担的责任。这种情形典型的例子是原因自由行为。原因自由行为是指行为人在有责任能力时决定的行为，或者在有责任能力时可以认识到行为会产生犯罪结果，但在失去责任能力时才实施的构成要件行为的情形。对于原因自由行为，刑法理论和司法实践在认识上保持着应该被刑事处罚的一致性，但问题是，如何在法学上说明这个结论的理由。

这个问题最早是由克莱因·斯罗德首先提出的①。关于其可罚性的说明，理论上主要有以下三种学说：第一，例外模式。例外模式是德国学者赫鲁斯卡最早提出来的。刑法理论一般认为，如果行为人在实施行为时处于无责任能力状态，行为人实施的行为就是无责任的，不能对行为人进行处罚，这就是刑法理论广泛承认的"责任与行为同时存在的原则"。②例外模式认为，尽管行为人在实行行为时欠缺责任，可是，作为"责任与行为同时存在的原则"的例外，只要在实行先行行为时具有责任就够了。不要求在责任和实行行为之间存在同时性。这种模式主要是出于预防的考虑，对"责任与行为同时存在的原则"进行一种"目的性限缩"。根据这种模式，原因行为只是一种预备行为，结果行为才是实行行为。这种模式的目的是，尽可能把实行行为的观念理解为包含着被客观化了的危险性的东西，只要原因行为和结果行为间有因果联系。但是，该说的问题在于，它不是根据罪刑法定原则认定责任的，而是根据习惯法来认定，这是站不住脚的。它还违反了罪责原则，因为它将先行行为与结果行为的因果联结看作行为人承担责任的基础，使故意和过失失去了与实行行为之间的联系。第二，扩展模式③。这个理论是在一种功能性的意义上，将构成行为的概念扩展到那种本身在预备性的使自我成为无责任能力的事情上去。也就是说，先有责任，后有不法行为。但是，这个理论没有说明，为什么对于构成行为的概念，在原因中的自由行为的情况下要进行另外的理解。第三，构成要件模式。这种模式在德国司法和理论上都占据着支配地位。该模式认为，归责本身不是与处在无责任能力状态下的实行行为相联系，而是与自己造成排除罪责的那个行为相联系的。这种前面的实行行为，就表示行为人故意或过失地而且还表示

---

① [德] 克劳斯·罗克辛：《德国刑法学总论》（第1卷），王世洲译，法律出版社2005年版，第600页。

② 我国《刑法》第18条第一款规定，精神病人在不能辨认或者不能控制的时候造成危害结果，经法定程序鉴定确认的，不负刑事责任。这说明，我国刑法也是承认"责任与行为同时存在的原则"这一原则的。

③ [德] 克劳斯·罗克辛：《德国刑法学总论》（第1卷），王世洲译，法律出版社2005年版，第600页。

行为人可能应受刑罚地导致了犯罪结果。根据该主张，原因自由行为的可罚性不是"责任与行为同时存在的原则"的例外，而是先前的举止行为已经是一种有罪责的构成要件行为。[1] 该模式将先前的举止行为作为实行行为，条件是行为人在这个时点上就具有了实施构成要件行为的故意或过失。根据这种模式，原因自由行为所针对的情形与间接正犯具有类似性，在逻辑构造上与间接正犯也相同。不同的是，间接正犯是把别人当作工具，而原因自由行为是把自己的无责任能力状态当作工具，因此，这个模式又被称作间接正犯类似说。原因自由行为只不过是通过某种现象而隐蔽的一种类型，他实际上是直接正犯的一种隐蔽的形式。德国学者雅各布斯论证道：规范与物质利益不同，物质利益可以由自然所侵害，而规范是精神的产品，它是由多数人格体的多数义务所形成的秩序，因此，规范只会被一种反向的设定所动摇，而且这种反向的设定存在在交往之中。人格无责任地完成的不法没有带来刑罚，那就不是因为源于诸公正性的理由使本质上必须受惩罚者不受惩罚，而是因为规范效力这一刑法法益不可能被无责任的行动所影响。[2] 还有德国学者认为，由于行为人在符合构成要件的行为开始之前，操纵整个过程时完全有责任能力，因而其行为具有可罚性。[3] 日本学者大塚仁指出，构成要件模式用整体的观点看待先前行为和结果行为，当行为人"自己陷入无责任能力的状态，当原因行为中包含着在该状态下实现犯罪的现实危险性时，就可以认定原因行为是实行行为"。[4]

从对原因自由行为的研究可以看出，不管哪种观点，都主张对原因自由行为进行处罚。例外模式和扩张模式更多是从刑事政策上寻求根据的；构成要件模式虽然是在构成要件内部寻求其根据的，但它是根据实质的角度对原因自由行为的构造进行理解的，而这种实质的解释，也是

---

[1] ［德］克劳斯·罗克辛：《德国刑法学总论》（第1卷），王世洲译，法律出版社2005年版，第600页。

[2] 冯军：《刑法问题的规范理解》，北京大学出版社2009年版，第205页。

[3] ［德］汉斯·海因里希·耶赛克、托马斯·魏根特：《德国刑法教科书》，中国法制出版社2001年版，第533页。

[4] ［日］大塚仁：《刑法概说》（总论），东京：有斐阁1992年版，第152页。

采用的与行为人无关的一个标准。这说明，不管采取哪种学说论证原因自由行为的处罚根据，都不能排除行为人所承担的责任中存在非罪过的部分。因此，与其牵强地将原因自由行为的情形认定为故意或过失，还不如承认行为人在这种情况下承担的是接受性的故意或过失。也就是说，行为人在这里承担的责任，是由于某种刑事政策的考虑或者刑法上的一种特别的思考，需要行为人承担相应的责任。

(4) 接受性故意的本体论构造

接受性故意是在世界中存在的，可以把接受性故意的构造分解为：接受性故意的"世界"、"谁"之故意、"在之中"。其一，接受性故意总是存在在一个世界中。只有揭示了接受性故意的世界性，故意的全貌才能得到揭示。其二，接受性故意是以"常人"故意的方式存在的。常人故意是接受性故意（也是故意）是日常生活中的存在样式，它不仅把接受性故意限制在一个合适的、能够被接受的范围，而且是故意的本源。其三，接受性故意是通过"在之中"这种方式存在的。"在之中"是接受性故意的一种存在建构，只有根据"在之中"这种存在方式，才能将接受性故意揭示出来。

①接受性故意的世界

接受性故意的首要问题就是它的"世界"是什么。这个"世界"虽然不是一个独立的存在，但它却对接受性故意起决定性的规定作用。这种与世界的关联在接受性故意中一直存在并起着支配作用，我们只有把握了这种关联，接受性故意才得到完全的理解。和任何事物一样，接受性故意不可能离开世界而独自存在。只有把这个世界揭示出来，接受性故意才算是真正地被揭示出来了。

我们应该怎样把握接受性故意的世界呢？接受性故意的世界就是其自身整体的敞开，这种敞开是指接受性故意现象学上的源始结构——它"去在"（去存在）的方式及其可能性——得到揭示的。接受性故意总是与它的种种可能性有关，它是一种能在（可能的存在）。对接受性故意的理解也只有在某种"能在"中确定方向，这种具体化的"能在"是说，接受性故意在其存在中已经先行于自身了，它就是一直为其故而如其所在地存在着的东西，它总超出自身，作为向它自己自身所是的"能在"

的存在。这种对故意责任的可能性的把握是在其存在中完成的。如对于故意的认识因素来说，行为人至少要有对自己实施的行为将有可能导致一个犯罪构成的满足的想象，而行为人是否具有这个想象需要根据行为人所处的世界以及行为人实施的行为所处的当时的情景进行判断，否则，对于这样的一种想象是否存在就无法进行认定。再如，对于间接故意来说，是否行为人对于他所实施的行为及其结果具有一种容认的心理态度，前提是这种态度在认定之前就作为一种可能性存在了，如果根据当时的情形及行为人的具体情况，这样的一种容认不可能存在，间接故意也就不存在了。

②接受性故意的存在方式：常人故意

接受性故意是以常人故意的方式存在的。在故意的认定上，虽然有不同的学说，但这些学说都有一个共同点，故意是根据一定的标准认定的，而不是以行为人自己的认识为标准的。这种情形在规范的要素的场合就更好理解了，在规范的要素的情况下，外行人或者一般人的理解决定着行为人在这种情况下是否存在对一个规范要素的一种想象。在事实的错误的场合，行为人的认识是不重要的，重要的是社会对这个事件的通常的理解。如行为人的一种归入错误并不是故意所要求的一种想象不成立的决定性的因素，这样一种归入错误会不会成立故意所要求的那种想象，取决于人们（也就是一般人）对这种情形的通常的理解；在因果关系的错误中，行为人的认识也是不重要的，重要的是因果过程的偏离是否是重要的，而这一点仍然与行为人的认识无关。在故意的意志因素方面，只要认识到结果会发生仍然实施的人，只要这个结果的发生与他的目的是一致的，那他就存在希望的态度。在这里，这个一致与否的判断虽然一般不会产生异议，但也是根据一般的经验判断的。放任的态度也是根据一定的规则来判断的，如德国学者所提出的"对风险的习惯性""加以避免的努力""已受防护性"等，都需要根据一定的规则来认定。因此，认识因素和意志因素都是根据某种标准认定的。也就是说，我们所说的故意实际上是一种常人故意，即根据常人的标准成立的故意。

常人故意不仅是接受性故意的存在样式，也是刑法中故意责任的来源。每个责任主体首先是常人而且通常一直是常人，他总是按照公共的世界的要求进行认识和行为的。人们对行为人实施行为时的心理状态的认定，也是根据常人的标准认定的。这就意味着，接受性故意总是已经源本地通过常人故意而得到了给出，总是属于常人故意所沉浸于其中的世界。因此，"常人故意"是故意责任的价值和意义的源头。

③接受性故意的"在之中"

以常人故意存在的接受性故意是根据其所在的境域揭示的。接受性故意不是生存在个体中，也不是仅仅生存在社会中，而是生存在它所熟悉的世界之中。这种意义上的"在之中"是指在"世界"之中，即接受性故意居住于、依寓于、逗留于其所属的世界之中。为了更原始地考察接受性故意的存在结构，就应当考察它的这个"依寓于"。这个"依寓于"是它的一个生存论环节，它不意味着有一个现成的接受性故意连同一个叫着"世界"的存在者一同存在，而是意味着只有当接受性故意具有"在之中"这种存在方式，它才可能以世间化的方式被公开出来并成为可通达的。

2. 接受性过失的提倡

（1）过失的概念

根据我国《刑法》第 15 条的规定，犯罪过失是指行为人应当预见自己的行为可能发生危害社会的结果，因为疏忽大意而没有预见，或者虽然预见而轻信能够避免，以导致危害结果发生的一种心理态度。[①] 在其沿革史上，过失乃是和故意并列的一种责任形式。由于故意是对行为结果的一种认识，那么，过失就是行为人由于没有保持必要的谨慎对结果的没有认识或错误认识。德国帝国法院就将过失称之为"针对行为的因果关系的有责任的认识错误"。[②] 这样，过失就是行为人由于缺乏人们对其期待的一种谨慎而导致构成要件实现的一种行为。

怎样的举止才是合乎谨慎的？这包含两个方面：一是实现构成要件

[①] 《刑法学》编写组：《刑法学》（上册·总论），高等教育出版社 2019 年版，第 174 页。

[②] ［德］乌尔斯·金德霍伊泽尔：《刑法总论教科书》，蔡桂生译，北京大学出版社 2015 年版，第 326 页。

的可认识性；二是与这种认识相适应的行为。如果人们要将某个举止认定为过失，则在构成要件层面上，该举止需要客观地具备过失的这两个要素（即认识且避免危险）；至于具体行为人可期待的认识、避免危险的个人能力，在因果行为论的框架下，则属于罪责要素。随着现代公共交通和其他技术性风险领域的出现，也要求行为人在构成要件层面上客观地违反谨慎。由于这里的各种行为本身或多或少具有危险性，因而需要发展出界分容许的风险和不被容许的风险的区分标准。如果风险造成结果，而该结果是受容许的，便将这种风险作为刑法上无关的内容，这种行为就不是刑法上的行为了。在这个意义上，如果行为人按照他的主观认识和能力可以不违反义务，并且违反该义务造成了结果，而这种结果不论是客观上还是主观上都是能够预见的，行为人仍然违反了该义务，就构成过失。在今天的学术讨论中，重点讨论的是：与故意相对应，过失是否不只是从行为人的个人角度（对于实现犯罪构成）的可避免性？是否还要对具体行为人（认识避免结果的）相应能力加以讨论？

过失的特别之处在于，一方面，行为人原本可以和应该认识到自己所实施的行为的犯罪构成意义上的危险；另一方面，行为人基于这种认识本来能够和必须避免创造该风险。这种可认识性和可避免性上的"必须"，就是谨慎义务的标志，而为了满足该义务所必需的"能够"，则是行为能力这一过失责任的前提的体现。根据德国的主流观点，谨慎义务和行为能力这两个过失要素是分两个步骤进行考察的：第一，在有关的生活领域中，认真而且有洞察力的有关人员，在当时的情况下，原本是不是可以和应该认识到那个风险；第二，按照标准人格的要求，具体的行为人当时是否有能力认识到该风险，并对之加以避免。[①] 这就是德国理论中的两阶层的过失构造：在这一构造中，在构成要件的阶层中确定是不是存在客观的过失，在责任阶层内判断是不是存在主观的过失。虽然我国的犯罪构成不区分构成要件和责任，但并不影响对过失也从这两个方面进行认定。在德国理论上还存在一个流行的个别的可避免性说，这

---

① ［德］乌尔斯·金德霍伊泽尔：《刑法总论教科书》，蔡桂生译，北京大学出版社2015年版，第328页。

个学说认为,谨慎义务只取决于具体行为人的能力,而谨慎所要求的风险的可认识性、可避免性都只放在构成要件阶层加以考察。[①]

过失犯实质上是违反注意义务的问题。行为人违反义务地没有认识到自己的行为会发生危害社会的结果,或者尽管认识到会发生危害社会的结果,但违反义务地相信这种结果不会发生,行为人的行为便是过失行为。与故意相比,过失犯的社会危害性一般较轻,因为行为人不是有意识地违反法秩序的规定,而是由于不注意才违反的。

"注意义务"是一个具有多义性的概念。诸如:(1)其直接的含义意指使结果不发生的义务;(2)采取一定的措施(或者不实施一定行动)的义务;(3)对是否存在结果发生的危险而集中精力,并收集相关信息的义务;(4)为此做好思想准备的义务。其中,(1)、(2)、(4)是过失犯和故意犯的共同义务。尽管"结果回避义务"经常被当作过失犯的客观注意义务,但在故意犯中也存在这种义务,它是在客观归责时讨论的。这表明,结果回避义务是故意犯罪和过失犯罪都具有的义务。更进一步地说,真实的义务是结果回避义务,履行了预见义务而不履行回避义务的,就由过失变为故意了。

(2)关于过失的理论

德国学者卡尔·恩吉斯指出,过失概念就像一个小宇宙,由极其复杂且繁多的要素组成,困难问题堆积如山地耸立在理论和实务面前。[②] 这种情况使对于过失的认识一直存在不同的观点,大致说来,关于过失的理论主要有以下几种。

①旧过失论

该理论认为,违反了为了不使结果发生而应让精神紧张的义务是过失。该理论基于心理责任论的立场,认为过失的本质在于不注意而没有能认识、预见到结果的发生,在注意义务上采结果预见义务说(对结果的认识可能性、预见可能性),预见可能性的有无及其程度属于过失的唯

[①] [德]乌尔斯·金德霍伊泽尔:《刑法总论教科书》,蔡桂生译,北京大学出版社2015年版,第329页。

[②] [德]约翰内斯·韦塞尔斯:《德国刑法总论》,李昌珂译,法律出版社2008年版,第387页。

一限定条件，在预见的标准上主张以具体的行为人的注意能力为标准，即主观说。该理论是在意思责任论的延长线上考虑过失的，即将过失考虑为如果注意的话就可能这样的"间接地意图违法"。有学者将过失理解为"消极的恶的意思"（克莱因）、"危机化故意"（格罗尔曼）、"违法的意思决定"（费尔巴哈）等。即便是现在，它也是很有影响力的思考方法。日本刑法学家前田雅英认为，将过失的核心定位为责任要素（主观的构成要件要素）十分具有合理性。①

旧过失论的缺陷在于，一方面它扩大了过失犯的范围，如在交通领域，该理论几近结果责任；另一方面，它忽视了注意义务的客观面。随着社会的发展，被允许的危险和信赖原则的理论就出现了，它们使旧过失论的缺陷更加突出。

②新过失论

随着新技术的应用和高速交通等新产业的发展，社会发生了巨大的变化。这些产业在推动社会发展的同时，本身也带有一些风险。社会上，像汽车的驾驶及工厂生产、矿山等的开采那样，都具有致人死亡的危险，而且，有时会现实地发生死伤事故。诸如此类的事故应尽可能地避免。但是，假定以这些活动所存在的危险为由全面地加以禁止，死伤事故虽能确实地被防止，但社会中的生产活动也会陷入停滞状态。于是，有见解认为，危险活动中存在着被允许的危险活动和不被允许的危险活动。所谓被允许的危险，一般来说，是指对社会有用，而且为了避免事故的发生采取了一定的安全措施的危险活动。根据这个理论，一方面，通过社会发展的利益考虑，将一部分引起结果的危险行为予以合法化；另一方面，将违反行政法规及行业规范的行为广泛地承认过失的存在。这就是 19 世纪后半期的德国所展开的被允许的危险的理论。

被允许的危险与信赖原则是密切相关的。信赖原则是指，能够期待某一危险领域中的参加者互相保持其有责任保持的谨慎。② 这一原则在使

---

① ［日］前田雅英：《刑法总论讲义》（第 6 版），曾文科译，北京大学出版社 2017 年版，第 179 页。

② ［德］乌尔斯·金德霍伊泽尔：《刑法总论教科书》（第 6 版），蔡桂生译，北京大学出版社 2015 年版，第 335 页。

人们可以认定允许的危险的同时，也防止了这种危险。根据这个原则，在行为人存在可以信赖的不会发生的情况（尤其是他人的行为）下，尽管行为人实施的行为导致了结果的发生，就因为他没有违反谨慎义务，而不能将这个结果归属给行为人。信赖原则实际上起到减轻结果回避义务的作用。但是，信赖原则在起作用时，也可以理解为一般人不能预见被害人等的不适当的行为。此说在20世纪30年代的德国开始被提倡。基于上述限制注意义务的思想，新过失论把注意义务从结果预见义务转向结果回避义务。根据该理论，过失是以一定的基准行为来确定的，此即将社会相当性或者客观的注意义务作为过失的核心要素。在新过失论中，基准行为的违反是作为限制的要素而附加地要求的，此外还依然要求引起结果或对结果的预见可能性。① 该理论在德日有很多人赞同。

按照新过失论，即便对结果的发生具有预见的可能（甚至即使已经预见），有时也不成立过失。过失的核心在于欠缺"社会生活上的必要的注意"，而且，将这一注意解释为一般人（或者平均人、标准人）在行为人当时所处的同一情况下，就会采取回避结果的措施（客观注意义务）。遵守了这种"注意"的行为就是一种社会上相当的行为，即便发生了结果，也不成立过失。

新过失论的实质性特色在于，重视医疗行为、驾驶机动车行为等的社会有益性，经过松弛地设置结果回避义务，以便合理限制过失的处罚范围。新过失论认为，为了社会的顺利发展，不应该从防止危险的视角出发要求100分的结果回避义务，只要采取了60分的回避措施，达到了合格的最低限度就足够了。例如，在驾驶机动车时，若是要求采取过分的安全措施，则会导致交通堵塞，对社会整体的发展产生负面影响。

新过失论认为过失是指"懈怠一定的回避措施（当为之行为）"，以不作为犯式的构造来理解过失（因为如果强调结果回避义务，容易变成不作为犯式的理解），它将过失判断的重点从责任的实体转向责任的评价，从而将过失客观化了。这种结果回避义务借助相关法规规章的规定，

---

① ［日］山口厚：《刑法总论》（第2版），付立庆译，中国人民大学出版社2011年版，第227页。

能够类型化地提出"客观的行为标准",能够明确展示出具体的处罚范围。这也正是新过失论在战后的实务中被广泛采用的一个理由。但是,新过失论没有指出,这种客观化的过失是如何归责于行为人的?行为人为什么要承担这样的过失责任?

③"新"旧过失论

这是日本理论上的一种学说,该说主张以结果发生的实质危险性及其具体的预见可能性为中心,对传统的过失论加以重新认识,它将"被允许的危险理论"及"信赖原则"所提出的问题纳入行为的实质危险及其具体的预见可能性之中,故被称为"新"旧过失论。[①]

在"新过失论"看来,被允许的危险及信赖原则并非意味着结果的预见可能性的减弱,而是结果回避义务的减弱。亦即,被允许行为的场合,结果发生的预见可能性虽不能被否定,但由于缺乏结果回避义务,因而不成立过失。对此,旧过失论批判道,"预见到人的死伤却可以不回避的逻辑未免荒诞"。基于这一点,在旧过失论看来,适用被允许的危险及信赖原则的场合由于欠缺值得追究刑事责任程度的高度或者具体的预见可能性,因而否定过失责任。

但当下的客观归责论认为,适用被允许的危险或者信赖原则的场合,由于已经不能将结果归属于行为人,在论及故意、过失之前,就已经否定了对结果的刑事责任,而且,根据该学说,即使不适合适用信赖原则等的场合,在能够认定被害人的自己答责性时,也能否定过失。

这个理论实际上是一个折中说,试图将一般标准和具体标准结合起来,即在危险的判断上采用一般标准(一种危险是不是达到实质的危险)和在预见可能性上采取具体的标准(存在一种具体的预见可能性)。这个理论有很多问题难以解决,比如,根据行为人的能力他不能预见一种实质的危险,是不是就没有过失了?如果这样,人们就不会去努力提高自己的预见的能力了,因为,预见能力越高就有可能承担刑事责任。另外,在该说中,一般的标准和具体的标准如何衔接?具体的预见可能性怎么

[①] [日] 松宫孝明:《刑法总论讲义》(第4版补正版),钱叶六译,王昭武审校,中国人民大学出版社2013年版,第157页。

判断？如果是结合各个行为人具体的情况来判断，会导致这种标准就没有标准，如果要结合别的因素，比如借助于别的标准，那它又变成一个一般的标准了。

④超新过失论

进入昭和四十年之后，日本的过失犯论再次大幅度地转换了方向。以公害犯罪等频频发生这一状况为背景，出现了扩大处罚过失的动向，这与新过失犯论所期望的限定过失犯处罚这一目标相反，最终催生了不安感说（新新过失论、危惧感说）。根据该说，过失的成立，只需具有某种不安感、危惧感就可以了。[①]

不安感说这个理论，是以结果回避义务为核心的过失犯论，在此意义上，与新过失论是相同的。但是，鉴于被害的重大性，对结果回避义务的内容要求得非常严格，打个比方的话，是要求达到上述 100 分的满分，在这一点上，与新过失论正好具有相反的方向性；对于结果回避义务，不要求对具体的结果具有预见可能性，认为行为中伴随着某些不安感（危惧感）就足够了。但是，仅凭这种抽象的危惧感期待行为人马上中止行为是不合适的，这充其量能够成为期待行为人采取一定程度的信息收集措施的契机。该说的缺陷在于，一方面，扩大了过失犯的范围，因为它不要求有具体的认识；另一方面，危惧感和不安感的含义极为模糊。

在现代社会，为了施加责任非难，认为必须对结果具有预见可能性，

[①] ［日］前田雅英：《刑法总论讲义》（第 6 版），曾文科译，北京大学出版社 2017 年版，第 183 页。象征这一动向且成为该动向原因的是森永毒牛奶案件。被告人在制造奶粉时，从有信誉的药商那里购买了作为安定剂的第二磷酸苏打这一物质，并添加到奶粉中；可在一段时期，却采购了与从前的物质完全不同的、含有砷元素的药品，制造了添加该药品的奶粉，致使许多婴儿死伤。关于该案，德岛地判昭和 38 年（1963 年）10 月 25 日（判时第 356 号第 7 页）从新过失论的视角出发，以可以信赖药商等为由否定了工厂厂长等的过失责任。但高松高判昭和 41 年（1966 年）3 月 31 日（高刑集第 19 卷第 2 号 136 页）认为，虽然不能预见到含有砷元素的药品作为第二磷酸苏打上市，但在商事交易中，没有指定规格制品时，有可能购入与订单不同的物品；以此作为一个根据继而指出，"把食品添加物之外的、为供其他目的使用而制造的药品……添加到食品中时，应该会对使用上述药品感到一缕不安。正是这种不安感，表现出对本案中争议的危险具有预见"，从而认定了过失责任。学说发展了该判决的旨趣，从而不安感说得以构建完成。

不安感说在实务中也没有确定下来。实务中基本上是通过比较衡量预想到的被害的重大性、对发生被害的预见可能性的程度和国民所期望的结果回避义务的大小，来确定过失处罚的范围（比例原则）。预想到重大的侵害会大量发生时，即便只有较低的预见可能性，也能成立过失犯。但是必须要具有对事实的认识，以达到一般人看来能为过失非难（预见可能性）奠定基础的程度。

不管是旧过失论还是新过失论，都没能明确勾勒出更为具体的预见可能性的判断构造。旧过失论在责任阶段中理解的注意义务违反在新过失论中被作为实行行为来理解，在以作为构成可能的情形中，以"由于没有尽到一定的注意义务而导致结果发生"的形式，导入不作为的因果关系理论，从而强化了从注意义务违反与结构之间的关系来理解的倾向。因此远离了存在论基础，以至于理论上必然进行价值关系的假定因果判断。但是，我们看到了其中对不真正不作为犯中的作为义务与过失犯中的注意义务相混淆的迹象。在这里，需要指出的问题点是，若注意义务被概括性地设定（例如，火灾事故中消防法上的事前安全体制确立义务等情形），则必然会导致其迈向较容易地认定过失犯成立的方向。总体上说，客观的注意义务这一理论构成也具有更容易与行政法水平上的注意义务相关联以及容易忽视个别事由的倾向。另外，过失也不能根据一种否定性的判断给出，考夫曼严厉地批判道："责任不可能存在于否定中，它是某一现实存在的现有的东西，它必须存在于关于行为结果的积极关系之中。"[1] 因此，那种一般认为过失责任存在于不注意、注意不足或者欠缺必要的注意的观点，其只在把责任视为一种评价的极端规范主义而言才是重要的。

（3）过失的构成

过失责任的内容问题，一直争论至今。在自然法里，过失还没有体现真正的责任形式，而是被视为减轻刑罚的准犯罪。费尔巴哈尝试，通过承认意志决定，使过失理论与涉及犯罪意志的刑法理论（心理强制）

---

[1] ［日］甲斐克则：《责任原理与过失犯论》，谢佳君译，中国政法大学出版社2016年版，第85页。

相一致。黑格尔的追随者也致力于证明过失中的意志要素，并从使违法结果变成现实可能性的条件的知与欲中看到了这一点。德国学者宾丁按照类似的方法，通过下列思想将过失设计为意志责任，即任何行为均是意志所指向的过程。其他的论者以欠缺指向结果的意志这一理由，否定一般性的过失责任内容，或者至少在无意识的过失领域里能够否定之。①

现在一般认为，过失是一个行为构成问题，而不是如古典理论所说的是和故意并存的一种具有较为微小的罪过形式。这样的一种体系性转变，是通过将行为无价值移入构成要件中实现的。如德国学者恩吉斯认为，过失犯罪所特有的对必要谨慎的忽视必须是一种行为构成的特征：当一个规定性规范，一种立法性的对举止行为的命令，为这些行为提供基础时，罪过规范不是简单地禁止结果的发生，只是仅仅禁止某种不谨慎的举止行为。② 这种趋势通过目的行为理论得到强化，根据这个理论，应受处罚的行为都表现为一个由目的控制的过程，那么，过失犯罪的构成要件就不可能浓缩为结果。最后，与目的行为理论对立中发展的客观归责理论认为，归责于客观行为构成是通过一种在行为构成范围里面的、通过行为人创制的而不是由允许性风险所容许的危险为条件的。这个理论的实际意义主要存在于过失犯罪当中。③

这种把过失行为作为行为构成问题加以讨论的前提，是不法理论的转型（复归到明确性规范、对个人不法的承认和客观归责理论）。这种转型对过失领域也具有效力。现在没有争议的是，允许性的风险标记着界限，超过这个界限，过失就开始了，在允许性的风险范围内，不仅没有过失，也没有刑事上的不法。

过失犯的构成要件是根据双重标准决定的：一是要判断对特定的危险状态下不欲的法益侵害，客观上要求什么样的行为；二是要按照行为

---

① ［德］汉斯·海因里希·耶赛克、托马斯·魏根特：《德国刑法教科书》，徐久生译，中国法制出版社2001年版，第679页。

② ［德］克劳斯·罗克辛：《德国刑法学总论》（第1卷），王世洲译，法律出版社2005年版，第713页。

③ ［德］克劳斯·罗克辛：《德国刑法学总论》（第1卷），王世洲译，法律出版社2005年版，第246页。

人的人格和能力，判断能不能要求行为人做这样的行为。例如，在交通肇事致人死亡的情况下，法官要查明的是，被害人的死是否是行为人违反了法秩序向行为人生活领域里谨慎的和冷静的成员在当时的行为情况下提出的注意义务，如果违反了，过失就成立了。因此，过失犯的构成要件应当通过法官的评价来补充，这不被认为违反了罪刑法定原则，理由是，把持续变化的注意义务经过审判实务之外的途径使其具体化的做法是无法想象的，并且和法律内容相比，市民经过自身体验常常更容易理解应尽的义务。①

过失行为的构成要件由三个方面组成：实现构成要件危险的认识可能性、根据该危险认识而客观要求的注意的行为、（在过失结果犯的情况下）由于违反注意而发生的犯罪结果。在对是否存在对注意义务的违反中，采取的标准是行为人交往领域里认真的和有理智的成员这个标准，也就是说，行为人是否有过失是根据这个标准人确定的。

一个违反注意义务的行为创设了一个在法律上重要的不允许的危险，并且这个危险在构成要件中得以实现，那么，过失的行为就成立了。违反注意义务是过失犯的本质特征，正是这种义务的违反导致了构成要件的实现，而过失犯的构成要件一般并不涉及注意义务的类型和程度，这样，就需要由法官进行补充，这里，起决定作用的是社会为了避免其保护的利益和价值侵害所必需的谨慎和注意的要求。注意义务一般分为两种：内在的注意和外在的注意。前者是指要注意到行为所附带的风险，外在的谨慎是指采取必要的预防措施来防止这种风险或者把这种风险控制在一般容许的范围之内。用一个公式表现出来就是：认出危险（内在注意）、避免危险（外在注意）。

①由一般的注意要求产生的首要的注意义务在于认识被保护法益所处的危险和正确的评价

因为防止危险所采取的措施均依赖于对危险种类和程度的认识，这就是结果预见义务，即行为人要集中自己的注意力，保持意识紧张，以

---

① ［德］汉斯·海因里希·耶赛克、托马斯·魏根特：《德国刑法教科书》，徐久生译，中国法制出版社 2001 年版，第 677 页。

认识行为可能引起危害社会结果的义务。这里涉及内在的注意，宾丁将之称为"事前检查义务"。这种义务的内容是，对行为实施的条件进行查看，对行为及其过程进行预见，对可能的伴随情况的变化及所认识到的危险会怎样发展、怎样起作用进行预见。对于这种注意义务的程度的判断来说，危险的紧迫程度和处于危险中的法益的价值的大小对其的影响特别大。

过失犯预见的对象是"犯罪事实"。但由于预见有必要先于实际发生的结果存在，因而，结果必须总是以可能性的形式被预见。这种场合，如果只要求"结果可能发生"，"文明社会的活动势必会停止"。作为追究刑事责任前提的预见可能性——不只是单纯地不被允许的危险的认识可能性——必须是根据有关法条具有值得追究刑事责任程度的具体的较高的可能性之预见可能性，亦即，"具有可罚的违法性的危险性"的认识可能性（或者说是"某种较高程度的"预见可能性）。关于结果发生的可能性的程度的问题，并非过失的固有的问题。在客观的结果发生的可能性未达到一定程度时，与该行为的社会的有用性无关，该行为自身即欠缺构成要件上的实行行为性，进而既不成立故意犯也不成立过失犯。而且，即使在客观上具有结果发生的相当的可能性，但在行为人没有认识到且不可能认识到的情况下，故意和过失都不成立。像给生命带来危险的医学上正当的手术以及使他人的生命置于危险境地的救助行为那样，法益产生了具体的冲突，故而被认定为类似紧急避险状况的场合，"具有可罚的违法性的危险"的程度就被要求提高了。这种场合，虽然客观上存在着危险，但如果行为人无法认识到该危险时，同样也是既不成立故意犯，也不成立过失。

要对已发生的结果认定为过失，除了要求具有这种"具有可罚的违法性的危险"的认识可能性之外，行为人所可能认识的结果还必须与实际发生的结果一致。与故意中存在"概括的故意"一样，对于预见可能性也存在只要求"概括"的认识的情形。如将含有有毒物质的工业废液排放入水中的情况即是。

关于认识危险性要求行为人的注意义务的标准，有不同的见解。客观说认为要以抽象的一般人的注意能力为准，主观说认为要以具体的行为人的注意能力为准，折中说认为在行为人的注意能力比一般人高时以一般人的注意能力为准，比一般人的能力低时应以一般人的注意能力为准，这是日本理论界的通说。德国学者认为，其标准应是"行为人所属的社会生活领域里认真的和谨慎的人"。也就是说，应当以行为人相应的交往圈子中具有洞察力者的相应的标准人格一般所具有的认识，或者他们经过可期待的询问或者具有可期待的注意力时，可以获得的认识为准。① 比如"认真的卡车驾驶员的标准"，不得提出过高的要求，因为违反注意义务仅是指超过被允许的危险，如果一个造成危害结果的行为能够被允许，就没有违反注意义务。

后一种标准在哲学上是休谟最先提出的。休谟根据人性原则提出了"明智的旁观者"这个概念，以便为道德评判提供一个标准。他认为，当我们说品格的某些性质是美好的或邪恶的，或者某些行为是正确的或错误的时候，我们是从某种普遍或"共同的视角"，即"明智的旁观者的视角"来看待这些品性和行为的，并不涉及对我们自身利益的考虑；通过做出道德判断，我们表达的不是我们的赞成和不赞成的态度，而是对某些制度和品性的赞成和不赞成。原因在于，当我们从这一普遍视角出发来考虑它们时，我们的判断是被这些行为、品性或制度影响社会之普遍利益，或社会之普遍幸福的倾向所引导的。② 休谟试图去做的是，对我们在这些问题上会达成共识这一事实加以解释。明智的旁观者的观念在道德哲学中是最为重要也是最有意义的观念之一，这个观念为我们达成共识提供了一种有效的途径和标准。这一标准，在其他的社会学科中也有很多的变种，但基本内涵是相似的。

②在危险的认识可能性的基础上产生了防止发生构成要件结果而应采取的适当的外在行为的义务（外在的注意、结果避免义务）

在一般情况下，为了履行结果避免义务，行为人只要不实施某个过失的行为就行了。但是，由于有些具有危险性的行为在现代社会中是不

---

① ［德］乌尔斯·金德霍伊泽尔：《刑法总论教科书》，蔡桂生译，北京大学出版社2015年版，第331页。

② ［美］约翰·罗尔斯：《政治哲学史讲义》，杨通进、李丽丽、林航译，中国社会科学出版社2011年版，第187页。

可缺少的，如高速交通工具，在工业生产中使用危险的机器，在治疗中使用有毒的药品。这里，行为人就要采用所有的（事前、事中的）防范措施将行为的危险限制在一定的范围内。行为人所为行为的社会价值越大，行为实施时所忍受的危险就越大。

为了履行注意义务，行为人还要履行了解的注意义务。这里是指行为人及时地获得相关知识、经验和能力，如果行为人不具备这样的相关知识、经验和能力而行为的，不负责任。可能义务的种类和范围是各不相同的，既可能涉及时间较长的专门研修，也可能涉及对具体事例很快就能解决的检查（如调阅病历）。了解义务尤其存在于学习为特定行为而制定的法律规范以及其他行为规范，比如，饭店店主应该了解他的食品安全义务的范围，经营二手手机的店家对其收购的二手手机的来源有所怀疑时应当想办法进行了解，外科医生应当时时掌握医学进步以及药品发展的最新信息，诉讼当事人必须做好在法院陈述前的准备，以便及时修正错误，驾驶员应当了解对他具有重要意义的交通法规的规定。

③违反注意义务的判断

违反注意义务在实践中的表现是难以尽述的，但还是能够抽象出一些有帮助的指导原则。

违反法律规范的情形

在很多生活领域中，如交通领域，立法机关颁布了一些禁止危险的规范。一般来说，违反以避免这些危险的实现为目的的规范就违反了注意义务，也就创设了一个不允许的危险。如在交通领域中禁止超速、超载等规定，违反了这些规定，就可能成为交通肇事罪的基础，因为，交通法规是依据经验和思考对可能的危险进行全盘预见的结果；交通法规通过自身的存在表明：在这个领域，违反这些规定就很有可能发生事故。[①]

不过，有时候，形式上违反规范，并不能为危险的实现创设了一种

---

① ［德］克劳斯·罗克辛：《德国刑法学总论》（第1卷），王世洲译，法律出版社2005版，第716页。

危险。因为在概念上的危险，在具体案件中有可能是不危险的。如在一种特殊的情况下，遵守交通规则一定会导致一个严重的交通事故，那么一个严格遵守交通规则的人，可能会由于过失而被处罚。因此，一种注意义务的违反和不允许风险的创设，总是取决于具体案件的情况。

违反交往规范的情形

在日常生活和交往中，还存在大量的交往规范，通常情况下，违反了这些规范也就违反了注意义务，这种行为也就因此创设了一个不允许的危险。如在技术领域与生产领域中的关于安全操作与安全生产的规范，对这些规范的违反往往会导致刑法上的禁止的行为。

不过，这类规范与法律规范不具有同样的意义和权威。因为，技术的进步会使技术规范变得过时，或者生产的安全可以通过其他的方法得到保障。违反这类规范还不能马上就认定一种刑法意义上的违反注意的义务，因此，这种违反只能作为确定一种过失的依据。另一方面，就像违反法律规范的情形一样，在有些情况下，遵守交往规范也不一定就能断定没有违反注意义务。在这种情况下，法官的独立审查对于注意义务的违反的判断是非常必要的。

在体育规则中，有许多是与运动员的安全有关的。但违反这些规则本身并不能马上就能够为刑法上的过失提供基础。因为在一些激烈的、对抗性的体育运动中，轻微地对规则的违反并使对方受到伤害，是能够被容忍的。除非是一种特别严重的伤害，才有可能产生过失的问题。

④过失的标准

关于注意义务违反的判断标准，理论上一直存在争议。在日本，围绕过失的判断标准，一直以来有三个学说，客观说以一般人的能力为标准，主观说以行为人的能力为标准，折中说以行为人的能力为标准，而其上限是一般人的能力，这样的论争因新过失论的登场而被赋予新意义。折中说基本上是一种通说，但其内容却存在不同的表述。如日本学者佐伯仁志认为，违法阶段的过失涉及的问题是，以置于行为人的立场上的一般人为标准来判断客观注意义务的违反；责任阶段的过失涉及的是，以行为人为标准判断主观注意义务的违反。① 金德霍伊泽尔认为，这个标准是相关的生活领域里，认真且有洞察力的有关人员在具体的行为情况中规范性指导形象是怎么样的?② 威尔泽尔在"社会生活上必要的注意"这一指导思想里寻找过失犯行为的规范性，主张在行为人所处的具体事情的基础上，对于行为人发现什么是社会生活上必要的注意，接着通过将这个被命令的形态和行为人不做的现实行为作比较，必须确定这个现实的行为是否遵守了注意。③ 罗克辛教授的标准是，一个属于行为人交往领域中的认真的、审慎的自然人，原来会如何行为?④ 如果一个外科医生在一个手术中造成了法益损害，就要适用一个认真和审慎的外科医生的标准。如果这个损害是处在标准的外科医生所确定的范围之内，就不存在注意义务的违反，过失就不存在了；反之，过失的构成要件就得到了满足。如果行为人基于其智力和学识，特别是他可获得的因果法则方面的知识，他的技能和资质、他的生活经验和社会岗位，当时有能力像客观的标准人格那样，认识到其举止与结果的关系，并通过合乎谨慎的行为避免结果（或者减低到可容许的风险的范围内），那么，便可以认定行为人具有采取合乎谨慎的举止的个别能力。这表明，过失是根据标准人标准确定的。

  在行为时，不能对行为人提出多数人都无法努力做到的那种"异常高度的谨慎"。理由在于，伴有这种高度要求的责任非难，只会让行为人认为是自己"运气不好"，并不能实际起到强化规范意识实现犯罪预防的作用。需要注意的是，假如行为人在接受某个风险时，知道或者能够知道，他自己缺乏有关的知识和能力而不能有把握地控制住风险，则也应

---

① [日] 佐伯仁志：《刑法总论的思之道·乐之道》，于佳佳译，中国政法大学出版社2017年版，第247页。
② [德] 乌尔斯·金德霍伊泽尔：《刑法总论教科书》，蔡桂生译，北京大学出版社2015年版，第329—330页。
③ [日] 高桥则夫：《规范论和刑法解释论》，戴波、李世阳译，中国人民大学出版社2011年版，第74页。
④ [德] 克劳斯·罗克辛：《德国刑法学总论》（第1卷），王世洲译，法律出版社2005版，第720页。

当认定行为人具有个人的过失,这就是所谓的接受过失。① 例如,从事某项职业性的工作却缺乏足够的资格(或资质)。

过失的责任非难另外一个条件是行为人具有认识并履行根据当时的情况向他提出的注意义务的行为能力。在判断行为能力时,起决定性作用的并不是社会交往圈子里谨慎的和认真的社会成员的能力(客观的标准),而是以行为人自己在智力、经验及知识方面所具有的水平(主观标准)。② 不过,关于个人能力的判断,同样只有如下的方法才是可能的,即年龄、智力和理解力等诸方面与行为人相当的"他人",如果处于与行为人同样的位置和处境,根据我们的经验,有能力满足为回避构成要件结果而提出的内在的或外在的注意要求。换言之,是将行为人认识到的情况、能够类型化的行为人的能力考虑进去,以一般人的标准进行判断。无所顾忌、漠不关心、疏忽大意之类的个人人格缺陷,不能免除行为人的责任。

⑤成立过失的其他条件

成立过失还需要具备其他的一些条件,这些条件包括期待可能性、罪责的一般要求等。对于行为人来说,要求他坚持审慎地实施相关行为必须要有期待可能性,即是否有能力具有合乎规范的动机和行为操纵。若不可能对行为人进行这样的期待,就不能对他进行责难。此外,在罪责的一般要求上,过失与故意没有什么区别。过失行为人也需要具有责任能力,而且行为人必须具有不法意识(至少也要具有潜在的不法意识),不得有正当化事由出现。

通过上述对过失的研究发现,现有的过失理论都试图将过失与责任结合起来,但发现在现代社会中,总会有一些情形不能被包括在过失中。为了解决这个问题,它们就试图对过失的概念进行调整,以便能够将一些四处乱跑的东西放入过失的容器中,但效果并不能令人满意。实际上,这些理论的主要问题是没有发现过失责任的真正源头是什么,也就不能

---

① [德]乌尔斯·金德霍伊泽尔:《刑法总论教科书》,蔡桂生译,北京大学出版社2015年版,第340页。

② [德]汉斯·海因里希·耶赛克、托马斯·魏根特:《德国刑法教科书》,徐久生译,中国法制出版社2001年版,第713—714页。

探明过失应该由哪些因素构成。即使勉强地将某种情形纳入过失中,也难以说明其根据是什么。这说明,现代的过失理论对于过失的研究陷入了困境。为了摆脱这种困境,还是要解决过失理论需要面对的基本问题:过失从哪来?过失是什么?为此,需要一个新的理论的提出解决这个问题。

(4)接受性过失理论的提出

①现有刑法理论中的接受性过失

过失中的悟性责任、技术责任

过失不是存在于行为人的主观心理之中,而是存在于对行为人实施行为时的评价之中。例如,在交通肇事罪中,如果行为人是因为超速导致的事故,那么,行为人对于超速是有意而为,还是思想开小差所致,或者别的原因,这一切对于该罪的过失的成立而言,统统都无关紧要;只要超速开车违背了有关预防性规定,而且行为人有可能遵守该规则,该罪就能成立。

平野龙一博士就过失责任的根据,提出了以下问题:我们必须注意过失常常可能包含不具有责任的部分。在充分紧张了精神,且对危险性的有无做出了判断,但结果是"错误地"判断出没有危险时,该错误只不过是知识上的错误而已。如果连这也处罚的话,那么,并非因为该行为人"恶"而处罚,而是因为其"愚蠢"才处罚。另外,因技术不成熟而没能躲避致人死伤时,也成因其"笨拙"而处罚,并非因其"恶"才处罚。[①] 日本学者平野龙一指出,不能否定过失情形中也包含有"多少"不是本来的责任的悟性责任、技术责任等。[②] 我们无法否认的是,几乎所有的过失犯情形中,都或多或少地包含了这样的要素。并且,什么情形是因不注意引起,什么情形是"判断失误"或者"不成熟"引起,它们之间的区别在大多数情形中几乎是不可能区分的。在对过失犯进行处罚时,也多少对不具有责任的部分进行了处罚,即行为

[①] [日]甲斐克则:《责任原理与过失犯论》,谢佳君译,中国政法大学出版社2016年版,第86页。

[②] [日]平野龙一:《刑法的基础》,东京:东京大学出版会1966年版,第85页。

人的确没有意识到结果发生的危险性，或者对这种危险性认识得不充分。这说明，日本学者发现了过失中存在非过失的情形，但没有对这种情形进行深入研究。

德国理论中的接受性过失

在德国的司法实践中，接受性过失是大量存在的，主要存在于下列情形中：对于熟练者来说很快就会掌握的行为，为某人实施或接受，尽管该人欠缺一定的专业知识；没有取得行医执照的实习医生；过度疲劳的驾驶者；在特别困难的路况下的初次驾驶者；处于专业开始培训阶段的医生；向青少年贩卖有害杂志的杂志商；单独实施疑难手术的实习期间的助理医生。[①]

现在的过失理论对于过失中的个人能力，与所有的主观事实类似，都是从客观的观点加逆向推论确定的。在这种情况下，过失责任的根据在于，行为人在从事有关行为时，是否能够认识自己并不胜任将要实行的任务[②]，即法官通常根据行为人个人的印象、社会地位、生活经验、个人业绩以及一般的经验法则进行判断，当不存在有利于相反结论的时候，即可认定有过失责任（印象证明）。只要想产生教育效果，刑法在过失犯情况下就不能背离责任原则，因为刑罚必然使行为人认识其个人的责任，且判决的根据应当向其表明，他在何等程度上可以避免过失行为以及将来怎样避免过失行为。但要考虑到，没有人能够实现经常的最紧张的注意力的理想要求和最快的、最符合目的的反应的理想要求。这表明，行为人承担的过失责任不可避免地存在接受性的部分。

②接受性过失的概念

德日刑法理论中的接受性过失存在的问题

德日刑法理论中的接受性过失只包括一种行为人承担的超出自己能力的责任的情况（日本刑法理论中的由于"愚蠢"而承担的过失实际上也是能力的一种），这种情况根据过失理论本来应该是无责任的。但是，

---

① ［德］汉斯·海因里希·耶赛克、托马斯·魏根特：《德国刑法教科书》，徐久生译，中国法制出版社2001年版，第695—696页。

② ［德］克劳斯·罗克辛：《德国刑法学总论》（第1卷），王世洲译，法律出版社2005年版，第740页。

如果这种情况下行为人能够逃脱责任，对于现代社会来说会产生很大的消极影响。在现代社会中，尤其是涉及科学技术、知识和技能等方面的领域中，如果一个人的知识水平或技能越低越容易不负责任，那么，这对社会的发展是不利的，并且，这对于知识或技术水平高的人也不公平。

根据德日的过失理论，这种情况下行为人承担过失的根据不外乎有两个：第一，是追溯到一种可能是过去长期生活方式的责任中去，如对那种由于缺乏足够能力而拒绝继续手术的外科医生，追溯到他在从前的医学学习中不够勤奋；对不知道交通规则的情况下驾驶的驾驶员，追溯到他没有好好学习交通法规的知识，如此等等。如果以这种方式寻求过失的根据，在法治国的意义上就会变得可疑，也使责任与行为的关联脱节。因为，行为人虽然对于他实施构成要件行为时的无能力是有责的，但这种有责情形发生时，构成要件行为还不存在。当构成要件行为发生时，他对于这种情况已经无能为力了。为什么行为人要对他没有能力负责的行为承担一种过失的责任，该理论没有提出解决方案。第二，这种理论所能够设想的行为人承担过失的第二个根据是罗克辛教授所说的行为人在从事有关行为时，是否能够认识自己并不胜任将要实行的任务。与普通的过失不同，这种情形是行为人在对自己行为能力的认识或者无认识上存在过失，而不是对自己行为可能导致的危害结果的认识上存在过失，这样，行为人所承担的责任与行为仍然是脱节的。那么，这种情况下，行为人承担的过失是什么性质呢？

接受性过失的提倡

为了解决上述问题，需要对德国刑法理论中的接受性过失的概念进行改造。我们认为，接受性过失是指行为人根据他在社会中的地位、身份、社会角色和对社会的负责性等而接受性承担的过失责任，这一部分与行为人的认识和意志因素没有关系，与行为人的个人能力也没有关系，关键是其存在。在国外，人们对接受性过失这个法律形象的研究还很少[1]，在国内，很少有学者对此进行系统的研究。刑法理论对接受性过失

---

[1] ［德］克劳斯·罗克辛：《德国刑法学总论》（第1卷），王世洲译，法律出版社2005年版，第740页。

没有深入研究的原因，或许是因为，对接受性过失所针对的情形进行归责在理论上不存在实质上的困难。但是，由于接受性过失所针对的情形中的实行行为具有隐蔽性，人们容易把事实上实现构成要件结果的行为误认为是实行行为，从而在责任认定时导致错误的结论。[①] 不过，这里所说的接受性过失与德国刑法理论中的接受性过失的含义不同，德国刑法理论中的接受性过失只是指行为人对其由于个人无能力而承担的过失的情形，而这里所说的接受性过失是指行为人承担的过失责任中与个人能力、主观认识无关的部分。

从过失责任产生以来，接受性过失这种责任形式一直都以不同的方式存在着，只是人们没有发现它，或者把它涵盖在过失中。过失是黑格尔的学生最先发现的一种责任形式，黑格尔的追随者在使违法结果变成现实可能性的条件的知与欲中发现了过失。这说明，这种意义上的过失中包括结果责任。根据旧过失论，成立过失需要结果的发生，如果结果没有发生，行为人过失的程度再重也不承担刑事责任。这说明，在旧过失论中存在结果责任，而结果责任实际上是客观责任的一种形式，也是本书所说的接受性责任的一种。旧过失论中包含的接受性过失还有：在疏忽大意过失中，过失是根据"应该"来判断的，这种判断也是接受性的。我国刑法理论目前有很多学者赞同新过失论，但根据我国刑法的规定，过失只有发生一定的危害结果才成立，这表明，即使根据新过失论，过失中也存在结果责任。另外，新过失论将过失建立在基准行为上，这种基准行为是社会一般要求的行为，是标准人的行为。这样一来，过失要根据这些基准来认定。

过失的实质是注意义务的违反问题，而是否违反了注意义务，是根据一定的标准认定的，而不是仅仅根据个人的标准认定的。行为规范的对象是一般人，一方面，如前述，不是以全体国民为基础的平均人，另一方面，如日本板仓宏教授说的，也不是像最高权威者的超人。行为规范的对象既非如浮萍般孤立的一般人，也非特殊群体内的一般人，而是行为人所属的共同体中的一般人。但是，这并非排除行为人已认识到的

[①] 杨国举：《论接受性过失》，《甘肃政法学院学报》2008年第6期。

事实。行为人已认识的或可认识的事实必须被包含于过失的判断资料中。因为如前述，行为规范是基于关于抽象的危险性的行为人或者（包含行为人的）一般人的认识可能性发生作用的。① 这说明，过失不是源自行为人的行为和个人能力，而是源自根据一定的标准认定的过失，也就是我们所提出的接受性过失。现在需要指明的是，行为人个人承担这种接受性过失的根据是什么。

接受性过失的根据

行为人为什么要承担这种与个人看似无关的接受性过失呢？这要从过失在世界中存在的本来的样貌着手。过失的研究应该顺应哲学思潮的发展，将注意力集中于有关过失责任的经验领域，将研究的目标集中于过失在世界中是的那个样子（是其所是）。实现这个目标合适的途径就是海德格尔的存在论现象学，这种方法通过重新建立过失与科学的一种源本的关系，将过失还原为一系列显现出来的现象。

根据海德格尔的存在论型塑过失，给过失理论带来深刻的变革。首先，解决了过失的始源问题。过失必须有自己的源本领域，即回到过失的事实本身，并在这个事实中让其自身现象出来。根据这种方法，行为人的认识和个人能力只是过失成立的条件，接受性过失才是其承担过失的根据。换言之，行为人承担的过失源于接受性过失。

其次，根据存在论的方法可以将隐蔽存在着的过失揭示出来。过失虽然一向隐蔽地存在于世界中，但是，它可以通过自身的"在世"而现身为过失现象并实现自身的在场化。如行为人在实施一种可能会给社会招致危险的行为的时候，知道或者应当知道由于自己能力不够或者缺乏技术等原因不能阻止危险的实现却仍实施该行为的，那么，对于这个行为导致的任何后果他都是要承担责任的。因为，对于行为及其可能发生的后果，行为人是必须"操心"或应该"操心"的。通过这种"操心"，行为人所承担的先于行为人个人自身存在的过失就显现了出来。正是这种"操心"，把我们带入了通达过失的"现象学通道"。这不是对过失进

---

① ［日］高桥则夫：《规范论和刑法解释论》，戴波、李世阳译，中国人民大学出版社2011年版，第83页。

行的一种先行把握，而是源自过失自身在世界中的生存。

最后，存在论现象学有助于揭示接受性过失的构造。根据海德格尔的存在论可以把接受性过失的构造诠释为：接受性过失的"世界"、"谁"之过失、"在之中"。其一，接受性过失总是存在于一个世界中。只有揭示了接受性过失的世界性，过失的始源才能得到揭示。其二，接受性过失是以"常人过失"的方式存在的。常人过失是接受性过失（也是过失）在日常生活中的存在方式，它把接受性过失限制在一个合适的、能够被接受的范围。其三，接受性过失是通过"在之中"这种方式存在的。"在之中"是接受性过失的一种存在建构，只有根据"在之中"这种存在方式，才能将接受性过失揭示出来。

③接受性过失的构造

接受性过失的世界

接受性过失不可能离开它的世界而独自存在，它总是存在于世界中。只有把这个世界揭示出来，接受性过失才算是真正地被揭示出来了。根据前文对刑事责任的研究，接受性过失的世界就是其自身整体的敞开，这种敞开是指接受性过失现象学上的源始结构——它"去在"（去存在）的方式及其可能性——通过自身的沉沦于世的"指引整体"和"因缘"而得到揭示。

接受性过失总是与它的种种可能性有关，它是一种能在。对接受性过失的理解也只有在它的某种"能在"中确定方向。这种具体化的"能在"是说，接受性过失在其存在中已经先行于自身了，它就是一直为其故而如其所在地存在着的东西，它总超出自身，作为向它自己自身所是的"能在"的存在。这种对过失责任的可能性的把捉是在其存在中完成的，并通过这种把捉获得过失责任的当前化。如对于接受性过失的内在注意来说，行为人必须预见结果发生的可能性，但是，不是任何结果发生的可能性都可以构成过失，而是要达到一定程度的认识可能性才能构成；对于外在的义务来说，回避结果的可能性也要与信赖原则和被允许的危险结合起来进行判断。

接受性过失的存在方式：常人的过失

在过失成立的标准上，虽然理论上有不同的学说，但现在一般采用的是标准人标准，也即是常人标准。如德国学者金德霍伊泽尔教授认为，这个标准是相应的生活领域中，认真且有洞察力的相关人员在具体的行为情况中规范性指导形象是怎么样的？[①] 根据这个理论，相应的生活领域中认真且有洞察力的相关人员是个常人（标准人），在具体的行为中规范性指导形象是常人的基准行为，如果行为人达不到这个标准，也不能借口自己愚笨等而免责。这样，接受性过失就是以常人过失的形式存在的，人们对常人的期望规范着接受性过失（也包括过失）的存在方式。

不过，对过失的这种期望不是没有限制的。人们只能期待行为人在各方面的社会生活中具有通常的、必要的注意，并预防危险。过失的机能便是：保证关于广泛期望的（保证可辨认性和避免风险的）安全准则的服从。这种机能发生的机制是，行为人实现犯罪构成虽然不是故意的，但他若保持交往中所必要的且对他而言可能的谨慎，本来是能够避免实现构成要件的，则要因过失而对结果承担责任。这样，过失责任是为了解决这一问题：如果行为人具备了相应行为情况之中人们客观地期待行为人具有的谨慎，是否可能避免实现构成要件。因此，过失的成立涉及一个客观期待的标准行为。换言之，过失的有无取决于行为人是否达到了这个标准行为的要求。

常人过失不仅是接受性过失的存在样式，也是刑法中过失责任的始源。每个过失主体首先是常人而且通常一直是常人，他总是按照公共的世界的要求进行认识、承担义务。行为人承担的注意义务的范围和标准总是被这个常人事先决定好了。这就意味着，接受性过失总是已经原本地通过常人过失而得到了给出，总是属于常人过失所沉浸于其中的世界。因此，"常人过失"是过失责任的源头。

接受性过失的"在之中"

以常人过失方式存在的接受性过失是根据其所在的境域揭示的。接受性过失不是生存在个体中，也不是仅仅生存在社会中，而是生存在它

[①] ［德］乌尔斯·金德霍伊泽尔：《刑法总论教科书》，蔡桂生译，北京大学出版社 2015 年版，第 329—330 页。

所熟悉的世界之中。这种意义上的"在之中"是指在"世界"之中,即接受性过失居住于、依寓于、逗留于其周围的世界之中。这个"依寓于"是它的一个生存论环节,它不意味着有一个现成的接受性过失连同一个叫着"世界"的存在者一同存在,而是意味着只有当接受性过失具有"在之中"这种存在方式,它才可能以世间化的方式被公开出来并成为可通达的。

第二节 接受性责任理论对刑事立法和司法的指导作用

一 接受性责任理论对刑事立法的指导作用

（一）1997年以来我国刑事立法的概况

自1997年刑法施行至2020年,刑法已经有11个修正案。这表明,我国的刑法立法进入了活跃期。这些修正案主要通过增、删、改的方式对刑法条文进行了修改。其中:《刑法修正案（一）》增加了隐匿、故意销毁会计凭证、会计账簿、财务会计报告罪,并对7个条文进行了修改（第225条、第168条、第174条、第180条、第181条、第182条、第185条）。《刑法修正案（二）》修改了第342条。《刑法修正案（三）》增加了帮助恐怖活动罪、投放虚假危险物质罪,编造、故意传播虚假恐怖信息罪,对第114条、第115条第1款、第120条第1款、第125条第2款、第127条、第191条进行了修改。《刑法修正案（四）》增加了走私废物罪、雇佣童工从事危重劳动罪,对刑法第145条、第155条、第339条第3款、第344条、第345条、第399条进行了修改。《刑法修正案（五）》增加了妨碍信用卡管理罪、过失损坏武器装备、军事设施、军事通信罪,修改了刑法第196条。《刑法修正案（六）》增加了大型群众性活动重大安全事故罪,不报、谎报安全事故罪、虚假破产罪、背信损害上市公司利益罪、骗取贷款、票据承兑、金融票证罪,背信运用信托财产罪,组织残疾人、儿童乞讨罪,枉法仲裁罪,对第134条、第135条、第161条、第163条、第164条第1款、第182条、第186条第1款和第2款、第187条第1款、第188条第1款、第191条第1款、第303

条、第 312 条进行了修改。《刑法修正案（七）》增加的罪名有：利用未公开信息交易罪，组织、领导传销活动罪，侵犯公民个人信息罪，组织未成年人进行违反治安管理活动罪，非法获取计算机信息系统数据、非法控制计算机信息系统罪；提供侵入、非法控制计算机信息系统程序、工具罪，伪造、盗窃、买卖、非法提供、非法使用武装部队专用标志罪，利用影响力受贿罪，修改的条文有：第 151 条第 3 款（走私国家禁止进出口的货物、物品罪）、第 180 条第 1 款（内幕交易、泄露内幕信息罪）、第 201 条（逃税罪）、第 225 条第 3 项（非法经营罪）、第 239 条（绑架罪）、第 337 条第 1 款（妨害动植物防疫、检疫罪）、第 375 条第 2 款（非法生产、买卖武装部队制式服装罪）、第 395 条第 1 款（巨额财产来源不明罪）。《刑法修正案（八）》取消了 13 个经济性非暴力犯罪的死刑，占我国刑法死刑罪名的近五分之一，具体包括：走私文物罪，走私贵重金属罪，走私珍贵动物、珍贵动物制品罪，走私普通货物、物品罪，票据诈骗罪，金融凭证诈骗罪，信用证诈骗罪，虚开增值税专用发票、用于骗取出口退税、抵扣税款发票罪，伪造、出售伪造的增值税专用发票罪，盗窃罪，传授犯罪方法罪，盗掘古文化遗址、古墓葬罪，盗掘古人类化石、古脊椎动物化石罪，《刑法修正案（八）》还着力调整了死刑与无期徒刑、有期徒刑之间的结构关系，严格限制缓刑，严格限制对累犯及各种暴力性犯罪的减刑；适当延长有期徒刑数罪并罚的刑期，最高刑期从 20 年升至 25 年；增加 10 个罪名：危险驾驶罪，生产、销售不符合安全标准的食品罪，对外国公职人员、国际公共组织官员行贿罪，虚开发票罪，持有伪造的发票罪；组织出卖人体器官罪、强迫劳动罪、拒不支付劳动报酬罪、污染环境罪以及食品监管渎职罪。《刑法修正案（九）》新增 20 个罪名，分别是：准备实施恐怖活动罪，宣扬恐怖主义、极端主义、煽动实施恐怖活动罪，利用极端主义破坏法律实施罪，强制穿戴宣扬恐怖主义、极端主义服饰、标志罪，非法持有宣扬恐怖主义、极端主义物品罪，虐待被监护、看护人罪，使用虚假身份证件、盗用身份证件罪，组织考试作弊罪，非法出售、提供试题、答案罪，代替考试罪，拒不履行信息网络安全管理义务罪，非法利用信息网络罪，帮助信息网络犯罪活动罪，扰乱国家机关工作秩序罪，组织、资助非法聚集罪，编造、故意传播虚假信息罪，虚假诉讼罪，泄露不应公开的案件信息罪，披露、报道不应公开的案件信息罪，对有影响力的人行贿罪。修改原罪名 13 个，删除原罪名 1 个，即嫖宿幼女罪。《刑法修正案（十）》增加了侮辱国歌罪。《刑法修正案（十一）》新增条文 14 条，修改条文 33 条，其中：法定最低刑事责任年龄下调至 12 周岁；奸淫幼女等严重情形最高可处死刑；增加妨害安全驾驶罪，危险作业罪，妨害药品管理罪，为境外窃取、刺探、收买、非法提供商业秘密罪，负有照护职责人员性侵罪，袭警罪，冒名顶替罪，高空抛物罪，催收非法债务罪，侵害英雄烈士名誉、荣誉罪，组织参与国（境）外赌博罪，非法采集人类遗传资源、走私人类遗传资源材料罪，非法植入基因编辑、克隆胚胎罪，非法猎捕、收购、运输、出售陆生野生动物罪，破坏自然保护地罪，非法引进、释放、丢弃外来入侵物种罪，妨害兴奋剂管理罪等 17 个罪名。

通过这些修正案来看，我国刑法的修改有以下几个特点：（1）扩大了刑法的规制范围。11 个修正案总计增加 68 个罪名，涉及危险驾驶罪、高空抛物罪等犯罪，使刑法的规制范围扩张到行政法的领域。降低了刑事责任年龄，扩大了犯罪主体的范围。（2）与社会的发展同步。十一个修正案对大量的刑法条文进行了修改，这些条文包括金融犯罪、经济犯罪等。（3）赋予刑法新的机能。强化刑法参与社会管理，解决社会矛盾的机能，如增设拒不支付劳动报酬罪等。（4）增加了新的处罚手段。如规定了禁止令、社会矫正等新的非刑罚的处罚方法等。（5）呼应社会热点，使立法与社会的需求相结合。如危险驾驶罪、高空抛物入刑、刑事责任年龄降低到 12 周岁等。

总的来说，我国刑法的修改是符合我国社会发展的实际的。我国刑法在修改中更加注重通过扩大犯罪圈积极地介入社会治理，以便发挥刑法的预防的功能，并通过积极回应社会关切，对刑法进行相应的微调。正如赵秉志教授指出的，我国刑法立法逐渐走向开放、科学、民主，具有立法形式的成文法化、刑法理念的现实性、刑法结构的科学化、刑法内容的前瞻性等特点。我国刑法注重刑法理念的时代更新，坚持刑法改革的国际化，并深化新型犯罪的刑法治理，呈现出鲜明的时代特色。① 不过，我国的刑法立法也存在争议的地方。比如，对于扒窃入刑，理论上争议就很大。现在刑法把很多较轻的违法行为入罪，使刑法与其他部门法的界限更难区分了。

（二）接受性责任理论对完善刑事立法的意义

接受性责任理论虽然是关于刑事责任的理论，但它的视域及其方法对于刑事立法也具有指导意义。根据这种思路，在将一个行为入罪时，要把这个行为放到它的自身所处的世界中进行考察，要根据常人的标准对这个行为进行评价。首先，刑法的修改要与我国社会经济的发展和改革开放的社会实践相适应。赵秉志教授认为，未来我国刑法立法应当紧密结合改革开放全面深化的需要，坚持科学化和人道化的立法发展方向，不断推进刑法立法制度和措施的发展完善。② 他实际上认为，我国的刑法立法不能脱离我国刑法所处的世界（我国改革开放全面深化的需要）。周光权教授也指出，在刑法观念逐步转向功能主义、刑法与政策考虑紧密关联的今天，刑法的谦抑性并不反对及时增设一定数量的新罪；刑罚早期化与转型中国社会的发展存在内在联系；意欲建设法治国家，就必须将限制、剥夺公民人身权利的处罚事项纳入刑事司法的审查范围。积极刑法立法观的确立有其社会基础，也更符合时代精神。③ 周光权教授也强调刑法立法不能离开我国刑法所处的世界（我国的具体国情）。

任何一个犯罪行为都是在世界中存在的。它的世界是通过关于自身的存在论的指引来照面的，即通过一个"为了……"而呈现出来的。这种给我们照面的犯罪行为的指引奠基于它的用具结构，奠基于它的效用。这就要求在立法的时候，要将一个具体犯罪构成的世界清晰地标识出来，具体的做法是在犯罪构成中要清晰地标识对该犯罪的具体的指引。例如，我国《刑法》第182条操纵证券、期货市场罪第一款规定：有下列情形之一，操纵证券、期货市场，情节严重的处五年以下有期徒刑或者拘役，并处或者单处罚金。在这款规定中，什么情况下操纵证券、期货市场的

---

① 赵秉志：《中国刑法的演进及其时代特色》，《南都学坛》（人文社会科学学报）2015年第2期。
② 赵秉志：《改革开放40年我国刑法立法的发展及其完善》，《法学评论》2019年第2期。
③ 周光权：《积极刑法立法观在中国的确立》，《法学研究》2016年第4期。

行为属于情节严重，法条中的指引就不很清楚。所以，《刑法修正案（十一）》就增加了"影响证券、期货交易价格或者证券、期货交易量"的规定，这样，该罪给出的指引就很清晰了，操纵证券、期货市场的行为是不是情节严重，就看该行为对证券、期货交易价格或者证券、期货交易量的影响。再如，根据刑法第279条规定，招摇撞骗罪是指冒充国家机关工作人员招摇撞骗的行为。从这个规定中的指引看，它的界限也是清晰的。本罪的效用是为了打击冒充国家机关工作人员招摇撞骗的行为，是为了保护国家机关工作人员的声誉，重点不是为了打击招摇撞骗的行为。如果冒充的是非国家工作人员，或者冒充的是明星，不构成本罪。因此，在立法的时候，要通过设立法条的效用把它的指引清晰地呈现出来，以便这个法条的世界能够被准确地把握到。

此外，一个行为能不能入罪，不能离开常人对该行为的评价。如果一个行为被规定为犯罪，而社会民众不认可，这种立法就是有问题的。如对于扒窃入刑，理论上就存在争议。梁根林教授指出，自扒窃入罪以来，不仅学界观点聚讼质疑不断，实务部门也面临严重困惑，案件处理乱象丛生：有的地方机械地将扒窃一律入罪，甚至出现了扒窃1.5元以盗窃罪定罪并处6个月有期徒刑的荒诞剧；有的地方则要么走向另一极端，仍以一般盗窃的定罪标准评价扒窃，从而使扒窃入罪的规定归于虚置，要么任由办案人员根据自己的理解自行决定是否追诉。① 这说明，扒窃入罪的立法脱离了人们对这种行为的日常评价。如果对扒窃行为也要求一定数额，就没有必要将这种行为列出来了。

接受性责任理论也为我国刑法立法的说理提供了一个不同的视角。如对于网络服务提供者承担刑事责任的根据，理论上有不同的观点：（1）共犯说。该说认为网络服务提供者的行为是一种帮助行为。对于网络服务提供者的行为，德国刑法理论和司法实践一般都是在日常行为中讨论的。至于这种日常行为什么时候成立帮助犯，新的德国判例认为应区别对待：提供帮助者如果认识到主行为人打算实施犯罪，那么，这种支持就不是日常行为了；如果只是认识到自己的行为可能被利用于实施犯罪，但并

---

① 梁根林：《但书、罪量与扒窃入罪》，《法学研究》2013年第2期。

不知道他人将如何犯罪，那么，仅当他认识到受支持者的犯罪风险达到了一定的程度，以至于该帮助可视为是对有行为倾向的行为人的促进，才可以将他的支持行为认定为可罚的帮助。①（2）监督过失说。该说认为，网络服务提供者实施了不作为的监督过失行为，应当承担过失的刑事责任。②（3）保证人说。该说用保证人理论来说明网络服务提供者承担刑事责任的根据。如有学者认为，衡量特定的网络服务提供者对网络违法犯罪的管理义务及刑事责任的有无，其标准在于该服务提供者对违法犯罪信息是否处于直接的控制地位。③

我们认为，网络服务提供者的刑事责任来自网络服务提供者所处的地位及其社会角色赋予他的义务。网络服务提供者承担的刑事责任不是来源于刑法的规定，而是源于前刑法甚至前法律的领域。首先，即使没有刑法甚至没有法律的规定，网络服务提供者也负有义务确保自己提供的网络服务是安全的。因为，在日常生活中，任何人都要确保自己的行为（作为、不作为和持有）没有向社会输出危险或者不具有向社会输出危险的危险，网络服务提供者也要确保自己提供的服务没有向外输出危险。其次，人与社会的关联性是道德的起源，也是责任的起源。只有处于社会之中的人，才能支撑道德行为的形式。只要个人处于社会关系的建构中，他就要接受他人及社会的责任。因为，自我的概念是从人格必需的社会概念和公共概念之中发展出来的，行为人必须接受与其社会地位、行为状况、社会角色和所危害利益的价值和程度等相适应的刑事责任，这种情况在常见的犯罪中也是存在的。例如，甲帮助乙实施了杀人行为，被害人在医院里被抢救了过来，甲承担故意杀人罪未遂的责任；在同样的情形下，丙帮助丁实施了杀人行为，但被害人由于医生技术的原因没有被抢救过来，丙要承担故意杀人罪既遂的责任。虽然丙对被害

---

① ［德］乌尔斯·金德霍伊泽尔：《刑法总论教科书》，蔡桂生译，北京大学出版社2015年版，第453页。

② 陆旭：《网络服务提供者的刑事责任及展开——兼评〈刑法修正案（九）〉的相关规定》，《法治研究》2015年第6期。

③ ［德］乌尔斯·金德霍伊泽尔：《刑法总论教科书》，蔡桂生译，北京大学出版社2015年版，第70—71页。

人能不能被抢救过来是无能为力的,但让其承担既遂的责任并不违背责任原理。在这里,丙承担的刑事责任,与网络服务提供者由于没有履行信息安全管理义务并致使他人的行为给社会造成的严重后果的情形是一样的。

对于我国刑事立法,我国的刑法学者评价不一。何荣功教授认为,在我国当前的社会治理中出现了"过度刑法化"的病态现象,这一现象表现在我国的刑事立法、司法,以及社会民众和管理者的思维等多个方面。社会治理"过度刑法化"具有高度的社会风险与危害,它将改变国家权力与公民权利的结构,导致国家司法资源的不合理配置,削弱刑法的公众认同,阻碍社会的创新。防止社会治理"过度刑法化",必须确立刑法参与现代社会治理的机制。① 周光权教授认为,在当代中国要彻底贯彻传统刑法观是不合时宜的,只有积极的刑法立法观才符合时代精神。② 有人认为,现在的刑事立法导致刑法工具主义③。

在我国刑法的修改中,刑法立法的工具化机能与治理功能都被大幅度激活,但对其的本体论探究还很缺乏。这导致刑法修改的根据及其正当性存在争议,比如对于轻罪,是应该增加还是应该减少?大量增设轻罪是否符合我国的实际?在理论研究中,学者大多热衷于提出自己的方案,但没有对这个方案的基础进行研究,从而使大多数方案都只停留在建议的层面。

目前,在刑法修正的问题上,一般是根据两种立场展开的,一是法益保护的立场,二是功能主义的立场。但是,这两种立场都没有揭示出刑法条文是怎样存在的,怎样来到我们眼前的,又是怎样被我们把捉到的。在刑法的修改时,应该从刑法修正时有关刑法条文所处的境域及其存在的方式探讨刑法条文的存在论蕴意,以便揭示刑法修正的本体论根据,廓清原来的刑法条文与修正的刑法条文是从哪里来的。

我们认为,一个危害行为是不是应该受到刑法制裁,要从这个行为

---

① 何荣功:《社会治理"过度刑法化"的法哲学批判》,《中外法学》2015 年第 2 期。
② 周光权:《积极刑法立法观在中国的确立》,《法学研究》2016 年第 4 期。
③ 魏昌东:《新刑法工具主义批判与矫正》,《法学》2016 年第 2 期。

的社会意义上进行判断。也就是说,要对这个行为进行一种本体论考察。在这个考察过程中,行为的社会危害性,社会对该行为的评价具有重要的意义。我国刑法的修改不能脱离我国的国情,不能脱离我国的司法实践。我国刑法中有许多具有中国特色的创新,比如禁止令、宽严相济、罪刑平等、犯罪概念中的但书等。在刑法的修正中,要立足我国的国情,发展出具有中国特色的刑法话语体系,制定出更加符合中国实际的刑法。比如,非法行医罪和生产、销售假药罪的很多打击对象,事实上直接指向我们国家的传统医药或者以中医、中药为职业的人,如果不对刑法条文作出适合我国国情的修改或者赋予它们符合我国情况的内涵,就会阻碍有关产业的发展,也背离了有关条文的本来目的。

  刑事立法修正必须根据它生活在其间的世界来领会,它以对它的世界有所领会的方式存在着。为此,只有从刑事立法修正活动的"此在"的"在"的存在状态着手,才能直观到刑事立法修正的本体论内涵。刑事立法修正要通过其自身的思考和自身澄清而得到。为此,就要打通刑事立法修正与社会的联系,并将刑事立法修正的研究转向"刑事立法修正本身",以便切近刑事立法修正的本源领域。根据这种视域,刑事立法修正就是对刑事立法修正自身呈现出来的东西的描写。这样得到的修正的刑法条文,就是直接被给予的一种自明性的自身呈显。

  每一个刑法条文都有其内在的世界,都是从相应的世界中走向我们的,并且是在这个世界中向我们显现的。刑法某个条文的修改是因为原来条文所依据的世界变了,所以条文的内容和形式也要随之发生变化。刑法条文的修改必须与其所处的世界相适应,并将这个世界置于修改后的刑法条文的背景之中。在立法中,一个行为是不是可以被纳入刑法规制的范围,要把这个行为放到它自身所处的世界中进行考察。不过,这个"世界"并不是对修改后的刑法条文外观的描绘,而是指刑法条文本身具有的一个组建环节的结构。刑法条文只有根据它的世界才能得到理解。

  在日常生活中,刑法条文都是以"用具"的方式存在的。刑法条文的修改是由于其世界的变化导致其用具的意义发生了变化。刑法条文的用具是一种"为了……作"的东西,有用、有益、合用、方便等都是

"为了作……之用"的方式。刑法条文的修改是根据它的用具进行的。

刑事立法修正的路径与刑法条文是"谁"这一问题密切相关。刑法条文在日常生活中都是与他人或他事共同存在的，这种根据共在而存在的刑法条文是为了他人才存在的。在规定一个犯罪构成的时候，不能不考虑犯罪行为实施的时间、地点及其他情节（即犯罪行为的周围世界），也不能不考虑一般人的评价。这种评价是以我国某个阶段或者某个领域的民意、民情等形式呈现出来的。这种民意、民情是以常人民意、常人民情的方式存在的，它们是通达刑法条文的通道，通过它们，刑法条文的本体论意义就得到了澄明。

二 接受性责任理论对司法实务的指导作用

（一）接受性责任理论在定罪方面的作用

刑法条文都是由语言组成的。我们所使用的语言既具有社会性质，也对思想提供了共同的表达方式，所以，语言是一个有用的且不可缺少的工具。不过，语言也是一个危险的工具，因为语言是从暗示物体具有一种确定、分立和看来好像具有永久的性质而开始的，但物理学却表明物体似乎并不具有这些性质。[①] 所以，刑法学具有一个很困难的任务，即消除刑法中的语言所带有的错误信念。

法适用的过程，就是通过解释将具体的案件事实和法律规定发生关系的过程，即确定生活事实与法律规范之间的关系的思维过程，这一过程表现为一个三段论推理过程，即犯罪构成要件是大前提，案件事实是小前提，结论是刑罚。因此，对具体案件适用法律意味着将抽象的大前提与源自生活的小前提发生关系。这一过程看似简单，却要经历两个过程：一是要获取小前提，即从一案件的所有情况中找出法律上有重要意义的因素；二是通过至少部分一致的假定，将它置于大前提的概念特征之下。这一过程叫作"归类"或者涵摄。也就是检验事实是否满足法律规范的事实构成并因此产生规范所规定的法律后果。在这个过程中，重要的是获取小前提，获取小前提的途径是解释。目前运用的解释方法主

---

① ［英］罗素：《人类的知识》，张金言译，商务印书馆1983年版，第76页。

要有两种：一是以探究历史上的立法者的心理意愿为目标（"主观论"或"意志论"）；二是以解析法律内存的意义为目标（客观论）。① 陈兴良认为，主观解释论与客观解释论的问题，在我国基本上已经得到解决，即客观解释论几成通说。我国最高人民法院在有关的指导性案例中，也明显地倡导客观解释论。② 张明楷也认为，刑法解释的目标应是在于刑法规范中的客观意思，而不是立法者制定刑法规范时的主观意思或立法原意。③ 但是，最近几年司法实践中出现的一些案例，理论上一直存在争论。如"昆山反杀案"，法律界专家广泛参与了本案的讨论，一些法官、检察官、律师、法律学者等人士从专业视角出发，更多考量了程序、条文、法理、政策等因素。即使单纯以法律条文而言，各方观点也并不一致，正当防卫说、防卫过当说、故意伤害说甚至故意杀人说不一而足，各有依据，分歧较大。这说明，运用客观解释，会使案件的定性陷入困境，因为，一个案件事实可以从不同的方面进行解释，这种解释有时候可能对真正的含义搔不到痒处。

根据接受性责任理论的视域及方法，对于刑法条文要进行本体论的考察。只有对刑法条文进行本体论的解释，才能克服法律适用的困境。刑法解释植根于对刑法条文的领会，即把这种领会中所获得的可能性整理出来，把刑法条文中蕴含的因缘整体揭示出来。这种解释是本体论解释，是把刑法条文中已经具有的东西揭示出来。比如对于"昆山反杀案"的定性上的争议说明，在对刑法条文进行解释的时候，不能仅仅进行形式的理解，还要考虑法治正义、民心所向、案发时的环境因素、行为的社会中的意义等因素，即对该条文进行生存论上的诠释。再如，2014年9月，新野耍猴艺人鲍凤山、鲍庆山等上述4人因在黑龙江表演猴戏被该省法院一审判决犯有非法运输珍贵野生动物罪。这个案件一审的错误在于，没有从猴戏的历史和社会意义上诠释行为人的行为性质，属于机械地适用法律的表现。如果按此推理，民间所有的马戏团如

---

① ［德］卡尔拉·伦茨：《法学方法论》，陈爱娥译，商务印书馆2003年版，第196—197页。
② 陈兴良：《形式解释论的再宣示》，《中国法学》2010年第4期。
③ 张明楷：《刑法学》（第4版），法律出版社2011年版，第34页。

果没有办理运输手续都有可能被定罪。所以，只有将一个案件放入这个案件的周围的世界中考察它的社会意义，才能对这个案件的社会性质进行正确的揭示，才能判断这个案件的社会危害性是不是达到犯罪的程度。

此外，还有代购国外的抗癌药物被以销售假药罪定罪的情况。2014年1月以来，被告人黄某通过在印度的朋友为杨某代购了4万余元未取得我国批准文号的印度抗癌药，后又购买了3万余元的该药品。自同年5月开始，黄某通过QQ联系上线左某，以易瑞沙和格列卫每瓶600元、多吉美和特罗凯每瓶1200—1400元的价格购买50多瓶金额为5万余元的印度产抗癌药，然后以易瑞沙和格列卫每瓶800—900元、多吉美和特罗凯每瓶1400—1800元销售给下线杨某3万余元、销售给罗某8万余元，销售金额共计11万余元，非法获利1万余元。法院审理认为，被告人黄某"为牟取非法利益，明知销售的药品是未取得我国批准文号的假药而予以销售，其行为均构成销售假药罪"。该案中，法官只是基于《药品管理法》的规定来确定是否构成犯罪，是一种形式的理解。刑法的前置法虽然对犯罪的成立具有一定的意义，但一个行为是否构成犯罪还是要根据刑法的立场来确定。张明楷教授指出，刑事司法人员必须根据刑法的特点对构成要件要素、案件事实进行独立判断，独立作出处理结论，不得将行政责任的认定结论与根据直接作为刑事责任的认定结论与根据。[1] 该案中，如果以人们对这些行为的日常评价为基础来判断，就会得出不同的结论。再如，浙江金华有个江湖游医叫倪海清，他弄出一个药方专门救治晚期癌症病人。很多人治好了，但是失败的情况也有，人家就举报他。尽管他研制的药获得了国家发明专利，但由于该药没有生产许可证和药品管理部门批准文号，最后他被认定犯生产、销售假药罪而判处有期徒刑10年。[2] 出现这种情况的原因，是在犯罪的认定中只根据刑法的前置法为标准，没有对生产、销售假药罪进行本体论的解释。我国《刑

---

[1] 张明楷：《避免将行政违法认定为刑事犯罪：理念、方法与路径》，《中国法学》2017年第4期。

[2] 郭芳：《倪海清假药案倒逼中医药法出台》，《中国经济周刊》2013年8月19日。

法》第 141 条规定：生产、销售假药的，处三年以下有期徒刑或者拘役，并处罚金；对人体健康造成严重危害或者有其他严重情节的，处三年以上十年以下有期徒刑，并处罚金；致人死亡或者有其他特别严重情节的，处十年以上有期徒刑、无期徒刑或者死刑，并处罚金或者没收财产。如果认为只要有生产、销售假药的行为就构成犯罪，这并没有理解刑法规定该罪的本来意图。根据本条第二款关于"对人体健康造成严重危害或者有其他严重情节"和第三款"致人死亡或者有其他特别严重情节"的规定来看，刑法规定该罪的用具（"为了作"）是为了打击对人体健康有危害的假药，而不是为了打击靠生产、销售假药牟利的行为。如果一个人销售的假药没有危害人的健康，或者对某种疾病有疗效（尤其是我国民间的一些秘方），就不应该构成本罪。因此，是不是构成生产、销售假药罪，不应该以《药品管理法》为标准，而应该以本罪所蕴含的本来的意义为准。

再如，在内蒙古"玉米案"中，之所以一审判处有罪，是因为法官没有把王力军的行为放在当前的社会背景中进行考察。也就是说，法官在该案中看到的还是 20 年前的那个"世界"，没有看到它的此时的"世界"，法官没有看到王力军行为不仅是对社会无害的，还是有益的，没有社会危害性。

（二）接受性责任理论在量刑方面的作用

接受性责任理论对于量刑也具有意义。一个犯罪的后果的轻重，不仅与犯罪行为的危害性有关，也与社会对该行为的评价有关。在对该行为进行评价的时候，要将它放在自己周围的世界中进行考察。在于欢案中，对于于欢的量刑，两次判决的差别很大。原因在于，除了一审对案件事实的认定有误（没有认定于欢的行为是防卫行为）外，主要是法官判决时没有考虑常理、常情。如果一个判决大多数人都接受不了，那么，这个判决就已经脱离这个社会了。对此，最高人民法院副院长沈德咏指出，我国有着数千年的文化传统，天理、国法、人情深深扎根于民众心中。无论是司法政策的制定，还是具体案件的办理，都必须努力探求和实现法、理、情的有机融合。正确适用正当防卫制度，同样必须考虑常理、常情，尊重民众的朴素情感和道德诉求，反映社会的普遍正义观念。[①] 在于欢案中，我们要在该案件所处的环境中考察它的危害性及其程度，这个环境包括它的伦理环境。否则，就会使判决与我国社会的实际脱节。

接受性责任中的常人责任理论对于量刑也具有指导意义。一个人在构成犯罪的情况下，其承担的责任的轻重是根据常人责任进行确定的。如果偏离了常人责任，量刑不公平的问题就出现了。在前几年引起热议的大学生掏鸟案就是一个例子。该案的大致案情是：1994年出生的小闫是郑州一所职业学院的在校大学生。放暑假在家时发现村外的树林里有鸟窝，和朋友架梯子将鸟窝里的12只鸟掏了出来，养了一段时间后售卖，后来又掏了4只。然而因为这16只鸟，小闫和他的朋友小王分别被判刑10年半和10年，并处罚款。[②] 对于该案的判决，网友发出人不如鸟的感叹。这个判决之所以很多人不赞同，是因为，用一个人的青春来达到警示后人这种威慑效果，无论如何代价都太大了。在本案中，法官没有考虑到行为人生活在农村这个事实，也没有考虑一般人的感受，只是机械地适用刑法，从而使判决脱离了一般人对法适用的期待。

根据以上的研究可以看出，接受性责任理论在我国理论和司法实践中都具有一定的指导意义。从理论上看，我们要致力于探讨犯罪的本体论构造，将犯罪本来所是的样子揭示出来；在司法实践中，我们要根据犯罪本真的样子定罪量刑。现在的问题是，这种性质的责任在其他部门法中是不是也存在？为了回答这个问题，有必要接着探讨接受性责任在其他部门法中的存在问题。由于论题的限制，不可能每个部门法都逐一进行探讨，所以，我们只选择了民法中的侵权行为法和行政法这两个部门法进行探讨。

[①] 沈德咏：《个案审判需综合考量天理、国法、人情》，http://www.chinanews.com/gn/2017/06-26。

[②] 郭需要：《要法律效果，也要社会效果——公诉大学生"掏鸟"案启示》，《人民检察》206年第1期。

第三节　其他部门法中的接受性责任

一　民法中的接受性责任

（一）侵权行为法中的接受性责任

民事责任是当事人不履行民事义务所应承担的民法上的后果[①]。根据这个定义，民事责任是从后果意义上进行理解的。但是，如果没有违约和侵权，就没有违约责任或侵权责任，从这些意义上说，民事责任既包括成立意义上的，也包括后果意义上的。由于民事责任不像刑事责任那样过分依赖责任的个人性，在民事责任中大量存在结果责任、严格责任、连带责任等。即使要求基于过错承担的过错责任，其过错的认定中也是根据一般的标准进行的，这说明，在民事责任中存在接受性责任。

民事责任中的违约责任是基于合同约定而承担的责任，其中也存在接受性的责任。违约方在承担违约责任时，不是对违约造成的所有损失进行赔偿，而是只对他在订约时能够合理预见到的损失进行赔偿，而合理预见是一个一般标准。换言之，违约方怎么赔偿，赔偿多少不是个人决定的，而是根据一般标准决定的，这样，违约方承担的违约责任也是接受性的。由于民事责任是基于相对权即合同债权而产生的，任意性很大，所以，这里只对侵权责任中的接受性责任进行探讨。

侵权责任是由于行为人的侵权行为而承担的民事责任。所谓侵权行为，是指行为人由于过错，或者在法律特别规定的场合不问过错，违反法律规定的义务，以作为或不作为的方式，侵害他人人身权利和财产权利及利益，依法应当承担损害赔偿等法律后果的违法行为。[②] 至于侵权责任的归责原则，理论上还存在争议。杨立新教授认为，侵权责任的归责原则是由过错责任原则、过失推定责任原则和无过错责任原则构成的。[③] 王利明教授认为，侵权责任的归责原则是过错责任原则、过错推定责任

[①] 王利明、杨立新、王轶、程啸：《民法学》（上），法律出版社2020年版，第265页。
[②] 杨立新：《侵权责任法》，法律出版社2020年版，第35页。
[③] 杨立新：《侵权责任法》，法律出版社2020年版，第51页。

原则、严格责任原则和公平分担损失原则。① 二位教授的观点虽然不同,但都认为侵权责任的归责原则包括过错推定原则和无过错(严格)责任原则。根据过错推定原则,行为人的侵权责任是推定的,这种给予推定而承担的责任主要是接受性意义上的,而无过错责任或者严格责任,更具有接受性的内涵。此外,由于侵权责任都要求有损害结果发生,所以,侵权责任也包括结果责任。不管是过错责任还是严格责任,行为人承担的结果责任中都有接受性责任的内涵。

根据前文的研究,我们提出接受性责任理论的目的是揭示刑事责任的始源及其存在形式。民事责任中的接受性责任也能够揭示民事责任的始源及其存在形式。民事责任也是在世界中存在的,也具有自身的来源和存在形式。无论是基于过错、无过错原则或者公平分担原则,每个人承担的民事责任都是基于一定的标准确定的。这表明,民事责任在世界中也是以常人责任的方式存在的。此外,民事责任中大量存在结果责任、连带责任,以及虽然行为人没有实施侵权行为,基于公平分担原则也要承担一部分民事责任,这导致在民法中,接受性责任更加常见,范围也更广。限于论题,这里只对侵权责任中存在的几种接受性责任(过错责任、过错推定责任、无过错责任、公平分担责任中的接受性责任)进行讨论。

(二)接受性责任在侵权责任中的适用

1. 常人责任作为侵权责任的形式

侵权责任是在世界中存在的,是以常人责任的方式存在的。由于每个人都是在世界中存在的,他的所思、所为以及所承担的责任中都离不开他人的支配,所以,每个人的侵权责任一直都是在和他人的责任共处中存在的,这个他人责任就是常人责任。在司法实践中,每个人的侵权责任都是根据常人责任确定的。例如,李某停放在小区的电动车由于线路故障起火,使停在附近的小轿车受损严重。李某对于该事故具有赔偿责任,此外,小区的物业责任人张某对于该事故也负有一定的责任。如果法院判决李某承担60%的责任,张某承担40%的责任,那么,他们承

---

① 王利明:《侵权责任法研究》(上卷),中国人民大学出版社2011年版,第195页。

担的责任的份额是根据他们各自的行为对结果的影响力,以及他们的过错程度认定的,而他们的行为对结果的影响力以及他们各自的过错都是基于他们各自的社会地位或角色并根据他们各自所交往的领域里的常人标准确定的。因此,常人责任是侵权责任的始源,也是侵权责任的存在形式。

2. 接受性责任理论在过错责任中的适用

过错责任是行为人基于自己的过错对其造成的损害承担的民事责任。过错分为故意与过失两种,对于一般的侵权行为来说,过错是承担损害赔偿责任的基本要件之一。不过,过错只有在存在加害行为与结果的情况下,才有讨论的必要。对于过错的本质,理论上有"主观过错说"和"客观过错说",前者认为,过错是以一定的心理状态作为衡量标准;后者认为,过错以人的行为为判断标准。① 不过,在过错的认定标准上,理论上都认为应以客观标准进行认定,如行为人对于注意义务的疏忽或懈怠,都是根据客观标准进行认定的。这表明,行为人承担的过错责任是接受性承担的。此外,过错责任需要行为人的加害行为与结果之间存在因果关系,但因果关系的认定也是根据一定的标准进行的,行为人基于这种认定而承担的结果责任当然包含接受性的成分。因此,在认定过错和加害行为与结果之间因果关系的时候,要根据侵权行为存在的环境、起因等,再根据一般人的标准进行判断。

现代侵权法侧重于补偿损害以及预防损害。为了实现这些目标,它一方面通过商业保险、责任保险、社会保障等其他补偿制度的结合,实现了责任的分散。一般情况下,虽然侵权人因过错造成了损害,但他并不需要自己掏钱赔偿被害人,因为通过上述途径,被害人大多都得到了补偿。另一方面,过错只是一种用于协调各种法律价值的、纯粹技术性的手段。它不再是对个人主观上的道德责难。法官对过错的认定也往往基于价值的考量、利益的权衡。法官可能从防范损害发生的成本、受害人损害的大小、损害发生的概率等方面确认被告人有没有过错,以便建

---

① 王利明、杨立新、王轶、程啸:《民法学》(下),法律出版社2020年版,第1055—1056页。

立一种激励经济上更有效率的行为机制。接受性责任理论能够为这些目标的实现提供理论基础。

3. 接受性责任理论在过错推定责任中的适用

过错推定责任，是指在法律有特别规定的场合，推定行为人对损害事实有过错，并对此损害事实承担赔偿责任的情形。过错推定责任是法官推定的，它包括监护人责任、委托监护责任、用人者责任、定作人指示过失责任、暂时丧失心智损害责任、无民事行为能力学生在教育机构受到损害的学校责任、机动车与非机动车驾驶人或者行人发生交通事故的赔偿责任、医疗伦理损害责任、动物园动物损害责任和除了高空抛物外的建筑物和物件损害责任共 10 种情形，它的基本形态是替代责任，包括对人的替代责任和对物的替代责任。① 在过错推定责任中，过错的存在与否是法官根据一定的标准推定的，行为人承担的还是替代责任。这些都表明，行为人承担这种责任属于接受性责任。在认定是否存在过错推定责任时，要从行为人的社会角色或者在社会生活中的地位赋予他对某种人或事情的照管义务中推断，行为人是不是有过错。例如，在监护人责任中，加害人是未成年人或者精神病人，监护人承担责任是因为他们之间存在亲权关系或者监护关系；在责任人与致害物之间，责任人的责任是由于他对致害物的支配关系。对于这种责任，法官在推定过错是否存在的时候，是立足行为人所交往的领域的认真的、谨慎的人的标准来推定的，比如，一个认真的、谨慎的家长，一个认真的、谨慎的物的管理者等。这表明，这种责任不管是其产生还是其存在形式，都与责任人的生活世界、社会地位和角色有关。

4. 接受性责任理论在无过错责任和公平分担责任中的适用

无过错责任，是指在法律有特别规定的情况下，与已经发生的损害结果有因果关系的行为人，不问有没有过错，都要对该损害结果承担侵权赔偿责任的情形。无过错责任以损害结果来确定责任，这是一个客观标准。根据我国《民法典》的规定，无过错责任包括产品责任、医疗产

---

① 王利明、杨立新、王轶、程啸：《民法学》（下），法律出版社 2020 年版，第 1044—1045 页。

品损害责任、环境污染和生态破坏责任、高度危险责任、饲养动物损害责任和工伤事故责任，其责任形态一般是替代责任，包括对人的替代责任和对物的替代责任。这种责任不管是其责任来源，还是其责任形态，都具有接受性的内涵。我国《民法典》第1186条规定，如果受害人和行为人对损害都无过错，损失应由双方依法分担。这种责任是根据公平的考量而承担的责任，如甲主动帮乙盖房，不小心自己从高处掉下来摔伤，乙可以根据情况分担一部分损失。这表明，这种责任也是接受性的。

在无过错责任和公平分担责任中，行为人承担的责任要从他的行为的社会意义上来认定。行为人承担的侵权责任来自他的地位、社会角色等赋予他的义务，他对他的行为所涉及的领域的负责性是其承担责任的根据。例如，原告梁某受雇于陈某在为某建筑安装公司承包的楼外墙刷涂料时，因吊架脱落，从空中摔下受伤。垦利胜坨建筑安装公司将承包的楼房工程又转包给无相应资质的被告陈某。原告因伤致残造成各项损失共计156127.21元。后诉至法院，法院判决被告陈某、垦利胜坨建筑安装公司等赔偿原告梁某的各项损失共计156127.21元。① 在该案中，两被告的侵权责任是根据他们与被告的关系、他们的地位和社会角色认定的。两被告作为受益人，不能只享受利益而不承担责任。他们与原告相比处于更优越的地位，在安全保障上承担的义务更重。另外，他们虽然承担了相应的侵权责任，但他们可以通过商品价格或责任保险制度予以分散。

5. 接受性责任理论在共同侵权行为中的适用

共同侵权行为的法律后果，是由共同行为人承担连带责任。与共同犯罪不同，构成共同侵权行为只需要数人的侵权行为具有共同关联性即可。侵权连带责任是指受害人有权向共同侵权人或共同危险行为人中的任何一个人或数个人请求赔偿全部损失，而任何一个人共同侵权人或共同危险行为人都有义务向受害人负全部赔偿责任；共同加害人中的一人或数人已全部赔偿了被害人的损失，则免除其他共同加害人向受害人应

---

① 伍玉峰：《雇主对雇员应当承担无过错责任》，http：//www.110.com/ziliao/article-145540.html，2016.11.09。

负的赔偿责任。根据我国《民法典》的规定，这种连带责任的适用范围包括共同侵权人的连带责任，教唆、帮助人的连带责任，共同危险行为的连带责任，网络服务提供者经提示而未采取必要措施的连带责任，网络服务提供者明知侵权内容而未采取必要措施的连带责任，非法买卖拼装或者报废机动车的连带责任，遗失、抛弃高度危险物的连带责任和非法占有高度危险物的连带责任等。

这种共同侵权行为的连带责任，在责任成立的根据上是一种客观标准。对于这种责任来说，不需要行为人具有过错。此外，任何一个加害人对被害人承担的都是整体责任。这种根据一种客观标准以及承担的一种整体责任就是接受性的。不过，在最后责任追偿的时候，每个侵权人的责任还是要根据他对侵权行为的贡献、个人的经济能力等进行判断。

二 行政法中的接受性责任

（一）行政赔偿和国家补偿属于接受性责任

行政法中的责任包括行政赔偿和国家补偿两种。现分别从这两个方面对其进行讨论。

行政赔偿，是指国家行政机关及其工作人员在行使职权的过程中侵犯公民、法人或其他组织的合法权益并造成损害，法律规定由国家承担赔偿责任的制度。行政赔偿的责任主体是国家，行政赔偿的义务机关是致害的行政机关，行政机关及其工作人员的侵权行为造成的损害由国家承担赔偿责任。根据《国家赔偿法》第 3 条、第 4 条的规定，行政赔偿的归责原则包括违法归责原则和结果归责原则。在行政赔偿中，具体实施侵权行为的人一般是行政机关工作人员，而承担赔偿责任的主体是国家。至于国家承担赔偿责任的性质，理论上主要有代位责任说、自己责任说两种观点。代位责任说认为，国家承担的责任不是自己的责任，而是代公务员承担责任；自己责任说认为，国家承担的是自己的责任，也就是说，国家与公务员是一体的。[①] 我们认为，自己责任说是合理的，因

[①] 姜明安主编：《行政法与行政诉讼法》（第 7 版），高等教育出版社 2019 年版，第 560—561 页。

为，国家行使行政权力的行为具有侵害公民、法人或其他组织合法权益的可能性，而代表国家行使行政管理行为的工作人员的行为不是个人行为，而是国家行为，国家理应为这种行为承担相应的后果。在行政赔偿中，无论在归责原则还是责任的性质上，都体现出接受性责任的特点。

国家补偿是国家机关因合法行为给公民、法人或其他组织权益造成损害所给予的补偿。国家补偿包括行政补偿、立法补偿和司法补偿等。不过，目前，我国主要还是行政补偿，立法补偿和司法补偿还很少有涉及。国家补偿的前提是国家行政主体及其工作人员依法履行职责、执行公务的行为导致特定个人、组织的合法权益受到损失，或特定个人、组织为维护和增进国家、社会公共利益而使自己的利益受到损失，国家补偿的主体是国家，而补偿的义务机关是国家行政机关或其他行政主体。关于国家补偿的理论基础主要有公共负担平等说、结果责任说、特别牺牲说、社会保险说等。公共负担平等说认为，政府的活动是为了公共利益而实施，因而其成本或费用应由社会全体成员平等分担；结果责任说认为，无论行政行为合法或违法，以及行为人有无故意或过失，只要行政活动导致的损害为一般公众所有，国家就必须为其承担补偿责任；特别牺牲说认为，为了国家、社会和公共利益的需要，牺牲个人的利益是必要的，但公众受益的国家行为造成的损害不能由个人负担，而应由公众负担；社会保险说认为，社会成员不管因为什么而使其合法利益受损，均可以向国家寻求救济，这种救济如同保险公司向保险人支付保险金一样。① 我们认为，上述理论不是互相排斥的，它们是从不同的侧面说明了行政赔偿的性质，是可以互相补充的。从上述关于行政补偿的概念及其内涵来看，行政补偿也是国家承担的一种接受性责任。国家接受国家行政主体及其工作人员实施的行政行为的利益，也当然要接受上述行政行为的不利后果，基于这种后果或结果承担的责任，就是我们所说的接受性责任的一种。

---

① 姜明安主编：《行政法与行政诉讼法》（第7版），高等教育出版社2019年版，第626—627页。

（二）接受性责任理论在行政法中的适用

对于国家承担的这种赔偿责任的来源，也要从国家行政机关及其工作人员实施有关行政行为的目的、国家利益与个人利益的关系等进行理解。也就是说，这种责任要从国家行政机关及其工作人员实施有关行政行为当时所处的环境（包括时空环境，法律、政策、规范性文件等法律环境等）来理解，即这种责任要从它在社会中的存在来理解，而不是从个体性或心理状态来理解和确定的。不管是违法归责原则还是结果归责原则，其标准都是客观的，国家承担的这种赔偿责任都是根据客观的标准而接受性承担的。如《国家赔偿法》第34条第1款规定：造成身体伤害的，应当支付医疗费、护理费，以及赔偿因误工减少的收入。减少的收入每日的赔偿金按照国家上年度职工日平均工资计算，最高额为国家上年度职工年平均工资的五倍。这表明，国家承担什么样的责任，是根据一定的标准确定的。

在承担责任的方式上，国家赔偿以支付赔偿金为主要方式，能够返还财产或者恢复原状的，予以返还财产或者恢复原状；国家补偿的方式包括金钱补偿、实物补偿和政策性补偿。[①] 这说明，国家承担什么样的责任，是根据具体情况进行确定的。

---

① 《行政法与行政诉讼法学》编写组：《行政法与行政诉讼法学》（第2版），高等教育出版社2018年版，第310—314页。

主要参考文献

一 中文著作类

(一) 国内专著

储怀值:《美国刑法》(第 2 版),北京大学出版社 1996 年版。

陈子平:《刑法总论》,中国人民大学出版社 2009 年版。

陈兴良:《本体刑法学》,中国人民大学出版社 2017 年版。

冯军:《刑事责任论》,社会科学文献出版社 2017 年版。

高铭暄、马克昌主编:《刑法学》(第 5 版),北京大学出版社、高等教育出版社 2011 年版。

高宣扬:《德国哲学概观》,北京大学出版社 2011 年版。

高宣扬:《存在主义》,上海交通大学出版社 2016 年版。

洪谦主编:《西方现代资产阶级哲学论著选辑》,商务印书馆 1964 年版。

郝英兵:《刑事责任论》,法律出版社 2016 年版。

姜明安主编:《行政法与行政诉讼法》(第 7 版),高等教育出版社 2019 年版。

柯耀程:《变动中的刑法思想》,中国政法大学出版社 2003 年版。

柯耀程:《刑法的思与辩》,中国人民大学出版社 2008 年版。

劳东燕:《刑法基础的理论展开》,北京大学出版社 2008 年版。

劳东燕:《风险社会中的刑法:社会转型与刑法理论的变迁》,北京大学出版社 2015 年版。

林山田:《刑法通论》,北京大学出版社 2012 年版。

马克昌:《比较刑罚原理——外国刑法学总论》,武汉大学出版社 2002

年版。

倪梁康：《胡塞尔现象学概念通释》（增补版），商务印书馆2016年版。

孙小玲：《存在与伦理——海德格尔实践哲学向度的基本论题考察》，人民出版社2015年版。

孙周兴选编：《海德格尔选集》（上、下），上海三联书店1996年版。

孙周兴：《后哲学的哲学问题》，商务印书馆2009年版。

王晨：《刑事责任的一般理论》，武汉大学出版社1999年版。

王利明：《侵权责任法研究》（上卷），中国人民大学出版社2011年版。

王利明、杨立新、王轶、程啸：《民法学》（上），法律出版社2020年版。

王利明、杨立新、王轶、程啸：《民法学》（下），法律出版社2020年版。

吴庚：《政法理论与法学方法》，中国人民大学出版社2007年版。

熊伟：《在的澄明——熊伟文选》，商务印书馆2011年版。

许鹏飞：《比较刑法纲要》，商务印书馆2014年版。

许玉秀：《当代刑法思潮》，中国民主法制出版社2005年版。

许玉秀：《主观与客观之间》，法律出版社2008年版。

杨立新：《侵权责任法》，法律出版社2020年版。

张明楷：《刑法学》（上）（第5版），法律出版社2016年版。

张一兵：《回到海德格尔——本有与构境》，商务印书馆2014年版。

（二）译著

［德］阿图尔·考夫曼、温弗里德·哈斯默尔主编：《当代法哲学和法律理论导论》，郑永流译，法律出版社2002年版。

［德］埃德蒙德·胡塞尔：《现象学的观念》，倪梁康译，上海译文出版社1986年版。

［德］埃德蒙德·胡塞尔：《现象学的方法》，倪梁康译，上海译文出版社1994年版。

［德］埃德蒙德·胡塞尔：《哲学作为严格的科学》，倪梁康译，商务印书馆1999年版。

［德］埃德蒙德·胡塞尔：《第一哲学》（上卷），王炳文译，商务印书馆2006年版。

［德］埃德蒙德·胡塞尔：《欧洲科学的危机与超越论的现象学》，王炳文

译，商务印书馆 2011 年版。

［德］埃德蒙德·胡塞尔：《形式逻辑与先验逻辑》，李幼蒸译，中国人民大学出版社 2012 年版。

［德］埃德蒙德·胡塞尔：《现象学的构成研究》，李幼蒸译，中国人民大学出版社 2013 年版。

［德］埃德蒙德·胡塞尔：《现象学和科学基础——纯粹现象学和现象学哲学的观念》，李幼蒸译，中国人民大学出版社 2013 年版。

［德］埃德蒙德·胡塞尔：《内时间意识现象学》，倪梁康译，商务印书馆 2014 年版。

［德］埃德蒙德·胡塞尔：《纯粹现象学通论：纯粹现象学和现象学哲学的观念》（第一卷），李幼蒸译，商务印书馆 2014 年版。

［德］埃里克·希尔根多夫：《德国刑法学——从传统到现代》，江溯等译，北京大学出版社 2015 年版。

［法］埃米尔·涂尔干：《社会分工论》，渠敬东译，生活·读书·新知三联书店 2000 年版。

［英］安德鲁·埃德加：《哈贝马斯：关键概念》，杨礼银、朱松峰译，江苏人民出版社 2009 年版。

［英］安东尼·吉登斯：《社会学》（第 5 版），李康译，北京大学出版社 2009 年版。

［英］安东尼·吉登斯：《现代性的后果》，田禾译，译林出版社 2011 年版。

［英］安东尼·吉登斯：《现代性与自我认同——晚期现代中的自我与社会》，夏璐译，中国人民大学出版社 2016 年版。

［法］奥古斯特·孔德：《论实证精神》，黄建华译，商务印书馆 1996 年版。

［古希腊］柏拉图：《理想国》，郭斌和、张竹明译，商务印书馆 1986 年版。

［美］保罗·H. 罗宾逊：《归咎的刑事责任》，王志远、陈琦译，知识产权出版社 2016 年版。

［法］保罗·利科：《哲学的主要趋向》，李幼蒸、徐奕春译，商务印书馆

2004年版。

［法］保罗·利科：《作为一个他者的自身》，佘碧平译，商务印书馆2013年版。

［美］贝伦·P. 艾伦：《人格理论——发展、成长与多样性》（第5版），陈英敏等译，上海教育出版社2011年版。

［美］布尔克：《西方伦理学史》，黄慰愿译，华东师范大学出版社2016年版。

［加］查尔斯·泰勒：《黑格尔》，张国清、朱近东译，译林出版社2009年版。

［加］查尔斯·泰勒：《自我的根源——现代认同的形成》，韩震等译，译林出版社2012年版。

［加］查尔斯·泰勒：《现代社会想象》，林曼红译，译林出版社2014年版。

［英］大卫·E. 科伯：《存在主义》，孙小玲、郑剑文译，复旦大学出版社2012年版。

［澳］戴维·罗杰·奥尔德罗伊德：《知识的拱门——科学哲学和科学方法论历史导论》，顾犇等译，商务印书馆2008年版。

［德］迪特·亨利希：《在康德与黑格尔之间——德国观念论讲座》，乐小军译，商务印书馆2013年版。

［法］笛卡尔：《第一哲学沉思集》，庞景仁译，商务印书馆1986年版。

［意］杜里奥·帕多瓦尼：《意大利刑法学原理》，陈忠林译，法律出版社1998年版。

［美］费恩曼、莱顿、桑兹：《费恩曼物理学讲义》（第一卷），郑永令、华宏鸣、吴子仪等译，中国科学出版社2005年版。

［德］冯·李斯特：《论犯罪、刑罚与形势政策》，徐久生译，北京大学出版社2016年版。

［德］弗朗茨·布伦塔诺：《根据亚里士多德论"是者"的多重含义》，溥林译，商务印书馆2021年版。

［美］弗兰克·梯利：《西方哲学史》，伍德增补，葛力译，商务印书馆1995年版。

［日］冈田朝太郎：《冈田朝太郎法学文集》，娜鹤雅点校，法律出版社2015年版。

［日］高桥则夫：《规范论和刑法解释论》，戴波、李世阳译，中国人民大学出版社2011年版。

［德］格吕恩特·雅各布斯：《行为 责任 刑法——机能性描述》，冯军译，中国政法大学出版社1997年版。

［德］岗特·施特拉腾韦特、洛塔尔·库伦：《刑法总论I——犯罪论》，杨萌译，法律出版社2006年版。

［德］汉斯·韦尔策尔：《目的行为论导论》（增补第4版），陈璇译，中国人民大学2015年版。

［德］汉斯-格奥尔格·伽达默尔：《诠释学I：真理与方法》，洪汉鼎译，商务印书馆2007年版。

［德］汉斯-格奥尔格·伽达默尔：《诠释学II：真理与方法》，洪汉鼎译，商务印书馆2007年版。

［美］郝伯特·施皮格伯格：《现象学运动》，王炳文、张金言译，商务印书馆2011年版。

［德］黑格尔：《哲学史讲演录》（第一卷），贺麟、王太庆译，商务印书馆1959年版。

［德］黑格尔：《哲学史讲演录》（第二卷），贺麟、王太庆等译，商务印书馆1960年版。

［德］黑格尔：《法哲学原理》，范阳、张企泰译，商务印书馆1961年版。

［德］黑格尔：《哲学史讲演录》（第四卷），贺麟、王太庆等译，商务印书馆1978年版。

［德］黑格尔：《精神现象学》（下卷），贺麟、王玖兴译，商务印书馆1979年版。

［德］黑格尔：《逻辑学》，梁志学译，人民出版社2002年版。

［德］黑格尔：《精神哲学》，杨祖陶译，人民出版社2006年版。

［法］霍尔巴赫：《健全的思想》，王荫庭译，商务印书馆1966年版。

［德］汉斯·海因里希·耶赛克、托马斯·魏根特：《德国刑法教科书》，徐久生译，中国法制出版社2001年版。

［德］京特·雅各布斯：《规范·人格体·社会——法哲学前思》，冯军译，法律出版社 2001 年版。

［日］甲斐克则：《责任原理与过失犯论》，谢佳君译，中国政法大学出版社 2016 年版。

［德］卡尔·路德维格·冯·巴尔：《大陆刑法史——从古罗马到十九世纪》，周振杰译，法律出版社 2016 年版。

［法］卡斯东·斯特法尼：《法国刑法总论精义》，罗结珍译，中国政法大学出版社 1998 年版。

［德］康德：《判断力批判》，邓晓芒译，人民出版社 2002 年版。

［德］康德：《实践理性批判》，邓晓芒译，人民出版社 2003 年版。

［德］康德：《纯粹理性批判》，邓晓芒译，杨祖陶校，人民出版社 2004 年版。

［德］康德：《道德形而上学原理》，苗力田译，上海世纪出版集团 2005 年版。

［德］克劳斯·罗克辛：《德国刑法学总论》（第 1 卷），王世洲译，法律出版社 2005 年版。

［美］卡尔·N. 卢埃林：《普通法传统》，陈绪刚等译，中国政法大学出版社 2002 年版。

［比利时］洛德·沃尔格雷夫：《法与恢复性司法》，郝方昉、王洁译，中国人民公安大学出版社 2011 年版。

［英］鲁伯特·克罗斯、菲利普·A. 琼斯：《英国刑法导论》，赵秉志等译，中国人民大学出版社 1991 年版。

［美］罗伯特·所罗门：《大问题——简明哲学导论》，张卜天译，广西师范大学出版社 2011 年版。

［英］洛克：《人类理解论》（下册），关文运译，商务印书馆 1959 年版。

［英］洛克：《自然法论文集》，李季璇译，商务印书馆 2014 年版。

［法］拉·梅特里：《人是机器》，顾寿观译，商务印书馆 2017 年版。

［德］马丁·海德格尔：《面向思的事情》，陈小文、孙周兴译，商务印书馆 1996 年版。

［德］马丁·海德格尔：《形而上学导论》，熊伟、王庆节译，商务印书馆

1996年版。

[德]马丁·海德格尔：《路标》，孙周兴译，商务印书馆2000年版。

[德]马丁·海德格尔：《尼采》，孙周兴译，商务印书馆2002年版。

[德]马丁·海德格尔：《形式显示的现象学：海德格尔早期弗莱堡文选》，孙周兴译，同济大学出版社2004年版。

[德]马丁·海德格尔：《在通向语言的途中》，孙周兴译，商务印书馆2004年版。

[德]马丁·海德格尔：《存在与时间》，陈嘉映、王庆节译，生活·读书·新知三联书店2006年版。

[德]马丁·海德格尔：《林中路》，孙周兴译，上海译文出版社2008年版。

[德]马丁·海德格尔：《现象学之基本问题》，丁耘译，上海译文出版社2008年版。

[德]马丁·海德格尔：《思的经验》，陈春文译，人民出版社2008年版。

[德]马丁·海德格尔：《时间概念史导论》，欧东明译，商务印书馆2009年版。

[德]马丁·海德格尔：《存在论：实际性的解释学》，何卫平译，人民出版社2009年版。

[德]马丁·海德格尔：《同一与差异》，孙周兴、陈小文等译，商务印书馆2011年版。

[德]马丁·海德格尔：《哲学论稿（从本有而来）》，孙周兴译，商务印书馆2012年版。

[德]马丁·海德格尔：《对亚里士多德的现象学解释》，赵卫国译，华夏出版社2012年版。

[德]马丁·海德格尔：《柏拉图的智者》，熊林译，商务印书馆2015年版。

[德]马丁·海德格尔：《论哲学的规定》，孙周兴、高松译，商务印书馆2015年版。

[德]马丁·海德格尔：《从莱布尼茨出发的逻辑学的形而上学始基》，赵卫国译，西北大学出版社2015年版。

［德］马丁·海德格尔：《根据律》，张珂译，商务印书馆 2016 年版。

［德］马丁·海德格尔：《什么叫思想?》，孙周兴译，商务印书馆 2017 年版。

［德］马丁·海德格尔：《形而上学的基本概念》，赵卫国译，商务印书馆 2017 年版。

［德］马克斯·舍勒：《人在宇宙中的地位》，李伯杰译，贵州人民出版社 1989 年版。

［德］马克斯·舍勒：《伦理学中的形式主义与质料的价值伦理学》，倪梁康译，商务印书馆 2011 年版。

［美］麦金太尔：《伦理学简史》，龚群译，商务印书馆 2003 年版。

［德］米夏埃尔·帕夫利克：《目的与体系——古典哲学基础上的德国刑法学新思考》，赵书鸿等译，法律出版社 2018 年版。

［美］迈克尔·弗里德曼：《分道而行——卡尔纳普、卡希尔和海德格尔》，张卜天、南星译，商务印书馆 2021 年版。

［德］尼可拉斯·卢曼：《社会的法律》，郑伊倩译，人民出版社 2009 年版。

［日］平野龙一：《刑法的基础》，黎宏译，中国政法大学出版社 2016 年版。

［日］前田雅英：《刑法总论讲义》（第 6 版），曾文科译，北京大学出版社 2017 年版。

［美］乔治·郝伯特·米特《心灵、自我和社会》，霍桂桓译，译林出版社 2012 年版。

［德］鹏霍费尔：《伦理学》，胡其鼎译，商务印书馆 2012 年版。

［加］让 - 弗朗索瓦·利奥塔尔：《后现代状态》，车槿山译，南京大学出版社 2011 年版。

［德］让·格朗丹：《哲学解释学导论》，何卫平译，商务印书馆 2009 年版。

［法］萨特：《存在与虚无》，陈宣良等译，生活·读书·新知三联书店 1987 年版。

［德］叔本华：《叔本华思想随笔》，韦启昌译，上海人民出版社 2008

年版。

［日］松宫孝明：《刑法总论讲义》，钱叶六译，中国人民大学出版社 2013 年版。

［日］松原芳博：《刑法总论重要问题》，王昭武译，中国政法大学出版社 2014 年版。

［日］山口厚：《刑法总论》，付立庆译，中国人民大学出版社 2011 年版。

［美］托马斯·库恩：《科学革命的结构》（第 4 版），金吾伦、胡新和译，北京大学出版社 2012 年版。

［美］威廉·佩姆雷尔·蒙塔古：《认识的途径》，吴士栋译，商务印书馆 2012 年版。

［美］威廉·詹姆士：《实用主义》，陈羽纶、孙瑞禾译，商务印书馆 1979 年版。

［英］威廉姆·威尔逊：《刑法理论的核心问题》，谢望原等译，中国人民大学出版社 2015 年版。

［英］维克多·塔德洛斯：《刑事责任》，谭淦译，中国人民大学出版社 2009 年版。

［德］文德尔班：《哲学史教程》（上卷），罗达仁译，商务印书馆 1993 年版。

［德］文德尔班：《哲学史教程》（下卷），罗达仁译，商务印书馆 1993 年版。

［德］乌尔里希·贝克、伊丽莎白·贝克-格恩斯海姆：《个体化》，李荣山等译，北京大学出版社 2011 年版。

［德］乌尔斯·金德霍伊泽尔：《刑法总论教科书》（第 6 版），蔡桂生译，北京大学出版社 2015 年版。

［日］西田典之：《日本刑法总论》，刘明祥、王昭武译，中国人民大学出版社 2007 年版。

［美］休拉·福莱特主编：《伦理学理论》，龚群译，中国人民大学出版社 2008 年版。

［英］休谟：《人性论》（上册），关文运译，郑之骧校，商务印书馆 1980 年版。

［古希腊］亚里士多德：《形而上学》，吴寿彭译，商务印书馆 1959 年版。

［英］伊恩·伯基特：《社会性自我——自我与社会面面观》，李康译，北京大学出版社 2012 年版。

［法］伊曼纽尔·列维纳斯：《总体与无限——论外在性》，朱刚译，北京大学出版社 2016 年版。

［德］于尔根·哈贝马斯：《交往行为理论》，曹卫东译，上海人民出版社 2004 年版。

［德］于尔根·哈贝马斯：《现代性的哲学话语》，曹卫东译，译林出版社 2011 年版。

［美］约翰·罗尔斯：《政治哲学史讲义》，杨通进、李丽丽、林航译，中国社会科学出版社 2011 年版。

［美］约书亚·德雷斯勒：《美国刑法精解》，王秀梅等译，北京大学出版社 2009 年版。

［意］詹尼·瓦蒂莫：《现代性的终结》，李建盛译，商务印书馆 2013 年版。

［日］佐伯仁志：《刑罚总论的思之道·乐之道》，于佳佳译，中国政法大学出版社 2017 年版。

［挪］G. 希尔贝克、N. 伊耶：《西方哲学史——从古希腊到二十世纪》，童世骏等译，上海译文出版社 2004 年版。

二 中文论文类

白建军：《中国民众刑法偏好研究》，《中国社会科学》2017 年第 1 期。

毕成：《论法律责任的历史发展》，《法律科学》2000 年第 5 期。

陈兴良：《从刑事责任理论到责任主义——一个学术史的考察》，《清华法学》2009 年第 2 期。

陈兴良：《形式解释论的再宣示》，《中国法学》2010 年第 4 期。

陈兴良：《刑法中的责任：以非难可能性为中心的考察》，《比较法研究》2018 年第 3 期。

戴兆国：《伦理学：形式的？抑或实质的？——论马克斯·舍勒对康德伦理学的批判》，《世界哲学》2007 年第 4 期。

冯军：《刑法中的责任原则》，《中外法学》2012年第1期。

冯军：《刑法中的责任原则兼与张明楷教授商榷》，《中外法学》2012年第1期。

冯筠：《道义责任论和社会责任论述评》，《比较法研究》1989年第2期。

何荣功：《社会治理"过度刑法化"的法哲学批判》，《中外法学》2015年第2期。

侯国云：《对刑事责任理论的质疑》，《南都学坛》（人文社会科学学报）2011年第4期。

劳东燕：《罪责的社会化与规范责任论的重构——期待可能性理论命运之反思》，《南京师大学报》（社会科学版）2009年第2期。

黎宏：《关于"刑事责任"的另一种理解》，《清华法学》2009年第2期。

黎宏：《平野龙一及其机能主义刑法观——〈刑法的基础〉读后》，《清华法学》2011年第6期。

梁根林：《但书、罪量与扒窃入罪》，《法学研究》2013年第2期。

刘为波：《可罚的违法性论——兼论我国犯罪概念中的但书规定》，《刑事法评论》2002年第10期。

刘艳红：《走向实质解释的刑法学——刑法方法论的发端、发展与发达》，《中国法学》2006年第5期。

卢勤忠、何鑫：《强人工智能时代的刑事责任与刑罚理论》，《华南师范大学学报》（社会科学版）2018年第6期。

马克昌：《刑事责任的若干问题》，《湖北公安高等专科学校学报》2001年第3期。

倪梁康：《伦理学中的先天质料》（上），《学海》2010年第5期。

阮齐林：《刑事司法应坚持罪责实质评价》，《中国法学》2017年第4期。

孙道萃：《从刑事责任根据到刑事归责体系的知识迁移》，《时代法学》2016年第6期。

魏昌东：《新刑法工具主义批判与矫正》，《法学》2016年第2期。

徐立：《刑事责任的实质定义》，《政法论坛》2010年第2期。

杨国举：《论接受性过失》，《甘肃政法学院学报》2008年第6期。

杨国举：《论刑法中的接受性责任》，《甘肃社会科学》2015年第6期。

余平:《"朝向实事本身"之思——从笛卡儿到海德格尔》,《四川大学学报》(哲学社会科学版) 2013 年第 2 期。

张飞飞:《刑事责任的理论突破——刑事责任实现方式二元图景之构建》,《天中学刊》2013 年第 4 期。

张明楷:《"客观的超过要素"概念之提倡》,《法学研究》1999 年第 3 期。

张明楷:《以违法与责任为支柱构建犯罪论体系》,《现代法学》2009 年第 2 期。

张明楷:《避免将行政违法认定为刑事犯罪:理念、方法与路径》,《中国法学》2017 年第 4 期。

张祥龙:《什么是现象学》,《社会科学战线》2016 年第 3 期。

张小虎:《当代刑事责任论的基本元素及其整合形态分析》,《国家检察官学院学报》2013 年第 1 期。

张旭:《关于刑事责任的若干追问》,《法学研究》2005 年第 5 期。

赵秉志:《中国刑法的演进及其时代特色》,《南都学坛》(人文社会科学学报) 2015 年第 2 期。

赵秉志:《改革开放 40 年我国刑法立法的发展及其完善》,《法学评论》2019 年第 2 期。

周光权:《积极刑法立法观在中国的确立》,《法学研究》2016 年第 4 期。

[德] 马丁·海德格尔:《形式化和形式显示》,欧东明译,张祥龙校,《世界哲学》2002 年第 2 期。

[德] 米夏埃尔·帕夫利克:《最近几代人所取得的最为重要的教义学进步?——评刑法中不法与责任的区分》,陈璇译,《刑事法评论》2014 年第 2 期。

[美] L. W. 贝克:《"新康德主义"》,孟庆时译,《哲学译丛》1979 年第 3 期。

三 外文文献

[日] 大谷实:《刑事责任论的展望》,东京:成文堂 1983 年版。

[日] 木村龟二:《刑法总论》(增补版),东京:有斐阁 1984 年版。

［日］大塚仁：《刑法概说》（总论），东京：有斐阁1992年版。

［日］川端博：《刑法总论讲义》，东京：成文堂1997年版。

［日］井田良：《变革时代的理论刑法学》，东京：庆应义塾大学出版会2007年版。

后　　记

　　现在终于可以坐下来写一下本书写作的心路历程了。本书是我主持的国家社科基金西部项目《刑法中的接受性责任理论研究》的成果。这个项目的思路渊源可以追溯到2007年在武汉大学读博期间的一些思考。当时在读德国学者耶塞克和魏根特的《德国刑法教科书》和罗克辛的《德国刑法学总论》（第1卷）的时候，发现两本书中都提到了"接受性过失""接受性过错"等概念，但都没有深入地论述。当时就想，是否可以对上述理论进行深入的研究。当时，自己选择接受性过失作为题目进行研究，但由于没有资料，研究陷入了困境。虽然请教了几位老师，但都没有听说过这个概念。后来，通过阅读一些案例和间接文献，还是写完了《论接受性过失》一文，2008年发表在《甘肃政法学院学报》上，该文在2009年被人大复印资料《刑事法学》2009年第2期全文转载。之后如何进一步深入研究下去，又一次遇到了瓶颈。记得有一位物理学家说过，在研究中遇到难以克服的困难的时候，就静下心来研读古希腊的书，看看从里面能不能找出办法和灵感。也就从那时起，自己阅读了大量的哲学著作，包括康德的、黑格尔的等，直到第一次读海德格尔的《存在与时间》，才感觉到自己心中一直蛰伏的思路好像见到了曙光。于是就把海德格尔的书全部买齐，并进行了反复研读。此外，有关的一些学者的书，比如胡塞尔、舍勒、利科等的书也基本买齐。从2015年国家社科申报成功后到结项，有5年多的时间，其中有4年都是在阅读有关的书籍。其间无数次感到研究不下去了，不知道如何解决出现的难题。最后，还是坚持下来了。

我国关于接受性责任的研究是笔者最先开始的。从2008年发表第一篇《论接受性过失》的论文以来，笔者对这个问题进行了持续10余年的思考和探索。在这篇文章中，笔者指出，接受性过失是指行为人在从事一种可能会对法益造成危险的活动时，虽然认识到或能够认识到自己不能应付这种危险而仍不停止，致使在自己无行为能力时对法益造成了侵害，依法应该负过失责任的情况。它的答责的基础是行为人实施的可能给法益造成危险的活动，条件是行为人在从事这种行为时对自己的行为无能力已经认识或可以认识。在这篇文章中，笔者仍是将接受性过失局限于责任能力这一点。也就是说，在这篇文章中，笔者基本上是沿着德国刑法学者的研究路线进行研究的。之后，笔者一直苦于无法解决接受性责任的正当性问题，也无法论证接受性责任和它的实在性问题。为此，在研读了大量的哲学著作，尤其是海德格尔的著作后，接受性责任的研究的思路总算是打开了，即运用海德格尔的存在论现象学的方法对刑事责任进行重构。经过几年的研究，研究内容与框架逐渐成形。在2015年发表的《论刑法中的接受性责任》一文中，笔者的观点就发生了变化。在这篇文章中，我认为接受性责任，是指除了由于行为人的行为无能力承担的责任之外，还包括社会的、客观的责任以及由于身份和人格等承担的责任。这种意义上的接受性责任，不仅在内容上发生了变化，而且是根据存在论的视角研究刑事责任的。

  回顾该书的研究历程，十多年过去了。时间可谓漫长，这主要是与自己资质愚钝又不勤奋有关，也与自己一直想为刑法学研究做点什么这个想法有关。不敢说"十年磨一剑"，因为自己的成果是不是能成为刑法学理论中的一"剑"还不知道。不过，一直以来，我没有跟风和蹭热点的习惯，只想按照自己认定的方向走下去。一路走来，甘苦共存，难以尽述。这里需要特别感谢国家社科基金五位匿名评审专家对本课题研究的肯定和提出的珍贵意见。其中一个匿名评审专家指出："作者在全面搜集大量学术资料的基础上，研究构建了刑法中的接受性责任理论，在一定程度上丰富和发展了我国的刑事责任理论，具有理论创新性。作者在深入研究中外近现代以来的刑事责任理论的基础上，吸收借鉴哲学、法哲学等方面前人的优秀学术研究成果，提出了比较系统的接受性责任理论，对过去关于刑事责任的理论研究有所突破。作者研究的问题可谓复杂，理论难点也比较多，而且关于接受性责任的直接资料较少，资料的收集和处理较有难度，作者能够克服困难，研究剖析大量间接资料。项目成果层次清晰，逻辑性强，研究路径和方法适当，论证比较充分，援引资料准确充实，引证规范。作者提出了较为系统的理论观点，对解决重要的理论问题具有推动作用，对刑法学中关于刑事责任这一基本的理论问题具有促进作用。"其他评审专家也对本人的成果给予了积极的评价，在此深表感谢！最后，中国社会科学出版社的孔继萍编辑在本书的出版和编辑过程中给予很多专业性的指导和无私的帮助，在此谨致谢忱！

杨国举

2021年9月18日于银川常春藤